曾国藩经典系列

挺经

[清] 曾国藩 ◎ 著

李问渠 ◎ 编

哈尔滨出版社

HARBIN PUBLISHING HOUSE

图书在版编目（CIP）数据

挺经／（清）曾国藩著；李问渠编.—哈尔滨：哈尔滨出版社，2011.7（2017.2重印）

ISBN 978-7-5484-0502-3

Ⅰ．①挺…　Ⅱ．①曾…②李…　Ⅲ．①曾国藩（1811~1872）–谋略②挺经–注释　Ⅳ．①K827=52

中国版本图书馆CIP数据核字（2011）第 033294 号

书　　名：挺经

作　　者：[清]曾国藩　著　李问渠　编
特约编辑：郭海东
责任编辑：尉晓敏　孙　迪
封面设计：上尚装帧设计

出版发行：哈尔滨出版社（Harbin Publishing House）
社　　址：哈尔滨市松北区世坤路738号9号楼　　邮编：150028
经　　销：全国新华书店
印　　刷：北京京丰印刷
网　　址：www.hrbcbs.com　　www.mifengniao.com
E-mail：hrbcbs@yeah.net
编辑版权热线：（0451）87900271　87900272
销售热线：（0451）87900202　87900203
邮购热线：4006900345　（0451）87900345　87900256

开　　本：787mm×1092mm　　1/16　　印张：21.75　　字数：510千字
版　　次：2011 年 7 月第 1 版
印　　次：2018 年 9 月第 5 次印刷
书　　号：ISBN 978-7-5484-0502-3
定　　价：49.80元

凡购本社图书发现印装错误，请与本社印制部联系调换。　服务热线：（0451）87900278

目 录
Contents

卷一 ▶▶▶▶▶

内圣： 成功从提升自身素质开始／001

古往今来，凡成大事者，无不需要具备"内圣"的心法素养。曾国藩总结了古人在修身方面的经验，认为慎重独处、庄严恭敬、追求仁义、真心诚意四个方面的功效甚大，尤其是慎重独处，可谓修身养性的最高境界。

卷二 ▶▶▶▶▶

砺志： 伟大的目标是成功者的灯塔／025

治学之道，重在立下坚卓不俗的大志。一个人追求的目标越高远，他的功业也就会越大。君子的志向是明道德、新民众、做善事，曾国藩认为治学当以此为志，力求成为学识渊博，治国、治民、治学之才。

卷三 ▶▶▶▶

家范： 家庭是个人走向辉煌的后盾 / 041

> 曾国藩的齐家理论以"和"字为中心，总结出了八本格言、八字家规。他反对奢侈，主张勤俭持家，反对给子女留下资产，而是要培养子女自力更生的能力，以及不慕权贵的品性。

卷四 ▶▶▶▶

明强： 中国最简要的方圆之术 / 065

> 曾国藩一生熟读古圣经典，总结出：要担当大事，全要在明强两个字上狠下工夫。明，就是要看到眼前的情势，也要看到未来的情势；要看到事物明显的一面，也要看到事物微小的一面。强，就是曾子所说的"自反而缩"，即自我反省而屈伸有度。

卷五 ▶▶▶▶

刚柔： 掌握阴阳是每个人必需的生存技巧 / 077

> 刚和柔源自《周易》，太阳、太阴，阳刚、阴柔是每个人同时具备的两面，它反映出一个人的性格和处世原则，对于二者的关系，古人先贤观点不一。儒家主张：信义直言，勇者不惧。道家则主张：以退为进，以柔克刚。而曾国藩提出：只有刚柔的融合，才能让人长久立于不败之地。

卷六 ▶▶▶▶

英才： 最早的中国式管理 / 113

21 世纪最重要的是人才，市场的竞争也是团队与团队之间的竞争，只有一个良好的团队才能在竞争中立于不败之地，而良好的团队则来自于优秀的人才以及对人才恰到好处的管理。曾国藩一直重视发现人才，以及人才的发展。薛福成赞誉曾国藩"知人之鉴，超轶古今"；李鸿章称誉他"知人之鉴，并世无伦"；石达开也说"曾虽不以善战名，而能识拔贤将"。

卷七 ▶▶▶▶▶

廉矩： 遵守道德才有成功的机会 / 137

在中国，一个人想要成功，就要有良好的人际关系和社会口碑评价。而良好的人际关系和口碑评价的建立，是要从遵循中国道德礼制出发的。在中国，只守法不守道德的人大都会落得众叛亲离的下场。

卷八 ▶▶▶▶▶

勤敬： 尊重别人，让你开启别样人生 / 161

古人修身治从之道，不外乎勤、大、谦。曾国藩说："千古之圣贤豪杰，即奸雄欲有立于世者，不外一勤字，千古有道之士，不外一谦字，吾将守此二字以终身，倪所谓朝闻道夕死可矣者乎！"

卷九 ▶▶▶▶▶

诡道： 竞争中最实用的真理 / 193

> 兵者，诡道也。出其不意，攻其不备。主客奇正，伺机而动。曾国藩说，守城者为主，攻者为客；两军相持，先呐喊放枪者为主，后呐喊放枪者为客。中间排队迎敌为正兵，左右两边抄出为奇兵。

卷十 ▶▶▶▶▶

久战： 毅力决定命运 / 223

> 久战，实为持久之战，最忌势穷力竭。曾国藩在统领湘军时，通过勤练兵法、勤练胆气，使湘军保持了作战时的士气，防止了散漫之气的滋生。养精蓄锐，当时机成熟之时，抛弃顾虑，果断出击，是曾国藩作战的一大特点。

卷十七 ▶▶▶▶

盈虚： 虚实相间，大智慧者的特别之处 / 321

> 阴阳相生，福祸相长。月满则亏，水满则溢，人满则败。大自然及世间万事万物的发展都逃脱不了这个规律。曾国藩得意之时，强调"势不使尽"、"弓不拉满"，可谓深得"阴阳盛衰"的道理。

卷一
▼
内圣：
成功从提升自身素质开始

古往今来，凡成大事者，无不需要具备"内圣"的心法素养。曾国藩总结了古人在修身方面的经验，认为慎重独处、庄严恭敬、追求仁义、真心诚意四个方面的功效甚大，尤其是慎重独处，可谓修身养性的最高境界。

慎独自处，求仁存诚

【原文】

细思古人工夫，其效之尤著者，约有四端：曰慎独则心泰，曰主敬则身强，曰求仁则人悦，曰思诚则神钦。慎独者，遏欲不忽隐微，循理不间须臾，内省不疚，故心泰。主敬者，外而整齐严肃，内而专静纯一，齐庄不懈，故身强。求仁者，体则存心养性，用则民胞物与，大公无私，故人悦。思诚者，心则忠贞不贰，言则笃不欺，至诚相感，故神钦。四者之功夫果至，则四者之效验自臻。余老矣，亦尚思少致吾功，以求万一之效耳。

【译文】

细思一下古人在修身方面所作的努力，效果比较明显的大概有以下四个方面：慎重独处，心胸就会安详泰然；庄严恭敬，身体则会强健；追求仁义，则会获得他人的信服；真心诚意地待人，神灵都会钦佩他。

慎重独处，就是要遏制自己的欲望，即使是最隐蔽最微小的部分也不能疏忽，做事也要遵循自然之理，一刻都不能间断，这样时刻自我反省且问心无愧，心胸自然就会安泰。庄严恭敬，指的是仪表整齐严肃，心灵宁静专一，稳重端庄而不懈怠，身体就会强健。追求仁义，指心存仁义，爱护百姓，爱护天地万物，这样大公无私地对待万事万物，自然会有人爱戴。真心诚意，就是忠贞不贰，言语笃实不欺瞒任何人，用至诚之德来感应天地万物，因此受到神灵的钦佩。在修身上如果能以这四个方面作为标准，成效自然会有的，若勤奋坚持，效果还会更明显。我虽然已经老了，但还想在修身上有所进益，希望能有所成效。

【解读】

曾国藩,人称"晚清中兴第一名士"。他深受中国传统文化熏陶,经历了严格的科举考试跻身仕途。儒家那一套修身、齐家、治国、平天下的人生信条,是他平生待人接物、处世治事的基本准则。

然而,在曾国藩看来,自宋明之后,一般正统士大夫皆把修身同治国、平天下割裂开来,强调各自的重要性和作用,结果不是缺乏精神支柱和远大目标,以致不能完成"治国、平天下"的大业,就是满腹文章,却不能任天下事。归结其原因,他认为主要就是人们把"修身"二字看得过于简单、孤立了,从而缺乏实际的内在修为,致使"修身"同"治国、平天下"难以有机地结合。因此,曾国藩主张,修身必须结合实际去进行。不管是读书做学问,还是待人接物,不管是带兵打仗,还是做官从政,都有修身的大学问蕴涵其中。要想在某一方面获得成功,首先应当立足于内在的修为。

关于内在的修为,曾国藩的目标是要做到像古圣先贤们那样,所以他以"内圣"来形容修为的境界。那么,如何达到"内圣"呢? 曾国藩分别从慎独、主敬、求仁、思诚四个方面加以了说明。

● 慎独则心泰

慎独,是宋明理学最重要的修养方法,曾国藩提到修身养性的第一个要求就是"慎独"。

《礼记·中庸》中记载:"道也者,不可须臾离也,可离非道也。是故君子戒慎乎其所不睹,恐惧乎其所不闻。莫见乎隐,莫显乎微,故君子慎其独也。"经学大师郑玄所作的注解中,对"慎独"的解释为:"慎独者,慎其闲居之所为。"即一个人的时候也要时刻约束自己的言行举止,要善于反省,不可放纵。

纵观中华历史五千年,以"慎独自处"为修身之道者不乏其人,最有名的当属东汉时期的杨震。

《后汉书·杨震传》中记载:杨震四次调任荆州刺史、东莱太守。赴郡上任的时候,路过昌邑,过去曾受过他推荐的荆州秀才王密正在担任昌邑的县令。晚上,王密去拜见杨震,身带十斤金子,打算送给杨震。

杨震说:"我了解你,你不了解我,这是怎么回事?"

王密说："这么晚了，没有人能知道这件事。"

杨震说："天知道，地知道，我知道，你知道。怎能说没人知道这件事？"王密羞愧不已，遂带着金子回去了。

这就是"杨震暮夜却金"的故事，后人将其视为"慎独"的典型例子流传了下来。曾国藩一生都坚持自我反省、严于律己，这从他的日记中便能知晓。

道光二十二年十月初二日："午正，金竹虔来长谈。平日游言、巧言，一一未改，自新之意安在？"

初七日："本日说话太多，吃烟太多，故致困乏，都检点过不出来，自治之疏甚矣。"

十一月初九日："今早，名心大动，忽思构一巨篇以震炫举世之耳目，盗贼心术，可丑。"

初十日："昨夜，梦人得利，甚觉艳羡，醒后痛自惩责，谓好利之心形诸梦寐，何以卑鄙若此。"

二十七日："又说话太多，且议人短。细思日日过恶，总是多言，都从毁誉心起。欲另换一个人，怕人说我假道学，此好名之根株也。"

二十九日："予内有矜气，而语复浮，仍尔自是器小，可鄙。"

这是他刚开始修慎独时的情形。再看一下他晚年的几段日记。

同治八年八月二十日："念平生所做事，错谬甚多，久居高位而德行学问一无可取，后世将讥议交加，愧悔无极。"

同治九年三月三十日："二更四点睡。日内眼病日笃，老而无成，焦灼殊甚。究其所以郁郁不畅者，总由名心未死之故，当痛惩之，以养余年。"

同治十年十月初一日："余前有信至筠仙云，近世达官无如余之荒陋者。倾接筠仙信，力雪此语之诬。余自知甚明，岂有诬乎！"

同治十一年二月初一日（逝世前四天）："余精神散漫已久，凡应了结之件，久不能完；应收拾之件，久不能检，如败叶满山，全无归宿，通籍三十余年，官至极品，而学业一无所成，德行一无可许，老大徒伤，不胜惶悚惭邪。"

曾国藩活了62岁，他一生都在不断地完善自己，修养自身，即便是在临终前亦是如此。临终前那份惭愧自责的心情，与他31岁初修慎独时的心情，几乎如出一辙。在中国历史上，他是真正做到了几十年如一日，真正做到了严于律己，慎独自处。也正因为他这种严苛的自律精神，他才会以一介书生的身份建立了武将才能建立的功业。

世间有这样一些人，他们能征服他人，甚至征服天下，这种人一般被称为"豪杰"。但豪杰们的这种征服，其实仅是一种外力的控制，服从他们的人并没有从心底里认同他们，心甘情愿地被他们征服。服从者跟从他们，可能出于利益诱惑，也可能是武力逼迫的缘故，其心理基础是贪婪和恐惧，不是真正意义上的以德服人、以身树人。曾国藩之所以为后世所敬仰和钦佩，不是因为他善于打仗，也不是因为他消灭了太平天国，建立了旷古的奇功，而是因为他自身那一套修身、齐家、处世的哲学思想。

曾国藩齐家、练军、治国，功绩赫然，天下瞩目。他成功的关键之处，在于时时慎独，心地干净，赢得了他人的敬佩和效仿。当他令家庭中的成员敬佩时，全家老少便都自觉地遵循他的教训；当他受到整个军队敬仰的时候，全军上下便都自觉地服从他的约束；当他感动一方的时候，则地方官民都自觉地谨守他的教化。他的后继者李鸿章，后来政治地位比他升得更高。李鸿章接待他人时，常带傲慢轻侮之色，俯视一切，揶揄弄之，唯事曾国藩，有如严父，执礼之恭，有不知其然而然者。李鸿章尚且如此，其他人就更不用说了。这种不怒而威的感化效果，充分证明了曾国藩慎独之功的深厚。他这样的人格，发而为诗，便为感人之诗；发而为文，便为感人之文；发而为事，便为感人之事。曾国藩这一特点，也正是一切圣贤的共同特点。圣贤们征服的虽然只是自己，却能感动天下人。所以，豪杰们的事业如花炮，虽然显赫一时，可转眼就会烟消云散；圣贤们的事业则如长江大河，源远流长，万古常青。

圣贤们之所以提出修身当以"慎独"为要，皆是出于"心泰"的缘故。一个人说话、做事秉持礼法，遵守道德，就不会与人结怨，自身也就会心情愉快、心态平和。此谓养生一大原理，亦是修身的重要所在。曾国藩提出"慎独则心泰"，主要是出自处世的考虑。他一生时刻不忘自查自省，小心谨慎，为的就是保身安命，求得心安。有志于修身养性的人，不妨从慎独做起。

● 主敬则身强

仪表持重，内心沉稳，身体就会强健。这是"主敬则身强"的意思。这种从仪表出发来修身敛气的方法，不同于"慎独"的由内而外，而是从外而内的一种修身方法。

何为高贵？何为高雅？何为圣人？古人对正人君子的仪表风度有严格的规定：

"足重，手恭，目端，口止，声静，头直，气肃，立德。"

足重，即脚步要稳，脚踏实地。脚步稳重，走路踏实，一步一个脚印。凡是脚步轻飘、不稳的人，多数与富贵命是无缘的。脚步重的人，下楼梯、走路通常都会发出噔噔的脚步声。

手恭，即见人的时候要双手抱拳，像是戴着铐枷，表示愿意做对方的奴隶，只有先做人的奴隶，才能做人的主人；尊重别人，就是尊重自己；谦虚就会让福分在后面紧接着跟来，骄傲则使祸患会尾随而来。要管好自己的手，手的动作要尽量少，动作要慢，幅度不能太大，手举起来不过眉，伸出去不过肘，且不可把双臂伸直，有时手还得静止在一个地方。

目端，即眼睛要正视前方，不斜视。眼正，则心正；眼斜，则心偏。在人前要正视前方，不能左顾右盼，东张西望。作为主人，要从始至终面向客人，切忌歪过身子，面对着另一个主人，把客人撇在一边，冷落了大家。

口止，即要管好自己的嘴，少说多听。祸从口出，多听别人的，少说自己的，更不要把自己的观念、意见强加于人，霸道于人，为师于人。古人验证，多言者难，事情不会顺利。哪里话多，哪里行动就少。只有闲着无聊的人，无所事事，才会滔滔不绝。说话，能一个字说清的，不用两个字。真正效率高的人听取报告，只允许高度概括一句话，不会听你冗长的自我表述。做事，有时多说一句话，事情可能就会变质；多说一个字，也会坏事。有身份有地位的人对你有好感，就在于你能在别人说不出来的时候说得出来，在不该说话的时候能够闭上嘴巴。话不在多，在精。

声静，即作为君子，声情并茂，不等于声情贸然，要给人恬静的印象，不能毛手毛脚。声音甜润，神态安静，宁于内功，内敛，不显露于外。犹如冰玉人，情感热烈，神色安泰。出声说话，点石成金。

头直，即任何时候都要保持头端正、抬起。皇帝的皇冠前后吊的珠子，就是限制皇上不能随意晃头，一晃，前后的珠子摇摆，看上去就会十分不雅观。

气肃，即神情严肃，见人不能嘻嘻哈哈。神态严肃的人，给人风雅高贵的印象，深沉，稳健。历来做大事的人，不会轻易抛笑。作为上级不能轻易和下属开玩笑。不摆架子，但也不能失掉架子。谄笑的人就像人没了骨架，没了骨气。

立德，即站要有站样，站的时候要像一棵松。不要站在路当中，挡人道。不要一字形排队横行,立要有立德,不可站立没公德。孔子主张君子行不居中,对面见人提前让道。有君子风范的人,只要站在人前,不随便说话,不随便乱动,就能知道其是否优秀,看出其德行如何。

一个人的仪表、仪态,是其修养、高尚程度的表现。古人认为,举止庄重,进退有礼,执事谨敬,文质彬彬,不仅能够保持个人的尊严,还有助于进德修业。古人曾经把禽兽的皮毛与人的仪表、仪态相比较,禽兽没有了皮毛,就不能称为禽兽;人失去礼仪,也就不成为人了。可见仪表的重要性。

曾国藩认为,仪表整齐严肃,心灵宁静专一,稳重端庄而不懈怠,身体就会强健。

整洁之外,还应有庄重的感觉。庄重给人一种安稳的力量,这种力量会传达至内心,使内心随之沉静专一。此外,庄重易给人以威严感,有不怒自威的效用。《论语·学而》中孔子所说的“君子不重则不威,学则不固”,说的即是庄重与威严之间的关系。

庄重威严的人,总会令人肃然起敬,给人以强者的印象。相传孔子率众弟子拜见老子时,老子衣冠整洁而出,言谈间尽显庄严肃静的气质。

在个人修养上,曾国藩的成就为后世众多人士所倾慕,他一生勤于治学、治国、治军、治身,给人一种刚正不屈的印象。儒家以礼治人的思想于他是一种秩序的体现。他认为有礼有节、举止庄重、仪容端正的人,内心一定是沉稳的,且有不怒而自威的魅力。所以他自己不仅在此方面努力,更是教导家人、子侄在此方面多加注重。

主敬则身强,其作用在于“身强”。慎独,侧重于由自身内在的反思来使外在的言行达到合礼、有节。而主敬则刚好相反。它是通过外在的仪容、神色和举止得体与否来折射内在是否坚强,是否足以立于世。慎独,由内而外;主敬,由外而内。两者相互协调、相互补充,于修身皆有裨益。

● 求仁则人悦

什么是“仁”?孔子说“仁者爱人”,即能够以博大宽容的态度去认真对待每一个人,一视同仁,没有差别,就是仁。孔子又说“克己复礼为仁”,就是说能够克制自己的欲望,并遵守《周礼》中所规定的礼数,即是仁。

仁与礼是相互关联的。没有仁,无法言礼;没有礼,则称不上仁。仁是儒家以

血缘关系为基础提出的与人交往时要宽容慈爱的准则,它是内在的精神;礼则是在"仁"的基础上订立的人与人交往的准则,它是外在的行为规范。怀着慈爱之心对待他人,对待万物,言行上遵照礼节而行,则他人会心悦,万物亦会舒展。

仁,其浅显的含义,就是自己想建功立业,先让别人建功立业;自己想兴旺发达,先让别人兴旺发达。将帅对待官兵如同父兄对待子弟一样,总是希望他们兴旺发达,总是希望他们建功立业。人同此心,心同此理,那么官兵就会对将帅感恩戴德,从而将帅官兵则一心勇猛作战了。

礼,就是所谓的无论人多人少,无论官大官小都一视同仁,不予怠慢。持之以敬,临之以庄,无形无声之际,常常有凛然不可侵犯的正气。

曾国藩作为封建士大夫,熟读四书五经、儒家典籍,对于先贤的学说思想亦深有体悟,所以在待人接物、做人立事上他尊奉古人的教导,以仁义礼作为准则。在待人上,尤其强调勿怒勿恼,和气待人,与人为善。

与太平天国作战期间,曾国藩曾困守祁门,那时李秀成的大军距曾国藩的大营仅八十里路,朝发可夕至,毫无遮阻。当时曾国藩身边只有三千士兵,脱险是不可能的事情,所以他连遗书都写下了。大营的幕僚们见此惊慌失措,多作逃跑的打算。曾国藩觉得人心已散,不宜强留,就传令:"贼势至此,有欲暂归者,支付三个月薪水,事平,仍来营,吾不介意。"幕僚们听到这话,大受感动,纷纷表示愿生死与共。真可谓祁门遇险,一语得人心。

面对险境,曾国藩以仁义之举赢得了众将士的支持。有人说此举是曾国藩拉拢军心的一种策略,有人说此举只是一种无奈之策,亦有人说此举表现了曾国藩是一个重仁义、讲礼节之人。无论是哪一种,皆说明了一个事实:以仁义之心待人,人亦以仁义之心馈赠。

众所周知,曾国藩是一个对自己要求极其严格的人,但在对待他人时,他却主张宽容。人非圣贤,孰能无过?只要是人,就会有缺点、有优点。俗话说:海纳百川,有容乃大。待人以宽,待人以恕,既是临时应事之道,也是平日涵养之法。以爱己之心爱人,在人际交往中求同存异,则到什么地方都能打成一片。宽容他人,就能团结一致,精诚合作,就有了强大的凝聚力,收众人之力以成大事。曾国藩能坐上"晚清中兴第一名士"的交椅,实与其宽恕之道不无关系。

仁义在生活中的表现就是与人为善,取人为善,以宽恕之心对待他人。人都会犯错,智者以宽恕他人的过错来修养自身的仁义,愚者则以抱怨、惩罚、报复他人的过错将自己推向道德的深渊。历史上有施行仁政的贤君名士,亦有施行暴政的昏君奸臣。秦始皇横征暴敛,陈胜、吴广揭竿而起;唐太宗仁政爱民,贞观之治始成。仁义,讲的就是以此心换彼心。自己以诚、以善、以恕之心待人,人必将以诚、以善、以恕之心回赠。此谓求仁则人悦也。

● 思诚则神钦

儒家倡导"敬"和"诚"。"敬"即遵守天道、良知,在任何时候、任何地点都不可有违天理。"举头三尺有神明",天理昭彰,欺人容易欺己难。"诚"则指内外如一,不存欺骗之心,待人诚实,待己真诚。慎独在实质上其实就是要做到真诚,对自己真诚,对他人真诚。难怪孟子说,反问自己是真诚,是快乐的;荀子说,没有比真诚更好的养心方法了。

孔子云:"诚者,乃做人之本,人无信,不知其可。"韩非子曰:"巧诈不如拙诚。"陶行知先生也曾说过:"不做假秀才,宁为真白丁。"季步一诺胜过千金,商鞅变法立木求信,君子一言驷马难追,刘备三顾茅庐……历史上以诚取信的事例不胜枚举。"诚"是人的一张脸,写着品德和操行。能否做到"诚",决定能否立于世,能否创建功业。

汉末,黄巾起义,天下大乱。曹操挟天子以令诸侯,孙权拥兵东吴,刘备听谋士徐庶和司马徽说诸葛亮很有学识,又有才能,于是和关羽、张飞带着礼物到隆中(现今湖北襄樊市)卧龙岗去请诸葛亮帮忙,协助自己成就一番大事。不巧的是,诸葛亮当日不在家中,刘备有些失望,只能先打道回府了。

没过多久,刘备再次和关羽、张飞冒着大风雪去请诸葛亮。不料诸葛亮又出外闲游去了。张飞是个急性子,原本就不太愿意再来,见诸葛亮不在家,就不断催着回去。无奈之下,刘备只好留下一封信,表达了自己对诸葛亮的敬佩和请他出来帮助自己争夺天下的意思。

过了一些时候,刘备吃了三天素,准备再去请诸葛亮。这一次,关羽也有些耐不住性子了,说诸葛亮可能徒有虚名,说他学识渊博、智慧过人未必属实,建议别去了。但这次,张飞却主张去,不过是由他一个人去叫,到时如诸葛亮不来,他就用绳子把他绑来。刘备把张飞训斥了一番,遂又带着关羽、张飞前去拜访诸葛亮。到达时,诸

葛亮正在睡觉。刘备不敢惊动他，一直站到诸葛亮自己醒来，才彼此坐下谈话。

诸葛亮见到刘备有志替国家做事，而且诚恳地请他帮助，就出来全力帮助刘备建立政权。

"三顾茅庐"的故事虽有些陈旧，但它所展示的思想却是永恒的。求人办事，没有诚意是万万行不通的。即使是再顽固、再难缠的人，在他人的真心诚意面前亦会妥协，更何况一般人呢？

曾国藩说："思诚则神钦。"真心诚意地对人对事对物，连神灵都会钦佩有如此品性的人。世人之所以为世人，就在于他总是口是心非，顾此顾彼，难以做到诚实。古来品性高洁之士，皆在"诚"上有所造诣。一个在对己、对人、对事上缺乏"诚意"的人，势必在修为上难以有所突破。待人以诚，人亦以诚相待，亦会产生钦佩之意。一个人要让人厌恶，很容易，可要让人喜爱，就不是件容易的事情了，而要让人产生钦佩之情，则更是难上加难了。

曾巩是唐宋八大家之一。他为人正直宽厚，襟怀坦荡，对朋友向来是不避讳，亦不隐瞒什么，喜欢直来直去，鄙视说话做事拐弯抹角。他与王安石自幼就是好朋友。王安石二十五岁那年，当上了淮南判官，他从淮南请假去临川看望祖母，还专门去拜见曾巩。曾巩十分高兴，非常热情地招待了他，后来还专门写了一首诗赠给了王安石，主要是回忆他们当时相见的情景。

有一次宋神宗召见曾巩，问他："你与王安石是布衣之交，王安石这个人到底怎么样？"曾巩不因为自己与王安石多年的交情而随意抬高他，而是很客观直率地回答说："王安石的文章和行为确实不在汉代著名散文大家杨雄之下；不过，他为人过吝，终比不上杨雄。"

宋神宗听了曾巩的话，甚是惊讶和不解，遂又问道："你和王安石是好朋友，为什么这样说他呢？据我所知，王安石为人轻视富贵，你怎么说是'吝'呢？"

曾巩回答说："虽然我们是朋友，但朋友并不等于没有毛病。王安石勇于作为，而'吝'于改过。我所说的'吝'乃是指他不善于接受别人的批评意见而改正自己的错误，并不是说他贪惜财富啊！"

宋神宗听后称赞道："此乃公允之论。"也更钦佩曾巩为人正直，敢于批评。

刘备"三顾茅庐"的诚意感动了诸葛亮，亦感动了上苍；曾巩正直无私、以诚待人的品性既让人欣悦，又令人钦佩。曾国藩在品性上同曾巩颇为相似，正直无私、以诚待人。曾国藩的"诚"在他对待部下的态度上表现得最为鲜明。他说："大抵与兵勇及百姓交际，只要真实爱之，即可见谅于下；余之所以颇得民心勇心者，此也。"以诚待人，人则以诚回报，这大抵就是为什么会"女为悦己者容，士为知己者死"吧。

人当以诚为本，古圣先贤们都这样提倡，甚至以身作则。只有真诚者才可以真正得人心，树威信。缺乏诚信的人，不是一个品行高尚的人，更不可能实现自身修养的飞跃。因此，要做一个正直、高尚的人，就要做到最基本的以诚待人，心存诚意。

君子独而真诚，小人独而妄念

【原文】

尝谓独也者，君子与小人共焉者也。小人以其为独而生一念之妄，积妄生肆，而欺人之事成。君子懔其为独而生一念之诚，积诚为慎，而自慊之功密。其间离合几微之端，可得而论矣。

盖《大学》自格致以后，前言往行，既资其扩充；日用细故，亦深其阅历。心之际乎事者，已能剖析乎公私；心之丽乎理者，又足精研其得失。则夫善之当为，不善之宜去，早画然其灼见矣。而彼小人者，乃不能实有所见，而行其所知。于是一善当前，幸人之莫我察也，则趑焉而不决。一不善当前，幸人之莫或伺也，则去之而不力。幽独之中，情伪斯出，所谓欺也。唯夫君子者，惧一善之不力，则冥冥者有堕行；一不善之不去，则涓涓者无已时。屋漏而懔如帝天，方寸而坚如金石。独知之地，慎之又慎。此圣经之要领，而后贤所切究者也。

【译文】

所谓"独"这个东西，是君子与小人共同所有的。当小人单独一人时往往产生狂妄的念头，狂妄之念积聚多了就会产生纵肆，而欺负别人的坏事也就形成了。君子在独处时会产生"诚"的念头，诚实积聚多了便会变得更加谨慎小心，而自谦自律的功夫就会更深。君子与小人在独处时心态上的微妙差异是可以进行一番探讨的。

《大学》中讲到了"格物致知"，昔日的言行可以用来增长自己的知识和能力；日常生活中的琐事也可以加深自己的阅历和经验。当心系所遇到的问题时，就要学会能够剖析其中公私间的区别；在以理处理事情时，能够充分而精辟地研究其中得失。这样，对于该做的善事，不该做的恶事，必会成竹在胸了，并能有自己的真知灼见。那些小人就没有如此精辟而透彻的见识，去做自己所知道的应该做的事。对于做一件好事，生怕别人不知道，自己白干，因而去办时迟疑不决；对于做一件不好的事情，便心存侥幸地认为他人不知道，因而改正得不是很痛快彻底。背地里独处时，弄虚作假的念头就产生了，这就是欺骗。而君子唯恐去办一件事办得不力，在晦暗中有堕落的行为；一个坏毛病改正不了，就会如同涓涓的流水而不停地犯下去。在暗室之中心存畏惧如有神明鉴察，不敢有丝毫恶念；方寸之心坚如金石，不受邪念点滴浸染。在独处之时能够慎之又慎地考虑所做之事，这便是圣人经书中的要求，这些才是后世贤人所要切实研究的啊！

【解读】

一个人的时候，君子与小人分别是什么样子呢？历来的文人、学者、墨客认为，君子即便一个人独处，也会自律、恪守道德，即慎独。小人在没人监督的时候，则会做一些在别人、社会看来"不那么道德"的事。

君子与小人有什么区别呢？孔子说："君子上达，小人下达。"意思是君子有高明的、超脱的远见，而小人只注重现实的、浅近的实际利益。他还说："君子求诸己，小人求诸人。"意思是，君子严格要求自己，自立自强，靠自己发奋努力成功；而小人则千方百计要求、苛求别人，总是设法从别人那里得到帮助，索求好处。所以"君子坦荡荡，小人长戚戚"。

自古至今，君子与小人的不同之处，主要集中在道德修养，尤其以"慎独"作为标杆。一个人在独处时的言行举止，心里的想法，直接决定他是君子还是小人。曾国藩生在一个书香门第，自幼家教甚严，古人在修身养性方面的见解和追求对他影响很大。他曾作过一篇《君子慎独论》，言明自身对于"慎独"的理解与践行。

君子慎独，这句话出自《礼记·中庸》："是故君子戒慎乎其所不睹，恐惧乎其所不闻。莫见乎隐，故君子慎其独也。"《礼记·大学》中亦有："所谓诚其意者，毋自欺也……故君子必慎其独也……此谓诚于中，形于外，故君子必慎其独也。"慎独，是自修自律者的最高境界，所以圣贤只要求君子去做，而不要求小人去做。确切地说，就是君子可以做到的事，而小人难以办到的事。

战国时期，鲁国有个丞相，名叫公孙仪，他酷爱吃鱼，于是全国各地的人都争相买鱼来献给他，但公孙仪却拒而不受。他一个学生劝他说："您喜欢吃鱼而不接受别人的鱼，这是为什么呢？"他回答说："正因为爱吃鱼，我才不接受。如果收了别人献来的鱼，一定会有迁就他们的表现；有迁就他们的表现，就会枉法；枉法就会被罢免相位。如果不收别人给的鱼，就不会被罢免，尽管爱吃鱼，却应该长期自己供给自己鱼。"君子爱财，取之有道。大抵就是公孙仪这样的了。

君子不同于小人的可贵之处就在于"君子喻于义，小人喻于利"。君子行事坦荡，不苟私利，常自我反省、自我批判，这种从自身做起的观念不仅中华民族有之，犹太民族亦有之。

犹太民族弘扬"慎独精神"，即可贵的自我反省、自我批评精神。他们总是去问自己做了什么，做对了什么，应该做什么，却很少要求别人该怎样做。但这绝不意味着一切以自我为中心，他们绝不提倡"独善其身"式的"隐士"，而是教导人们要和普通大众生活在一起。

有个人，名叫拉比，德行高洁，为人亲切仁慈。对神虔诚，做事谨慎，所以他受到了很多人的景仰和爱戴。但有一天，他的身体突然一下子开始变得虚弱了，并很快地衰老了下去，他知道，自己的死期已经临近，便把所有的弟子叫到床边。

弟子到齐了之后，拉比却开始哭了起来，弟子十分奇怪，便问道："老师，您为什么要哭呢？难道您有忘记读书的一天吗？有过因为疏忽而漏教学生的一天吗？有过没有行善的一天吗？您是这个国家中最受尊敬的人，最笃敬神的人也是您，照理说老师您没有任何哭的理由才是。"拉比却说："正是因为像你们说的这样，我才哭啊。我刚刚问了自己：你读书了？你向神祈祷了？你是否行善？你是否做了正当行为？对于这些问题，我都可以作肯定的回答。但当我问自己，你是否参加了一般人的生活时，我却只能回答：没有。所以我才哭了。"

这则犹太故事除了希望人们凡事从我做起，时刻自我反省，慎独自律外，还在劝说一些不在集体活动中露面的人，希望他们一起"参加一般人的生活"。从这里不难看出，这个"一般人的生活"不是指一般意义上的衣食住行，也不是指常人的其他感性生活，而是特指犹太民族的集体生活。

犹太人"慎独自律"，一方面提升了自己，另一方面又影响感化了别人，这比单

纯地要求别人要强得多。正如犹太复国运动中体现出来的，犹太人不论贫富，地位高低，一律为着心中的以色列建国而积极努力，他们从没有想过要求别人为重建国家而做些什么，而只是想着我能为祖国的重建做些什么。正是这种先从自己做起的理念和精神升华了犹太民族的集体感和凝聚力，从而使他们能够在四散各地的情况下如血脉一样紧密相连，并最终促成了以色列的再生。

犹太人这种"慎独"的观念更像一种集体意识，而作为中国传统的"慎独"观念则更多倾向于个人的行为。独处时，君子慎独，小人则生妄念。一个人的时候，或者私底下的时候，有人会换一副面孔来对己对人对事，此谓伪君子，亦为小人。君子之所以坦荡荡，就在于君子表里如一、光明磊落，没有小人的第二副面孔，第三只手。历来人们不待见"小人"，并非因其是"恶人"，而是因其"恶"得令人发指，防不胜防。历史上有不少以"小人"之举而昭昭于世的人，最有"成就"的当属战国时期楚国的费无忌。

楚平王为儿子娶亲，派大夫费无忌前往迎娶。费无忌看到新娘容貌靓丽无比，便心生异念，不顾一切地迅速回到宫中对楚平王详细地述说了姑娘之美，并进言趁太子还未见到姑娘，大王先娶了不是更好。好色的楚平王被巧舌如簧的费无忌说动了心，转眼间，那位本该成为太子夫人的秦国姑娘，便成了楚平王的妃子。移花接木的费无忌，也成了楚平王的心腹。但他做贼心虚，因为他知道太子迟早会成为新的国君，这件事迟早会暴露，于是他向楚平王觐见，说太子谋反。耳根软的楚平王信了费无忌的言论，遂下令逮捕太子及老师伍奢父子。后来，太子与伍奢的儿子伍子胥逃离了楚国。数年后，伍子胥率大军复仇，楚国就这样被灭掉了，寻根溯源，费无忌实在是"功不可没"。

1860 年，英法联军攻陷北京，火烧圆明园，掠夺奇珍异宝，实与龚半伦有莫大的关联。龚半伦，是清代大名鼎鼎的思想家、爱国诗人龚自珍的儿子。父亲英明一世，儿子却卖国求荣，成了英法联军火烧圆明园的帮凶。英法联军攻入北京后，因有龚半伦为其引导，一路可谓畅通无阻。龚半伦为一己私利，不惜引狼入室，陷害同胞，出卖民族，烧毁"万园之园"，此举已非"小人"可以来形容了，"大恶"之人最合适不过了。

君子品性高洁，孤而不傲，慎而又慎；小人见利忘义，妄念丛生。慎独被奉为修身的最高境界，不无道理。是君子还是小人，察窥一番他们在独处时的样貌举止即可知晓。对于慎独，曾国藩非常重视。在他一生的修身过程中，所作的一切努力，皆是为了做到"慎独"。无论是记日记还是勤于习字、练兵，戒除懒惰，都是奔着"慎独"而去的。他的"挺"字精神说到底是"忍"字精神，而途径就是"慎独"，做到言行自律，不徇私、不枉法、不私念、不苟且，即是"守"，是"挺"。

道光二十一年，进京一年后的曾国藩便拜理学家唐鉴为师，研习程朱理学。这种研习，不是做学问，而是切切实实地将程朱所主张的那一套在自己身上实践。程朱的那一套实际上是圣人境界，与凡人境界有极大的差距，要脱离凡人境界进入圣人境界是很难的。人的本性使然及定力的欠缺，使得曾国藩常常一边研习一边又不断地犯常人之错。于是曾国藩借助日记来天天检查，天天反思，并将这种反思提到慎独的高度。大约就在这段时期，曾国藩作了《君子慎独论》，详细分析了君子与小人独处时的不同，说明慎独的重要。

修身养性，在一般人的认知中，是温饱、学知之外才会考虑的事情，且是有此方面认知的人才会选择的，所以历来亦被看做是"束之高阁"之举。实际上，修身养性，慎独自处于普罗大众也是易于操作的事情。只要心存诚意，严以律己，何愁德行不高、品性不良。小人之所以为小人，就在于他不存诚心，一心向私利、不劳而获处想之。但凡希望在修身上有所成就的人，当取君子之道，以慎独自处。

内圣之四大境界

【原文】

古来圣哲胸怀极广，而可达天德者，约有四端：如笃恭修己而生睿智，程子之说也；至诚感神而致前知，子思之训也；安贫乐道而润身睟面，孔彦曾孟之旨也；观物闲吟而意适神恬，陶白苏陆之趣也。自恨少壮不知努力，老年常多悔惧，于古人心境，不能领取一二。反复寻思，叹喟无已。

【译文】

古今圣贤先哲们的胸怀都极其宽广，他们所达到的至圣大德境界，大约有四种：一是二程（程颢和程颐）所说的：诚恳谦恭，注重自身修为而萌生出聪明睿智。二是子思的遗训：诚恳到了极点以致感动神灵，进而达到可预知未来的效果。三是孔子、孟子、颜回、曾子等所说的：安于贫穷的境遇，乐于奉行自己信仰的道德标准，则身体健康，面色红润。四是陶渊明、白居易、苏轼、陆游的人生乐趣：欣赏大自然的美景，吟咏诗赋，因而意态闲适，神色恬然。我常常悔恨自己年少时不知道努力，到老来就常有悔惧之意，对于古圣先贤们的心境情态，不能领略一二。所以我只能反复寻思揣摩，叹息感喟不已。

【解读】

人的修为达到什么样的境界才算是高呢？曾国藩列出了四种，分别为二程（即程颢和程颐）所说的"笃恭修己而生睿智"；子思所说的"至诚感神而致前知"；孔子、孟子等人所说的"安贫乐道而润身晬面"；陶渊明、白居易、苏轼、陆游等人所奉行的"观物闲吟而意适神恬"。这四种无论达到了其中的哪一种，皆是修身到家的标志。

● 诚恳谦恭之境

二程指宋代理学的创始人程颢、程颐二人。在穷理方法上，程颢"主静"，强调"正心诚意"；程颐"主敬"，强调"格物致知"。格物致知是中国古代儒家思想中的一个重要概念，源于《礼记·大学》八目——格物、致知、诚意、正心、修身、齐家、治国、平天下。简而言之，即研究事物而获得知识和道理。在修身上，可以看出，二程皆主张"正心诚意"，认为对世间万物以诚恳谦恭之心待之，会生发聪明睿智。

至诚感神而致前知，这是孔子的嫡孙子思的观点。诚恳至极以致感动神灵而可以预知未来之事。这一点同"思诚则神钦"是一个道理。不同之处仅在于把神灵感动之后可以对未来之事有所预知。子思这一观点有些唯心之向，于现实并无多大作用。但它强调了为人诚恳谦恭的重大效用，于日常生活、与人相交皆有裨益。

叶天士是清代著名的瘟病学家，其成就卓绝，同时也是一位治疗杂症的大师。

他具有渊博的医学知识和精湛的治疗技术，首创瘟病的卫气营血辩证思想；他毕生刻苦研读医学经典，认真诊治，将理论与实践相结合，博取他家之长。瘟病以仲景为体，以河间为用；杂证以孙思邈、李东垣、朱震亨、张景岳、喻嘉言诸家为一身。叶天士平生勤奋刻苦，专注于钻研疑难杂症，医术达到了惊人的地步。这皆源于其诚恳谦恭的求学态度。

有一天，浙江有位举人，与同伴进京会试，船到了苏州，举人突然患病，同伴随即送他至叶天士处诊治。叶天士诊断后说："这位公子患的是感冒风寒，吃过一剂药后就可以治愈。现在你要到哪里去呢？"举人答："我是去京城参加会试的。"叶天士说："公子不必去了，你将会很快患消渴症，此病无药可治，你的寿命不过月余，应赶快回家，迟了后事难以料理。"举人闻言沮丧离去。

举人本打算回家的，在同伴的劝解下，继续进京会试。当船到了镇江后，举人和同伴去金山寺游玩。看到前方挂有僧医诊病的牌匾，举人便顺道去求诊。僧医诊完后，说的与叶天士一样，也说患的是消渴症，生命只有月余。但僧医说，此病可以医治。举人见有求生希望，遂急忙请僧医明确指定。僧医说："你不必走水路，可改旱路，离此地不远就是王家营村，该村秋梨正熟，你可买一车鲜梨，你渴时就以梨当茶，饥时以梨当饭，吃完一车梨后，此病可转危为安，乃痊愈。中医学博大精深，怎说无药可治，前医真是误人性命啊！"举人谢过僧医后继续与同伴北上会试。他按照僧医所说的，吃了很多鲜梨，最后到达京城的时候，消渴症果然痊愈了。

为感谢僧人救命之恩，举人回来的时候又去了金山寺。再到苏州的时候，也去拜访了叶天士。叶天士听了举人的状况后，甚是惊讶，同时自感惭愧，随即摘掉了行医牌匾，改名换姓，前往金山寺拜僧医为师，以求深造。

叶天士每天随僧医侍诊左右，医术精进，于是请求代替僧医来开处方，僧医答应了。僧医观察后说："你的医术和苏州叶天士不相上下，应自己独立行医，不必再来学习。"叶天士说："弟子怕的是和叶天士一样在治病时误人性命，故不敢轻易挂牌行医，必须精益求精，才能万无一失。"僧医十分欣赏叶天士严谨治学的态度。

有一天，寺前来了一位垂危的病人，他的肚子大得像怀孕似的，且肚子已经疼了很多年了。僧医看过之后，便叫叶天士复诊处方。叶天士用头一味药是白信半厘，僧医看后叫改用一厘，才能起死回生，他说："你所不及我者，就是过分小心了，怎

能除病根？"叶天士惊讶地说："患者的病是虫蛊，用白信半厘足能杀死虫子，用量大了，病人易中毒，何能承受？"僧医说："你虽知是虫，但不知虫的大小，此虫有二尺多长，用白信半厘，只能使虫暂时麻痹，等虫复苏后，痛必复发，那时束手无策。我用一厘，可使此虫立死，并随便排出，病怎会复发？"叶天士遵僧医指教，便开所言剂量，病人第二天前来告知，已便下一条二尺多长的红色虫子，病遂痊愈。

叶天士非常敬佩僧医，于是告诉了僧医自己的真实姓名，僧医在惊讶之后，甚是赞扬叶天士态度诚恳、谦恭有礼。僧医赠送了医书一册给叶天士，叶天士十分感激，称僧医是他一生的老师。叶天士将书带回家，如获至宝，潜心研习。经过勤奋认真的学习，他的医术猛进，遂声震江南。

现代有句话说：态度决定一切。是的，态度是一个人做事、做人最基本的原则。树立一个正确的态度是迈向成功、获得成长的前提。诚恳谦恭，不仅是做人最基本的原则，亦是做事、建立功业应秉持的态度。一个人不能做到诚恳谦恭，不可能赢得他人的尊敬，也不可能建立大业。

● 安贫乐道之境

孔孟是儒家思想的代表。安贫乐道，自古就是文人墨客秉持的人生准则、处世之道。放之今日，这种理念被那些注重养生的人所推崇和喜爱。所谓安贫乐道，就是安于贫穷，以坚持自己的信念为乐。一般人在面对生活的变迁时，往往无能为力，此时若能以"安贫乐道"的心态看待变化，则能度过人生的挫折与低谷。

管宁和华歆在年轻的时候，是一对非常要好的朋友。他们每天都形影不离，同桌吃饭，同榻读书，同床睡觉，相处得很和谐。有一天，他俩一块儿去劳动，在菜地里锄草。两个人努力干着活，顾不得停下来休息，一会儿就锄好了一大片。只见管宁抬起锄头，一锄下去，"当"的一下，碰到了一个硬东西。管宁好生奇怪，将锄到的一大片泥土翻了过来。黑黝黝的泥土中，有一个黄澄澄的东西闪闪发光。管宁定睛一看，是块黄金，他就自言自语地说了句："我当是什么硬东西呢，原来是锭金子。"接着，他不再理会了，继续锄他的草。

不远处的华歆听到这话之后，不由得心里一动，于是丢下锄头跑了过来，把金块捧在手里仔细地看来看去。管宁见状，一边挥舞着手里的锄头干活，一边责备华歆说："钱财应该是靠自己的辛勤劳动去获得，一个有道德的人是不可以贪图不劳而获的财物的。"华歆听了，有些不好意思，可手里还是捧着金子不停地端详着，不舍得放下。后来，被管宁看得浑身不自在了，才不情愿地丢下金子回去干活。可是他心里却一直惦记着那块金子，干活也没有先前努力，还不住地唉声叹气。管宁见他这个样子，不再说什么，只是暗暗地摇头。

又有一次，他们坐在一张席子上读书。全神贯注的时候，外面忽然间热闹沸腾起来，一片鼓乐之声，人们的吆喝声和谈论吵闹的声音不断传来。华歆遂起身走到窗前去看究竟发生了什么事。原来是一位达官显贵乘车从这里经过。随从皆佩带着武器，穿着统一的服装前呼后拥地保护着车子，威风凛凛。车上的装饰也是很豪华：车身雕刻着精巧美丽的图案，车上蒙着的车帘是用五彩绸缎制成，四周装饰着金线，车顶还镶了一大块翡翠，显得富贵逼人。管宁对外面的喧闹完全充耳不闻，就好像什么都没有发生一样。

可华歆却不一样，他完全被这种张扬的声势和豪华的排场吸引住了。他觉得在屋里看不清楚，于是急急忙忙地跑到街上去看。管宁看到华歆这番举动，再也抑制不住心中的叹惋和失望。等到华歆回来以后，管宁就拿出刀子当着华歆的面把席子从中间割成两半，痛心而决绝地宣布："我们两人的志向和情趣太不一样了。从今以后，我们就像这被割开的草席一样，再也不是朋友了。"

这就是"管宁割席"的故事。孔孟所主张的"安贫乐道"的志趣在管宁的身上得到了充分的体现。见钱财不慌、不贪、不念，闻富贵而不慕、不思，坚守自身的原则，这样的品性被后世人所尊崇和效仿，也是儒家思想处世之道的一个基本准则。

● 悠闲山水之境

陶渊明、白居易、苏轼，这几个名字连在一起不由自主地就让人联想到了很多山水诗。陶渊明"采菊东篱下，悠然见南山"，白居易"日出江花红胜火，春来江水绿如蓝"，苏轼"竹外桃花三两枝，春江水暖鸭先知"，此等悠闲、惬意、恬静的境界实乃古今有志之人皆心有所向之境。

古时的人以仕途作为毕生追寻的目标。事实上陶渊明、白居易、苏轼、陆游等

人何尝不是历经仕途，因不得志才归隐山林。但到了今日，人们更多追求的是欣赏大自然的美景、恬淡闲适的生活。古时陶渊明等不得已而从之的生活业已成为今人竞相追逐的目标，真是世事变迁，物我两忘啊。

陶渊明的生活方式历来令人心驰神往。"采菊东篱下，悠然见南山"，既与世无争，犹如置身世外桃源，又满足了国人骨子里的那一份清高。

田园生活真的如陶渊明所写的那般美好吗？其实不然。陶渊明能够"采菊东篱下，悠然见南山"，只能说明他真的很悠闲。生活中偶尔的帮衬，是无法体会到"锄禾日当午，汗滴禾下土"的艰辛的。他的生活又怎么能冠以"田园"二字呢？在陶渊明的字里行间不难看出他喜欢花费大量的时间来看景、抒发情感。可是，在"时间就是金钱，效率就是生命"的今日，生活节奏如此之快，偶尔的放松情有可原。如果学生上课盯着窗外，上班族工作时间看风景，交警指挥交通时望着一抹嫩绿心旷神怡，还美其名曰"借景抒情"，那社会岂不乱了套？没有为别人考虑，把自己弄得不食人间烟火似的，是洒脱吗？况且，要是人人隐居山林，林中岂不人满为患？

当然，陶渊明能够放弃利益，不畏生活的艰辛而去追求精神自由，这一点还是值得肯定的。但是，他的生活方式只属于他一个人，并不代表社会的主流和前进的方向，也绝不可能成为一种普遍的意识形态。否则将真的"田园荒芜"、民不聊生，这么发展下去"国将不国"了。可见，陶渊明式的田园生活只能是一种境界、一种精神追求，不能盲目效仿啊！

二程、子思、孔孟、陶渊明等所主张的这四种境界，有古时不推崇而今时被追逐的，如陶渊明等所奉行的田园闲适生活；有古时居正统地位的思想，如二程的"笃恭修己而生睿智"和孔孟的"安贫乐道而润身晬面"；亦有遵常理但难于实现的境界，如子思所谓的"至诚感神而致前知"。曾国藩将此四种列为修身养性的四大境界，作为达到"内圣"的标准。曾国藩一生既看重功名，又在修身上不遗余力。除了陶渊明等所奉行的"观物闲吟而意适神恬"的生活他未曾尝试之外，其余三种基本上都有所修为，尤其是孔孟"安贫乐道"的主张，他不仅以己身行之，还推至家人、亲朋，以此作为居家处世、修身的基本思想。他被尊奉为晚清士大夫名流，与其持之以恒地尊奉古人修身之境有莫大的关联。

曾国藩修身十三课

【原文】

一、主敬。整齐严肃，无时不惧。无事时心在腔子里，应事时专一不杂。清明在躬，如日之升。

二、静坐。每日不拘何时，静坐四刻，体念来复之仁心。正位凝命，如鼎之镇。

三、早起。黎明即起，醒后勿沾恋。

四、读书不二。一书未完，不看他书。东翻西阅，徒务外为人。

五、读史。丙申年购《念三史》，大人曰："尔借钱买书，吾不惜极力为尔弥缝，尔能圈点一遍，则不负我矣。"嗣后每日圈点十叶，间断不孝。

六、谨言。刻刻留心，第一工夫。

七、养气。气藏丹田。无不可对人言之事。

八、保身。十二月奉大人手谕："节劳，节欲，节饮食。"时时当作养病。

九、日知所亡。每日读书记录心得语，有求深意是徇人。

十、月无亡所能。每月作诗文数首，以验积理之多寡，养气之盛否。不可一味耽著，最易溺心丧志。

十一、作字。早饭后写字半时。凡笔墨应酬，当作自己课程。凡事不待明日，愈积愈难清。

十二、夜不出门。旷功疲神，切戒切戒。

十三、写日记须端楷。凡日间过恶：身过、心过、口过，皆记出，终身不间断。

【译文】

一、主敬。整齐严肃，时刻都心生恐惧。清闲时把一颗心放在胸中，有事时便专心致志、心无杂念地去执行。心清性明关键在于亲自行事，就像那高升的太阳一样。

二、静坐。每天不限什么时候，要拿出一定时间静坐养性，反省体悟一番。正襟危

坐，凝然镇定，如同宝鼎一般沉稳。

三、早起。天色初亮就赶紧起身，睡醒了就不要再恋床。

四、读书不二。一本书没有读完时，不要再看其他书籍。东翻西阅随意读书，对自己的道德学问毫无益处。

五、读史。我在丙申年买了一本《念三史》，父亲说："你借钱买书，我毫不吝惜地极力为你还账，只要你能够认真读一遍，就算没有辜负我了！"

六、谨言。时刻留心言语的时机、场合、对象，这是为人处世的第一要务。

七、养气。真气存蓄于丹田之中，彻里彻外光明正大，所作所为毫无羞于对人说之处。

八、保身。十二月奉父亲手谕说："节制操劳，节制欲望，节制饮食。"时刻要像养病一样保养自己的身体。

九、日知所亡。每天读书时将自己的心得记录下来，以求其深意，有所启迪或收获。

十、月无亡所能。每月写作几篇诗文，以此检验自己积存义理的多少，保养真气的强弱。但不能完全沉溺其中，因为作诗文特别耗费真气和时间，也最容易使人玩物丧志，隐没本性。

十一、作字。早饭后写半个时辰的字。所有文字方面的交际应酬，都可以作为练习写字的机会。凡事不可留待第二天去做，事情越积越多，就越难清理。

十二、夜不出门。它使人耽搁正事，精神疲惫，务必戒除。

十三、写日记，必须用正楷字写。凡是当天的过错，如身过、心过、口过等，都要一一记下来，终身不可间断。

【解读】

在修身方面，曾国藩为自己列下了一个课程表，严格执行，希望完善"内圣"的境界。从这一课程表中，可以看出，曾国藩从日常的起居、学习、作息到学习、处世等方面，均为自己制定了严格的规范。治身如此，实在令人钦佩不已。

一个省心修身、注重颐养德行的人，他所犯的过错不一定是坑蒙拐骗之类的淫恶，却往往是一些不为人所知，不足挂齿的小隐私。不断地涤除这些小隐私，他就会一天比一天高大起来。明代杨继盛说："或独坐时，或夜深时，念头一起，则自思曰：这是好念，还是恶念？若是好念，便扩充起来，必见之行；若是恶念，便禁止勿思。"

曾子也说过："吾日三省吾身。"曾国藩这点做得最到位。在治学过程中，他每天都记日记反省自己。曾国藩把自己的字改为"涤生"，取意于佛家语"前日之种种譬如昨日死，今后之种种譬如明日生"。如果曾国藩平日没有养成明事理、析得失的良好习惯，恐怕不会在复杂的官场中不断得到升迁，并且最终成为一代名士。

在"十三课"中，有几条是与养生密切相关的，比如"早起"，"保身"等。

曾国藩很重视养生，他有一套很好的养生方法值得人们借鉴。

养生首先养心，养心莫大于寡欲。曾国藩认为"惩忿窒欲"是养生的大法。所谓"惩忿"，就是遇事不要烦恼、发怒，以心平气和来对待。他在家训中规定："养生以少恼怒为本。"所谓"窒欲"，就是对不良嗜好和私欲都要有效地抑制，不让其萌生，从而胸怀坦荡、天宽地阔、心身泰然。这样自然脏腑气血调和，生机勃勃。他还用"静坐"的方式养心。即使在战事危急，事务繁忙的时候仍每天坚持不懈。在他的日记中常常见到"静坐片刻"。在他的家书中常有告诫子弟"静坐"养生的句子。

节制饮食，曾国藩在饮食上主张"少食"、"素食"、"清淡"。日常生活多以素食和蔬菜为主，"常食小米粥以疗脾亏"，"吾夜饭不用荤，以肉汤炖蔬菜一二种"。他告诫子弟"夜饭不荤，专食素，亦养生之宜，且崇俭之道也"。他深知"脾胃为人后天之本"，膏粱厚味，肥鱼大肉，皆可损伤脾胃。"少食"、"素食"、"清淡"足可以养脾胃，脾胃得养，自然健康长寿。

"多动"、"习劳"，他认为人体活动则气血和、经脉通；不动则病滞。他每天坚持饭后走一千步，还告诫自己的子女、儿媳，要亲自种菜、养猪、织布、下厨，不要随便使唤奴仆。出门要多走路，少骑马坐轿。他在家训中说："劳则寿，逸则夭。"他的儿子曾纪泽少年体弱多病，即命其每日早晚各步走五里路。坚持日久，便转弱为强。

"早起"，曾国藩说："早起为养生第一秘诀。""早起可以振作精神。"早起是曾氏祖辈几代的传统家风。的确，早上空气新鲜，能令人头脑清醒，周身舒适。曾氏一生坚持早起，在他的教导影响下，家中人人"黎明即起，洒扫庭除"。他手下的幕僚、将领无不效法，没有一个敢睡懒觉。正如民间俗语："早睡早起身体好。"

"洗脚"，曾氏每晚睡前必须以热水洗脚。其方法是：水必温热，要浸洗到膝

关节以上为好。实践证明，热水洗脚可以促进下肢血液循环，刺激末梢神经。达到引火下行，降血压，促睡眠的效果。

正确对待医药。曾国藩的祖辈不信医药，这点他未能遵守祖训，而是相信医药。他认为医药能"治病保身"，但也能"致病伤身"，要正确对待医药。他主张"病来即药，病去即止"。他本人有病，即时就服药。日记中有"夜不能寐，服归脾汤数帖而愈"。"癣疾大作，痒甚，用药稍安"。他从不随便服药，更不信庸医的"危言深语"，很推崇精神调养和食物调养。

他很重视补益药品，常购人参、鹿茸、阿胶之类补品寄给祖父母、父母、叔婶及师长服用。自己也常命家人用黄芪、白术、山药、当归、茯苓之类药品熬粥食用。

一百多年过去了，时至今日，曾国藩的这套养生法确实有一定的科学性，且简便易行，值得效法。

《挺经》一书是曾国藩居官带兵、处世待人的经验总结。其核心是百忍之道方为"挺"。内圣之道，重在修心，以心之定和强御外之辱和变，故《挺经》亦被称为"内圣外王之道"。曾国藩被称为近代大儒，集修身、齐家、治国、平天下于一身，实则与他的"内圣"之道密不可分。也正是此点，成为了后人竞相学习和研习的楷模。

卷二

砺志：

伟大的目标是成功者的灯塔

治学之道，重在立下坚卓不俗的大志。一个人追求的目标越高远，他的功业也就会越大。君子的志向是明道德、新民众、做善事，曾国藩认为治学当以此为志，力求成为学识渊博，治国、治民、治学之才。

君子澄清天下的志向

【原文】

君子之立志也，有民胞物与之量，有内圣外王之业，而后不忝于父母之生，不愧为天地之完人。故其为忧也，以不如舜不如周公为忧也，以德不修学不讲为忧也。是故顽民梗化则忧之，蛮夷猾夏则忧之，小人在位贤才否闭则忧之，匹夫匹妇不被己泽则忧之。所谓悲天命而悯人穷，此君子之所忧也。若夫一身之屈伸，一家之饥饱，世俗之荣辱得失，贵贱毁誉，君子固不暇忧及此也。

【译文】

君子的志向，是希望自己有为民请命的气量，有圣人一般的德行，有称霸天下的大功，这样才不至于辜负自己的父母生育了自己，不愧身为天地间一个完全的人。所以他是为自己比不上尧舜和周公而忧虑，为自身的德行没有修养完备而忧虑，为学问没有大的成就而忧虑。所以，因为顽固的刁民难以感化而忧虑，因为野蛮的少数民族不能被征服而忧虑，因为小人当道而贤德的人只能远远地逃避而忧虑，因为普通的平民百姓没有得到自己的恩泽而忧虑，这就是通常所说的悲天命而怜悯百姓穷苦，也就是君子怀有的忧虑。如果只是个人的顺意与贫困，家人的温饱和贫寒，常人所说的荣誉与耻辱、所得和所失、富贵与贫贱、诽谤与赞美，君子一般是没有时间为这些事而忧虑费神的。

【解读】

君子的志向是什么? 他们都在追求些什么呢? 曾国藩认为，为民请命、进修圣人的德行及建功立业是君子追求的目标。君子不为财，不为利，只为心中的追求而奋斗，他们的一切言行都是奔着济世、扶助苍生而行的。

可能会有人说，君子不可能那么伟大的。确实，君子不可能那么伟大，因为他们也是人，但重点也正是在这里。他们做到了常人难以做到的事情，包容和追逐着一般人难以包容和不敢想的事情，所以相对于常人而言，他们是伟大的。

曾国藩崇尚君子所为，也始终有志于在君子之行上有所建树。在他的理解中，他认为为民请命，具备圣人之德，有称霸天下的志向，是真正的君子应当具备的品德。他把这三方面视为"大志"，且终生研习。

•君子当有为民请命的使命感

为民请命，是古代官吏必须履行的责任之一，换做今天的话来说，就是要为人民服务。父母官，父母官，就是要以百姓的所思所想所需为要点，帮助百姓解决疾苦和烦恼。

为民请命，出自司马迁所著的《史记·淮阴侯列传》，里面这样写道："因民之欲，西向为百姓请命，则天下风走而响应矣，孰敢不听！"其意主要指，为人民请求保全性命或解除苦恼。

纵观中国历史，历朝历代官员无数，但真正做到为民请命的不多，时常被人们提起的不外乎包拯、狄仁杰、海瑞等。海瑞在这些官员中，算是经历相对特殊的一个。

海瑞是明朝著名的清官。他生活的年代，正是明王朝由盛到衰的转折时期。表面一片升平，其实危机四伏。

海瑞年轻的时候，就对社会问题甚是关注。在户部供职时，出于对国家财力的忧虑，为进谏迷信道教、一心求仙而纵容各地大兴土木修建庙坛道观的嘉靖帝，以六品小官身份抱着必死的决心毅然上疏。他呈上的奏疏便是著名的"直言天下第一事疏"，后人称为《治安疏》。奏疏递上去后没多久，海瑞就被关进了大牢。幸好嘉靖帝不久之后便病逝了，新皇帝在首辅徐阶的劝说之下，赦免了海瑞，官复原职，并逐步升至应天巡抚等职。在当职的时候，他匡正时弊，严肃法纪，主持制定了贪污满"八十贯绞"等严刑。他为人铁面无私，刚正不阿，即便是对有恩于他的老丞相徐阶也毫不留情，将徐家仗势多占的良田退还原主，将欺压良民的徐阶的两个儿子及二十多个家人依律问罪。

纵观海瑞为官，历经嘉靖、隆庆、万历三朝，多次冒死进谏，虽是为了维护封

建统治的根本利益，但他严于执法，除暴安良，生活清廉，同情百姓，招抚流亡，注意发展生产，兴修水利，限制大地主无止境的盘剥，改革落后的风俗习惯等，得到了百姓的广泛拥护。

海瑞一生居官清廉，刚直不阿。他和所有的违法违纪过不去，和腐败的大环境过不去，甚至和皇帝过不去，强硬的态度令所有官员都有所顾虑。但他却赢得了百姓的爱戴，成为百姓心目中的好官，真正意义上的"父母官"。据说听到他去世的消息时，当地的百姓如失亲人，悲痛万分。当他的灵柩从南京水路运回故乡时，长江两岸站满了送行的人。很多百姓还自发为他做了遗像，供在家里。明代著名的思想家李贽对海瑞的评价是："先生如万年青草，可以傲霜雪而不可充栋梁。"可谓入木三分。

海瑞的个性决定了他的一生不会平坦，注定要与权贵不断斗争，甚至冒着生命的危险。曾国藩在个性上与海瑞相似，同样刚直不阿，无视权贵。所以在为民请命上，他甚为欣赏海瑞的作风。

不过说到为民请命，重在解决人民的烦恼和困顿。像海瑞那样敢于冒生命危险与权势作斗争的官员毕竟只是少数，能够事无巨细，不分大小地替百姓解决就不愧为"父母官"了。

刘隆，与海瑞一样，是明代的官员。他没有海瑞那样的胆识，也没有海瑞那样名声在外。但在为民请命，履行父母官职责上，却可与海瑞比肩。

刘隆，生于世代务农的家庭。永乐二年，刘隆赴京应试，登甲申科曾启榜进士，被任命为江西南昌府推官，不久调广西太平府。在任期间，他为官清正，政事简明，刑法清明，干练断狱，深得百姓爱戴和上级赏识。后来晋升为河南道监察御史，专事考核吏治。刘隆到浙江巡视的时候，朝廷正好命太监黄金到青田县催缴捐赋。黄金凭借着天威圣命，横征暴敛，欺压百姓。青田百姓不堪其苦，在潘孟吉带领下，群起反抗，杀死贪官黄金。地方官将案情上奏，朝廷为之震惊。明成主朱棣大发雷霆，说青田刁民犯上作乱，下令屠城，血洗青田。刘隆接旨后，不忍青田无辜百姓惨遭屠戮，毅然上疏，说明黄金暴虐的真相，要求"诛首恶，宥其余"。在刘隆的劝说下，明成主朱棣收回了命令，从而避免了一场不应该发生的屠戮事件，青田百姓也躲过了一场浩劫。青田百姓对刘隆感恩戴德，立碑镌石歌颂了刘隆为民请命的仁爱与政绩。

宣宗年间，刘隆被提升为山西按察司金事，分领各道。当时山西因灾荒连年，所以边粮不足，刘隆根据丰歉贫富适时劝征，充实边粮。正统年间，明英宗朱祁镇即位，刘隆晋升为廉政大夫。不久，刘隆又升为大理寺卿，总督边储，他设法劝征，使边粮充足，时称"丰棱慈惠，绩著芝田"。他晚年回到家乡居住，拿出了自己的钱财设置义仓，优待和抚恤族人，全乡的人都称他有圣人的德行。

为民请命，准确来说，是居官者必须履行的一项责任；从道德上来说，则是人品高洁的体现。曾国藩甚是看重这一点，所以在他居官期间，凡是贪赃枉法、目无法纪、扰民乱民的事情，一概不会容忍，即便后期他志于明哲保身，但在这一点上却从不含糊。

• 培养圣人之德

何谓圣人？圣人当属无知、无欲、无己、无求、无悲、无喜，超然于世，但又事事洞达、通幽习变、见微知著的一类人。

细数华夏五千年历史，堪称"圣人"的人寥寥无几。教育界有文圣孔丘，军事界有武圣关羽，诗学界有诗圣杜甫，书法界有书圣王羲之，茗茶界有茶圣陆羽……但若从全面衡量，没有真正的圣人。

人们在提到圣人的时候，往往忘记了一个前提——圣人也是人。是人，就会有缺陷，不会是完美的。曾国藩自然是知道这个道理的。所以他所说的"圣人之德"主要指的是孔孟思想中的仁德、善念与礼节。他强调的君子之德，即指这个。

君子与小人最大的区别在于君子愿意舍己为人，乐善好施，小人取利于己，心胸狭隘。毫无限制地要求他人提供帮助，是很没有礼貌和道德的事情，所以有人主动不计报酬，用自己的钱财、精力、时间去为大众做善事，就很容易得到民众的钦佩和赞赏。一般能够做到这一程度的，就被尊奉为君子。

• 称霸天下的决心

项羽、曹操、孙权、李世民、多尔衮，这些人无论哪一个都有着称霸天下、成就一番伟业的雄心。有心才会有动力，有功绩。

思想能想多远，路就能走多远。如果南北朝时期的宋武帝刘裕当初只知道在

街上叫卖，没有自我追求的思想和目标，那么历史就不会出现宋武帝这个优秀帝王了。其实，人的一生能有多少成就，从立志开始就决定了他未来的道路和前途。刘裕的经历就是最好的说明。

有一次卖鞋的时候，刘裕看到班师回京的谢玄大将军。当时谢玄骑着高头大马，银盔亮甲，十分威风地从他身边经过，刘裕见了这个情景，便心潮澎湃，发出了一句类似刘邦见秦始皇时的立志豪言："大丈夫当如此也！"刘裕肯定没有想到，自己这一感叹是要付出毕生的努力和奋斗的。也许对一个普通孩子来说，这只不过是一时的感叹，但对刘裕却不一样，他把这个榜样当成了自己人生追求、奋斗的目标和动力。最终开辟了南朝四国之一的宋国。

志向对每个人都是很重要的，不仅仅只是对君子而言。一般人可能只会确立一个简单易于实现的目标，比如今年收成要达到多少，要读完《史记》，今科一定要中举等。英雄豪杰、大丈夫，通常则会树立远大的志向。像宋武帝刘裕、唐太宗李世民、范仲淹、康熙皇帝等，都是心怀大志的有力证明。

唐太宗李世民是一个在马背、刀枪下走过来的君王。虽然历史对于他的评价，针对"贞观之治"多为褒奖，对于夺帝位杀手足，则多为贬斥，但这些评价并不能掩盖一个事实：李世民是一个胸有大志之人，且历史证明他也是一个能够实现和拓展大志之人。

隋大业十一年，隋炀帝被突厥十万骑围困于雁门（今山西代县），李世民跟随屯卫将军云定兴前往救援，提出了虚张军容，昼引旌旗数十里的疑兵计。当时正好东都及各郡救援的士兵都到了忻口（今忻州北），迫使突厥始毕可汗解围而去。十三年六月，李世民与兄长李建成率兵攻西河（今汾阳），首战获胜，促使李渊决意西向关中。时任右领军大都督，统右三军，封敦煌郡公。七月随李渊自太原（今太原西南）南下，途中李渊曾一度动摇，欲还师更图后举。李世民坚决主张继续进军，提出先入咸阳，号令天下的方略。十一月，攻克长安，李渊立代王杨侑为帝，即隋恭帝，改大业为义宁元年。以光禄大夫、大将军、太尉唐公为假黄钺、使持节、大都督内外诸军事、尚书令、大丞相，进封唐王，李世民为京兆尹，改封秦国公。同年五月，隋恭帝禅位于唐，唐王即皇帝位，国号大唐，改元武德。武德元年，李世民被进封秦王。

唐朝建立以后，为统一全国，先后进行了六次大的战役。这六个战役李世民就指挥了四个，全部取得了胜利，为唐王朝立下了赫赫战功。

第一次是对陇右薛举父子集团的战役。唐武德元年，薛举率军进攻关中，双方在现陕西长武县发生激战，在这里，李世民打了他一生中唯一的一次大败仗，退回长安。但不久，他便在浅水原之战彻底打败薛军，消灭了陇石集团。

第二次，刘武周依附突厥，南下进攻唐朝，攻占了晋阳，李世民不畏艰险，终于击溃了敌人主力，并乘胜追击，两天不吃饭，三天不解甲，彻底消灭了敌军，收复了丢失的土地。

第三次是对王世充和窦建德的战役。这次战役规模为唐统一战争中最大的。在这次战役中，李世民先将王世充击败，围困在洛阳，令其无粮草供应，待其自毙。就在洛阳将下未下之时，河北的窦建德军十余万众号称三十万，为救援王世充突然出现在唐军背后，李世民力排众议，在虎牢之战中大败窦建德军，生擒窦建德。洛阳的王世充也只得投降，这次李世民一举两得，取得了决定性的胜利。

第四次是平定刘黑闼的战役。刘黑闼是窦建德的部下，他打着为窦建德复仇的旗号，在河北起兵反唐。李世民指挥了平定其第一次起兵的战役，仅仅两个月就取得了胜利。（其他两个战役是由李孝恭指挥的平定杜伏威的江淮军和平定以江陵为根据地的萧铣的梁政权）。

李世民自此威望日隆，尤其是在虎牢之战后进入长安时，受到部分军民以皇帝的礼仪招待。武德四年冬十月，封为天策上将、领司徒、陕东道大行台尚书令，食邑增至二万户。高祖又下诏特许天策府自置官属，俨然形成一个小政府机构。

李世民在战斗中注重战前侦察，虽屡次遇险，但每次战斗都能做到知己知彼，善于制造战机，当敌强我弱时，他经常用"坚壁挫锐"的战法拖垮敌人，战斗中身先士卒，亲自率领骑兵突击敌阵，胜利后勇追穷寇，不给敌人喘息之机，因此获得了每次战役的胜利。在统一边疆的战争中，他运筹帷幄，决胜千里，明于知将，选拔良才，取得了战争的胜利。李世民用他卓越的军事才能，为大唐帝国的建立和发展作出了巨大的贡献，不愧为历史上杰出的军事家。

纵观历史上有名的帝王，皆是毁誉参半。李世民将大唐帝国治理得繁荣昌盛，可在治家上，他却无缘德行。这皆因"玄武门之变"。弑兄夺权的例子在历朝历代的皇位争夺中屡见不鲜，但能够狠下心肠来剿除手足，且取得卓越战绩的屈指可数。

帝王都是有野心的，无论其野心是治国、倾权，还是好财好色，都有一个目标始

终牵引着他们。称霸天下的大志,常人不敢想,即便想也多半只是梦想。所以,立志称霸天下,除了可以激励自我奋进之外,就只是敢于向霸业挑战的人的专利了。

君子要有志,作为普通人也当有志。或许一般人不会做出英雄豪杰那样的壮举,但在自己的人生和生活中活出品质和志气,却是可能的,也是必须的。没有志向的生活就像没有航向的船,会在生活的海洋里迷失了方向。

曾国藩提出的君子志向,是自己需要为之奋斗的目标。不仅是目标而已,他是希望借助树立目标来激发自我和亲族,不至庸庸碌碌、无所作为。称霸天下的大志,是少数人的专利,尽管很多人有投身其中的意愿,但终会心有余而力不足。只是记住一点即可:立志很重要,立下自己的志向则更重要。

读书三用:明德、新民、止至善

【原文】

明德、新民、止至善,皆我分内事也。若读书不能体贴到身上去,谓此三项与我身了不相涉,则读书何用?虽使能文能诗,博雅自诩,亦只算得识字之牧猪奴耳!岂得谓之明理有用之人也乎?朝廷以制艺取士,亦谓其能代圣贤立言,必能明圣贤之理,行圣贤之行,可以居官莅民、整躬率物也。若以明德、新民为分外事,则虽能文能诗,而于修己治人之道实茫然不讲,朝廷用此等人作官,与用牧猪奴作官何以异哉?

【译文】

明道德、新民众、做善事,这些都是我们分内的事情。如果读了书而不能将书中的道理应用到自己身上,认为这些与自己毫不相干,那读书有什么用呢?虽说读了书后能写文章能作诗,也能卖弄自己学识广博,但这也只能算是一个识字的牧童而已,怎么能够称得上是个明白事理而且懂得应用的人呢?朝廷以科举文章来录取人才,也是认为这样的人能坚持圣贤的言论,也一定明白圣贤的道理,做出圣贤的行为,因此能为官管理民众,以身作则来引导和带领其他的人。如果一个人把宣扬德化、教导百姓看成是分外的事,那么他虽然能写文章能作诗,却对修身治人的道理茫然不懂,朝廷任用这样的人做官,和任用牧童做官又有什么区别呢?

【解读】

读书能干什么呢?曾国藩认为,读书有三用:明德、新民、止至善。从这三个方面可以看出,曾国藩是一个有志于向圣人靠拢的人。

读书是一种品位,一种境界,读书更是一种精神的跋涉,一个人的心灵若能得到知识的洗礼,就会产生灵气和色彩,荣誉和廉耻。读书若水,川流不息,潜移默化,泅心无声。读一本好书,如同品尝醇厚的清泉,泉水流经的地方,风景生机盎然,令人心旷神怡。

●读书可以明德

仁义礼智信,古人常说的这"五常",后人都是通过书本来了解、体悟的。古人常说,做事先做人,人做好了,事情就好办了。这其中蕴涵着一个为人之道的意思。人是群居的,存在于一个社会之中,与人相处打交道,就要遵守一定的礼节和道德。礼节和道德有不同的级别,一般人只要做到对人谦恭有礼,心存善念即可,要达到君子,甚至圣人的境界,则要不断地研习和修炼才行。读书是明大义、晓礼节的有效途径。

古今中外有很多仁人志士重气节、轻私利;重品格、轻富贵;重情操、轻生死,他们的这些所作所为借助书本的记载,经过历史的传承,渐渐成为后世训教百姓的标准,潜移默化地影响着人们的思想道德。

书为普通百姓提供了道德规范。一个优秀民族世代积累的人生追求和道德理想,大都以精练、光彩的语言表达出来,留在了书里,感召和滋养后人。历史上有许多人以此为营养,改造和完善自我,最终成长为中华民族的脊梁。"富贵不能淫,贫贱不能移,威武不能屈";"先天下之忧而忧,后天下之乐而乐";"居安思危,戒奢以俭"等先祖典籍中记载的闪光语言,常常能够令人深思,获得心灵上的成长。

道德不是孤立的,人的道德追求体现着人的世界观和价值观。文天祥高唱《正气歌》千古流传,是因为有中华民族爱国主义传统的指引;千千万万革命先烈为人

民献出生命，是因为有建立新中国伟大理想的激励。古人曾用金子比喻品德，金子的纯度越提炼越高，人的品德越锤炼越好。

俗话说：智是进德之基。一个愚昧无知的人，在复杂的道德选择上常常难分荣辱；一个缺乏学识修养的人，难免会在各种非道德的诱惑面前失去自我。因此，读书是进德必需的条件。生有涯，学无涯。不断地进取获得更多的知识，继而促进德行的发展。

法国大文豪雨果曾说过：书籍是改造灵魂的工具，是滋补光明的养料。只要孜孜不倦地苦读，就能找到取之不尽的精神动力和道德源泉，成长为一个明事理，知礼节的有德之人。

● 桃李满天下的孔子

新民，历来似乎都是为政者、为师者的责任。但民间亦不乏普度众生，开启民智之人。在这一点上，很多人首先想到的是孔子。

孔子，作为中国人的精神祖师，已经有两千多年了。树大招风，孔子也不例外。虽然孔子坐享"圣人"的宝座，但两千多年来，尊孔与批孔的斗争却从未停歇过。批孔者多是想将孔子从"圣人"的椅子上拉下来，还原他一个普通人的身份，抑或想以其他思想来代替孔子所代表的儒家理念。尊孔者则多半是维护孔子"圣人"的地位，维护他所代表的儒家传统。曾国藩是以儒家理念登科入世的，在他的血液里，以儒家思想为基础的传统道德情操业已扎根发芽，因此，他是属于尊孔一派的，尤其崇尚儒家尊师重教的思想。

孔子在政绩上无所收获，可谓怀才不遇。但在教书育人，普及学业上，他做到了极致，遂得世人尊奉。据《史记·孔子世家》说："孔子以诗书礼乐教。弟子盖三千焉，身通六艺者有七十又二人。"

"六艺"是什么呢？即礼、乐、射、御、书、数。"礼"，指礼仪制度、道德规范；"乐"，指音乐、诗歌、舞蹈；"射"，指射箭；"御"，指驾车；"书"，指文字读写；"数"，则是算法。孔子的教学可谓涉猎甚广，所谓"志于道，据于德，依于仁，游于艺"。古代普及学识，泗洙书院可谓是滥觞。

泗洙书院的学生基本上都是大杂烩，什么人都有。颜回"贫居陋巷，箪食瓢饮"，是个穷苦人；子路先后做过两家贵族的家臣；子贡则在曹、鲁之间做生意，而且富至千金，还当过鲁、卫的行政官员，是聘问各国、与诸侯分庭抗礼的重要人物。即便学生出身不一，经历各异，但都勤于向孔子求学，孔子担当"圣人"的名誉其实也不为过。

孔子当时门徒三千，上至六十老叟，下至四岁顽童，真可谓桃李满天下了。在孔子的学生中，有七十二弟子，后有弟子中的"孔门十哲"，还有"道通里的三十弟子"，这样的学生阵势，真的是开启了民智的先河。后世有人评价孔子教书育人是为了逃避仕途上的失意，但是仔细一想，又有何不妥呢？人都有梦想，但不是都能实现。不能实现的情况下，转而向他处寻求人生的价值，又有什么错呢？更何况新民众、启民智是大举大善之事。

在当时的历史条件下，孔子没有任何现代化的教育手段，但这并没有影响孔子教育的影响力。直到六十岁他还坐着马车周游列国。对老百姓这个大众群体而言，他树立了良好的"亲民"形象，也应和了人民大众对知识的渴望，起码是希望自己的子女"学而优则仕"，成龙变凤，进而荣华富贵、飞黄腾达。

细究曾国藩的一系列学说和处世原则，皆是对传统圣贤书中所宣讲的道德、大义的继承和宣扬。他不仅是一个典型的传统士大夫，更是一个积极推行古圣先贤理念的前锋。或许他新民的影响力没有孔子那样大，但李鸿章、左宗棠这些晚清末期的知名人士无不受其教导，虔心跟随。这与他熟知和践行古人留下的理念有莫大的关系。

● 以善行走

"人之初，性本善。"这是《三字经》的开篇之句。人性本善，是个尚待证明的问题。但有一点是肯定的，人之初却并非性"恶"。善念是人生存下去的心灵基石，无善则无力，无善则不继。

善，有很多近义词，譬如仁、义、礼、谦等。孟子曾说："仁就是人的心，义就是人生之路。丢掉了那条大道不走，丧失了善良的心而不知道寻找，实在可悲啊！人们有鸡犬走失，便知道去寻找它们；可善良之心丧失却不知道找回。学问的道路没有别的，只不过把那丧失了的善良之心找回来就是了。"

读书能明德、启智、习礼，亦是开启善念的渠道。人生来都有善念，给之以适当的土壤，再辅之以阳光雨露，它也能处处开花，并开出灿烂的花。手不释卷，其义

自见，说的是启智，但亦启心智。

古来有句俗话："行善积德。"听来俗套，但却是最能让每个人心里舒坦的话。行善，首先要有善心，其次还应讲究方法。方法不当，善心会被淹没，甚至会弄巧成拙。春秋时期晋国的赵简子"献鸠放生"说的就是方法不当，导致善举变成了残害生灵的事情。

春秋时期，晋国有一个势力很大的大臣赵简子，他非常喜欢在大年初一这天放生以显示自己爱护生灵。所以一到过年时他就下令，希望百姓替他捕捉斑鸠并送到他的府中，这样他便可以在大年初一这天行善积德，放斑鸠回大自然。这个命令一颁布，当地的老百姓便开始捕捉并进献斑鸠，好让赵简子放生。在大年初一这天，凡是进献斑鸠的百姓都能够破例到赵简子的家里去，而且每个进献者都会得到相当优厚的赏赐。所以初一这天去赵府进献斑鸠的人络绎不绝。

赵简子的门客中有一个问他为什么要这么做，赵简子回答说："大年初一放生，表示我对生灵的爱护，有仁慈之心嘛！"门客听后接着说："您对生灵有如此的仁慈之心，这是难能可贵的。可大人您想过没有：如果全国的老百姓知道大人您要拿斑鸠去放生，便会争先恐后地大肆捕捉斑鸠，这样做势必造成斑鸠的死伤不计其数！像现在，您奖励老百姓捕捉许多的斑鸠送给您，然后您再把捕捉到的斑鸠放生，那么大人您认为这样做能起到保护斑鸠，放飞生灵的作用吗？是不是您对斑鸠的仁慈还不能抵偿人们对它们的破坏呢？在下人看来，您如果真的要放生，想救斑鸠一命，不如下道命令，禁止捕捉斑鸠。"

赵简子听了之后，仔细地思考了门客的话，最后默默地点了点头说："是啊。应该下令禁捕斑鸠才对。"

一个人心存善念，行善举，往往会被称为善人。其实善心善举与读书并没有必然的直接关联，但是读书能够启发民智，让民众对人世有更多、更深、更广的了解，继而产生的善念与善举才会显得更有意义和价值。曾国藩提出的读书三用中的"止至善"其实说的就是这个层面上的意思。

读书，古人有古人对其的认知和追求，今人有今人对其的认知和追求。明德、新民，是读书最基本的功用，古今通用。至于"止至善"，而今更多的只是一个词而已，已经不是读书的目的，也不再被当成道德的重要指标。想来，有些悲哀，又有些不知所措。或许历史的进步总是以牺牲点儿东西为代价的。

世间事，重在持之以恒

【原文】

累月奔驰酬应，犹能不失常课，当可日进无已。人生惟有常是第一美德。余早年于作字一道，亦尝苦思力索，终无所成。近日朝朝摹写，久不间断，遂觉月异而岁不同。可见年无分老少，事无分难易，但行之有恒，自如种树蓄养，日见其大而不觉耳。进之以猛，持之以恒，不过一二年，精进而不觉。言语迟钝，举止端重，则德进矣。作文有峥嵘雄快之气，则业进矣。

【译文】

长年累月在外奔波应酬，还能坚持日常的学习，当然能够日有所进，不会止息。人生只有做事持之以恒是第一美德。我早年对书法也曾经艰苦探求，但始终无所成就。近日来，我每天摹写，坚持很久没有间断，就觉得我写的字每月都有长进。可见年龄不分老少，事情不分难易，只要持之以恒，就像种树和养牲畜一样，每天看见它长大却感觉不到。奋力前行，持之以恒，不过一两年的工夫，自然会有无形的精进。言语沉稳，举止端正，品德性情自然就会有所长进。文章有峥嵘雄峻之气，则学业有长进。

【解读】

水滴石穿，铁杵磨成针，是小学课文中就学到的东西。不知是不是时间过得太久，反而忽略了它们的核心意思，只是习惯性地将其当做典故成语来使用。事贵在恒。只要能够始终如一地坚持，难办的事情也会变得容易起来。水滴能穿石，铁杵能磨成针，都是持之以恒的结果。

贵有恒，何必三更起五更眠；最无益，只怕一日曝十日寒。这是毛泽东最欣赏的一句话。世界上有很多事情不是办不到，只是办事的人缺乏恒心而已。一曝十寒，

再简单容易的事情也会变得复杂，从而远离终点。

战国时期，百家争鸣，游说之风十分盛行。一般的游说之士，皆有高深的学问、丰富的知识，尤其能以深刻生动的比喻来讽劝执政者。孟子即是当时非常著名的一位辩士，在《孟子》的《告子》上篇中有这样一段记载：

孟子对齐王的昏庸、做事没有坚持性、轻信奸佞谗言很不满，便不客气地对他说："王也太不明智了，天下虽有生命力很强的生物，可是你把它放在阳光下晒了一天，又放在阴寒的地方冻了它十天，它哪里还活得成呢？我跟王在一起的时间是很短的，王即使有了一点从善的决心，可是我一离开你，那些奸臣又来哄骗你，你又会听信他们的话，叫我怎么办呢？"接着，他打了一个生动的比喻："下棋看起来是件小事，但假使你不专心致志，也同样学不好，下不赢。奕秋是全国最善下棋的能手，他教了两个徒弟，其中一个专心致志，处处听奕秋的指导；另一个却总是想着有天鹅飞来，准备用箭射鹅。两个徒弟是一个师傅教的，一起学的，然而后者的成绩却差得很远。这不是他们的智力有什么区别，而是专心的程度不一样啊！"

学一样东西、做好一件事情，是非专心致志、下苦工夫不可的。若是今天做一些，把它丢下了，隔十天再去做，那么事情怎么做得好呢？求学、做事能否成功，坚持是决定因素之一，所以后来的人便将孟子所说的"一日暴之，十日寒之"精简成"一曝十寒"，用来比喻修学、做事没有恒心，作辍无常的情况。

细究古今中外所有有成就的人，在前进的道路上，无不靠着"水滴石穿"的精神，将一块块"顽石"滴穿，而后走向成功。持之以恒，考验的是一个人的意志力和对目标的渴望程度。古今中外成就大业的人都有一些在常人眼中不可思议的事情，但这些事情却都体现着一个主题：专心致志、持之以恒。

司马光小时候，每当老师讲完课，一起读书的小朋友读了一会儿书就去玩了，他却一个人在屋子里一遍又一遍地高声朗读，直到读到滚瓜烂熟为止。长大以后，为了抓紧时间，他做了个"警枕"，睡觉的时候只要稍微一动，枕头就滚开，他醒来后便继续读书写作。正是这种"警枕饱学"的认真态度，使司马光能够坚持用十九年的时间编成了史学巨著《资治通鉴》。还有著名的生物学家童第周，十七岁才进中学，他的学习成绩很差，但他毫不气馁，奋起直追。每天天刚亮，他就在校园里读书，晚上睡觉前，他总是回顾一下当天的学习内容。经过半年的努力，他终于赶了上来。后来，他远渡重洋，在比利时留学，完成了高难度的青蛙卵剥离手术。

持之以恒，不放弃，是成就事业永恒的方法，无论是在古代还是在现代；不管是中国还是外国，它都是那些做出伟大事业之人的一个共同之处。

J.K. 罗琳，这个名字如今全世界家喻户晓，可在《哈利·波特》真正变成铅字开始流行之前，它的主人——J.K. 罗琳经历了人生最为艰难困苦的时期，即便如此，她始终没有放弃梦想，所以才会有《哈利·波特》系列的问世。

和其他作家一样，罗琳很喜欢写作，还是一个充满幻想的英语教师。幸福的家庭，称心的工作都足以让罗琳满足。可是甜蜜的家庭、美满的婚姻和理想的工作都在一瞬间发生了翻天覆地的变化。丈夫离她而去，工作没有了，居无定所，身无分文，再加上年幼的女儿，罗琳一下子变得生活困苦。可是，家庭和事业的失败却没有打消罗琳写作的积极性，用她自己的话说："或许是为了完成多年的梦想，或许是为了排遣心中的不快，也或许是为了每晚能把自己编的故事讲给女儿听。"她成天不停地写，有时为了省钱省电，她甚至待在咖啡馆里写上一天。就这样，第一本《哈利·波特》诞生了。然而，罗琳向出版社推荐这本书的时候，却遭到了一次又一次地拒绝，没有人对这本写给孩子的童话书感兴趣。可罗琳并不气馁，直到英国学者出版社出版了第一本《哈利·波特》，创下了出版界的奇迹，该书被翻译成 35 种语言在 115 个国家和地区发行，引起了全世界的轰动。

古今中外的鲜明事例都验证了，恒心是成事的最后一步，亦是最关键的一步。人都有惰性，意志不坚定的人往往被惰性夺走了恒心。曾国藩在习字上曾经懈怠过，为了戒除惰性他强迫自己早起，晚间坚持不出门，习字练字，日子经久，写字的水平果然大为提高。对于做事需要恒心，曾国藩可谓深有感触，所以他才教导子侄学习做事一定要有恒心，只要恒心够了，没有办不成的事情。

卷三

家范：
家庭是个人走向辉煌的后盾

曾国藩的齐家理论以"和"字为中心，总结出了八本格言、八字家规。他反对奢侈，主张勤俭持家，反对给子女留下资产，而是要培养子女自力更生的能力，以及不慕权贵的品性。

八字家规和八本格言

【原文】

家中兄弟子侄，惟当记祖父之八个字，曰："考、宝、早、扫、书、蔬、鱼、猪。"又谨记祖父三不信，曰："不信地仙、不信医药、不信僧巫。"余日记册中又有八本之说，曰："读书以训诂为本，作诗文以声调为本，事亲以得欢心为本，养生以戒恼怒为本。立身以不妄语为本，居家以不晏起为本，作官以不要钱为本，行军以不扰民为本。"此八本者，皆余阅历而确有把握之论，弟亦当教诸子侄谨记之。无论世之治乱，家之贫富，但能守星冈公之八字与之八本，总不失为上等人家。

【译文】

家中的兄弟子侄，对祖父的八字训诫要牢记在心，即"考、宝、早、扫、书、蔬、鱼、猪"。除此之外，祖父的三不信——不信地仙、不信医药、不信僧巫，也要谨记在心。我的日记中又有八本的说法，即"读书以训诂为本，作诗文以声调为本，事亲以得欢心为本，养生以戒恼怒为本。立身以不妄语为本，居家以不晏起为本，作官以不要钱为本，行军以不扰民为本"。这八个方面都是我亲身经历的总结，都是行之有效的论断，弟弟应当教导各位子侄，让他们谨记教诲。无论是盛世还是乱世，家境贫寒还是富裕，只要能守住祖父的八字和我的八本，都不失为受人尊敬的上等人家。

【解读】

家族，在中国人的心里是一个神圣不可侵犯的观念。自己犯了错误都希望自己一个人来承担，不希望牵连到家族。人常说，治国同治家，治家同治国。确实，治家与治国有着很多相通之处。在广大百姓的心目中，家的概念要比国的概念来得直接而重要，因此，家教、家规、家风成为了人们成长和发展的保险箱，这个保险箱的保险水平高了, 其子孙就成长和发展得好, 反之则不然。

曾氏家族在中国历史上算是名门望族了, 其影响至今不绝, 且有扩大之势。这与其严谨、科学的治家理念是分不开的。曾氏家族的治家理念以曾国藩的祖父星冈公的八字家规和曾国藩的八本格言为主, 主张勤俭持家, 反对奢侈浪费; 追求和睦的家族关系。

● 八字家规

八字家规是曾国藩的祖父星冈公提出来的, 曾国藩将其进行了精心的整理, 总结为了八个字, 即书、蔬、鱼、猪、早、扫、考、宝。

具体一点, 即读好书、种好菜、养好鱼、喂好猪、早起床、勤打扫、作祭祀、善待人。这八个字包含了四个方面的内容, 即读书、耕作、孝友、睦邻。蔬、鱼、猪、早、扫, 指的是耕作, 乃农家人本应有的素质, 其核心是勤俭。

书: 就是读书。古人讲求读圣贤书, 并把读书当做功成名就的一个契机。所谓十年寒窗, 只为一朝衣锦还乡, 即是此意。曾氏家训中的读书, 除此意之外, 更多的是希望通过读书来明智、开阔心胸。

蔬: 就是蔬菜。这一点体现了曾氏家族节俭的一面, 即饮食上不贪奢侈, 崇尚节俭, 亦是养生健体的一面。

鱼: 即养鱼。按曾国藩的话说, "家中养鱼养猪种竹种蔬, 皆不可忽, 一则上接祖父相承以来之家风, 二则望其外有一种生气, 登其庭有一种旺气"。"鱼"是"蔬"理念的一种动态延伸。

猪: 即养猪。是"蔬"和"鱼"的延伸, 亦是"耕作"的范畴。猪多是因为粮多, 强调的是自给自足。

早: 一年之计在于春, 一日之计在于晨, 一家之计在于和, 一身之计在于勤。曾国藩在给自己所列的"十二课"中有一条就是早起。曾国藩深知早起有利于做出有成效的事情, 所以在这一点上, 力荐家人遵循。

扫: 就是扫除。家不扫, 何以扫天下? 也就是说为人行事要实在, 凡事从我做起, 才能心忧天下。这一点更多的是从思想来说的, 即扫除贪富贵、慕权势、仗势凌人的念头。

考：就是祭祀。祖宗虽远，祭祀不可不诚；子孙虽愚，经书不可不读。孝悌是中华美德之一，因此祭祀自古就同孝悌紧密相连。为尊者祭，为贤者祭；为长辈祭，为晚辈祭。在封建的三纲五常中，虽名义上讲的是礼节、规范，实际上也包含有祭祀的成分，亦是一种礼节和尊严的象征。

宝：就是善待亲族邻里。这一点充分体现了曾氏家族以"和"为贵的思想。作为封建伦理的一个方面，与人为善、行善积德亦是应大力提倡的一个方面。

在这八个方面，曾国藩最看重"书"和"耕（蔬、鱼、猪、扫、早）"。在教育家人子侄的时候，他常常以"耕读"或"半耕半读"来教导。

他在写给夫人的信中说："夫人率儿辈在家，须事事立一个章程，居官不过偶然之事，居家乃是长久之计，能从勤俭耕读上做出好规模，虽一旦罢官，尚不失为兴旺气象。"不要小看这"耕读"二字，表面看来简单，实际上却蕴涵着深刻的道理。耕，能使人丰衣足食，养成勤俭节约的良好习惯，培养高尚的品行。书，能够让人增长见识，明白道理，懂得如何做人。耕和书两者结合，可以互相促进，共同发展。这两个方面对富贵之家来说，看似简单，可要真正做起来就没那么容易了。

曾国藩对历史有深入的认识和了解，家国的兴衰、世事的变迁，他都能感知并明察。他认为一个家庭的兴衰，重点不在于一两个人做了大官，而在于其子弟的贤良与否。家族子弟的贤肖，有六分是取自于天性，四分在于家教。他分析认为，官宦世家子孙骄奢淫逸的，基本上都是富贵一代便终结了，能够延续两代的很少；商人的家庭勤俭的，能够延续三四代；耕读的家庭谨慎小心，能够延续五六代；孝友的家庭能够绵延十代、八代。

本着使曾氏子孙能够节俭度日，形成贤良的品性以保持家族兴旺的目的，曾国藩不仅总结了祖父的治家方法，而且将其发扬光大。他一生都把"书、蔬、鱼、猪、早、扫、考、宝"奉为至宝，身体力行地去遵循，严守不怠，并且谆谆教导曾家子弟要恪遵家教，谨守家风，所以才有曾家人才辈出的局面出现。

● 八本格言

基于对八字家规的补充，曾国藩通过自身的一些经历和感受，又提出了一个更为具体而全面的治家规范。这个家规由八句话构成，所以被称为"八本格言"。即读书以训诂为本；

作诗文以声调为本；

事亲以得欢心为本；

养生以戒恼怒为本；

立身以不妄语为本；

居家以不晏起为本；

作官以不要钱为本；

行军以不扰民为本。

这八本格言的形成其实与曾国藩的家庭教育是分不开的。曾国藩的父亲曾竹亭事亲至孝；曾国藩的母亲个性倔犟，善事舅姑，嘉惠亲族，敦睦邻里。这种家风美德，在有形无形之中，对曾国藩的学问事功、立身行己，都有很大的影响。

仔细地对这八本格言进行一番分析，会发现其不仅涵盖的面比较广，而且所涉及的点都是切中要害的，是立身处世中最需要注意的地方。研习这八本格言，对于治家、修身、立世皆有不菲的益处。

读书以训诂为本，指的是读书要以古代先贤的言论为准，学习圣贤人士的思想、观念及行事作风。陶渊明曾说自己"好读书，不求甚解，每有会意，便欣然忘食"。不过自明清以来，由于"文字狱"的关系，文人墨客们都不敢再提什么实质性的学问，只是躲在文字背后做些表面文章。这样一来，势必对读书、做人、处世会产生消极的影响。因为受时代局限，曾国藩自然不会反对训诂，而是提倡。不过，正因为这样曾国藩才能博览全书，贯通诸子百家的学说。

"读圣贤书，所学何事？"这是文天祥《自赞语》中的一句。归纳起来，无非"读书明理"四个大字。明什么理呢？一是要明白做人的道理，一是要明白事物的道理。读圣贤书，可以感受浓厚的文化氛围，圣贤书中存留的是中华民族五千年文化的积淀，充分体现了古人的思想与智慧。它像一座宝山，让人流连。曾国藩素有清朝"中兴重臣"之称，而他酷爱读书、善于读书，众人皆知，并且他那种读书的劲头很少有人可以企及。

曾国藩爱书爱到了什么程度呢？他不惜负债贷款也要买到自己心仪的书，他认为"买书不可不多"。清道光十六年，他从京师（今北京）"贷百金，南归过金陵（今南京），尽以购书"。自古而今，爱读书的人不胜枚举，但贷款负债买书的又有

几个人呢?

书买回家后,他总是手不释卷,爱得不忍放下,如饥似渴地阅读。于是,"侵晨起读,中夜而休,泛览百家,足不出庭户者几一年",简直到了"世间百事,唯有读书"的地步。但曾国藩并不觉得有什么干扰,反而以此为乐,认为"君子有三乐,读书声出金石,飘飘意远,一乐也"。

曾国藩自幼就养成了读书的习惯,一方面那些诗词歌赋读起来,抑扬顿挫,富有节奏韵味,可在品味其意的过程中获得乐趣;另一方面能增强记忆,出口成章,一些名篇名句即使到了老了也还会记得。据史载,曾国藩五岁即"受学于庭,诵读颖悟",十五岁能成篇背诵《周礼·仪礼》、《史记》、《昭明文选》等名著篇章。即使到了花甲之年,成篇地背诵《离骚》、《上林赋》等名篇亦不是问题。

关于怎么读书、读什么书,曾国藩有其真知灼见。他觉得,"看书不可不知所择",首先要有目标,懂得选择,重点是要读经典名著,这样才能学到至理名言。儒家的经典"四书"、"五经",司马迁的《史记》,道家名著《庄子》,司马光的《汉书》,唐宋八大家之一的韩愈的文章等,是曾国藩生平最爱读的书。

他读书从不三天打鱼、两天晒网,而是认真严谨、坚持不懈,直到把书中所讲的道理都弄明白了才肯放下。比如"一句不通,不看下句;今日不通,明日再读;今年不通,明年再读","一书不看完,断不看他书"。对于经典之作、经典之处,更是细嚼精思,"先认其貌,后观其神"。曾国藩尽管军务政事缠身,但每个时期他都制定了不同的读书课程,其中尤重历史,"每日读史十页",终其一生。

他博览全书,且孜孜以求,从不满足。曾说:"余平生有三耻:学问各途,皆略涉其涯矣。独天文算学,毫无所知,虽恒星五纬,亦不认识,一耻也……"知有涯而学无涯,知识是学不完的,漏掉其中的一部分,本无可厚非,但他却深以为憾。这种可贵的精神连青年时代的毛泽东也很佩服:"吾于近人,独服曾文正。"

曾国藩不仅自己读书孜孜不倦,在教导后代子侄、家人读书的时候亦是勤教不倦。他留下的一千余封家书多数为教子读书的内容。里面有不少直接而明确的指导性要求:"看、读、写、作,四者每日不可缺。"也有研读篇目:如《尚书》、《史记》、《汉书》、《昭明文选》等名著,更有对读书好处的评论:"人之气质,由于天生,本难改变,惟有读书则可变化气质。"读书,已不仅仅是曾国藩的个人爱好,更是他治家传世的重要法宝。

作诗文以声调为本。指写作文章要注意节奏韵律等方面的协调、和谐。诗词创作对于艺术性的追求是重中之重,其中之一就是"韵律",即讲究字词的搭配,音调的和谐。

关于诗词的韵律,主要有以下三个方面的内容:

一是平仄,由南北朝时期的沈约等首先提出,在盛唐以后的格律诗中得到广泛应用,主要是讲究平声和仄声的协调。

二是对偶,在韵文特别是格律诗中,对对偶的技巧要求比较严格,诗词中一般是句对,在赋和八股文中还有多句对和段对。

三是押韵,指同韵的字在适当的地方有规律地重复出现。

这三个方面都是由汉语语音的特点决定的,就是单音节语素占优势,有声调。在诗词写作特别是格律诗写作时,平仄、对偶和押韵运用得好,运用得自然,可以使诗作增强音乐感,呈现韵律美;运用得不好,用得过多过滥,就会给人以生拼硬凑的感觉,最坏的结果是以文害义,六朝到初唐的骈体就是一个明显的例子。

事亲以得欢心为本。讲的是做事、对待亲人要真诚,才会欢心、雀跃。这一条着重从为人处世方面说,说明亲善他人就是善待自己的道理。

孝敬双亲,仅提供衣食等物质方面的东西是不行的,老人需要的是一家人在一起共享天伦之乐。因此,让父母在精神上获得愉悦、舒心,才是真正的孝道。曾国藩侍奉父母,注重的是让父母从心里感到开心、放松,所以一家人才融洽有加、上下欢愉,养成一团和气。

与人相处,重在以诚待人,只有真心付出才会得到意想不到的收获。与人相处,要多站在他人的立场上想想。竭力体恤别人,帮助别人,服侍别人,甘心做别人的仆役。不要向比自己软弱或比自己地位低的人轻易发怒,叱喝他们,给他们难堪。这不只使他们受痛苦,也会使自己受损害。

不要站在别人的上面,叫别人尊重你。要甘心站在别人的下面,尊重别人。只有心甘情愿站在别人下面的人才配站在别人的上面;只有肯尊重别人的人才配得到他人的尊重。自己有了什么过失,应当坦白承认,千万不要刻意隐瞒。当别人劝导责备你的时候,要以感激和谦卑的心情接受,断然不能恼怒,更不可拒绝。这些都是获取欢心、赢得舒心的途径。

养生以戒恼怒为本。气大伤身,这句话不是没有道理的。自古人们就把戒骄戒

怒视为养生修身的关键。很多人都以为曾国藩文武兼备，肯定无暇在养生方面有所顾及。而实际上，曾国藩也堪称一位养生大师，他的养生之道，重点就在于"惩忿窒欲"。所谓"惩忿"就是尽量避免恼怒。佛教所说的"降龙伏虎"中的"龙"指的是火气，"虎"指的是肝气，降龙就是"窒欲"，伏虎就是"惩忿"。佛家与儒家虽然存在诸多不同，但在戒除恼怒以保身心方面却相差无几。

曾国藩在日记家书中曾多次提到过要戒怒。他的九弟曾国荃脾气暴躁，曾国藩因此专门写信进行过劝导。例如："弟之内疾外症愈几分？凡郁怒最伤人。余有错处，弟尽可一一直说。人之忌我者，唯愿兄做错事，唯愿弟之不恭。人之忌弟者，唯愿弟做错事，唯愿兄之不友。弟看破此等事情，则知世路之艰险，而心愈抑畏，气反愈平和矣。恼怒不但伤身劳神，而且会使人失去理智，伤及他人。做事时，如恼怒则不能心定神安，容易失去自信，恐怕就没有好的成绩。怒气就如脱缰野马，野性难驯，让人束手无策。故而，要控制怒火。"在修身养性方面，曾国藩有其深刻而广博的认识，他身体力行地进行着有关养生的实验，并将自己经过实践的经验告知家人、亲朋，希望他们也能够在养生方面获得益处。

历史上因为恼怒失掉胜利、断送生命、遗臭万年的人物不在少数。曹操中反间计怒杀蔡瑁张允，从而赤壁失利；周瑜气量狭小，易怒的个性终于断送了自己的生命，落得个可悲英雄的名誉；吴三桂，冲冠一怒为红颜，按照传统的观念，他的降清无非加深了人们"红颜祸水"的观念，自己也只留下一个爱美人胜过爱江山的轻侮之名。

怒火不仅伤身，往往还会破坏一些既定的计划，让人做出一些有违意愿的事情，这样看来，怒火的弊处大于益处。因此，戒怒是必需的，也是必要的。

立身以不妄语为本。人与人相交，当以诚为根基。只有诚心以待，怀抱真诚地为人处世，才能将事情做好，并与他人建立良好的关系。夸大其词，言不由衷，虽能够获得他人一时的欣赏与接纳，但终究无以长久。曾国藩曾说：我们为人处世要心怀诚意，虚心待之。心诚了志向才可能专一，气量才有可能充足，经过长年累月的坚持，终有一天会有所成就和收获。谦虚待人，礼让与人，不存私念，迟早会与他人成为很好的朋友。对于"诚心"二字，曾国藩甚是强调，他认为凡是在此二字上经过认真修炼的人，很少有世事不通、树敌甚多的情况出现。为此，他还专门做了一副《谨言箴》，意思是用花言巧语取悦于人，最终只能给自身带来灾祸。闲言碎语，也会搅乱你的心神。理解的人不夸耀，夸耀的人不理解。那些道听途说的东西，让智者笑话,让愚者惊骇。那惊骇的人弄清原委以后,会说你欺骗他。笑话你的人会鄙视你,即使你很直率也会怀疑你。最终忧患悔恨丛集,便铭记下来一定改正。铭记以后仍然蹈其覆辙,可叹的是自己已经老了。由此可见,妄言毁终身啊。

居家以不晏起为本。早起的鸟儿有虫吃,肯于勤奋而作的人,居家、事业必大有长进。日高三丈,尚未起床,孔子斥责这种行为为朽木。朽木不可雕也,对于知识分子或尚有一丝尊严的人来说,没有比这更伤人、更令人难堪的了。曾国藩的祖父曾星冈每天天一亮就起床,所以曾家兴旺顺达。在"治家八字诀"中,曾国藩也提到了"早起"。认为乡下的农民,老老小小,男男女女,几乎与太阳同起同落。商人也不得不早起,工人士子,也不得不早起。许多外省人,初到湖南,吃不惯三餐干饭,后来早起惯了,才知道非吃三餐干饭不可。勤劳致富,这一句话永远都脱离不开"早起"这个概念,天地万物共享的时间都是一样的,差别之所以存在,就是因为彼此真正利用到的时间是不一样的,充分地利用了更多时间的人相应地也就会获得更多的报酬,反之则不然。因此,治家、兴家,早起劳作是一个不容忽视的因素。

作官以不要钱为本。自古而今,很多人都把做官当做发财的一个途径,很少有官吏不贪财,不抱有此种想法的。尽管如此,历史上亦有真正为民请命,不贪财,清廉正直的人。曾国藩就是其中之一。他曾这样说道:带兵打仗的人,心存贪念的话,整个军队就会充斥一种松懈、废弛之气;不存私念,一心保家卫国的,整个军队则会被激昂的士气所萦绕。再者,贪婪的官吏,往往会激起部下对其的仇恨与鄙夷;而清正廉洁的官吏,则更多地赢得部下的敬佩。钱财无论如何总是有一定量的,上面的人拿得越多,下面的人分到的就越少;上面的人不苟取,不中饱私囊,下面的人就能够分到多一些的钱财,同时,亦会得到下面人的爱戴和敬仰。我平时教人,总是把"廉"字当做立身安命的根本。

古人读书,多是为了升官发财。曾国藩却立志救国济民,耻于官场腐败习气,发誓做官不为钱,终生俭朴修身治家。他反对留钱财给子孙,以廉洁奉公为做官之本。

行军以不扰民为本。行军打仗,最无辜的当属黎民百姓了。战争永远都是当权者与当权者的斗争,说到底其实与普通老百姓并无多大关联。因此,历来打仗顾及百姓的人也就很少。曾国藩为什么受到那么多人的爱戴呢? 他的功绩自然是不用说的,但他一心为民,凡事以民众的利益为先的作风才是他深入寻常百姓心中的根本原因。曾国藩在率军打仗的时候,曾这样教导其部下:"凡为将帅者,以不骚扰百姓

为第一要义。"所谓民为邦本,唐太宗曾以船和水的关系比喻君与民。孟子在远古时代便已经深知"得民心者得天下"的道理,后世人没有理由不明白的。因此,行军打仗不扰民,就会受民拥护,才能战无不胜,攻无不克。

这"八本"是曾国藩从经历、学识各方面总结而来的真谛,亦是曾国藩家庭教育的主要标准。曾国藩终身行之不懈,亦愿其子弟终身行之不懈。

历史走到今天,已经证明了一个真理:任何人的成功与成长都不能脱离其生长的环境——家。家教充实、丰富、有礼有志的人家,其子孙往往在为人处世方面深得人心,且亦做出一番大的成就。反过来,家教松弛、无章可循的家庭,其子孙多半沦为市井小人,或者德行举止上难以让人接受,至于功业文章有大成就的则更少。曾氏的"八字家规"和"八本格言"像双保险,保障着曾氏子孙能够有礼、有节、有志、有序地成长和发展。

古代士大夫家族衰败的原因

【原文】

士大夫之家不旋踵而败,往往不如乡里耕读人家之耐久。所以致败之由大约不出数端。家败之道有四,曰:礼仪全废者败;兄弟欺诈者败;妇女淫乱者败;子弟傲慢者败。身败之道有四,曰:骄盈凌物者败;昏惰任下者败;贪刻兼至者败;反复无信者败。未有八者全无一失而无故倾覆者也。

【译文】

官宦士人之家通常会很快败落,往往比不上乡村耕读人家的家运持久。官宦士人之家衰败的原因,大概有以下几个方面。家业衰败的原因主要有四个方面:不讲礼仪的人家会衰败;兄弟之间相互欺诈的人家会衰败;女子淫乱的人家会衰败;家族子弟傲慢横行的人家会衰败。自己身败名裂的原因主要有四个方面:骄横傲慢、恃才傲物的人必败;是非不明、放纵下属的人必败;贪婪苛刻、求全责备的人必败;反复无常、没有信誉的人必败。从没听说过在以上这八个方面都没有过失而无故家败身亡的人。

【解读】

在祭祀或祈祷的时候，人们常常会说"千秋万代"、"永保平安"这样的话，其实这些愿望只能是一个愿望而已，不可能期望什么就会实现什么。世上没有永久、永恒的东西，所谓的永久、永恒只是一个相对的概念，或者说是一种期望罢了。任何朝代、君王、家族、名士，都会灭亡，只是持续的时间上存在差异而已。就像我们通常所说的，成功有成功的原因，失败自然也是有失败的原因。对于官宦世家衰败的缘由，曾国藩列出了四个方面，分别如下。

● 不讲礼仪的人家会衰败

不讲礼仪的人家是什么人家呢？先来看看什么是礼仪之家吧。

礼仪之家在古代就是遵孔孟之道，学孔孟之理的人家。礼仪之家，顾名思义，是指父辈们，父辈们的祖先，以及前面好几代都是很讲礼仪的；也可以说是非常有学识、有教养的人家。

礼仪即礼节与仪式。中国古代有"五礼"之说，形成于三皇五帝时代。"五礼"，即祭祀之事为吉礼，冠婚之事为嘉礼，宾客之事为宾礼，军旅之事为军礼，丧葬之事为凶礼。换句话说，就是各个方面均有其应当遵守的原则，通常所说的礼仪、教养，具体指的是以下几点：

敬人的原则。尊敬他人，是与人相交的基本原则，也是礼仪的核心。敬人，就是要对相交的对象抱以恭敬和重视的态度，切勿轻浮、出言狂妄，伤害对方的自尊心。

自律的原则。自律，就是要自我控制，言行谨慎深虑；与人相处、做事时，要积极主动，有自觉自愿的意识，且表里如一，勤于自我反省，不妄自菲薄，自轻自贱。

适度的原则。无论是对人对事，该有的礼节、气度都应当有，但要有一个适度的标准，要具体情况具体对待。过犹不及，这一点要牢记在心。凡是做过了头，等同于没有做，情况严重的，可能还会起反作用。

真诚的原则。做事认真，待人以诚，这样才会办事顺利，交友通达。只有待人友好，心存敬意，才能与他人建立起友好的关系。逢场作戏，言行不一，口是心非，

投机取巧，做假骗人，都是与真诚背道而驰的。

没有做到以上原则的人家即是不讲礼仪的人家，它的衰败是必然的。对人不敬、不真诚，做事狂妄，没有节制，这样的人家一般人都不屑于与其为伍，结果自然只能走向衰败。

● 兄弟之间相互欺诈的人家会衰败

在治家方面，曾国藩提出了一个"孝友"的主张，其中含有爱护兄弟子侄的意思。他认为爱护兄弟是保持家族和睦的一个关键因素。内讧之家就如蚂蚁捣穴，只会越捣越散，直至倒塌。因此，兄弟之间和则家兴，分则家衰。

《王祥卧冰》，是《二十四孝》中的一篇。自古而今，都是人们治家教子的典范之一。从中可以看出兄弟间和睦，是家族兴旺绵延不可或缺的重要因素之一。

王祥生母不幸病故，父亲遂娶了继母朱氏。不久后，王祥便有了一个弟弟王览。为了让亲生儿子继承全部家产，继母三番五次地说王祥的坏话，父亲受其影响，渐渐对王祥产生了成见。失去了父爱的王祥，日子过得战战兢兢。有一天天降暴雨，继母叫王祥到李子树下守护，如果他守护不好，有李子从树上掉下来，就把他的腿打断。无奈之下，王祥只好站在树下死守，任由暴雨侵袭着自己。不过，风吹雨打再大、再猛烈，却一个李子都没有掉下来。

尽管继母总是虐待王祥，可王祥却从不怨恨，一如既往地孝敬继母。一天，患病的继母突然想吃鱼。当时正值隆冬腊月，河流早就结了冰，到哪里去弄鱼啊？王祥知道后，来到河边，脱去外衣躺倒在冰上，用身体的温度去融化坚硬厚实的冰层。待到冰融化时，他浑身早已冻得麻木了。就这样，王祥找到了鱼。王祥孝敬继母的事迹传开后，受到了皇帝的重视，宣他入朝为官。

尽管继母百般刁难，谋害王祥，但王祥的弟弟却百般爱护哥哥。一次，母亲在酒里下了毒药，王览觉得有些怪异，便把毒酒夺过来自己要喝，母亲慌忙把酒打翻在地，这才救了哥哥的性命。随着王祥的出名，王览也出名了，也被举荐为官。不仅他做了官，而且福荫后世，他的子孙九代都是公卿。其中更有大名鼎鼎的书法大家王羲之。

试想一下，若王览与母亲一同陷害王祥，历史上哪还会有声名显赫的王氏家族啊！由此可见，兄弟、亲族之间和睦的人家才可长久地兴旺，反之则不然。

• 女子淫乱的人家会衰败

女子淫乱，在古代是一件特别辱没家族、败坏门风的事情。所谓家丑不可外扬，其中很大一部分指的即是这种有辱家风的事情。

中国传统儒家伦理观念要求女人要有妇德。何谓妇德？

妇德就是守节操，"从一而终"，"一女不嫁二夫"。要幽闲贞静，守节整齐，行己有耻，动静有法。具体一点来说，一是要纯洁。女子在心理与行为上要清白无污。"妇女不要求特别有才智，但要谦恭、腼腆、殷勤快活、纯洁坚贞、整洁干净，有无可指责的品行和完美无缺的举止。"二是要幽闲。这是一种安详、宁静的美德。它和轻浮、急躁、粗俗等举止是对立的。理学大师朱熹说："幽闲贞静，最好女子家，只是精神不露，意态深沉，第一美德也。"三是贞固。贞固是一种操守，主要指妇女的节操。儒家的两性观念既不是禁欲主义，也不是纵欲主义，而是主张用礼制去节制、引导情欲。先秦以前的贞操观念相对来说还是比较宽松的，尚未形成一种公认的社会心理。但宋以后，理学家提出了"存天理，灭人欲"的观念，贞操观念发展到了绝对化阶段，形成了一种普遍的社会心理，也成为衡量一个女性是否纯洁的重要标志。

正是基于传统伦理对女人的这种约束，淫乱的女子才会被当做辱没家风的败类。名门望族，重视的就是一个名声，名声坏了，所谓的财富、地位相应地都会渐渐消失。这是非常残酷的事情。因此，女子败家历来也被当做最不可赦的罪名。

• 家族子弟傲慢横行的人家会衰败

仗势欺人、恃"财"傲物，历来都是官宦世家子弟的作风。不过历代官宦之家的盛衰之势也证明，傲慢横行的结果只有一种，即衰败。所以曾国藩不断训导子侄兄弟切勿仗势欺人、摆官架子，要以平常人家自居、生活。

人一旦有了地位、财富，就很容易自满，不把别人放在眼里，对比自己弱小的人不屑一顾，甚至拳脚相向。这样很容易就丢掉了为人处世当遵循的礼仪，前文也已提到，不懂礼仪的人家会衰败，因此，家族子弟傲慢横行的人家亦逃不过家败的命运。

家败有家败的理由，其实一个人失败也是有原因的，曾国藩对个人失败的原因也提出了四点。

●恃才傲物的人必败

人满则败,这句话甚是经典与透彻。才华出众之人,易受人瞩目,受人欣赏与艳羡,但自身若不懂得谦虚,不懂得审时度势,出众的才华及傲慢的态度只会将自己引入失败的道路。

唐代有两个文章一流,却嫉世傲物的人,其中一个是罗隐,另一个即是萧颖士。

罗隐的诗文以讥讽见长,虽一心向往功名,却久试不第,一生穷困潦倒。他一共考了十几次试,自称"十二三年就试期",最终都铩羽而归,史称"十上不第"。罗隐仕途不幸,与古代大多数文人的命运相似,但造成不幸的原因却各有不同。罗隐的不幸与其讥讽的诗文有着莫大的关联。罗隐直到55岁才得了个一官半职,但终生性情直傲,结果为权贵们所不容。

萧颖士的诗文也堪称一流,且声名远播。当时大唐有很多日本的差使,其中有一个使者说:"我国的民众,希望请萧先生到日本去当国师。"但是,在国外也有声望的萧颖士却仕途不顺,一直得不到重用,跟罗隐一样的落魄。但与罗隐不同的是,萧颖士19岁就中了进士,可他一生却同样坎坷不济。

据历史记载,天宝初年,萧颖士补秘书正字,奉命要到赵卫间搜求遗书,但他却久久不去复命,最后被免了官职。搜求遗书并不是一件困难的事情,但萧颖士就是不去干,落了个丢官的命运。后来,萧颖士又做了集贤校理,仍然办事不力被贬官,现在的解释是:"不肯谄事宰相李林甫,受其排斥。"后来,萧颖士作了一首《伐樱桃树赋》讥刺权贵,结果亦是一样,被免了官职。

萧颖士之所以被贬官,很大一部分原因由其傲慢所致。有一个故事,萧颖士考中进士后,自恃才华,非常傲慢,经常携着一壶酒到野外去喝,自己喝酒吟诗,十分散漫。一日遇上暴雨狂风,萧颖士看到一个穿紫衣的老人领着一个小孩在避雨,萧颖士见老人很尊贵的样子,便讥讽起来。雨停后,却来了许多马车,迎老人上了车,萧颖士急忙打听,有人告诉他这是吏部王尚书。萧颖士大惊,去求见了好几次,尚书没有接见。第二天他写了封很长的信,到王尚书家里去谢罪。王尚书让人把萧颖士领到偏房的廊下,责备他:"遗憾你不是我的亲属,不然我一定要狠狠地教训你。"萧颖士受了尚书的批评,本当悔过,但萧颖士仍然我行我素,自恃才名,对人傲慢无比。最后死在扬州功曹(州牧的属官)的任上。

萧颖士无视权贵，姑且可以看做正直的表现，但其与人相交，不敬、不尊，以及才高八斗四处张扬，却不是君子之风。不得权贵欣赏就算了，连一般人都得罪，实属愚蠢至极。

• 是非不明，放纵下属的人必败

是非不明、放纵下属，等同于没有原则。很多事情都是在一定的原则下才进展顺利的，无规则无以成方圆，即是这个道理。

不明是非，就会将黑的说成白的，白的说成黑的；对的说成错的，错的说成对的。颠倒黑白和是非是一个人最要不得的品质，要改正这一点，最直接也最有效的方法唯有多读书。书中有对有错，有黑有白，有是非、黑白的辨别之道，亦有开启思维的名家言论，唯有读书才可辨明是非。

放纵下属的人，迟早自己会被这种放纵推翻。人的社会总体来说还是一个人治的社会，过于放纵下属，一是有损于自身的威信，二是不利于社会的安定。古往今来，那么多的起义、兵变，追究一番，哪个不是与放纵下属，从而导致民不聊生，百姓不堪忍受盘剥有关。有制度，无论是法制还是德制，只要遵循，就会各尽其职，徇私枉法之事就可减少。当权者在管理下属方面，要宽严并举，不可过于宽松，亦不可过于严苛，这样彼此的互动才会结出最好的果实。

• 贪婪苛刻、求全责备的人必败

人性中有贪婪的一面，这一点毋庸置疑。对待贪婪，一味地嗤之以鼻没有多大意义，关键是如何应对贪婪。

"人为财死，鸟为食亡"，读来不禁让人感慨，钱财的魔力竟如此之大。在贪财、贪官、贪势、贪色上，遭遇滑铁卢的人，简直不计其数。求富有道即合德，这才应该是常人该有的态度。

《大学》中有这样一句："为富不仁，为仁不富。"钱财与仁义之间总是存在着难以调和的矛盾。世人都以为多积攒些钱财买房产地契，便能够使子孙有饭吃，活得轻松一些，所以都拼命地想发财。但纵观历史上的富豪之家，积攒钱财多的，反

而使子孙没有饭吃，潦倒败家的居多，甚至有子孙都断绝了的。而不肯投机取巧发财的，子孙反而有饭吃，且发展得很好，有兴旺的气象。其实，子孙后代如何发展，都得交由他们自身去奋斗，前人积攒的钱财太多，反而会助长子孙后代懒惰懈怠的心理，致使他们不想再奋斗了，只是抱着一种坐山吃空的心态。所以，不要贪那么多的钱财，人过于贪钱了，会被钱夺走生命的。

"金无足赤，人无完人"，所以对人求全责备是一种自欺欺人的表现。既会伤害他人的自尊心和自信心，也不利于自身的成长。完美的东西这个世界上没有，抱着一种八分美的心态即可。

● 反复无常、没有信誉的人必败

人无信不立。诚信是一个人立于世的品牌。一诺千金，这样的人无论走到哪里都会赢得他人的赞誉和欣赏。反复无常，言而无信的人，难以让人对其产生信任，自然无法将事情办妥，交到知心的朋友。

得黄金百斤，不如得季布一诺。这是民间传下来的一句谚语。说的是一个叫季布的人重承诺从而免遭祸殃的故事。

季布，秦末人，一向说话算数，信誉非常高，所以有很多相交不错的朋友。后来，他得罪了汉高祖刘邦，被悬赏捉拿。其昔日的朋友不仅不被重金所惑，还冒着灭九族的危险来保护他，使他免遭祸殃。

一个人诚实有信，自然得道多助，能获得大家的尊重和友谊。反过来，如果贪图一时的安逸或小便宜，而失信于朋友，表面上是得到了"实惠"，但为了这点实惠毁了自己的声誉，实在不值。相比于一时的物质财富，声誉显得要更珍贵许多。

世人努力奋进，为的是过上好的生活，能够功成名就。官宦世家可谓名有了，财也有了，目标基本都实现了，所以松懈之气不免滋生。善于察觉的人家能够及时觉醒，教导家人要勤俭节约，礼让与人，比如曾国藩。不善于察觉的人家，渐渐地就会在狂妄、傲慢中衰败，而且衰败的速度远远要快于兴旺的速度。

崇俭可保家业长久

【原文】

凡天下官宦之家，多只一代享用便尽，其子孙始而骄佚，继而流荡，终而沟壑，能庆延一二代者鲜矣。商贾之家，勤俭者能延三四代；耕读之家，谨朴者能延五六代；孝友之家，则可以绵延十代八代。我今赖祖宗之积累，少年早达，深恐其以一身享用殆尽，故教诸弟及儿辈，但愿其为耕读孝友之家，不愿其为仕宦起见。若不能看透此层道理，则虽巍科显宦，终算不得祖父之贤肖，我家之功臣。若能看透此道理，则我钦佩之至。

【译文】

官宦人家，家业大多只能享用一代便终结了。他们的子孙一开始还骄横傲慢，接着就会飘荡流浪，最终会困死在沟壑旁。有幸能将家业再维持上个一二代的，实在很少见。商贾巨富之家，勤俭持家者能够延续家业三四代；耕读人家，谨慎俭朴者则能持续五六代；孝敬长辈、友善和睦的人家，则能延续十代八代。我现在依靠祖先累积的功德，能够少年得志、家业发达，但我非常担心一个人就将其用尽了，所以教导各位弟弟和子侄，希望大家都立志发奋，使我们家成为耕读、孝悌、友善和睦的家庭，而不想它成为一般的官宦人家。如果不能明白这一层道理，即使科举高中，官位显赫，也不能算是祖父贤能孝义的子孙、我们家族的功臣。如果能看透、深明这番道理，那我将钦佩至极。

【解读】

勤俭节约，这样一个美德已经被传颂了上千年，至今依旧在传颂。为什么"勤俭节约"的生命力如此顽强？或许"成由勤俭败由奢"这句话可以给予我们一些启示。

成功与失败，有一种分法，即以勤俭作为标杆。既勤又俭的就成功，既惰又奢的就失败。其实道理都很简单，可做起来却非易事。勤俭是中华民族的传统美德，小到一个人、一个家庭，大到一个国家、整个人类，要想生存和发展，都离不开勤俭这两个字。换句话说，就是修身、齐家、治国都离不开勤俭。

纵览古今智士贤臣，将勤俭当做修身治家治国策略的不在少数。比如诸葛亮，"静以修身，俭以养德"，是他的修身之道；再比如朱子，"一粥一饭，当思来之不易；半丝半缕，恒念物力维艰"，是其齐家的训言；走到近代，比如毛泽东，以"厉行节约，勤俭建国"作为治国的方略。若论以"俭"训诫子孙，教导亲朋的，当属司马光和曾国藩。

司马光不仅在史学上作出了卓越的贡献，在教育下一代方面亦是功勋卓著，为后世人家教导子孙提供了一个很好的借鉴。他那篇《训俭示康》言辞恳切，道理通透，堪称古今论"俭"的经典之作。他在此文中写道："俭能立名成业，侈必堕落自毁。"强调了勤俭节约的重要性。这是写给儿子司马康的一篇文章，重在教导儿子明白节俭的价值与意义。司马光真不愧为是史学家出身，文中以事实说话，很有说服力。"众人皆以奢靡为荣，吾心独以朴素为美"。他平生"衣取蔽寒，食取充饥"而已。至于为何要"俭约"，司马光亦以丰富的史实作了论证。例如，晋代的何曾，当了太傅，喜欢奢侈，"日食万钱"，还说"无下箸处"。到了孙子这一代便因骄奢而家业败落。又如"石崇以奢靡夸人"，便引来了杀身之祸。从这些历史上鲜活的事例中，司马光得出了一个结论：奢侈无度的人，当官必然会收受贿赂，在家必然起盗心，最后的结局不出败家葬身的下场。

曾国藩国学功底深厚，四书五经，史学政地无有不通，或许正是前人的经验让他明白了，勤俭持家才是延续兴旺的根本之法这一道理。

在中国近代史上，曾国藩是最显赫和最有争议的人物之一，但他的教子之道却是无可非议的，受到了很多人的欣赏和借鉴。他教育子女：家俭则兴，人勤则健，能勤能俭，永不贫贱。在要求子女做到勤俭这一点上，曾国藩的做法近乎苛刻：不许穿华丽的衣服，不许吃得太奢侈，不许住在繁华的城市。一切都要归于平淡、简单，不能张扬与跋扈。曾国藩纵观历史深知"富不过三代"的道理，因此不仅在穿着等方面严格要求自己和子女，而且在日常饮食上也有严格的要求。他给家人制定了一项原则：出门不许坐轿，不许使唤轿夫，自己能做的事情一定要自己去做。在一封写给长子曾纪泽的信中，他这样要求到：每天早晨天未明就要起床，起床之后的第一件事情是去扫庭院，然后坐下来练字一千，而第一个字一定要写"俭"。他曾经说过："凡世家子弟，饮食起居无一不与寒士相同，几可以成大器。"因此，他才以勤俭入手教育子女不要骄淫，不要奢侈。

人在贫困时，容易做到节俭，而在富贵时，往往容易忘记曾经的贫困，甚至抱着一种现在富裕了要好好弥补一下贫困时期的损失，好好享受一番才是的态度。其实，人在贫困时，活得最有价值和意义。因为生命得到了最大限度的开发。中国历史已经走过了五千多年，这五千多年里，更新换代了多少王朝，又经历多少王侯贵族的起伏兴衰，想来难免感慨万千。有些人注重生前的享乐，不太注重死后的声誉；有些人活得清醒，前思后虑，想着亲族生活，身后往往留下清名。或许节俭公正的人家不曾享受过奢侈骄横人家的洒脱与张扬，但却保存了家业，绵延了香火。中国人讲究不孝有三，无后为大。奢侈无度的人家实际上就是在做断绝子孙后路的事情，可耻，可悲。

季文子是春秋时代鲁国的贵族、著名的外交家，生于一个三代为相的人家。他一生俭朴，以节俭为立身的根本，并且要求家人也过俭朴的生活。在穿衣着装上，素来只求朴素整洁，除每次外出，所乘坐的车马都极其简单。

有个叫仲孙它的人看到季文子如此节俭，便劝季文子说："你身为上卿，德高望重，但听说你在家里不准妻妾穿丝绸衣服，也不用粮食喂马。你自己也不注重容貌服饰，这样不是显得太寒酸，让别国的人笑话您吗？这样做也有损于我们国家的体面，人家会说鲁国的上卿过的是乞丐的日子啊。您为什么不稍微奢侈一下，这对自己或对国家来说，都是有好处的，何乐而不为呢？"

季文子听后，神情有些严肃地对那人说："我也希望把家里布置得豪华典雅，但是每当看到我们的百姓，吃着粗糙得难以下咽的食物，穿着破旧不堪的衣服，还有人正在受冻挨饿，我就没有心思，也不忍心去为自己添置家产。如果平民百姓都粗茶布衣，而我却装扮妻妾，精粮养马，这算哪门子的父母官啊！况且，我听说一个国家的强大与光荣，只有通过臣民的高洁品行才能表现出来，并不是以他们拥有美艳的妻妾和良骥骏马来评定的。既然是这样，我又怎能接受你的建议呢？"

季文子这番话，说得仲孙它满脸羞愧之色，同时也使他更加敬重季文子。之后，仲孙它也效仿季文子，在生活方面以节俭、俭朴为主，妻妾也只穿用普通布做成的衣服，家里的马匹也只是用谷糠、杂草来喂养。

崇俭以养家，勤俭节约的品性不只是利于治家而已，对于修身亦是有很大的益

处。譬如上文中的季文子和仲孙它。季文子节俭治家，心系黎民的高尚品性感化和教导了仲孙它，使之向季文子看齐。这是一种无比高尚的行为，不是人人都能做到的事情。重要的是，季文子的节俭意识与仲孙它的反省意识让我们看到了节俭的力量。

历史上因为奢侈而丧国败家的例子有很多，像商纣王造肉林、建酒池，奢华无度，结果民不聊生，纷纷揭竿而起，殷商终被周武王取而代之。秦始皇统一六国，武功盖世，功业足以名垂千古，但天下太平之后，却筑长城、修建阿房宫、建兵马俑，劳民伤财，结果陈胜吴广振臂一呼，天下响应，威震八方的秦帝国只经历了两世便沉入了历史的灰迹。《红楼梦》中的四大家族，位高权重，富可敌国，可惜奢侈无度，家族不睦，终于财去人空，落个衰败的下场。

可见无论是大家还是小家，无论是官家还是农家，无论手工之家，还是商贾之家，如果勤劳俭朴，就一定能够兴旺；如果骄奢懈怠，那结果只有一个，就是衰败而终。

所以，曾国藩在家书、家训中不断地强调一个"俭"字。为了落到实处，曾国藩都作了具体的规定。例如在写给弟弟的信中，他这样写道：每用一钱，都需要三思。后辈子侄，要不断教导其守礼。出门宜常常走路，不可出门即动用马车，这是不好的，容易养成骄奢懒惰的习气。一次姑息，两次、三次姑息，一旦养成了骄傲奢靡的习惯，改起来可就难了。所以在这一点上一定要谨慎。四人抬的轿子，听说纪泽也坐了，这是万万不可的。即便是你也只能偶尔坐坐，常坐是不行的。

珍奇的东西要加倍珍惜，即便是普通的东西也要汇集起来，摆放要有条有理。像竹头木屑这样的东西，都有用处，收集起来，要用的时候便可随手拿来。

"俭"，第一是不要穿华服，第二是不要雇用过多的仆役。衣服不要准备得太多，尤其不要装点得过于绚烂。

同治六年，在修葺旧屋上花了 7000 串钱，对此曾国藩深感不安，他这样写道："即新造一屋，亦不应费钱许多。余生平以大官之家买田起屋为可愧之事，不料我家竟尔行之。凡居官不可无清名，若明清而实不表，尤为造物所怒。"因此，他要求叫家人在用钱上要作一个计划，断不可贸然、无计划地花钱。"凡吃药、染布及在省、县托买货物，若不分开，则彼此以多为贵，以奢为尚，漫无节制，此败家之气象也。"

曾国藩的小女曾回忆说，在两江总督署时，李鸿章曾请曾夫人和小姐吃饭，两个姐妹，仅一条绸裤，互相争夺而哭了起来。曾国藩得知后安慰道："明年若继续任总督，必为尔添绸裤一条。"堂堂两江总督，其家眷竟不能多有一条绸裤，真是有些可怜。但从另一方面，也反映了曾国藩节俭治家的品性。

勤俭是治家之本，不仅能够使家业持久，更能使一个人养成勤俭节约的良好习惯，为其终生的生活树立一个良好的家庭榜样。富贵不会永恒，总会有低谷出现，平时若没有养成勤俭节约的习惯，潦倒时就无法渡过难关，甚者可能就此贫困下去，永无翻身之日。可见，养成勤俭的品性，是多么重要而有意义。

弃官归田也要能自力更生

【原文】

澄弟每以我升官得差，便谓我肖子贤孙，殊不知此非贤肖也。如以此为贤肖，则李林甫、卢怀慎辈，何尝不位极人臣，焄奕一时，讵得谓之贤肖哉? 予自问学浅识薄，谬膺高位，然所刻刻留心者，此时虽在宦海之中，却时作上岸之计。要令罢官家居之日，己身可以淡泊，妻子可服劳，可对祖父兄弟，可以对宗族乡党。如是而已。

【译文】

澄弟一直认为升官得志，便是孝子贤孙，殊不知这并不是贤德孝义啊! 如果将这看做贤孝子孙的标准，那么李林甫、卢怀慎等人，何尝不是位极人臣、显赫一时的人物，岂不可以说他们也是贤孝之人? 我自己知道自己学识浅薄，侥幸获得了高位显爵，所以事事留心，时时在意。这个时候我虽身在仕途宦海之中，却时刻作着弃官上岸的打算。希望能在弃官回家的时候，自己可以淡泊名利，妻子也可以担任劳作，这样才对得起祖父和各位兄弟，也对得起宗族乡亲。仅此而已。

【解读】

古时很多辞官归隐的人都是在自力更生中找到了人生的另一层价值。曾国藩居官一生，但其晚年却渐渐远离官场，逃遁到居家和乡野生活中，很多人将曾国藩此举看做明哲保身，其实，这又何尝不是一种选择呢？当看惯了官场的尔虞我诈，权力争斗之后，回归乡野也是一个不错的出路。这里涉及到一个回归后如何自立的问题。曾国藩认为归隐后若能够自力更生，生计不出问题，就可以选择归隐。

翻开中国历史，辞官归隐、贬官自救的例子有很多，陶渊明、苏轼、白居易、王维、谢灵运、阮籍……这些名字一下子在我们眼前勾勒出了一幅农耕田园的景象。谁说只有官场才是美的，华服才是好的，田野风光，粗茶淡饭亦别有一番滋味。

说到归隐，陶渊明、庄子、谢灵运等人是绕不开的一个圈子。虽然他们都是在仕途不济的时候选择了归隐，但人之于世，首要的还是生存，其次才是理想。他们归隐后的那种恬淡生活其实非常值得今人思考和借鉴。

东晋时期，盛行士族制度。只要出身士族家庭，就可做官，能力学识这些并不作为居官的标准。至于庶族地主，虽然可能钱财充裕，却在政治上没有任何地位。再往下就是像陶渊明这样的贫农了，地位的卑微便可想而知了。

虽然知道自己地位卑微，但对于满腹经纶的陶渊明来说，入世做官亦是其梦想，更何况他上有老母，下有妻儿，也要为生计考虑。虽然当时的世事污浊，他还是决定奋力一搏。后来，陶渊明在江州担任了"祭酒"的官职，以后又调任彭泽县令。在任十几年，胸怀大志的陶渊明的确没做出大的成就。晋末的黑暗现实像无形的绳索紧紧捆住了陶渊明的手脚，他心目中的真、善、美被污浊的社会风气浸染得也不再通透。身在官场的陶渊明不时地怀念起家乡的山清水秀，对于官场中的腐败之气也越发难以忍受。有一次他要去拜见督邮，服侍他的下官建议他换一套新衣服去会见，陶渊明听后，内心憋了多年的火一下子蹿了上来，索性把官帽丢在了一边，大声说，你去告诉督邮，这个彭泽县令我不当了，我不能为了区区五斗米的俸禄向这个乡里小儿低头！陶渊明脱了官袍，把官印向桌上·丢，便扬长而去。

陶渊明离开了彭泽县，回到家乡不久后便写下了《归去来辞》。因为写出了归家的愉快心情，抛弃重负，回归自然的乐趣，所以很多人都很仰慕他，但他拒绝接待官场的人，亲自下田劳动，只与农民为友。

在《归园田居》一诗中，有这样几句：

种豆南山下，草盛豆苗稀。

晨兴理荒秽，带月荷锄归。

道狭草木长，夕露沾我衣。

衣沾不足惜，但使愿无违。

经过十几年的官场生活，陶渊明终于明白官场不是他那样志向高洁、远大的人可以施展才华的地方，"但使愿无违"说出了他的心愿，即希望不要违背居田耕作，不事权贵的愿望。从此，陶渊明终生居住在家乡务农。

古代读书人读书的目的多半是本着出将入相的念头，但科举就像一座独木桥，万人都拥向这座独木桥，通过的毕竟是少数，大部分人还是逃脱不了落榜的命运，或者来年继续奋斗，一直奋斗到花甲，就像范进中举一样；或者回归故里，过着布衣的生活。但实际的居官生活远非官外人所向往的那般雍容华贵，气派十足。否则，也不会有那么多弃官归隐、回乡的人了。

居官有居官的生活，归隐回乡有归隐回乡的生活。无论哪一种生活，都有其特定的生存方式。陶渊明归家是"采菊东篱下，悠然见南山"，庄周辞官归家则是感悟天地万物，终于形成道庄哲学，亦收了一批思想的传承者。

庄周辞官回家后，开始了他真正悠然自在的生活。在他的日常生活中，时而弹弹琴，时而读读书，时而边与弟子讨论问题边教诲他们。钓鱼，是庄子非常喜爱的一种休闲活动，遇到好天气，他便到河边钓一会儿鱼。有时也与弟子们到周围的山林里进行一些长途的散步。当庄周的思想日渐成熟时，他的名声也随之渐渐大了起来。当时各诸侯国都知道宋国有一个不事王侯，甘于清贫的庄周。他的学说，与墨家、儒家鼎足而立。天下三士，或宗于老庄，或宗于墨，或宗于孔。庄周的思想，人们一开始并不是很理解，后来，随着诸侯国之间战争规模的日益升级，愈加频繁，随着朝为卿相，暮为布衣现象的逐渐普遍，读书人开始厌倦政治，转向去学习养生之道的人逐渐增多。读书人越来越认识到，在这样一个充满着权谋狡诈与兵戈枪矛的时代里，要想凭自己的能力而有所作为，简直是天方夜谭。所以，他们纷纷都跑去学习养生之道。在他们的心里，认为既然不能在政绩上有所作为，还不如继续学习以加强自身的修养。许多王侯将相，在权力的钩心斗角中起起伏伏，他们也往往将庄周的学说用作平时消愁解闷。所以，从不同地方来拜访求道的人，不断增加，同时，也有一些人慕名前来，要拜庄周为师。庄周在辞官后，在自己的乐趣中寻

找到了仕途以外的生存之道，也是一种人生的成功。虽然古人的思想可能无法认识到这一点，但却并不妨碍他们在这一方面的追寻。

官宦之路，不是每个人都能走的路，这一点是毋庸置疑的。有人适合做官，有人适合从商、有人适合务农、有人适合做手工，有人善于女红，有人善于诗文，有人善于武功……三百六十行，行行出状元。尽管如此，仕途还是深受大众的喜爱，即便挤得头破血流，满身伤痕，亦是不移不屈。为什么人们这么钟情仕途呢? 说到底，还是名与利的双重诱惑在吸引人们的眼球。

曾国藩为官几十年，有起有落，曾经威震八方，权倾朝野，也曾经心惊胆战，面临着抄家丧命的危险。正是经历了官场的巨大起伏，他才悟出了一套官场哲学: 刚柔并济，忍字先行。所以才一再强调勤俭治家，希望家道衰落的时候，也能够习惯俭朴的生活，且有生存的本领和心态。曾国藩晚年主动辞官归家，一是出于对官场生活的厌倦，一是为了躲避不必要的纠缠，希望安安稳稳地度过晚年。有人说曾国藩是一个世故圆滑的人，他将中国官场中的游戏规则玩转得甚至熟稔，到了一种可以自由掌控伸缩的程度。且不论这种观点是对还是错，它起码说明了一个事实: 曾国藩是一个很会生活，也很懂得如何自保的人。懂得盛时当做衰时想的人，这样的人，不会有绝路，即便到了绝路，他也会绝处逢生的。只因他时时在思考，处处在作着未来的打算。

弃官归田也要能自力更生。说得再简单一点，就是要为自己准备第二支、第三支，甚至第四支可以维持生计的刷子(即本领)。曾国藩在一百多年前就明白了这一点，且教导家人要有这样的心理准备。作为今时的人，应该更能体会到这一点。今天这个时代，只走一条路，只有一项本领是难以维持终生的，为自己多备几把刷子，才能玩转生活，掌握命运。生存在任何时代、任何情况下都是首先要解决的问题，至于理想、追求等都是在满足了生存之后才能够全力追寻的东西。不要把仕途当做唯一成功、幸福的途径，也不要只朝一个方向奋进，要多寻找几条通向幸福的道路，多朝不同的方向看看，这样才经常会有柳暗花明的奇景出现。

卷四
▼

明强：

中国最简要的方圆之术

　　曾国藩一生熟读古圣经典，总结出：要担当大事，全要在明强两个字上狠下工夫。明，就是要看到眼前的情势，也要看到未来的情势；要看到事物明显的一面，也要看到事物微小的一面。强，就是曾子所说的"自反而缩"，即自我反省而屈伸有度。

"明"的双重含义

【原文】

三达德之首曰智。智即明也。古豪杰，动称英雄。英即明也。明有二端：人见其近，吾见其远，曰高明；人见其粗，吾见其细，曰精明。高明者，譬如室中所见有限，登楼则所见远矣，登山则所见更远矣。精明者，譬如至微之物，以显微镜照之，则加大一倍、十倍、百倍矣。又如粗糙之米，再舂则粗糠全去，三舂、四舂，则精白绝伦矣。

高明由于天分，精明由于学问。吾兄弟忝居大家，天分均不甚高明，专赖学问以求精明。好问若买显微之镜，好学若舂上熟之米。总须心中极明，而后口中可断。能明而断谓之英断，不明而断谓之武断。武断自己之事，为害犹浅；武断他人之事，招怨实深。惟谦退而不肯轻断，最足养福。

【译文】

在智、仁、勇这三项圣人的德行中，排在首位的是"智"。智就是明，古往今来，豪杰志士，才能突出的人都被称为英雄。英也就是明的意思。明有两个方面：一般人只看到近前的事物，我则可以看到更为深远的事物，这就是高明；一般人只看到粗大显眼的事物，或者是事物明显的一面，我则可以看见细微的东西或者事物细微的一面，这就是精明。这里所说的高明，就像身处在一间屋子，人们只能看到近处的事物，若登上高楼，看得就远了；如果登上高山，看得就更远了。而精明，就像很细微的事物，用显微镜照它，它就会放大一倍、十倍、百倍。又如满是粗糠的糙米，捣两遍就可除去粗糠，捣上三遍四遍，就精细白净到极点了。

人高明与否，重在天赋资质，而精明则主要依靠后天钻研学问的程度。我曾氏兄弟如今侥幸身居高位，我们天赋资质都不算很高明，精明则主要要靠后天对学问的钻研。好问如同购买显微镜，能够知晓事物极微的方面；好学如同捣舂了好几遍的米，可去粗取精。总之，必须心中了如指掌，才能作出自己的判断。对事物了解透彻、清晰，而后再作决断，就是英断。不明就里，稀里糊涂地作决定，那是武断。武断自己的事，产生的危害还不算大；武断他人的事，招致的怨恨可能就深了。只有谦虚退让而不轻易下决断，才足以保住福分。

【解读】

明事理，是人与人相处沟通的前提。在明事理前，有一个必要的先决条件，即对事物的认知能力，这决定着能够懂得多少道理，明白多少与人沟通相处的方法。

根据对外界的认知能力和表现方式，人被分为聪明的人，精明的人，高明的人，英明的人四种。

聪明人一般指耳聪目明的人，即除了先天智障以外所有的人。

精明的人，首先应该是一个聪明人，同时又刻意将自己的聪明表现在大众面前的人，因此大家总是看到这个人很精明。

至于高明的人，当然应该是一个聪明人，但其恰恰将自己的聪明巧妙地隐藏起来，在人前表现得非常不聪明，因此有时会被当成傻子的人。

英明的人，一般来说是作为高明人的领导出现的，因此这类人非常难做，一般人不可能做到这个层级。

纵观四类人，聪明的人很大众，英明的人很稀少，所以基本上不能作为分析探讨的对象，因此精明的人和高明的人便成为了分析的对象。正如曾国藩"明强"观念中对"明"含义的概括，分别对精明的人和高明的人进行了分析。

简单来说，对同一个事物，精明的人看得准，高明的人看得远。当一个聪明的人能把聪明娴熟地运用自如的时候，他就被称之为是一个精明的人。聪明来自于秉性，与高明一样，天赋秉性是促成其的重要因素。而精明则不然，是由社会阅历和后天的勤学苦读形成的，而且锻炼得越多，精明度则越高。

《红楼梦》中的王熙凤，是一个以精明的个性闪耀于文学长廊的人物。不过她的精明是一种显露在外的精明，读解起来并不需要太多的猜疑。而另一种精明——深匿起来的精明才是最值得考虑和注意的。这类人往往外表一副宽厚温和的样子，让人首先投以无限的好感与信任，但深入交往下来，总是让人吃亏于无形，而且无法张口诉说，也无处可说。因为这类人言行举止通常大方得体，为人处世滴水不漏，圆滑周密，给旁人的印象也是以好评为主，而且还会有不少欣赏者与拥护者。所

以当受害者要求伸张正义的时候，才发现既无人附和，亦无人倾听。这样的人，是同类中最精明的人，他们会在内心暗自窃喜，对自己高超的智慧自我陶醉，而对他人的愚蠢笨拙则报以耻笑与不屑。在他们心中，自己才是真正能把聪明玩弄于股掌之间的人。除了自己，其他人只能明白一些浅显易懂的事情。薛宝钗，这个被奉为封建士大夫家族最适合当儿媳的人物，以她总是以平淡温和的面目骗过了所有人。看不清她真实面貌的人认为其大气知礼、雍容有度，而看清的人却无法向他人诉说其真实面貌，即使说了，也不会有认同者。所以林黛玉才会抑郁而终。

过于精明的人在一般人心里，总是与虚伪、面具这些带有贬义的词联系在一起。虽然这类人的才学、智商高于一般人，但往往被认为是用在私利方面，并不像高明的人那样，让人从内心生发崇拜与尊敬之情。

古代有很多谋士，这些谋士为王侯将相出谋划策。他们善于审时度势，因势利导，游走于各个势力范围圈中，从某种意义上来说，他们活得更为潇洒自由。这些谋士皆是精明有余之士，他们的智谋和敏锐的感知力是一般人难以企及的。三国时期，诸葛亮、周瑜、曹操，这些响当当的人物，皆是智谋超群之士，但鲜少有人关注贾诩这样一个人。他同样谋略超群，同样嗅觉敏锐，作为谋士，他却游走得更加明智、自由与潇洒，充分体现了一个精明之人的光辉所在。

贾诩是一个性格内向，老成持重，智谋超群的人，尽管智谋一流，却从不轻易显露，所以并没有多少人真正了解他。不过，以"伯乐"著称的汉阳阎忠发现贾诩是一个非常有才华的年轻人，认为他有张良、陈平的谋略。有一个故事：有一次阎忠和贾诩被强盗围困，贾诩急中生智说了类似于这样的一句话：我是段公外孙，你们别害我，我家必多用金银来赎我。当时太尉段颎威震大西北，贾诩抬出段氏，期望能够吓到强盗，结果强盗果然中计，还与他结盟并送他许多礼物。其实贾诩根本不认识段氏，由此便可看出他的智谋。

贾诩投靠张绣后，张绣以长辈之礼待之。有一次曹操带兵征讨张绣，在胜败尚未分出时却忽然退兵。张绣要追杀曹兵，贾诩却劝阻张绣，说：你不要追，追必败。而张绣认为机不可失，不听贾诩劝阻，进兵交战，结果大败而归。事后贾诩对张绣说：你再带兵追上去，一战必胜。此时的张绣早已没有了斗志，说："没有听你的话，所以战败而归。现在为何还追击呢？"贾诩说："兵势有变，亟往必利。"方到此时，张绣才对贾诩的智谋深信不疑，遂重新调遣军队去追击曹操的士兵，最后果然大获全胜。 对于前后两种结果，张绣甚是不解，于是问贾诩："我第一次以精兵追退军，你说必败；第二次以败兵击胜兵，你说必胜。事实都如你所料，这是怎么回事？"贾诩解释道："道理很简单，将军虽善用兵，却不是曹操的对手，曹兵未败而退，一定是后方出了急事。但曹操很会用兵，退兵时必亲自率精兵断后；追兵虽精，但还是敌不过曹操，所以必败无疑。等到把追兵打退之后，曹操势必不再防备，轻军速进，只留一些将领断后，将领虽然英勇，却不是将军的对手，所以虽然是用败兵，却战胜了。"

官渡之战时，曹操的势力略逊于袁绍的军队，所以无人看好曹军，但此时贾诩却劝张绣归曹。张绣听从了贾诩的建议率众归降曹操。曹操见了贾诩大喜，封贾诩为执金吾，都亭侯，冀州牧，参赞军机。贾诩为曹操设计道："公明胜绍，勇胜绍，用人胜绍，决机胜绍，有此四胜而半年不定者，但顾万全故也。必决其机，须臾可定也。"曹操深服其智，于是出奇兵围击袁绍三十余里营，一举击破之。袁绍军全线溃败，曹操以七万兵马，完胜，绍八十万大军，贾诩功不可没。

到了赤壁之战时，被胜利冲昏了头脑的曹操，对贾诩的忠言充耳不闻，结果兵败赤壁。后来与韩遂、马超战于渭南，采用了贾诩的反间计瓦解了韩、马联盟，彻底平定了大西北。

曹操年事已高时，决定选择接班人。当时有竞争实力的是次子曹丕与曹丕弟曹植。两人都想尽方法积极地表现自己。曹植因聪明伶俐，且在文才上远胜曹丕而深得曹操的喜爱，处于不利地位的曹丕向贾诩求计。贾诩为其制定了扬长避短，以拙制巧之计。曹丕对贾诩素来甚是欣赏，因此对其计策也深信不疑，于是遵循了贾诩为自己设计的方法。曹丕从此之后处处以忠厚老实的面目出现，每当曹操出征时，曹植都要用华丽的文章送行，而曹丕只是默默流泪，表现出依依不舍的样子，最终赢得了曹操的好感，继承了曹操的王位。曹丕继位后，对贾诩甚是器重。贾诩77岁寿终正寝，长子贾穆继承了爵位。

纵观贾诩的一生，在很多历史性的关键时刻，皆有其身影的出现。作为谋士，他充分地发挥了自身的优势，游走于各个集团之间。他的审时度势，他的聪明睿智，使他避凶就吉，安安稳稳、平平安安地寿终正寝。人精明如此，真是令人钦佩！

与高明的人难以让人靠近不同，精明的人可触及。因为精明可通过后天的勤学苦读、社会阅历磨炼而成。即是曾国藩所说的"精明由于学问"。

若说汉初有张良，蜀汉有诸葛亮，那大明朝则有刘伯温。民间传说刘伯温"前知

五百年，后知五百年"。朱元璋一般只称呼他"老先生"而不叫其名，又常对人说："刘伯温就是我的张子房（刘邦的高参张良）啊！"由此可见，刘伯温的智谋非同小可啊！

刘伯温自幼家教甚严，非一般人家可比。除了有良好的家教外，刘伯温年幼时就表现得聪明机敏。人常说"三岁看老"。刘伯温有个老师，名叫郑复初，在刘伯温还很小的时候，便对他的父亲刘熵说："你祖上积的德大，所以你有这么个好儿子，他将来必定会光耀你家门庭。"

刘伯温聪明机敏，先天条件非常好，但更重要的是，他后天非常努力。他从小就酷爱读书，只要手边有书，从不挑剔，一一阅读。他既通经史，又通天文学。天文学在古代是禁学，是不允许私自学习的。但刘伯温却学到了。等到成年的时候，他已是个满腹经纶的学问家了。朱元璋最后能够夺取天下大权，与刘伯温的协助是分不开的。

精明的人看问题总是能够看得很准，且很细，行事上也要灵活许多。高明的人则不然，他们看得比较长远，能够预知未来的动向。这样的人很少有，因为高明与天资秉赋有着密切的关系，天资不高的人可以通过后天的学习与实践变得精明，却无法达到高明的境界。

有远见，能够以一物、一事以及当时的环境推知未来的人，基本上都可以算做高明的人。凡事若能够看得远一些，就能够避免和减少不少挫折和麻烦。俗话说，凡事预则立，不预则废。高明之人不仅善预，且还非常准确。所以高明的人往往被后人当做神灵一般，赋予了其很多传奇色彩。诸葛亮作为高明者的象征，关于他的传奇故事有很多，其中一个甚是让人叹服。

据记载，诸葛亮在临终前曾对后代说过这样一些话："我不在了之后，你们中有人将来会遇到杀身大祸。到时候，你们把房屋拆了，墙里面的一个纸包里有解决的办法。"

诸葛亮死后，司马炎先后灭掉了魏蜀吴，确立了霸权，建立了西晋王朝。因为曾经受到过诸葛亮的夹击，在得知朝廷中的一员将军是诸葛亮的后代时，便想灭灭诸葛家的威风。一天，司马炎随便找了一个借口，这个将军便被定了死罪。在金殿上，司马炎问了"你祖父临死前都说了些什么"这样的话，这个将军于是把诸葛亮临终前说的话告诉了司马炎。司马炎听后，便令士兵把房子拆了，果然在墙里发现了一个纸包。士兵们把信递给司马炎，司马炎打开信，只见里面写道："看后返三步。"司马炎于是站起身往后退了三步。只见他刚站稳，龙案上面正对的房顶上，一根玉便掉了下来，周围的桌椅都被砸得粉碎。司马炎吓得出了一身冷汗。他把信翻过来再看，发现后面写道："我救你一命，请你留我后代一命。"司马炎看完这封信，对诸葛亮的神机妙算不得不由衷地钦佩。后来，那个被诬陷的将军官复原职了。

这个故事的确带有传说的色彩，但根据历史上有关诸葛亮的记载，其可信度还是很强的。诸葛亮这种犹如"先知"般预测未来的能力让人不禁哑然，更是佩服得五体投地。这其中有天赋的因素，亦有根据时局的动向以及人心归向推测而出的可能。一个人要变得强大，如能拥有这样的本领自然是一件值得庆幸的事情。

强由明出。只有先看清楚状况才能有方向地去奋斗、争取。任何一个强大、强势的人，他的"强"都是有迹可循的，不是幸运，亦不是盲目就能获得的。无论是精明的人还是高明的人，他们的"强"都是建立在一个知晓时势、明了自身、洞悉他人的前提上的。因此，要变得强大，首先要在"明"处上下工夫。

严格说来，曾国藩既不属于高明之人，亦不属于精明之人。他的可贵之处在于勤学不倦，继而明晓世事人格，从中找出了适合自身发展与生存的最佳途径。但他明白"强由明出"的道理，所以在教导家人、部下的时候，强调要从精明与高明两处着手。曾氏家族绵延数代，一直都居于官宦之家，世享公家俸禄，与其家风有很大的关系。强不在于张扬，而在于自我反省之后的进取。正是这样的思想，使曾国藩弃刚硬，趋柔和，活出了一个后人竞相膜拜的曾国藩来。

"强"的双重含义

【原文】

凡国之强，必须得贤臣工；家之强，必须多出贤子弟。此亦关乎天命，不尽由于人谋。至一身之强，则不外乎北宫黝、孟施舍、曾子三种。孟子之集义而慊，即曾子之自反而缩也。惟曾、孟与孔子告仲由之强，略为可久可常。此外斗智斗力之强，则有因强而大兴，亦有因强而大败。古来如李斯、曹操、董卓、杨素，其智力皆横绝一世，而其祸败亦迥异寻常。近世如陆、何、肃、陈亦皆予知自雄，而俱不保

其终。故吾辈在自修处求强则可，在胜人处求强则不可。福益外家，若专在胜人处求强，其能强到底与否尚未可知。即使终身强横安稳，亦君子所不屑道也。

【译文】

凡是国家强盛的，一定是得到了众多贤臣良将的辅佐；家族兴旺的，一定是出了很多贤良忠孝的子孙。这关系到天道命运，不全是出于个人的谋划。至于一个人的强盛，则不外乎北宫黝、孟施舍、曾子三种情形。孟子能够集思广益，使自己慷慨自得，等同于曾子因自我反省而屈伸有度。只有实践曾子、孟子和孔子告诉仲由强盛的道理，自身的强盛才可以保持长久。此外斗智斗力的强盛也很重要，有因为强盛而迅速兴旺的，也有因为强盛而彻底惨败的。古时人如李斯、曹操、董卓、杨素等人，他们的智力都卓绝一世，而他们的灾祸与失败也超乎寻常。近世人像陆、何、肃、陈也知道自己胆量超群，却都不能保持强盛到最后。所以我们在自己弱的地方，需要自修的地方，求得强盛就好；而在比别人强的地方，谋求更大的强盛就不好了。福气和利益都是身外之物，一个人如果专门在胜人处逞强，那么是否真能强到底，都不能预料。即使是终身强横乡里安稳度日，这也是有道德的君子们不屑提起的。

【解读】

强，在很多人的心中都是一个比较强悍的概念，而且潜意识中都认为战胜了敌人就是强，而这个敌人通常指的是别人，而非自己。朝代间的更迭，民族间的征服与反征服，其实都是意图建立威信、占据统治地位，以确立自身王者的身份。这种依靠武力，甚至文化的力量获得的胜利是一种强大，但这种"强"并非真正的"强"，它迟早会被新的强者所征服或被超越。

强，都是有一个参照物的，相对于那个参照物而言才是强，越过那个参照物，最初的强就不再强了，可能变成一个弱者。没有最强，就如同没有最美一样，只有更强、更好、更美而已。其实，做到自己心目中的力所能及的强即可，过度地求强会陷入贪强的怪圈，让自己身心俱疲。做到勤于自我反思，实际上是强的最佳途径，亦是长远之计。

• 自反而缩是谓强

真正的强，永久的强，来源于自我反省后奋发进取获得的进步。只有勤于反省，勤于作出修正的人，才能永远站在胜利的一边。

秦始皇统一六国，建立了第一个统一的封建王朝，他自称"皇帝"，以为可以千秋万代，但秦王朝却仅存两世便终结；大汉民族一直以强者的形象立足于中国历史，但在历史的长河中也留下了蒙古族和满族辉煌的征服足迹。征服他人是一种强大，但若不能时常反省自身，修补自己的缺陷，拔除自身的毒瘤，即使征服了他人，也终会被新的征服者所代替。因此，真正的"强"取自自身，而非外在，战胜自己才是真正的"强"。

曾国藩个性刚直，对自己要求极其严格。为了修身，他曾给自己制定了十三课。这十三课均是纠正陋习、建立积极健康习惯的。其中"持身敬肃"、"静坐养性"、"说话谨慎"等贯穿的就是自我反省、严于律己的思想。

在自我处求强，这一点曾国藩俨然已是一个榜样。其实在他之前，已有很多自强不息、懂得强己就可以强人的例子，唐伯虎潜心学画便是其中之一。

唐伯虎是明朝著名的画家和文学家，小的时候就在画画方面显示了超人的才华。唐伯虎拜师，拜在大画家沈周门下，学习自然更加刻苦勤奋，掌握绘画技艺很快，深受沈周的称赞。不料，由于沈周的称赞，使一向谦虚的唐伯虎渐渐产生了自满的情绪。沈周看在眼中，记在心里。一次吃饭，沈周让唐伯虎去开窗户，唐伯虎发现自己手下的窗户竟是老师沈周的一幅画，唐伯虎非常惭愧，从此潜心学画。

自我反省，自我激励，自我前进，动力皆来自自己。这种力量是强大而勇猛的，任何外在的力量都无法与其相提并论。曾国藩之所以能够成为一个刚直、明见的人，着实与他勤于自我反省，坚持修养德行有很大的关系。试想唐伯虎若不曾自我检讨与反省，任由自满情绪泛滥，历史上可能就不会有一个叫唐寅的画家了。诚然，曾国藩若不曾以自查来谨言慎行，也就不会成为清代有名的廉洁之士。

曾子曾言：吾日三省吾身。古人亦将反省喻为清除身心垃圾的一个过程。屋子脏了，我们需要打扫；衣服脏了，我们需要清洗；身心受到了污染，自然也需要清洁整理一番的，要不然会像脏乱的屋子，肮脏的衣服一样，变得污秽不堪，影响身心的健康。

自我发展，勤于反省是最佳的途径。曾国藩是深知此理的，他终生勤于克己，勤于反思，在自我审查中不断修正自身的思想、行为，从一个个性刚直、莽撞的官

场新秀蜕变为一个审时度势、气定神闲地游走于官场中的豪门士绅，这都是拜反思省察所赐。曾国藩是切身感受到了反思、反省的力量和好处的，所以才不辞辛劳地教导家人、子侄、部下要勤于反省自身。

● 在不足之处下足工夫

南宋戴复古的《寄兴》一诗中写道："黄金无足色，白璧有微瑕。求人不求备，妾愿老君家。"今时的"金无足赤，人无完人"即由此而来。世间万物皆存有遗憾，没有十全十美。人都有长处，亦有短处，再伟大的人也不例外。成长的关键在于要扬长避短，在不足之处加强修炼。

业精于勤荒于嬉。对于修业，只要勤奋，就能弥补不足之处。天才或许不需要太勤奋，他的天赋使他光芒四射，但若不进修长处，则很可能变成下一个"伤仲永"。可见，勤能补拙，亦能守聪。

曾国藩并非天赋异禀之人，他的学问、才识以及魄力均是勤学苦练、修己得来的。他早年曾对书法颇有兴趣，但因不善此道，所以始终未有长进。后来，他每天摹写，坚持不断地练习，数月之后发现所写之字大有长进。

在不足之处上下工夫，只要做足功课，就会有成效。这是求强的一种途径，而且是自强的重要方法。强人难，强己易，能够做到修补自己的弱点，发挥自己的强处，就是强人。

人们善于观察到自身的缺陷，但大多抱怨的多，真正行动起来去修补自身缺陷的很少。殊不知，修补不足之处正是自我求强的关键之机。

● 丢弃逞能斗狠

逞能的人，逞能的事，放眼看去，还真不在少数。但结果大多大同小异，很多时候达不到预期目的。

"明强"，实际上讲求的仍旧是修炼自己，尤其是在遇到困难的时候，要能够审时度势，深谋远虑，绝不能求一时之功，不能轻举妄动。求强是可以的，但如果逞强斗狠就不是明智之举了。

逞强斗狠，说到底就是要超越他人，获得那种高于他人的优越感，从而谋求他人对自己的肯定、服从和尊敬。不过这种优越感的获得往往是以压抑他人，伤害他人为代价的。

在某一个时间、某一个场合或某一个范围内，你确实征服了他人，但在另一个时间，另一个场合或另一个范围内，可能就不再能征服他了。而且征服向来会相应地产生反征服，如果被征服的人越多，势必激起的反征服也会越多。最后很可能将自己置于一个孤立无援的境地，结果会发现自己的路越来越窄，越走越难。因此，逞强斗狠最终会失败。

曾国藩一生着重于在自修处求强，他给外界留下的"刚毅"形象绝非是与人争强好胜、逞能斗狠得来的。他认为逞能斗狠皆是嫉贤妒能、争强好胜之心在作祟，凡此二者都不是君子应有的品性。君子求强会自反而缩，在自修处求强，而不会向外寻求。

一个人在自修处求强，追求的就不再是对他人的超越，而是自我超越，自然也就不会形成对他人的威胁或者伤害，也就不会有征服与反征服之间长久的矛盾。

人需要征服的其实不是别人，而是自己。在不断地修正自我、完善自我的过程中，所有的反抗都来自自己的内心，是旧我与新我的对抗。这一对抗有时会刺激内心更强烈地征服自我，消除那些泛起的恶念，将积极正面的信息加以扩大，自我就会在这种征服与反抗中不断前进。到了一定的时候，自己就会因自修而变得强大，有力量，这种强大就是曾子、孟子、曾国藩所认为的强大，即"自反而缩"所获得的强大，是君子理应珍惜、保持和追求的。

卷五
▼

刚柔：
掌握阴阳是每个人必需的生存技巧

刚和柔源自《周易》太阳、太阴，
阳刚、阴柔是每个人同时具备的两
面，它反映出一个人的性格和处世原
则，对于二者的关系，古人先贤观点
不一。儒家主张：信义直言，勇者不
惧。道家则主张：以退为进，以柔克
刚。而曾国藩提出：只有刚柔的融合，
才能让人长久立于不败之地。

自立自强是制胜法宝

【原文】

从古帝王将相，无人不由自立自强做出，即为圣贤者，亦各有自立自强之道，故能独立不惧，确乎不拔。昔余往年在京，好与诸有大名大位者为仇，亦未始无挺然特立不畏强御之意。

【译文】

历朝历代的帝王将相，没有不是从自立自强而成功的。即使作为圣人先贤，他们也各有自立自强的方法，所以才能够独立而不畏惧，坚定不移。过去我在京城，好与各位有大名高位的人有些仇怨误解，可有挺然独立而不畏强暴之意。

【解读】

● 独立的人格是成为大丈夫的前提

作为一个人，如果没有自己独立的人格，就很难赢得别人的尊重，应该在适当的时候露出自己的锋芒，让所有的人包括敌人都不敢轻视你。孟子在朝见滕文公时说"富贵不能淫，贫贱不能移，威武不能屈，此之谓大丈夫"，意思就是高官厚禄不能乱我的心，家贫位卑不能变我的行，威力相逼不能屈我的节，这样的人才可称得上是大丈夫。

曾国藩就认为，只有自立自强才能成就大事，并指出，历代的帝王将相，没有不是从自立自强做起的，即使作为圣贤之人，也是有着独立的人格，才能独立不惧，坚定不移，受到别人尊重。在历史上，最能体现这一点的，莫过于汉武帝时期的外交官苏武。

根据史料记载，匈奴自从被卫青、霍去病打败以后，双方有好几年没打仗。他们口头上表示要跟汉朝和好，实际上还是随时想进犯中原。单于一次次派使者来求和，可是汉朝的使者到匈奴去回访，有的却被他们扣留了。

公元前100年，汉武帝正想出兵打匈奴，匈奴便派使者求和，还把汉朝的使者都放了回来。汉武帝为了答复匈奴的善意表示，派中郎将苏武拿着旌节，带着副手张胜和随员常惠，出使匈奴。

单于正要派使者护送苏武等人归汉，适逢缑王与长水人虞常等人在匈奴内部谋反。缑王是昆邪王姐姐的儿子，与昆邪王一起降汉，后来又跟随浞野侯赵破奴重新陷胡地，在卫律统率的那些投降者中，暗中共同策划绑架单于的母亲阏氏归汉。正好碰上苏武等人到匈奴。虞常在汉的时候，一向与副使张胜有交往，私下拜访张胜，说："听说汉天子很怨恨卫律，我虞常能为汉廷埋伏弩弓将他射死。我的母亲与弟弟都在汉，希望受到汉廷的照顾。"张胜许诺了他，把财物送给了虞常。

一个多月后，单于外出打猎，只有阏氏和单于的子弟在家。虞常等七十余人将要起事，其中一人夜晚逃走，把他们的计划报告给了阏氏及其子弟。单于子弟发兵与他们交战，缑王等都战死；虞常被活捉。单于派卫律审处这一案件。张胜听到这个消息，担心他和虞常私下所说的那些话被揭发，便把事情经过告诉了苏武。苏武说："事情到了如此地步，这样一定会牵连到我们。受到侮辱才去死，更对不起国家！"因此想自杀。张胜、常惠一起制止了他。虞常果然供出了张胜。单于大怒，召集许多贵族前来商议，想杀掉汉使者。左伊秩訾说："假如是谋杀单于，又用什么更严的刑法呢？应当都叫他们投降。"单于派卫律召唤苏武来受审讯。苏武对常惠说："丧失气节、玷辱使命，即使活着，还有什么脸面回到汉廷去呢！"说着就要拔出佩带的刀自刎。单于很是钦佩苏武的节操，早晚派人探望、询问苏武，而把张胜逮捕监禁起来。

后来单于派使者通知苏武，一起来审处虞常，想借这个机会使苏武投降。剑斩虞常后，卫律说："汉使张胜，谋杀单于亲近的大臣，应当处死。单于招降的人，赦免他们的罪。"举剑要击杀张胜，张胜请求投降。卫律对苏武说："副使有罪，应该连坐到你。"苏武说："我本来就没有参与谋划，又不是他的亲属，怎么谈得上连坐？"卫律又举剑对准苏武，苏武岿然不动。卫律说："苏君！我卫律以前背弃汉廷，归顺匈奴，幸运地受到单于的大恩，赐我爵号，让我称王；拥有奴隶数万，马和其他牲畜满山，如此富贵！苏君你今日投降，明日也是这样。白白地用身体给草地做肥料，又有谁知道你呢？"苏武毫无反应。卫律说："你顺着我而投降，我与你结为

兄弟；你若今天不听我的安排，以后再想见我，还能得到机会吗？"

苏武痛骂卫律说："你做人家的臣下和儿子，不顾及恩德义理，背叛皇上、抛弃亲人，在异族那里做投降的奴隶，我为什么要见你！况且单于信任你，让你决定别人的死活，而你却居心不平，不主持公道，反而想要使汉皇帝和匈奴单于二主相斗，旁观两国的灾祸和损失！南越王杀汉使者，结果九郡被平定。宛王杀汉使者，自己头颅被悬挂在宫殿的北门。朝鲜王杀汉使者，随即被讨平。唯独匈奴未受惩罚。你明知道我决不会投降，想要使汉和匈奴互相攻打。匈奴灭亡的灾祸，将从我开始了！"卫律知道苏武终究不可胁迫投降，报告了单于。

单于就把苏武囚禁起来，放在大地窖里面，不给他喝的吃的。天下雪，苏武卧着嚼雪，同毡毛一起吞下充饥，几日不死。匈奴以为神奇，就把苏武迁移到北海边没有人的地方，让他放牧公羊，说等到公羊生了小羊才得归汉。同时把他的部下及其随从人员常惠等分别安置到别的地方。

苏武迁移到北海后，粮食运不到，只能掘取野鼠所储藏的野生果实来吃。他拄着汉廷的符节牧羊，睡觉、起来都拿着，以致系在节上的牦牛尾毛全部脱尽。一共过了五六年，单于的弟弟於轩王到北海打猎。苏武会编结打猎的网，矫正弓弩，於轩王颇器重他，供给他衣服、食品。三年多过后，於轩王得病，赐给苏武马匹、牲畜、盛酒酪的瓦器和圆顶的毡帐篷。於轩王死后，他的部下也都迁离。这年冬天，丁令盗去了苏武的牛羊，苏武又陷入穷困。

当初，苏武与李陵都为侍中。苏武出使匈奴的第二年，李陵投降匈奴，不敢访求苏武。时间一久，单于派遣李陵去北海，为苏武安排了酒宴和歌舞。李陵趁机对苏武说："单于听说我与你交情一向深厚，所以派我来劝说足下，愿谦诚地相待于你。你终究不能回归本朝了，白白地在荒无人烟的地方受苦，你对汉廷的信义又怎能有所表现呢？"

苏武却说："我苏武父子无功劳和恩德，都是皇帝栽培提拔起来的，官职升到列将，爵位封为通侯，兄弟三人都是皇帝的亲近之臣，愿意为朝廷牺牲一切。现在得到牺牲自己以效忠国家的机会，即使受到斧钺和汤镬这样的极刑，我也心甘情愿。大臣效忠君王，就像儿子效忠父亲，儿子为父亲而死，没有什么可恨，希望你不要再说了！"

一直到了公元前85年，匈奴的单于死了，匈奴发生内乱，分成了三个国家。新单于没有力量再跟汉朝打仗，又打发使者来求和。那时候，汉武帝已死去，他的儿子汉昭帝在位。汉昭帝派使者到匈奴去,要单于放回苏武,匈奴谎说苏武已经死了。使者信以为真,就没有再提。

第二次,汉使者又到匈奴去,苏武的随从常惠还在匈奴。他买通匈奴人,私下和汉使者见面,把苏武在北海牧羊的情况告诉了使者。使者见了单于,严厉责备他说:"匈奴既然存心同汉朝和好,不应该欺骗汉朝。我们皇上在御花园射下一只大雁,雁脚上拴着一条绸子,上面写着苏武还活着,你怎么说他死了呢?"

单于听了,吓了一大跳。他还以为真的是苏武的忠义感动了飞鸟,连大雁也替他送消息呢。他向使者道歉说:"苏武确实是活着,我们把他放回去就是了。"

苏武出使的时候,才40岁。在匈奴受了19年的折磨,胡须、头发全白了。回到长安的那天,长安的人民都出来迎接他。他们瞧见白胡须、白头发的苏武手里拿着光杆子的旌节,没有一个不受感动的,说他真是个有气节的大丈夫。

● 坚定的价值观,让你不畏惧任何的威胁

一个人要赢得别人的尊重,除了独立的人格,还要有自己的坚定的价值观,在任何时候,都能坚持正确的价值观和理想,外在的威胁对于你而言,就会成为纸老虎,一捅即破。

在汉武帝时期还有一个外交家张骞,因为坚定的价值观,克服重重困难,认真完成自己的使命,而流传后世。公元前139年,他受命率人前往西域,寻找并联络曾被匈奴赶跑的大月氏,合力进击匈奴。

张骞一行从长安起程,经陇西向西行进。一路上日晒雨淋,风吹雪打,环境险恶,困难重重。但他信心坚定,不顾艰辛,冒险西行。当他们来到河西走廊一带后,就被占据此地的匈奴骑兵发现。张骞和随从一百多人全部被俘。

匈奴单于知道了张骞西行的目的之后,自然不会轻易放过。把他们分散开去放羊牧马,并由匈奴人严加管制。还给张骞娶了匈奴女子为妻,一是监视他,二是诱使他投降。但是,张骞想到大汉帝国,坚贞不屈。虽被软禁放牧,度日如年,但他一直在等待时机,准备逃跑,以完成汉武帝安排的任务。

整整过了十一个春秋,匈奴的看管才放松了。张骞乘机和他的贴身随从甘父一起逃走,离开匈奴地盘,继续向西行进。由于他们仓促出逃,没有准备干粮和饮用

水，一路上常常忍饥挨饿，干渴难耐，随时都会倒在荒滩上。好在甘父射得一手好箭，沿途常射猎一些飞禽走兽，饮血解渴，食肉充饥，才逃过了死亡的威胁。

这样，一直奔波了好多天，终于越过沙漠戈壁，翻过冰冻雪封的葱岭（今帕米尔高原），来到了大宛国（今费尔干纳）。高鼻子、蓝眼睛的大宛王，早就听说汉朝是一个富饶的大国，很想建立联系。但苦于路途远，交通不便，故一直未能如愿。因此，当听说汉朝使者来到时，喜出望外，在国都热情地接见了张骞。他请张骞参观了大宛国的汗血马。在大宛王的帮助下，张骞先后到了康居（今撒马尔罕）、大月氏、大夏等地。但大月氏在阿姆河上游安局乐业，不愿再东进和匈奴作战。张骞未能完成与大月氏结盟夹击匈奴的使命，但却获得了大量有关西域各国的人文地理知识。

张骞在东归返回的途中，再次被匈奴抓获，后又设计逃出，终于历尽千辛万苦，于13年后回到长安。这次出使西域，使生活在中原内地的人们了解到西域的实况，激发了汉武帝"拓边"的雄心，发动了一系列抗击匈奴的战争。

公元前119年，汉王朝为了进一步联络乌孙，断"匈奴右臂"，便派张骞再次出使西域。这次，张骞带了三百多人，顺利地到达了乌孙。并派副使访问了康居、大宛、大月氏、大夏、安息（今伊朗）、身毒（今印度）等国家。但由于乌孙内乱，也未能实现结盟的目的。汉武帝派名将霍去病带重兵攻击匈奴，消灭了盘踞河西走廊和漠北的匈奴，建立了河西四郡和两关，开通了丝绸之路。并获取了匈奴的"祭天金人"，带回长安。

张骞不畏艰险，两次出使西域，开辟了亚洲内陆交通要道，与西欧诸国正式开始了友好往来，促进了东西经济文化的广泛交流，开拓了丝绸之路，完全可称之为中国走向世界的第一人。

历史学家介绍，"丝绸之路"把西汉同中亚许多国家联系起来，促进了它们之间的经济和文化的交流。由于我国历代封建中央政府都称边疆少数民族为"夷"，所以张骞出使西域成为汉夷之间的第一次文化交融。西域的核桃、葡萄、石榴、蚕豆、苜蓿等十几种植物，逐渐在中原栽培。龟兹的乐曲和胡琴等，丰富了汉族人民的文化生活。汉军在鄯善、车师等地屯田时使用地下相通的穿井术，习称"坎儿井"，在当地逐渐推广。此外，大宛的汗血马在汉代非常著名，名曰"天马"，"使者相望于道以求之"。那时大宛以西到安息国都不产丝，也不懂得铸铁器，后来汉的使臣和士兵把这些技术传了过去。中国蚕丝和冶铁术的西进，对促进人类文明的发展贡献甚大。

可以想象，如果张骞没有将汉武帝交给自己的任务视为坚定的理想和使命，就很难抵抗匈奴单于的威胁,不会走到西域,也不会开辟闻名世界的"丝绸之路"。

刚柔互用方能长久

【原文】

近来见得天地之道,刚柔互用,不可偏废,太柔则靡,太刚则折。刚非暴虐之谓也,强矫而已;柔非卑弱之谓也,谦退而已。趋事赴公,则当强矫,争名逐利,则当谦退;开创家业,则当强矫,守成安乐,则当谦退;出与人物应接,则当强矫,入与妻孥享受,则当谦退。若一面建公立业,外享大名,一面求田问舍,内图厚实,二者皆有盈满之象,全无谦退之意,则断不能久。

【译文】

近年来体会到天地运行的道理,要刚柔互用,不可偏执于某一端,太柔软会没有力量,太刚强则容易折断。刚指的不是暴虐,而是说强硬;柔也个不是说要卑下软弱,而是谦让退守。办事为公,就应该强硬,争名夺利,就应当谦让退守;开创家业,应该强势,守成安乐,则应谦退;出外与人应酬,应当强矫;回家与妻儿享受,则要谦让。如果一方面为国家建功立业,在外面享有很高的名誉荣耀,一方面又渴求田地房产,享尽富贵,都希望两者达到盈满,而没有谦退之意,这肯定难以长久。

【解读】

中国古时候形容人的性格时有一个"方圆之性"的说法,换做今日的说法就是刚柔。"方"就是"刚","圆"就是"柔"。方圆之性,就是说一个人能够很好地处理他自身所面对的事情,既能够把问题解决,又能够做到不失礼,不给他人造成困扰,能让人心悦诚服。纵观天下,能做到这样的人,又有几个。

曾国藩的个性中存在着"刚柔"两性。刚,让他足以四次抗旨不遵,为的就是

保护尚未建成的湘军。柔，让他在功高震主之时，以自裁湘军、提拔官吏的方式避免了杀身之祸。刚，可谓曾国藩个性中天生的，但其刚柔并济，方圆兼用的个性却不是天生的，而是经过读书实践锻炼得来的。正如他自己所说的："人之气质，由于天生，本难改变，唯读书可以改变。"他所读的，不仅包括有字之书，还包括无字之书。人常说，江山易改，本性难移。但对一个爱读书，且持之以恒地坚持读书的人来说，书中的真知灼见、光明俊伟的思想会时不时地冲击他已有的认知观、价值观，促使其发生潜移默化的转变，进而诱发性格发生转变。

曾国藩认为，历史上诸多的圣贤君王、良将名臣能够取得成功，皆因他们身上有刚毅挺拔的精神。那是一种超凡脱俗的气概，一种势不可当的力量，一种坚不可摧的自信。他认为这就是"刚"。他把"刚"看做是一个人的骨架，并坚信人只有依靠这副骨架才能够在世上行走，才能够在困难面前不动摇、不惧怕，才能超越一般人，战胜恐惧、悲观、消极和畏缩，才能使人释放出最大的生命潜能。人如果没有刚，则不能自立，不能自立就无法自强。刚是人们生命最大的源泉，要不然，生命就会变得缺乏动力、没有价值、毫无意义。

早年在京城做官的时候，曾国藩时常与那些名气大、地位高的人斗争，那皆是其个性中"刚硬"的一面在发挥作用。但也因此而处处受人排挤，成为众人不断讥讽的对象，经受了不少本可以避免的磨难。在经历了许多挫败之后，他渐渐明白，过刚易折的道理。为世之道，当须刚柔并济。他明白了人不能只有骨架而没有血肉。血肉可以让一个人变得有活力，有生气，这个血肉就是"柔"，是最富生命力且使人挺立长久的东西。在庄子的《山林》篇中，有一个这样的故事。东海有一只叫"意怠"的鸟，它非常柔弱，总是挤在鸟群中苟生。飞行时它既不敢飞在鸟队的前面，也不敢飞在鸟队的后面；吃食的时候也不争先，只拣其他鸟吃剩的残食。结果，它既不受鸟群意外的伤害，也不引起鸟群以内的排斥，终日都清闲悠然，远离祸患。从这里可以看出，柔并不是卑弱和不刚，而是一种处世的方法，它可以让我们远离祸患，最大限度地保护自己。

曾国藩的个性由"刚"转为"刚柔互用"，这个过程是艰难而充满风险的，但也是功效卓越的。

曾国藩兴办湘军水师时，太平军一路南下，所向披靡，清兵相继败北，面对着太平军势如破竹的气势，咸丰帝甚是着急，遂下令曾国藩率领湘军抵抗太平军。但此时湘军并未建成，很多条件都不允许湘军此时出征，所以曾国藩婉拒了咸丰帝的命令，尽管三个月内有三道谕旨下达，可曾国藩还是坚持不出兵。曾国藩反复通过书信向咸丰帝陈明状况，咸丰帝似乎被其真诚感动了，遂答应了曾国藩的请求，允许他暂不出征。

曾国藩抗旨不遵，在封建王朝时代，这可是死罪。但他却冒着掉脑袋的风险，一再拒绝。这是什么？这就"刚"。坚持"刚"，要讲求策略，不能莽撞行事。曾国藩之所以能够坚持"刚"，源于他对清廷的忠心是日月可鉴的，再加之他对形势的判断基本正确。倘若他率领湘军出征，除了再增加伤亡，于整个战局并没有多大影响。他之所以能够说服咸丰帝，在于他是真诚地在与帝王沟通，且把利害关系都阐明得甚是透彻，尽管咸丰帝对其拒绝出征有不满，但也被他的真诚打动了。

简单点说，刚就是坚持自己认为正确的东西，毫不动摇。初入官场的曾国藩刚气有余，却不懂得变通。所以给人的印象更多的是一介莽夫，不过在咸丰八年复出后，他变得圆通了不少。等到他彻底摆脱了乡野匹夫之气，成为一位受人尊重、经验颇丰的高官时，再加之年纪较大，他的刚硬之气渐渐地减退，做事变得圆通、谨慎了不少，凡事也不再那么坚持自己的意见了。当然，这样的转变，是心态、环境、时势、地位、意志等共同作用的结果。

使曾国藩变得圆滑，不再刚直不屈的事件，莫过于晚年处理天津教案那件事。当初一接到天津的命令，他就有一种不祥的预感。曾国藩心里清楚，天津教案是洋人引起的，办理洋人那是理所应当的事情。但他与慈禧太后等一干人的想法一样，不想同洋人撕破脸，所以选择了妥协。按照早年曾国藩的个性，肯定是大办洋人，无所顾忌，只为真理的。但晚年的曾国藩却选择了妥协，这里面除了对中国的贫弱有一层隐忧之外，还有一点，就是他年纪大了，早年那种刚直的秉性已经渐渐消失，而且他也不想得罪慈禧太后。这可以说是曾国藩在位高权重，名声鹊起之后的一个变化，也变成了他的一个顾虑，所以做起事情来变得谨小慎微了。

针对曾国藩办理天津教案这件事，很多人把他当成了卖国贼。其实客观一点来看，当时中国与欧美各强国比起来，确实是贫弱不堪，而且到了快要崩塌的边缘。在这样一个外强内弱的局势下，气势强盛的人会带着心中的怒火与不甘和洋人死拼到底，但此时的曾国藩已老矣，他年轻时的火气、霸气、刚直不屈，此时也业已消失殆尽。对他而言，贫弱的中国与强大的洋人对抗，吃亏的总是自己；再者，出风头已经不是他的目标了，他的目标是如何明哲保身，如何安稳地度过余生，保持家业。所以在明知洋人不对的情况下，他却不对其予以惩治。人都是特定时代的人，特定时期的人，

而且是会改变的。没有办法为所有时代、所有时期、所有人服务，他能做的只是在当时的环境、处境下找到一个相对合适的办法来完成自己的目标，仅此而已。

人不能过于刚直，也不能不过柔弱。曾国藩历经官场数十载，他总结出了刚柔并济才可行走于世间。他改变自己的个性，学着去包容一些难容之事，这不是一件容易的事情，但是他却做到了，而且做得非常好。他的毅力是惊人的，这也是一种"刚"的表现。

过刚必折，这不是虚话，而是被太多历史人物证实了的真理。关龙逢、比干皆因刚直不阿、直言纳谏，惨遭夏桀和商纣的残害；海瑞更因秉性耿直、不善圆通而一生坎坷、难以被重用。柔是手段，刚是目的，以退为进，以柔克刚，从而实现自立自强，这才是柔的实质。

都说越王勾践，卧薪尝胆二十年吞吴复越，体现了忍辱负重的一面。实际上仔细想想，这也是一个外柔内刚，以求自强的故事。勾践将自己刚的一面隐藏了起来，通过不断地降低身份、自尊来打消吴王对自己的防备之心。勾践确实忍耐力够强，也确实善于把自己伪装成一个胆小、无志向，且颓废的俘虏，最终以弱胜强，一举歼灭吴国，复兴了越国。

强悍、刚直可以战胜敌人，却未必能够让对方输得心服口服。但怀柔之策就不同了，它可以让输的人输得心悦诚服，且永远不再有反叛之心，可以说是永世消除敌人的方法。人们往往很容易被强悍的对手给震慑住，实际上，这种强悍只是一种表象，很容易给他人造成心理负担，同时为自身埋下炸弹。过于刚直的人，结果多半不好，曾国藩也是看到了这一点，才选择刚柔并济，而非一刚到底。

古人说，善谋国者，不善于谋身。古往今来，那些为国家、朝廷、皇帝作出巨大贡献的人，很多结局都异常悲惨，究其原因，过于刚直、不善圆通是一个重要的因素。伍子胥是吴国的开国功臣，忠贞不贰，直言不讳，可惜最后也死在了自己的忠直上；文种同范蠡一样，是帮助勾践复兴越国的功臣，但他不像范蠡那样明察秋毫，一心只是想辅佐越王勾践，却不曾想过勾践是否愿意同自己一同治理越国，死忠害死了文种；商鞅变法，名耀古今，但最终商鞅也难逃车裂的命运……掰着指头数，数不尽。这么多的前车之鉴，这么多的残酷画面，足以印证过刚必折了。

人太直了容易引起他人的不满，太弱了，容易遭受他人的欺凌，所以要刚柔并济。该刚时则刚，该柔时则柔，不得含糊。曾国藩因"刚直"受过不少挫折，所以在他的很多书信、文章中有不少论述"刚直"的。不过有一篇是专门针对刚直作的：

汉初功臣惟樊哙气质较粗,不能与诸贤并论,淮阴侯所羞与为伍者也。然吾观其人有不可及者二:

沛公初入咸阳,见秦宫室帷帐,狗马重宝,妇女以千数,意欲留居之。哙辄谏止,谓此奢丽之物,乃秦之所以亡,愿急还霸上,无留宫中,一也。

高祖病卧禁中,诏户者,无得入群臣!哙独排闼直入,谏之以昔何其勇,今何其惫,且引赵高之事以为鉴,二也。

此二事者,乃不愧大人格君心者之所为。盖人禀阳刚之气最厚者,其达于事理必有不可掩之伟论,其见于仪度必有不可犯之英风。哙之鸿门披帷,拔剑割彘,与夫霸上还军之请,病中排闼之谏,皆阳刚之气之所为也。未有无阳刚之气,而能大有立于世者。有志之君子养之无害可耳。

周亚夫刚正之气,已开后世言气节者之风。

观其细柳劳军,天子改容,已凛然不可犯。厥后将兵,不救梁王之急,不肯候工信,不肯王匈奴六人,皆秉刚气而持正论,无所瞻顾,无所屈挠,后世西汉若萧望之、朱云,东汉若杨震、孔融之徒,其风节略与相近,不得因死于非命而薄之也。

惟其神锋太隽,瞻瞩太尊,亦颇与诸葛恪相近,是乃取祸之道,君子师其刚而去其傲可耳。

在这篇文章中,曾国藩指出樊哙是一个有阳刚之气,个性耿直之人。他两次劝谏刘邦,功劳甚是不小,在某种程度上,为汉室江山的建立立下了汗马功劳。更难能可贵的是,樊哙是武人出身,但却行了文人之事,实属难得啊!

刚柔并济,说起来容易,做起来未必简单。曾国藩用了半生才悟到这个道理,又花了半生将自己修养成一个能够刚柔互用的人,曾国藩能够做到已经是万幸了。对于大多数人来说,刚柔并济是一个浩大的工程,它需要对个性作修正,还需要持之以恒的坚持,更需要审察世事的眼力,这其中的哪一项都不是轻松可以办到的,所以刚柔并济更多的是作为我们行事处世的一个方向,要切实地做到,就要像曾国藩那样花大量的心思、时间、精力在上面,真正做到坚持不懈、毅力不倒,才能卓有成效。

● 刚的深层内涵

在曾国藩看来,刚并不是暴虐,而是强硬的态度。对于刚即强硬,应该是在为

天下国家做事、与外人争利的情况下运用，而对于个人名利、家庭内部还应是以柔为主。这种阳刚强硬的态度，无论对于公事还是对于个人，都是很重要的。完璧归赵的典故就说明了这一点。

公元前283年，秦昭襄王派使者带着国书去见赵惠文王，说秦王情愿让出十五座城来换赵国收藏的一块珍贵的"和氏璧"，希望赵王答应。赵惠文王就跟大臣们商量，要不要答应。如果答应，怕上秦国的当，丢了和氏璧，拿不到城；如果不答应，又怕得罪秦国。议论了半天，也没有最终的结论。当时就有人推荐蔺相如，说他是个很有见识的人。

赵惠文王就把蔺相如找来，问他怎么办。蔺相如说："秦国强，赵国弱，不答应不行。"赵惠文王说："要是把和氏璧送了去，秦国取了璧，不给城，怎么办呢？"蔺相如说："秦国拿出十五座城来换一块璧玉，这个价值是够高的了。要是赵国不答应，错在赵国。大王把和氏璧送了去，要是秦国不交出城来，那么错在秦国。宁可答应，叫秦国担这个错儿。"赵惠文王说："那么就你就去秦国去一趟吧。可是万一秦国不守信用，怎么办呢？"蔺相如说："秦国交了城，我就把和氏璧留在秦国；要不然，我一定把璧完好地带回赵国。"于是蔺相如带着和氏璧到了咸阳。秦昭襄王得意地在别宫里接见他。蔺相如把和氏璧献上去。秦昭襄王接过璧，看了看，挺高兴。他把璧递给美人和左右侍臣，让大伙儿传着看。大臣们都向秦昭襄王庆贺。

蔺相如站在朝堂上等了老半天，也不见秦王提换城的事。他知道秦昭襄王不是真心拿城来换璧。可是璧已落到别人手里，怎么才能拿回来呢？他急中生智，上前对秦昭襄王说："这块璧虽说挺名贵，可是也有点小毛病，不容易瞧出来，让我来指给大王看。"

秦昭襄王信以为真，就吩咐侍从把和氏璧递给蔺相如。蔺相如一拿到璧，往后退了几步，靠着宫殿上的一根大柱子，瞪着眼睛，怒气冲冲地说："大王派使者到赵国来，说是情愿用十五座城来换赵国的璧。赵王诚心诚意派我把璧送来。可是大王并没有交换的诚意。如今璧在我手里，大王要是逼我的话，我宁可把我的脑袋和这块璧在这柱子上一同砸碎！"说着，他真的拿着和氏璧，对着柱子做出要砸的样子。秦昭襄王怕他真的砸坏了璧，连忙向道歉："你误会了，我哪儿能说了不算呢？"

他就命令大臣拿上地图来，并且把准备换给赵国的十五座城指给蔺相如看。

蔺相如这时想，可别再上他的当，就说："赵王送璧到秦国来之前，斋戒了五天，还在朝堂上举行了一个很隆重的仪式。大王如果诚意换璧，也应当斋戒五天，然后再举行一个接受璧的仪式，我才敢把璧奉上。"秦昭襄王考虑到蔺相如跑不出秦国，就说："好，就这么办吧。"他吩咐人把蔺相如送到使馆去歇息。

蔺相如回到使馆，叫一个随从的人打扮成买卖人的模样，把璧贴身藏着，偷偷地从小道跑回赵国去了。过了五天，秦昭襄王召集大臣们和别国在咸阳的使臣，在朝堂举行接受和氏璧的仪式，叫蔺相如上朝。蔺相如不慌不忙地走上殿去，向秦昭襄王行了礼。

秦昭襄王说："我已经斋戒五天，现在你把璧拿出来吧。"蔺相如说："秦国自秦穆公以来，前后二十几位君主，没有一个讲信义的。我怕受欺骗，丢了璧，对不起赵王，所以把璧送回赵国去了。请大王治我的罪吧。"秦昭襄王听到这里，大发雷霆。说："是你欺骗了我，还是我欺骗你？"

蔺相如镇静地说："请大王别发怒，让我把话说完。天下诸侯都知道秦是强国，赵是弱国。天下只有强国欺负弱国，绝没有弱国欺压强国的道理。大王真要那块璧的话，请先把那十五座城割让给赵国，然后打发使者跟我一起到赵国去取璧。赵国得到了十五座城以后，绝不敢不把璧交出来。"

秦昭襄王听蔺相如说得振振有词，不好翻脸，只得说："不过是一块璧，不应该为这件事伤了两家的和气。"结果，还是让蔺相如回赵国去了。蔺相如回到赵国，赵惠文王认为他完成了使命，就提拔他为上大夫。秦昭襄王本来也不是存心想用十五座城去换和氏璧，不过想借这件事试探一下赵国的态度和力量。蔺相如完璧归赵后，他也没再提交换的事。

● 柔的特别意义

曾国藩认为，柔不是一般人所认为的卑下软弱，而是谦让退守，尤其是关系到个人的私利，更是要学会谦虚、退让。《周易》里就说："盈则溢，满则亏。"伟大的戏剧大师莎士比亚也告诫人们："一个骄傲的人，结果总是在骄傲里毁灭了自己。"

一个不懂得谦让退守的人，必定会走上失败之路。早期的曾国藩就是过于好强，任何事情做得都很失败。

当初，咸丰帝钦命曾国藩，让他回长沙"搜查土匪"，"团练乡民"，而他认为自己是皇上钦命，又在朝中做了大官，就对地方官员很是轻视，经常和湖南巡抚骆秉章、绿营将军鲍起豹闹矛盾，得罪了湖南上上下下所有的官员。

有一次，湘军操练，同场还有绿营兵，不小心，湘军一枪打了绿营的一个勤务兵。鲍起豹就对曾国藩说："你把走火的士兵找来，捆到绿营，打上三百军棍！"三百军棍是什么概念？至少把人打得半身不遂生活不能自理。团练不是国家正规军，手下既然伤及正规军，自然得照民人袭击军人的法条进行处罚。只是，真把人送过去，曾国藩很难受。没办法，最终还是送过去了。至于平时，绿营欺负湘军的事例亦不少，哪怕是曾国藩的亲兵，也常被打骂。

直到有一天，又是湘军同绿营兵聚赌，这回是绿营兵撒泼，杀了人。曾国藩以为，可算找到机会立威了。他对鲍起豹说，你得把肇事绿营兵捆过来，由我依法处置。依法，这个绿营兵就是死罪。

鲍起豹二话不说，还真就把人送过来了。不过，随着这个肇事绿营兵而来的，还有很多绿营兵。

他们蜂拥至曾国藩办公的地方，说："咱们倒要看看曾大人你怎么处置他。"局面大乱，甚至有拍他桌子、推他身体的。

这一来，曾国藩不敢杀了。他不知道杀了之后会发生什么事情。万一引发士兵暴动怎么办。那么，不杀呢？也不好。作为军队统帅，固应令出如山，现在却要出尔反尔，颜面何在？两难。他不知道如何处置，呆了。

外面越闹越凶，再不制止，有可能发生暴动。

曾国藩隔壁是湖南巡抚官署，他就去找骆秉章求救，说："闹成这样，怎么办？"

骆秉章说："我也不知道啊。要不，我帮你劝一劝，让绿营兵先回去，至于肇事士兵，我看，你还是放了吧。"

走投无路，曾国藩无奈，只好放人。

这是很屈辱的一件事情：当着那么多无知无识的乱民乱兵，堂堂二品大员、钦差团练大臣，屈服了，举白旗投降。

受了奇耻大辱，曾国藩不服。虽然此时他在湖南的人缘不怎么好，仍然有几个

"死党"挺他，给他想了上、中、下三策。

上策叫"举发"，就是告御状，把这个事情捅到北京去，请皇帝断曲直；中策是"含忍"，这次先认栽，一旦逮着机会，再与恶势力作斗争；下策则是"引退"，包羞忍辱，离开长沙。

由于曾国藩在北京有强大的人脉，可以通过各种渠道向皇帝反映湖南绿营存在的问题，包括提督是否称职的问题，届时，皇帝裁决此事，曾国藩的京官朋友都能说上话，此计胜算很大，所以被称为上策。

至于中策，倒是意义不大。因为，曾国藩来湖南，主要任务是练军，如今不将主要精力放在练军上，却牵挂人事斗争，本末倒置，反而令皇帝更加反感。

曾国藩说：告赢了又如何呢？告赢一次，还有下次，恩怨纠结，不得宁日。在长沙，最高长官不支持他，办事官吏抵触他，民众痛恨他，军队挑衅他，耗在这里有什么意思呢？既然如此，干脆选择下策，走。于是写了一封奏折，借口"就近剿匪"（其时湘南比较乱），离开了长沙，率军去了衡阳。

可见，要想让自己更快成功，和别人处好关系，就要在个人名利问题上学会退让。西方哲学家罗曼·罗兰说："柔和的态度对于一颗被人轻蔑的心的确是很大的安慰。"

•刚柔并用方法

对于强硬和退守的运用，我们都应该站在结合使用的出发点上，曾国藩强调："刚柔互用，不可偏废，太柔则靡，太刚则折。"即要刚柔互用，不可偏执于某一端，太柔软会没有力量，太刚强则容易折断。

在曾国藩眼中，将刚柔运用最为自如的当属为人文武双全，且能诗能文，为官清廉的好友湖北巡抚胡林翼。原来胡林翼作为一省巡抚，甘心屈身于湖广总督官文，两人关系处理得相当融洽，并将湖北的行政、军事处理得井井有条。

官文是满洲正白旗人，出身军人世家，年纪轻轻便做了殿前蓝翎侍卫，屡迁至头等侍卫，出为广州汉军副都统，走的是满洲贵族子弟的特权道路，一帆风顺，青云直上。杨霈被撤职后，他由荆州将军任上调湖广总督。此人于游冶享受样样精通，就是于打仗治民不通，占着湖广总督的高位，什么事都不做，却又出于满洲权贵防范汉人的本性，对胡林翼事事横加干涉，弄得胡处处为难。

一气之下，胡要幕僚起草奏折，向皇上告状。幕僚劝告：江南汉人手握重兵，朝廷如何放心得下？官文名为总督，实是朝廷派到湖广监视汉人的耳目，告官文的状，只会徒增皇上的反感。最好的办法是取得官文的支持，督抚同心，共成大业。胡林翼经此指点，立刻醒悟。

不久，官文三十岁的六姨太生日，总督衙门向武昌官场大发请柬，要为六姨太热闹一番。谁知湖北司道府县大部分官员平日对官文都无好感，耻于为一个年轻的姨太太祝寿。生日这天，日上三竿了，总督衙门还冷冷清清。官文心里着急，六姨太气得嘤嘤哭泣。将近正午了，武昌城里的重要官员，仍无一人登门。官文无法，只得降尊纡贵，派人四处再请。正在这时，一辆绿呢大轿抬来，前面仪仗森严，后面跟着几辆花呢绣轿。一个家丁飞奔过来，递上一个名刺。管家接过一看，上面赫然写着湖北巡抚胡林翼的大名。管家喜出望外，连忙进府报告官文。官文欢喜异常，亲到大门外迎接。胡林翼不但自己来了，还带来了老母和正妻静娟夫人，以太太之礼，给六姨太送了一份厚礼。

六姨太破涕为笑，在二门外恭迎胡家太夫人、夫人。听说巡抚以如此隆重的礼仪庆贺官文六姨太的生日，不到一个时辰，湖北藩司、臬司、粮道、盐道、汉阳知府、武昌知府全部来齐了。六姨太得了一个全脸面。宴席上，胡太夫人、静娟夫人尽选些好听的话恭维六姨太，六姨太喜得合不上嘴。临别时，胡太夫人又郑重邀请六姨太到巡抚衙门去做客，六姨太乐滋滋地接受了。

第二天一早，一辆花呢大轿将六姨太抬进巡抚衙门，胡太夫人、静娟夫人设盛宴款待，陪着玩牌听曲，扯家常。六姨太自幼丧母，见胡太夫人这样喜欢她，便认胡太夫人为母。

胡太夫人高高兴兴地收下这个义女，又叫她拜见了兄长胡林翼。胡太夫人送给六姨太一副金镯金耳环金戒指，算是给义女的见面礼。六姨太回府后，在枕边对着官文说起胡家母子的千好万好。并说，从今以后两家认了亲，就是一家了，就不要再为难胡林翼了。官文对这个娇媚聪敏的六姨太向来百依百顺，果然从此再不给胡林翼找麻烦了。军事民事，全交给胡林翼一手办理，他只在上面画诺而已。而胡林翼也表面上对他恭敬顺从。武昌城里督抚关系之亲密，为全国之最。

从中我们可以看出，要做到刚柔并用，实际上就是能方能圆，达到左右逢源。"方"是做人之本，是堂堂正正做人的脊梁。"圆"是处世之道，是妥妥当当处世的锦囊。

三国时期刘备落难投靠曹操，曹操很真诚地接待了刘备。刘备住在许都，在衣带诏签名后，为防曹操谋害，就在后园种菜，亲自浇灌，以此迷惑曹操，放松对自己的注意。一天，曹操约刘备入府饮酒，谈起以龙状人，议起谁为世之英雄。

刘备点遍袁术、袁绍、刘表、孙策、张绣、张鲁，均被曹操一一贬低。曹操指出英雄的标准——"胸怀大志，腹有良谋，有包藏宇宙之机，吞吐天地之志。"刘备问："谁人当之？"

曹操说："今天下英雄，唯使君与操耳！"刘备本以韬晦之计栖身许都，被曹操点破是英雄后，竟吓得把匙筋丢落在地下，恰好当时大雨将至，雷声大作。曹操问刘备为什么把匙筋弄掉了。刘备从容俯拾匙筋，并说："一震之威，乃至于此。"

曹操问："雷乃天地阴阳击博之声，何为惊怕？"

刘备又说："我从小害怕雷声，一听见雷声只恨无处躲藏。"至此曹操认为刘备胸无大志，必不能成气候，也就未把他放在心上，刘备才巧妙地将自己的慌乱掩饰过去，从而也避免了一场杀身之祸。刘备在煮酒论英雄的对答中是非常聪明的，他用的就是方圆之术，在曹操的开怀大笑之中，才免去了曹操对他的怀疑和嫉妒。

存倔犟以励志

【原文】

至于"倔强"二字，却不可少。功业文章，皆须有此二字贯注其中，否则柔靡不能成一事。孟子所谓至刚，孔子所谓贞固，皆从倔强二字做出。吾兄弟皆秉母德居多，其好处亦正在倔强。若能去忿欲以养体，存倔强以励志，则日进无疆矣。

【译文】

至于倔犟二字，却不可缺少。一个人的功名、事业、文章，都必须有这两个字贯穿其中，否则柔弱委靡，一件事也做不成。孟子所说的至刚，孔子所说的贞固，都是由倔犟二字引出来的。咱们兄弟都更多地继承了母亲的品德，其好处也正是倔犟。如果除去愤怒

和欲望而使身体强壮，保持倔犟来激励志气，那么就可以不断进步了。

【解读】

● 倔犟的含义

每个成功的人身上，都有一种倔犟的精神，面对重重困难，都能有不断向前的决心。曾国藩认为，倔犟包含了至刚、贞固两层含义。

"至刚"语出《孟子·公孙丑》。孟子在回答公孙丑如何培养浩然正气时说："其为气也，至大至刚，以直养而无害，则塞于天地之间。其为气也，配义与道；无是，馁也。是集义所生者，非义袭而取之也。行有不慊于心，则馁矣。我故曰：'告子未尝知义。'以其外之也。必有事焉，而勿正，心勿忘，勿助长也。"

意思是，这种气，极端浩大，极端有力量，用正直去培养它而不加以伤害，就会充满天地之间。不过，这种气必须与仁义道德相配，否则就会缺乏力量。而且，必须要有经常性的仁义道德蓄养才能生成，而不是靠偶尔的正义行为就能获取的。一旦你的行为问心有愧，这种气就会缺乏力量了。所以我说，告子不懂得义，因为他把义看成心外的东西。我们一定要不断地培养义，心中不要忘记，但也不要一相情愿地去帮助它生长。

"贞固"一词出于《周易》。乾卦里说："文言曰：'贞者，事之干也……贞固足以干事。'"在这里，贞固的意思就是守持正道，坚定不移，要始终保持专注。最先，孔子不断为其增添新的含义，如"志士仁人，无求生以害仁，有杀身以成仁"。将其上升为一种和人的生命相关的品质，而三国时期的刘劭在其《人物志·九徵》说："体端而实者，谓之贞固。贞固也者，信之基也。"完全将贞固视为一个人身上不可或缺的因素。

不过，我们需要注意的是，至刚和贞固品质的培养，不是一朝一夕之事，而是要长年积累培养。孟子就此还讲了一个拔苗助长的故事。宋国有个人嫌他种的禾苗老是长不高，于是到地里去用手把它们一株一株地拔高，累得气喘吁吁地回家，对他家里人说："今天可真把我累坏啦！不过，我总算让禾苗一下子就长高了！"他的儿子跑到地里去一看，禾苗已全部干死了。天下人不犯这种拔苗助长错误的是很少的。认为养护庄稼没有用处而不去管它们的，是只种庄稼不除草的懒汉；一相情愿地去帮助庄稼生长的，就是这种拔苗助长的人——不仅没有益处，反而害死了庄稼。

在中国，因为倔犟而专注而成功的创业者，当数百度创始人李彦宏。据媒体报道，李彦宏坦言自己从小就是一个很倔的人，如果认准了什么事情，就会一直把它做下去。

从 20 世纪 80 年代末期一直到 2002 年，国内没有人看好搜索引擎技术，当时还叫做信息检索或者情报检索技术，这个技术计算机系的人是不研究的，而他当时正好学了点儿这方面的东西。他从上大学的时候开始，逐渐培养了对这个行业的一种感觉，很多时候别人没有意识到的东西他意识到了，别人觉得不重要的东西他觉得很重要。

他说，自己一直有一个梦想，希望有一天自己开发的技术能够改变很多人的生活，甚至改变世界。1997 年夏天到硅谷之后，发现有这种梦想的人在中国有很多，而其中有不少人就是因为相信自己的梦想就自己创业了，并且取得了成功。

最后他还发现：一个技术要想被市场所接受，影响普通人的生活，不是一个纯技术问题。想真正实现自己的理想，只有你自己开公司，决策才能够自己来掌握，即使是最后失败了也觉得心甘情愿。

正是李彦宏的这种倔犟的性格，才让他敢于走在别人的前面，获得最终的成功。同时，还要注意的是，李彦宏的成功也和专注密不可分。

在"CCTV2005 中国经济年度人物"颁奖典礼上，CCTV 对李彦宏和"百度"如此评价："众里寻他千百度，一个海外取经人最终在故土搜索到宝藏；再写新经济传奇，一个中国企业家让世界为他的创新买单；一个新生代中国商界精英，用他的故事告诉我们：专注，才能更好地生存。"李彦宏自己也认为，百度跟他的竞争对手相比真正的优势在于专注。这是百度真正能够在过去几年当中从无到有，从一个后来者变成一个领先者，以及今后保持自己这种领先地位，并且持续扩大自己的市场份额的真正的优势所在。

所以，倔犟并不是让你盲目地前行，而是在专注中奋发图强。

● 曾国藩的倔犟

天下志士何其多，但最后实现大志的又有几人？立志虽不易，但励志更不易。立了志的人只有励志了，才能使期望变成现实，否则一切都是空谈。励志是什么呢？

说白了，就是一个不断坚持、不断奋发的过程。这个过程大多数时候既艰难又痛苦，但正是战胜艰难与痛苦的毅力才能最终成就梦想。

倔犟，实质上也是一种"刚"，只不过它更多地表现为隐忍的一面。孟子所说的至刚，孔子所说的贞固，其实都是从"倔犟"中引发出来的。至刚，缺乏倔犟之气，难以达到刚强的最高境界；贞固，没有倔犟之气，无以守护最珍贵的东西。倔犟之气，是刚、强、毅的来源。任何一个人没有倔犟之气的支撑，都不可能走到最后，更谈不上树立自身独特的个性。

曾国藩个性刚直是出了名的，殊不知，他的倔犟也是数一数二的。功名之心，人皆有之，更何况在封建时代。曾国藩作为一介士官，他的功名心很强。其实这也是一种志向，是一个可以实现自身价值的梦想。但当时的曾国藩深受理学家倭仁的影响，理学崇尚存天理，灭人欲，自然功名之心是要不得的。所以，曾国藩听从了倭仁的教导，努力用一个理学家的标准来要求自己，反复同功名之心作斗争，不过结果还是功名之心取胜了。其实今天看来，好功名并没有什么不对，只要取之有道，也没什么大不了的。

自从认识了倭仁，曾国藩立志改掉自身的很多不良陋习，他在写给家人的书信中这样写道："余自十月初一立志自新以来，岁懒惰如故，而每日楷书写日记，每日读史十页，每日记茶余偶谈一则，此三事未尝一日间断。"也是在那时，他写下了著名的修身十三课，即主敬、早起、写日记等等。

那时他还立志戒烟，戒烟可不是件容易的事，戒过烟的人都知道那滋味可不是一般的难受。尽管戒烟的时候心神彷徨、六神无主，但曾国藩还是凭借着破釜沉舟的毅力和决心要求自己。两个月之后，他戒烟成功了。

曾国藩以近乎强迫式的做法强迫自己改掉了不少习惯，除了戒烟，改掉睡懒觉的习惯也是一个典型的事件。道光二十二年十二月，三十天里他有十三天都在睡懒觉，为此他不断地痛斥自己"直不成人"，"贪睡晏起，一无所为，可耻"，还不断地念叨什么外人不知道，可下人们都清楚得很，把自己说成一个近似虚伪的人。也是因为这样不断地警醒自己，改正陋习，他变成了一个勤于早起、勤于习字、练兵的"早起鸟儿"。

有一个故事，说老师给同学们布置了一个作业，让每个同学每天早上起来甩胳膊一百次。第一天，所有的同学都做到了。第十天，九成的同学都做到了。一个月后，一半的同学做到了。一个学期之后，只有一个同学还在坚持。那个学生就是亚里士多德，他的老师就是柏拉图。

人都是有惰性的，曾国藩也不例外。为了实现志向，他不断地与自身的惰性作斗争，不断地告诫、警醒自己要勤奋，不可贪睡、懒散。他甚至利用不断同朋友们讨论志向等话题来刺激自己不要忘了梦想，这种对志向的坚持，对自身的强迫式洗礼，如果不能被冠之以"倔犟"，那实在没有更好的词可以来概括了。

历史上有很多伟人、领袖、千古帝王、忠臣名相，但说到"倔犟"，还真找不出一个可以同曾国藩齐肩的。秦皇汉武、唐宗宋祖，他们的伟业历代传诵，但却离普通百姓的生活与梦想显得遥不可及，总有种隔书观望的感觉。可曾国藩不一样，他的功业都是建立在自身不断努力，不断地修正、改正的基础上的，他不像刘邦、李世民、康熙那样拥有帝王的才智与天赋，也不像魏徵、海瑞那样刚直到底，他的一切成就都是与生活、与权势不断磨合的过程，对一般人来说，具有更大的可资借鉴的地方。尤其他在修身上那种不达目的誓不罢休的倔犟之气，尤为一般人所钦佩和欣赏。

他一生有过不少目标，无论大小，他都竭尽全力地去完成、实现。他曾立志考进士，立志成为理学家，立志做大官，立志澄清天下，立志镇压粤匪，立志洗除耻辱，立志办洋务……这些他基本上都实现了，也做到了。一个人可以有什么梦想就实现什么梦想，这绝对不是什么天赋、幸运等促成的，而是一种坚持、一种非做不可的强烈愿望，一种不认输的倔犟之气促使他一个一个地实现他的目标。这是什么呢？是骨气，是傲气，还是莽撞之气？看过曾国藩那一列辉煌的目标成功表，你可以说他是有骨气的人，也可以说他是一个有傲骨的人，但他绝对不是一个莽撞之人。他身上那种常人难以企及的"倔犟"催促着他不断地前进，不断地做到最好。

完美是不存在的，但追求完美是可行的。只有追求完美之心，才能够做出近似于完美的事情。曾国藩的倔犟在某种程度上其实也是他个性中对完美的一种追求，即使带有自虐的倾向也在所不惜。

和平时期，曾国藩以圣贤名臣自居；乱世，他要戡清天下，戡定内乱。无论是和平时期的圣贤、名臣、学问家，还是乱世的英雄，他都做到了。所以他的威名响震寰宇，尤其他镇压太平天国的伟大功绩，更是把他推到"中兴第一名士"的高位，也难怪毛泽东都说"吾于近人，独服曾文正"。

曾国藩一生值得人称道的事情不少，但任何一件都难以与其平定太平天国运动相提并论。曾国藩是文官出身，做武官平定天下的想法他一开始并没有，即使是

当初操办团练的想法也不是他自己的，只是时局所迫而已。同样，他最后走上武将的道路，直至剿灭太平军，建立旷世奇功，也是被时局所迫。姑且不论曾国藩的志向是否如后人所争论那样强大、高远，单说他在时局所迫的情况下，能够勇于受任，且做出非凡的成就，就不是一般的气魄了。曾国藩身上若没有那种坚持的韧劲，倔犟的骨气，他不可能以文官之身创武官之业。

咸丰三年正月，江忠源、胡林翼、左宗棠等人都在长沙，他们经常在一起讨论天下局势，考虑当前的任务，不过此时他们的志向还都尚处于保卫家乡的范围，并未提升到保护国家的高度。江忠源一直都在湖南镇压各种小势力群体的叛乱。咸丰三年二月，他突然接到命令，要带兵前往江南大营。当时洪秀全已经攻下了南京，且把南京当做了都城。清廷让向荣组建江南大营，以便紧盯南京。

实际上在湖南操办团练的时候，曾国藩只是给江忠源打个下手，可这下江忠源一走，曾国藩犹如断了只胳膊，以往该江忠源出马的事情现在全部都积压在了他的头上。所以在江忠源临走时，他对江忠源说："你带勇东去，我就气馁了。为君王筹大局，我也不敢多顾私情。但你这一走，我哪里去找像你这样的人才。现在多事之秋，得你一人则重于山岳，少你一人则弱于婴儿。你能体谅我的心情吧？"

尽管曾国藩甚是彷徨，但江忠源还是得赴任。江忠源这一走，给曾国藩造成的直接影响就是他的志向发生了变化。他第一次开始考虑湖南省以外的用兵方略，他把目光从湖南团练大臣转移到全国用兵的大局上。尽管这些当时的想法都还只是一时的闪念，但也说明了他志向的变化。等到咸丰帝派兵开始西征和北伐的时候，他的志向也跟着清晰了起来。他在写给湖北巡抚张亮基的信中如是道："我想再练三千乡勇，以成一军，意将誓灭此贼，澄清南服。"至此，他有了强烈战胜太平军的愿望，也正是愿望强烈，所以在受辱的时候才越发难以忍受，才要励志以雪前耻。

咸丰三年五月、六月、七月，正直湖南盛夏时节，天气甚是酷热难耐，但曾国藩依然加紧练兵。他被士兵追杀的事情也就发生在这个时候。八月间一夜里，他被一群士兵追杀，差点性命不保，可只有一墙之隔的湖南巡抚骆秉章却假装不知，这下曾国藩的脸可丢大了。他既气愤、又恼怒，觉得长沙已不再是自己的容身之所，遂决定搬至衡阳。

这次受辱事件，在曾国藩的心里留下了很深的一道疤痕，也极大地刺激了他剿灭太平军的志向。他硬是把这次耻辱给咽了下去，没有前去告御状，而是选择了发愤练兵，以图通过镇压太平天国来挽回面子，洗刷耻辱。曾国藩选择此道，在当时的情况下，可谓是最正确的途径。他一心想镇压太平军的愿望在经历了耻辱之后变得越发强烈了，在咸丰三年六月的一封信中，他这样写道："至于粤匪猖獗，神人共愤。国藩虽愚昧闲散，亦未尝忘灭贼之事……亦足以察微志之所在。"他说的微志之所在，就是指他把长沙的事隐忍了下来，而要靠镇压太平天国来报仇雪耻。

不久之后，江忠源死在了庐州的战场上，这样一来，曾国藩就非带兵出征不可了。水陆两军共一万人的队伍，都是他亲自训练的，除了他没有人能指挥得动。咸丰四年正月二十八日，他带着一万七千人的队伍，出发了，开始实现他澄清天下，镇压太平天国的志向。

从这里可以看出，曾国藩走上镇压太平军的道路，与其受辱以期通过战胜太平军来挽回颜面有莫大的关系。这个动力不容小觑，它恰恰反映了曾国藩"倔犟"的一面。一个人受到他人的欺侮，以图通过自强来挽回面子，是很正常的事情，不过那都是基于一些易于办到的事情。可曾国藩选择了镇压太平军，这可不是一般的小事，而是非常难于办到的事情。当时清军与太平军作战屡战屡败，无论是实力上，还是人气上，清廷都处于一个下风的位置。在这样不利的局势下，曾国藩却迎难而上。这是一种知难而进的勇气，在与太平军作战中，曾国藩曾连吃败仗，尽管如此，他也不曾气馁过，而是集思广益，寻求失败的根源，以图反败为胜。这中间，失败，爬起，再失败，再爬起，反复不知经历了多少次，可他还是坚持了下来，这种倔犟之气让人除了敬佩还是敬佩。于常人，那是很难办到的事情，曾国藩做到了，所以他高于常人，所以他受到常人的推崇。

曾国藩的倔犟之举，还体现在建立中国海军上。

咸丰十一年七月，曾国藩向清廷上奏了一封购置外国船炮的奏疏，提议建立一支近代化的海军。他认为，这支海军必须"操纵自如，指挥由我"。到了同治元年二月，时任代理海关总税务司的赫德也极力怂恿清政府打造一支海军。在通盘考虑之后，清政府决定建立海军，且命令以在英国养伤的海关总税务司李泰国为代理，代办此事。但李泰国野心不小，企图趁机控制中国海军大权。他迅速地购得了兵船七艘、泵船一艘，及舰队所需要的各种枪炮设备，并私自与英国海军上校阿思本签订了为期四年的合同。合同规定，阿思本为舰队总司令，招募英国士兵六百人上船当水手，中国方面，只能听从李泰国的命令，他人一律不得干涉，并于同治二年，将舰队开回上海。清政府拒绝承认李泰国与阿思本签订的合同，决

定舰队由所在地督抚节制，围攻天京的时候，要受曾国藩和李鸿章调遣；阿思本任副官，只管外籍士兵及教练技术等职。对于中国政府此番决议，阿思本拒绝服从，声称宁可把舰队开回英国遣散，也不愿交给他人来指挥。阿思本的无理要求得到了英国政府的支持，在压力之下，清政府决定妥协，让那个阿思本一个人独自指挥舰队。说白了，就是把中国的海军大权交给了英国人，而中国只保留了一个名义上的舰队而已。

针对此番局面，曾国藩坚决反对让出中国海军大权。他在写给奕䜣的信中，以非常强硬的语气指责总理衙门不断地改变主张，"洋人本有欺凌之心，而更授以可凌之势；华人本有畏怯之素，而又逼处可怯之地"。对于长他人志气，灭自己威风的做法甚是不齿。经过一番思虑之后，曾国藩提出了两个解决方案。一个是迅速给阿思本一些经费，遣其回国，并将心存私念的李泰国革职，不准其再干预中国政务。一个是从已经购得的七艘船中，选出几艘交给阿思本带领，同时配备一些洋兵。剩余几艘船则交给蔡国祥带领，配用中国士兵。对于这两个解决方案，阿思本一概不接受，最后清政府只好把已经购买的七艘战船全部退回，白白损失了一万两白银。

在这件事情上，曾国藩的做法是值得称道的。中国人本来已经是洋人想要侵吞的对象了，自己弱还表现得软弱不堪，一副被挨打了还不敢咳嗽两声的样子，那只能更加助长洋人的气焰，加速中国灭亡的步伐。尽管损失了不少钱财，但却在国家形象上赢得了胜利，对于当时中国的现状而言，民族的尊严比钱财要重要得多。

倔犟之气，可以说贯穿了曾国藩修身、齐家、治国、平天下的各个方面，随便拿出其中的任何一方面，都能从中看到倔犟的影子。有人曾评价说，曾国藩的奋斗史，用两个字概括，就是"倔犟"。倔犟，使他改掉了诸如睡懒觉、懒散等陋习，让他成为了一代修身养性的大师；倔犟，使他明确了自身的志向，并在这一条路上做到了极致，获得了巨大的功名；倔犟，使他在确立每一个目标之后，都能够最后完成。说曾国藩是一个刚直不阿的人，一个明哲保身的人，其实最恰当的概括应该是，曾国藩是一个倔犟的人。倔犟既包括了外扬的刚，又包括了隐忍的柔，它才是铸就曾国藩辉煌人生的推力器。

强毅与刚愎的区别

【原文】

至于强毅之气，决不可无，然强毅与刚愎有别。古语云自胜之谓强。曰强制，曰强恕，曰强为善，皆自胜之义也。如不惯早起，而强之未明即起；不惯庄敬，而强之坐尸立斋；不惯劳苦，而强之与士卒同甘苦，强之勤劳不倦，是即强也。不惯有恒，而强之贞恒，即毅也。舍此而求以客气胜人，是刚愎而已矣。二者相似，而其流相去霄壤，不可不察，不可不谨。

【译文】

至于强毅之气，绝对不能没有。然而强毅与刚愎不同。俗语说："自己战胜自己称为强。"强制、强恕、强为善，这都是自己战胜自己的意思。如果你不习惯于早起，就强迫自己天未亮就起床；如果你不习惯于端坐，就强迫自己端坐；如果你不习惯劳苦，就强迫自己与士卒同甘共苦，强迫自己辛苦劳作，这就是强。自己不习惯有恒心而强迫自己有恒心，这就是毅。如果不按上述方法去做，却想去战胜别人，这就是刚愎。这两者看起来很相似，但事实上相差很远。不能不小心留意。

【解读】

● 什么是强毅?

自立的道路，强毅之气是绝对不能没有的。自立意味着很多事情都需要自己来作决断，需要自己身体力行。自立的过程中，有很多自己不喜欢、不熟悉的事情，面对这些阻碍，需要的是将不喜欢的、不熟悉的事情当做喜欢的、熟悉的事情来做，不情愿也要强迫自己去做，而且还要坚持到底，直至把障碍消除。这个过程就是强毅。

　　何谓强毅？能强迫自己做不习惯的事情而不困倦疲乏的，是强；不习惯坚持，却能强迫自己坚定地持之以恒，是毅。强毅是非常考验人意志力的，是人就会有弱点，有陋习，即使再强大、再伟大的人也一样。是否拥有强毅之气，是考量一个人能否做出大业的重要标准之一，做很难做之事，忍常人所不能忍，坚定不移地贯彻始终，这些要求读来已经让人有些难以接受了，更何况还要付诸实践。想来，确实是一件残酷的事情，不过要成就大业，实现目标，不这样做是不可能达到目的的。

　　曾国藩一生曾经历过六次巨大的困苦，但每一次，他都咬紧牙关，挺了过来，直到大功告成。第一次是写信批评咸丰帝。批评皇帝，那是只有太上皇和皇太后才能做的事情，曾国藩却冒君臣之大忌，公然批评指摘咸丰帝的不是。结果咸丰帝讨厌他，一般的官僚也不与他来往，都怕累及自身。曾国藩本来就看不惯官场的一些作风，自己追求的是做官就应当清廉正直，以"不爱财，不怕死"作为行走于官场的座右铭。这样势必与其他一些达官贵人之间发生摩擦，沟通起来会很不畅通。当年在会审琦善一案的时候，他得罪了当权者，结果弄得所有人一看见他就唯恐避之不及，更不用说与他谈话，同席而坐了。想一想，当时还很年轻的曾国藩，一方面惹怒了皇帝，另一方面又与其他官员不合，被排挤、孤立；本来有澄清天下的志向，但苦于报国无门，既不被皇帝赏识，又不为官员们所接纳，曾国藩该是何等的郁闷与伤怀啊！

　　他第一次与太平军交战，就兵败岳州。对于希望以镇压太平军来挽回颜面的曾国藩来说，兵败岳州无疑是另一次耻辱。当他带着近两万人的大部队，浩浩荡荡地出发，准备同太平军作战之际，不料他尚未走出湖南，就在岳州被太平军打了个措手不及。原来，太平军与湘军接触之后，担心孤军深入不敌，所以往后退缩，到了湖北，准备聚集兵力与湘军作战。曾国藩见太平军此等情势，以为形势对自己有利，便水陆并进，一起挺进了湖北。当太平军与湖北的军队会和之后，卷土重来，顺势就把岳州城给包围了。曾国藩本来就同岳州的守城将领不怎么合得来，又发现太平军声势浩大，担心自己也被包围，便想撤退。但部下认为不妥，经过部下的三番劝说，他才把战船开到了岳州城外，只能远远地发射炮弹，却不敢轻易靠近。城中有三千多人马，结果从城中逃出的仅有九百多人，其余的都被太平军给杀了。而曾国藩所属的队伍，除了塔齐布一营，其余都逃回长沙了。

　　岳州之败，直接打击了曾国藩想在咸丰帝面前立一大功的愿望。当初湘军水师尚未建成的时候，他曾三次拒绝咸丰帝要他出兵镇压太平军的命令，坚持要船、炮、兵勇都准备齐了再出征。本是想着在准备工作都做好了之后，打个胜仗，以"报答"咸丰帝的讥讽——咸丰帝曾在他的奏章上朱批道："你想数省军务一肩挑，试问你有那个能力吗？"可在还未与太平军正面交锋的时候，就吃了一个大大的败仗，这无疑是给了曾国藩脸上一巴掌，让他无颜再大言不惭。在兵败岳州之后，长沙的不少官宦士绅就大发言论，有的骂曾国藩是饭桶，有的建议解散湘军，不要再残害无辜的生命，大家都把他当成了一个无能之人。试想此时的曾国藩又是何等的郁闷啊！不过他却没有倒，反而以更大的热情和动力积极投入到镇压太平军的运动中。

之前的这些挫折还不算什么，提到靖港之败，那可是很大的耻辱，直接让曾国藩有了投江自尽的念头。靖港之败是曾国藩与太平军的第一次正面交锋。急于想立功的曾国藩，在听到民团的报告，说驻扎在靖港的太平军很少时，便草率行动，率军前去偷袭，结果遭到了太平军的反击，湘军损失惨重，很多士兵见形势不妙，扭头便跑，根本没有一丝军人该有的斗志。曾国藩看到此景，立即拉起了一面大旗，上面写着"过旗者斩"。他站在大旗下，手执长剑，亲自督阵，可根本无以阻止不断逃窜的湘军。在回撤的路上，曾国藩是又羞又愤，一时想不开，纵身跳进了江中，幸好被部下给救了起来。可能也是受了这次兵败的影响，日后曾国藩在治兵、治军方面作了多方面的探究，以致形成了"治军，须以勤字为先"的理念，并且注重培养军队的士气及胆气。后期与太平军作战时，湘军个个如亡命之徒，那种势如破竹之势真的震慑住了太平军。与靖港之战时的湘军简直不是一个级别的。

岳州之败与靖港之败，中间仅隔了22天。这两次大败激起了整个长沙的愤怒，纷纷要求解散湘军，裁撤曾国藩。在一片骂声中曾国藩简直悲观到了极点，饭也不吃，衣服也不换，彻夜不眠，还写好了遗嘱，为自己置办了棺材，准备再次自杀。可就在此时，一个好消息传来了。塔齐布在湘潭打了一个大胜仗，这次胜仗也是湘军在此后连续六个月节节胜利的开端。捷报传到了北京，咸丰帝甚是高兴，命令给予湘军嘉奖，曾国藩自此也找到了信心，翻了身。

在收复了武汉，控制了长江，取得了一些战绩的情况下，八个月之后，曾国藩在湖口又吃了一次败仗。曾国藩取得的一些成就，令咸丰帝改变了对其的偏见，并任命曾国藩担任湖北巡抚，执掌湖北军政大权。不过才过了七天，咸丰帝就收回成命了，原因是咸丰帝担心曾国藩掌握了地方实权后，难以再调遣。恰巧这个时候，太平军也作了一些调整，派出了石达开、罗大纲等人收复武汉。曾国藩再次吃了败仗，败得是一

塌糊涂，大小船只损失多少不说，令曾国藩羞愤的是他的坐船也被夺走了，在这样的情况下，他再次将自己投入了寒冷的江水中，幸好又被部下给救了起来。武汉再次被太平军掌控了，曾国藩失了战船，只好上岸，跟着陆军行动，开始了坐困江西的日子。

即使在江西，他的日子也不好过，并不比在湖南的时候好多少。因为他是客居江西的，所以当地的官员都不归他管辖，自然是没有人会听从他的调遣，所以处处受气，处处被动。军事上依旧是连吃败仗，曾经得力的助手塔齐布死了，罗泽南也死了，致使曾国藩在江西的日子更是雪上加霜。他自己也曾说过，在江西的那两年是他一生中最痛苦的时期。

后人看到的往往是曾国藩如何风光，如何光耀曾氏门楣，但却甚少关注他"中兴"的过程。经过上面简要的一些事件，可以看出，曾国藩并不是一个军事大将，也不是一个坚强的人，他后来之所以能够集文臣、武将、学问家、思想家于一身，都是因为有了这些鲜活而难忘的经历，才促使他去发现、改进、充实自己。曾国藩的强毅更多地体现在他是一个善于总结、善于改正的人，并且有一种强迫式的毅力，逼迫着自己去为目标而奋斗。

成功的路上都是充满荆棘的，当把所有的荆棘都踩过，自身也深切地体会了其中的痛楚之后，成功很自然地就会出现在眼前。在回望一番那成功之路，会发现那是一条不断挣扎、不断地与放弃作斗争，不断自我激励的前进之路。会觉得那些挣扎、痛苦是无比珍贵的财富，可要再经历一番，却是难以接受的。有些东西很美好，非常值得珍惜，但却不能重复。强毅就是这样。凡是需要强毅之气才能完成的事情，毕竟是充满着挑战、痛苦与挣扎的事情，那个过程很痛苦，但只要坚持下来，结果将会是无比完美的。这也就可以解释人们常说的那句话：过程是痛苦的，但结果是美好的。

● 什么是刚愎？

与强毅相对的是刚愎。刚愎是什么呢？就是倔犟固执、自以为是，只凭着自己的主观意愿行事。拿今天的话来说，就是个人主义，不顾及他人的想法，一意孤行。刚愎和刚毅很相似，差别仅在于，刚愎的人自以为是，以自己的意愿为主导；刚毅的人根据客观情况行事，作出判断。刚愎自用的人，在历史上不乏其人，其结局大多是悲剧性的，如战国时期的赵括，三国时期的袁绍、关羽等，不过最典型的莫过于西楚霸王项羽了。

项羽常常被人以英雄概之，确实，项羽乃一代旷世英豪，与刘邦不同。刘邦虽然在与项羽的争斗中获得了胜利，但其品性、胸襟等各个方面都难以担当"英雄"这两个字，但刘邦有一点却是项羽没有的，而也正是这一点毁了项羽成就霸业的梦想，这一点就是善于纳言。项羽少年得志，24 岁就起兵反秦，项梁任主帅，他任副帅，27 岁便做了西楚霸王，主持国家大政。在政事上，项羽可以说是一帆风顺，并没经历什么坎坷，自然也就不会有什么磨炼的机会。一个人的人生，特别是为官之人，人生太顺了，往往会给他一个错觉，让他对自己过于自信。自信过了头就是刚愎。项羽最大的一个个性弱点就是他过于自信，刚愎自用，所以他才会败，刘邦才会胜。

项羽的刚愎自用，造成了一系列的失误，就是失察、失人、失态、失信。这些综合在一起，使项羽在与刘邦的斗争中失去了原本的优势。

己所不欲，勿施于人。曾国藩认为，刚愎和强毅恰恰相反，强毅是对自己的强调和克制，而刚愎则是要求别人按照某种标准去做，甚至一些事情本身自己就做不到。

刚愎通常自信过强，不信任别人，喜欢随便怀疑别人，处处争辩，显得异常固执任性。其表现为有了一点儿成绩就狂妄自大，自认为能力非凡，事事都会成功；听到别人发表不同意见，便反驳争论，不论别人的观点是对是错，直到把别人批得"体无完肤"，显得傲慢固执；当别人某方面超过了自己，就妒忌不已，到处贬低、攻击别人；碰到挫折时，总自以为是，不总结经验教训，不撞南墙不回头。总之，刚愎给人一种以自我为中心、好走极端、咄咄逼人的感觉。

历史上，蔡桓公便是因刚愎自用而丢了性命的人。《左传》记载："扁鹊见蔡桓公。立有间。扁鹊曰：'君有疾在腠理，不治将恐深。'桓侯曰：'寡人无疾。'扁鹊出，桓侯曰：'医之好治不病以为功。'居十日，扁鹊复见曰：'君之病在肌肤，不治将益深。'桓侯不应。扁鹊出。桓侯又不悦。居十日，扁鹊复见，曰：'君之病在肠胃，不治将益深。'桓侯又不应。扁鹊出，桓侯又不悦。居十日，扁鹊望桓侯而还走。桓侯故使人问之。扁鹊曰：'疾在腠理，汤熨之所及也；在肌肤，针石之所及也；在肠胃，火齐之所及也；在骨髓，司命之所属，无奈何也。今在骨髓，臣是以无请也。'居五日，桓侯体痛，使人索扁鹊，已逃秦矣。桓侯遂死。"

这篇文章大体意思是：扁鹊拜见蔡桓公，站了一会儿，对桓公说："我看您身体有病，在皮肤的表层，如果不医治的话，恐怕会向体内发展。"

桓公不以为然地说："我没有病。"

扁鹊退出去后，桓公说："医生就喜欢给没有病的人治病，以便邀功请赏，并以此证明自己的医术高明。"过了十天，扁鹊又来拜见，对桓公说："您的病已发展到皮和肉之间了，如果不治疗就会加深。"桓公没有答理他。扁鹊退了出去，桓公心里很不高兴。

过了十天扁鹊再次来拜见，对桓公说："您的病已经发展到肠胃里了，如果不医治的话，还会加深。"桓公还是不理他。扁鹊退出后，桓公更加不高兴。又过了十天，扁鹊老远看见桓公，掉头就跑。桓公很奇怪，便派人去问原因。

扁鹊说："病在皮肤的表层，用热水敷烫就能够治好；病在皮肤和肉之间，用扎针的方法就可以治好；即使发展到肠胃里，服几剂汤药也还能治好；病一旦深入到骨髓里，那就只好由阎王爷来做主了，医生是无能为力的。现在君王的病已经深入骨髓，所以我不能再去请求为他治病了。"五天以后，桓公浑身疼痛，派人去找扁鹊，扁鹊已经逃到秦国去了。桓公最终病死。

● 漠视韩信的才华

项羽是西楚霸王，他威震四方，又抱有称霸天下的雄心，处在这样一个位置上，善于考查和决定自己手下的哪些人是自己应该重视和重用的，是作为一个掌权者理应明确的事情。但是项羽却不知道，也不曾试着去做过。

韩信是刘邦定天下的功臣之一，但他一开始是跟着项梁的，项梁死后又跟了项羽。他跟从项羽做过不少事情，也提过不少建议，但大多数时候，他的建议都未被采纳，而且他自己也觉得项羽并不看重自己，所以内心很是不甘。后来韩信攻占了齐国，项羽派人去游说他，劝他叛汉，并给韩信了两条路走，一条是归楚，一条是保持中立。对此，韩信甚是寒心，说了类似于这样的话：我韩信在项羽的手下做事，官位最高不超过郎中，职位只是执戟；言不为项王所听，计不为项王所用。我的价值得不到体现。所以，韩信离开了项羽，投奔了刘邦。

韩信是一个军事天才，试想刘邦要不是有韩信的协助，仅凭张良、陈平的谋略，战胜项羽恐怕有些勉强。可就是这样一个天才，却被项羽忽视了，以为自己的才华才是最高的。真是替项羽感到悲哀呀。

● 无视范增

翻开秦末汉初的历史，我们会发现刘邦的手下谋士特别多，像张良、陈平、萧何等，都是一流的谋臣。反观项羽，会发现他的身边只有一个"年七十，好奇计"的范增。刘邦手下人才济济，项羽手下却人才寥寥。为什么项羽手下就只有一个范增？其实这与项羽刚愎自用的个性有莫大的关系。项羽与刘邦不同，他有自己的主见、有自身那一套既成的处世方略，所以他很少受外界因素的影响，也不太愿意听从他人的意见，个人主义是他身上一个鲜明的部分。所以他不需要谋士，什么事情都是自己做主。

鸿门宴的故事如今已经家喻户晓了。看过这个故事的人，都知道决定第二天消灭刘邦的是谁，决定撤销第二天军事行动的是谁，就是项羽嘛！在作这些决断的时候，他和谁商量过呢？很可惜，一个人都没有。他召集过会议吗？也没有。他和他最信任的范增商量吗？也没有。所以项羽被称为"孤胆英雄"一点儿都不为过。

正因为只有范增这样一个谋士，所以项羽与他的关系相对别人要好很多。但陈平仅用了一桌饭菜的计谋便轻易地离间了范增和项羽的关系，项羽对范增产生了不信任。

在与刘邦作战的时候，范增建议急攻荥阳。当时项羽看准了刘邦的软肋——粮道（甬道），集中兵力，断了刘邦军队的粮道。刘邦被困在荥阳城中，断了军粮，陷入困境，刘邦无奈，只好提议："请割荥阳以西以和。"荥阳以西是刘邦已经攻占的土地，而且，占了荥阳以西，就可进一步夺取关中。刘邦要不是陷入困境，绝对不会开出这样的条件。

项羽因为对范增有了疑心，所以对范增的建议并未采纳。范增见状，甚是愤怒，要求告老还乡。不料项羽竟然也答应了，于是范增离开了项羽。

范增临走时说："大王好自为之，天下的大局已定了。"通过项羽这么容易受人影响，且以自我为中心，范增就已经知道，与刘邦的争斗，项羽注定是要败北的。

项羽的刚愎自用，使他失去了范增。本来身边的谋士就不多，这下连最亲近的范增也走了，项羽还能跟谁商讨大计呢？即便有，也会被他的自负再次赶走。

节制气血，保身利势

【原文】

肝气发时，不惟不和平，并不恐惧，确有此境。不特盛年为然，即余渐衰老，亦常有勃不可遏之候。但强自禁制，降伏此心。释氏所谓降龙伏虎。龙即相火也，虎即肝气也。多少英雄豪杰打此两关不过，要有稍稍遏抑，不令过炽。降龙以来养水，伏虎以养火。古圣所谓窒欲，即降龙也；所谓惩忿，即伏虎也。释儒之道不同，而其节制血气，未尝不同，总不使吾之嗜欲戕害吾之躯命而已。

【译文】

每当肝火发作时，不只是不平和，更不恐惧，确实有这样的境况。不仅年轻气盛时是这样，即使我现在逐渐衰老，也经常有怒不可遏的时候。但要努力控制自己的情绪，压制自己的怒火，佛教称这为降龙伏虎。龙就是相火，虎就是肝气。许多英雄豪杰都过不了这两关，关键在于稍稍控制自己，不要让肝火过盛。降龙用来养水，伏虎用来养火。古人所说的遏制欲望，就是降龙；所说的警戒愤怒，就是伏虎。佛家与儒家的说法不一样，但节制气血，却没有不同，总是不要让自己的欲望伤害了自己的身体。

【解读】

节制气血，乍一看，曾国藩似乎在讲养生修身，实际上他说的依然是如何强健自身的问题。节制气血，一方面有助于身体健康，一方面利于在理智的状态下作出决断，确实是保身利势的好事。

人都会有气血过盛、急火攻心的时候，而且这种情况在日常生活中是司空见惯的。不过司空见惯的事情未必就是好事，值得提倡的事情。易于发怒便是如此。人在生气、发怒的时候，理智是最不清醒的，所以很容易做错事，也容易引起身体上一些不良的反应。所以自古而今，人们都在提倡要平心静气地做事，不可动不动就发怒。

提起易怒，人们不由得会马上想起曹操、吴三桂、张飞这些历史上有名的人物。曾国藩早年个性过于刚直，也时常会与人发生争执、摩擦，怒火一上来往往把事情弄得越发难以控制。他一方面是从古人的事件中得到的教训，一方面是从自身的经历中感受到的，所以他才提倡要节制气血，避免肝火过盛。也正是认识到气血过盛很容易做出一些有违常理的事情，他才会一再地压制自身的血性，以柔和之气渐渐稀释刚硬之气。

"恸哭六军俱缟素，冲冠一怒为红颜。"这是明末清初诗人吴梅村《圆圆曲》中的一句，讲的明末大臣吴三桂因不满李闯王夺走红颜知己陈圆圆，一怒之下向宿敌清军寄去了请兵书，希望多尔衮"合兵以抵都门，灭流寇于宫廷，示大义于中国"。吴三桂这一怒，直接把大明江山交给了清军。古人常说"红颜祸水"，实际上祸水的未必是红颜，而是掌权者一时的"盛怒"。或许吴三桂留在历史上的只是一个爱美人胜过爱江山的罪名，但他这一怒却说明了一个问题：盛怒之下确实是没有理智可言。

易怒的人，大多是个性使然。改变起来自然不易，但也并非不可能。不过人的个性更多的是通过潜意识的行为表现出来的，所以当发现问题的严重性时，往往也是在盛怒之后才感觉到的。可这时已无力挽回，除了生气，还是生气。聪明一点儿的人，会从中吸取教训，以后会慢慢地克制自身易怒的个性。

曹操在智谋上，可以说并不亚于诸葛亮。而且在三国鼎立时期，相比于孙权和刘备，他无论在智谋上，还是在学识上，都远超于另外两位当权者。但他有一个致命的弱点，就是太容易动怒。不幸的是，这个致命的弱点还被孙刘联军的军师诸葛亮给知道了，所以他才会兵败赤壁。这与项羽的失败何其相似，项羽败在了刚愎自用，曹操败在了易怒。看来古今豪杰，都有其致命的缺点。

赤壁之战前，周瑜最忌讳曹操手下精通水战的蔡瑁和张允，若要赢得胜利，就必须先除掉他们。于是周瑜利用了曹操多疑的性情，给了前来刺探军情的蒋干一个假情报，说蔡瑁与张允私通了东吴。曹操从蒋干处得知蔡、张倒戈的消息，果然大怒，立即将两人杀了。大将人头落地，曹操出了口恶气，可痛快之后，他马上意识到自己中计了，做了天下第一蠢事。按理来说，这种小儿科的反间计，曹操怎么会想不到呢？怪只怪他怒火攻心，只顾着发泄自己的情绪，疏于防范了。而周瑜正是抓住了曹操疑心重、易怒的个性，才将战机转向了利于自己的一面。

与曹操一样，身为三国时期著名人物的张飞，也是一个易怒的典型。不过与曹操比起来，张飞的"怒"显得有些草莽之气，且大多时候显得气血过于旺盛了。

张飞和关羽齐名，都是"万人莫敌"的"熊虎之将"。他追随刘备，肆意沙场，出生入死，曾战马超、收严颜、败张郃，其丈八蛇矛勇冠三军。而他最出名的事件莫过于长坂坡一声吼退曹军百万。张飞此等气魄当然值得颂扬，不过，正应了那句"成也萧何，败也萧何"，张飞亦是"成也冲动，败也冲动"。如果说关羽是死于自身的孤傲自满，张飞则败于自己暴躁冲动的个性。人还真是，都有一个最致命的地方，不管他曾多么辉煌、果敢，最终都难逃自身的弱点。

著名史学家陈寿在《三国志》中对张飞的点评是："飞暴而无恩"。根据史料的记载，可以看出张飞冲动易怒的个性集中表现在两个方面，一个是在处理同僚关系时冲动暴躁，一个是沙场对阵时不计后果。

建安元年，袁术攻击刘备，意图夺取徐州，张飞被派往坚守下邳。当时任下邳县令的是曹豹，乃陶谦的旧部，张飞与其共事很不舒畅，中间有不少摩擦。张飞不是一个善于自我反省的人，在遇到不公不理之事时，他的常态是会暴怒、生气，结果曹豹就在他的一怒之下，人头落地了。而这个结果的影响就是：下邳城中开始人人自危，混乱不堪。后来这件事传到了袁术的耳中，袁术便给写信给吕布，劝其乘机袭下邳。吕布果然率军前来攻打下邳，而中郎将许耽则开门投降，结果张飞不得不败走下邳，吕布由此俘获了刘备妻小和诸将家属。本来刘备、张飞刚到下邳，民心不定，他们最紧要的任务是要最大程度地寻求各方合作，在下邳这个地方驻扎下来。但张飞不仅没有安抚民心，反而随意杀戮，导致下邳城被吕布不攻自破。张飞的这一怒杀曹豹使刘备失去了一次兴起的机会，也极大地削弱了刘备的势力。

建安四年，张飞随刘备经过秦宜禄管辖的铚县。秦宜禄是魏国骁骑将军秦朗的父亲，他的原配夫人被曹操强行纳入了后宫。对此张飞甚是不解秦宜禄的做法，于是对秦宜禄说："曹操占了你的妻子，你还做他的县长，你还有没有脸面，还是跟我走吧。"秦宜禄被张飞说动了，于是跟着张飞走了。可走过一段路程后，他有些后悔，想回去。张飞无名火起，一怒之下竟把秦宜禄给杀了。

张飞的个性是勇猛有余，思虑不足，这一点在他上阵杀敌的时候最为明显。

曹操南下时，刘备舍弃了新野，改行陆路南逃，曹操派人追了一日一夜，在当阳给追上了。刘备丢下了妻子，自己先借机逃脱了。张飞当时只带了二十多名士兵，面对曹军的强势追击，张飞选择了断桥，他站在河边，对着曹军大喊："身是张益德也，可来共决死？"曹军被张飞不怕死的气势给震住了，因此，张飞逃过了一劫。张飞的异常勇猛一直是人们所津津乐道的，但是细想一下，如果当时曹操真的派兵前去追击，恐怕张飞纵然再英勇，一人之力也难挡曹军的千军万马，难怪后人常说："张飞拆桥，有勇无谋。"

历史上败于自身的事例不胜枚举。张飞、关羽、项羽、曹操、杨素、薛道衡、年羹尧……这些人在史书上都是有名有姓，确切可靠的名人，但他们最后的结局都大致相同，一个字："惨"。他们有的败于刚愎自用，有的败于暴躁易怒，有的败于多疑，有的败于恃才傲物，有的败于得意忘形，可谓败得各有特色。但细看一下这些失败的理由，无一不是自取其败。人都善于看到他人的缺点，而看不到自己的弱势，而其实，人们恰恰应该善于看到他人的长处，省察自身的弱点。只有这样，才能从他人的长处中获得启发，继而来弥补和修正自身的弱点，才能保持生命、家业的延续。但对于大多数人来说，这只是一个教科书上的理念，要用于日常生活，有点困难。因为人们都不肯轻易将自己的缺点暴露在外面，让别人评头论足；也不想去赞美他人的长处，尽管心里可能很佩服某个人的优势。

易怒，属于个性的范畴。是天生的，不易改变。能做的，只有压制这种个性，避免其过度地展现。对易怒的人来说，无法控制自己的情绪，任由怒火喷发，这样可能会化解一些心中的郁结之气，但实践证明，人在发怒的时候，血压和心脏的跳动都是远远高于正常水平的，很容易造成急火攻心，丧失性命。在做事的时候，容易判断失误。曹操怒杀蔡瑁、张允，张飞怒杀曹豹，结果怎样呢？不利的因素反而成倍地增加了。反过来，对承受怒火的人来说，莫名其妙地被人火攻一番自然也会心情不爽。控制力好一点的，可以不与其计较，控制力不好的，可能会与其开骂起来，甚至拳脚相向。

曾国藩提倡节制气血，真的是有先见之明。但也不能完全这样说，毕竟认识到易怒无益的并非曾国藩。他也是在继承了前人的学识、经验的基础上得来的。他本身是个血气方刚之人，要把自己训练成一个懂得忍让，且善于忍让的人，着实不易。但毅力却成就了他。曾国藩以个人的实践经验证明：易怒的个性也是可以改变的。

人生来就具备了很多先天的个性，也正是基于这个事实，很多人才认为个性是不能改变的。但人的个性并不完全是由先天的因素塑成的，后天的环境、学习以及经历也会对其产生重大的影响。曾国藩就是一个很好的例子。因为知道性格是

可以改变的，所以曾国藩在很多家信中都阐明了一个观点：要忍。为何要忍呢？因为官场、战场、生活各有各既定的规则，顺之则昌，逆之则败。说白了，就是要把自己的真实个性隐藏起来，用那些适应各个环境法则的个性去与人交往、处世。

"怒"是人与人相处的大忌。任何人、任何事在"怒"字面前都会选择逃离，而不是继续与之谈论。每个人在日常生活中每天多多少少都会有怒火袭上心头的时候，只是大多数时候都不太显眼，或者只是一瞬间的情绪变化。这些都处于可控制的范围。我们需要防范的是大怒的时候，以及情绪失控达到无法再以理智作出决断的情况。这是一个不容忽视的问题，因为它关乎我们的身体健康，关乎我们的人际关系，关乎我们的事业工作，所以，小瞧不得。

控制自己的情绪，不使其肆意泛滥，是一个有修养、有修为的人必需的素养。人都有原始性，会凭着本能去做一些事情，说一些话，但在大多数情况下，我们的行为和言语还是要受我们的理智控制，必须在理智的指引下去做事说话，这样才能与他人保持一个良好的关系，利于事情的解决。曾国藩不仅是有名的将领、学问家、教育家，还是一个修身大师。他为自身所写的"十三课"，都身体力行地得到了实践。修身是一个全面的行动，涉及到肉体、精神、思维，以及心态等多个方面，所以提升也是多方面的。从某种意义上来说，节制气血也是修身自强的一种方式。

古时有一种修养身心的方法，叫静心养性。其实这个方法非常适宜用来改造易怒的个性，使之变得柔和，可以控制，即使在有人故意挑衅的情况下，依然能够秉持心静的状态。当然，这很像禅家的境界，不过要是能做到也是一件值得庆幸的事情。

而今人们的生活节奏在不断地加快，每天穿梭于各种交通工具、高楼大厦之间，匆匆忙忙，无暇再去顾及一些生活中的小细节，更不用说空出时间来静心养性。当人们的物质生活变得越来越丰富的时候，精神压力却也在成倍地增加，让人常常感到心中有莫名的火气。这些火气来源于工作、生活、人际、交通等各个方面，使人感到筋疲力尽，头昏脑涨，思绪难以集中。给自己减压是最好的方式，这就要放慢生活的脚步，让自己有空去呼吸一下新鲜的空气，与陌生人在街道上可以互相给予一个微笑，与家人可以有空聊聊天，跟朋友出去散散心。当你放慢脚步，感受着生活的各种声音的时候，内心的火气自然会悄悄地逃走，生活中的每一个声音都将成为悦耳的音符。这大致也就是曾国藩所谓的"保身利势"的当代解说。

卷六

▼

英才：
最早的中国式管理

　　21世纪最重要的是人才，市场的竞争也是团队与团队之间的竞争，只有一个良好的团队才能在竞争中立于不败之地，而良好的团队则来自于优秀的人才以及对人才恰到好处的管理。曾国藩一直重视发现人才，以及人才的发展。薛福成赞誉曾国藩"知人之鉴，超轶古今"；李鸿章称誉他"知人之鉴，并世无伦"；石达开也说"曾虽不以善战名，而能识拔贤将"。

用人先识人

【原文】

虽有良药，苟不当于病，不逮下品；虽有贤才，苟不适于用，不逮庸流。梁丽可以冲城，而不可以窒穴。犛牛不可以捕鼠，骐骥不可以守闾。

【译文】

良药如不对病症，那效果还不如普通的药。虽是贤才，但所干之事如果不是他的专长，还不如用一般人来干。坚韧的木梁可以撞开牢固的城门，却不能用来堵鼠洞。强壮的水牛不会捕捉老鼠，日行千里的骏马也不能守住家门。

【解读】

● 良药与对症

曾国藩在讲人才的管理运用时，以良药和治病为例子，阐述了自己的人才观。他认为，良药如不对病症，那效果还不如普通的药。在分析人才的运用之前，我们先了解下中国医学对于药和疾病关系的认识。

首先认识中医学的哲学基础。中医学继承和发展了中国古代哲学的气一元论、阴阳学说和五行学说，用以阐明人类生命活动和外界环境的关系，疾病发生、发展及其防治规律，以及增进健康、延年益寿和提高劳动能力的措施等，建立了中医学的气一元论、阴阳学说和五行学说。

气是中国古代哲学范畴中一个最重要、最基本的概念，是中华民族独有的、普遍的范畴。气一元论，又称元气论，对中国传统文化具有极其深刻的影响，成为中国古人认识世界的自然观。

阴阳学说是在气一元论基础上建立起来的，是中国古代关于对立统一规律的认识，气是阴阳对立的统一体，物质世界在阴阳二气的相互作用下，不断地运动变化。

五行学说是中国古代朴素的普通系统论，和阴阳学说一样，着眼于事物的矛盾作用，着眼于事物的运动和变化，从事物的结构关系及其行为方式，探索自然界物质运动动态平衡的。中国古代哲学认为：气是天地万物统一的基础，是世界的本原。它以气为最高哲学范畴，按着气——阴阳——五行的逻辑系统，揭示了世界万物包括生命的本质，阐明了世界运动变化。

正是中医学的这种哲学理论基础，才使传统中医在治疗疾病时，第一要做的是通过中医病理，寻找到病源，然后再依据病人真气之储量与病毒数量及其强弱之对比，决定采用何法，何时、分几次治疗。

对于用物理疗法来治病，实际上就是调集真气来消除病毒，当发病时为病毒强真气弱的时候，不便采用，所以物理疗法主用于治疗未萌或治病已败或救急缓死，常病则冬用毒药治标缓之，夏用物理疗法治本攻之，等到病人积足真气储备即可用物理疗法治病，并能够做到药到病除。

所以，由上可见，只有根据疾病采取适当的方法，才能将药效最大地发挥，如果方法不当，不但不利于疾病的治疗，还可能得到适得其反的结果。民间有"庸医治驼"的故事就说明了这个道理。从前有个医生，自吹能治驼背。他说："无论驼得像弓那样的，像虾那样的，还是弯曲像铁环那样的，请我去医治，管保早晨治了，晚上就如同箭杆一般直了。"有个人信以为真，就请他医治驼背。这个医生要来两块门板，把一块放在地上，叫驼背人趴在上面，又用另一块压在上面，然后跳上去使劲地踩。这么一来，驼背倒是很快就弄直了，但人也被踩断了气。驼背人的儿子要到官府去告他，这个医生却说："我的职业是治驼背，只管把驼背弄直，哪管人是死是活！"

通过良药与对症的认识，也告诉我们：在人才的使用上，也应该学会识人，根据每个人不同的特点，安排不同的工作，充分发挥其专长。

● 如何识人?

所谓用人，实际上就是通过把人安排在一定的工作岗位，来解决相应的问题，正如良药对病症，即人是良药，岗位上的问题是疾病。中药学有治病先找病源的原

则，那么我们在用人上，也要先识人，找到每个人的特点，为他们安排相应的工作。

曾国藩认为：一般来说，看人的长短，如果"言过其实，不可大用"。的确，诚信是做人的根本。特别是一个军队的运作更要万众一心，亲密无间，不容有丝毫芥蒂，这尤其是靠一个诚字贯穿其间，作为维系。否则将会像一盘散沙，必将不战自毁。所以，不要被一个浮夸的人所迷惑，不要被他的夸夸其谈打动，一定要考察他的实际才能，尤其是要任用诚实的人。在现代的经营活动中，同样存在着很浮夸的管理人员，他们只知道夸夸其谈，却发挥不了实际的作用。在人际交往中也一样，有些朋友除了浮夸还是浮夸，实在成不了气候，若与他们打交道，一定要小心提防才对。

曾国藩用人的方式，以有节操而没有官气、条理清晰而又不说大话为关键。办事的方法，关键是要做到"五到"，即身到、心到、眼到、手到、口到。所谓身到，就是作为官吏对命案、盗案必须亲自勘验，并亲自到乡村巡视；作为将官就必须亲自巡视营地，亲自察看敌情。心到，就是凡事都要仔细分析它的大条理、小条理、起初时的条理、结束时的条理，分析它的头绪，又综合它的类别。眼到，就是要专心地观察人，认真地读公文。手到，就是对人的才能长短、事情的关键所在，勤做笔记，以防止遗忘。口到，就是在命令人做事时虽然已有公文，仍要苦口叮嘱。

在了解人的特点上，我国自古就有系统的识人理论。早在三国时期的政治家、军事家诸葛亮在《将苑》中提出了识人七法：一曰，问之以是非以观其志；二曰，穷之以辞辩以观其变；三曰，咨之以计谋以观其识；四曰，告之以祸难以观其勇；五曰，醉之以酒以观其性；六曰，临之以利以观其廉；七曰，期之以事以观其信。这七项特质可概括为：志、变、识、勇、性、廉、信。

到了曹魏明帝统治时期，刘劭著的我国第一部辨析、评论人物的专著《人物志》则更有详细的描述。它以人之筋、骨、血、气、肌，与金、木、水、火、土五行相应，而呈现弘毅、文理、贞固、勇敢、通微等特质。此"五质"又分别象征"五常"：仁、义、礼、智、信，表现为"五德"。换言之，自然的血气生命，具体展现为精神、形貌、声色、才具、德行。内在的材质与外在的征象有所联系，呈现为神、精、筋、骨、气、色、仪、容、言等，是为"九征"，这相当于所谓"气质"的层次。

依照不同的才性，刘劭将人物分为"兼德"、"兼才"、"偏才"三类。透过德、法、术三个层面，依其偏向，又可分为"十二才"，即清节家、法家、术家、国体、器能、臧否、伎俩、智意、文章、儒学、口辩、雄杰，依其才能不同，适合担任的官职也不同。

在《人物志》中，刘劭将才、德并列标举，作为拔选人才的标准。刘劭的品评，以中和为最高，讲究平淡无味，是为圣人。所谓中和，在于兼具"平淡"与"聪明"两种层次，聪明为才，而平淡则是生命所展现的境界，已不单纯是道德修养的层次，更是对"全幅人性"的审美态度。除中和外，其余是偏至之材。"九征"兼至的人，"阴阳清和，中叡外明"，就是中庸，称为圣人，是君王之才；具体而微，称为"德行"，是大雅之才；偏于一才的人，称为偏材，是为小雅。此外尚有依似、无恒等级别。

对于甄别人才，刘劭进而提出"八观"、"五视"等途径。"八观"由人的行为举止、情感反应、心理变化由表象而深至内里，反复察识。"五视"则在居、达、富、穷、贫特定情境中，考察人的品行。

综上所述，我们要认识一个人，就应该从以下几个方面出发：

一、了解一个人的品德。人的品德包括仁、义、礼、智、信五个方面，表现在工作上，就是富有同情心、与同事关系融洽、尊重上级领导和下属员工、为工作充分发挥自己的才智、讲究诚信。只有良好的品德，才会增强团队的凝聚力和战斗力，并能为自己所在团队创造更多价值，否则，将会给团队带来灾难性的后果。据报载，天津水泥工业设计研究院原副院长宋某怂恿引诱三十多名技术骨干集体跳槽，导致我国新型干法水泥技术与装备技术机密和商业机密泄露，造成国有知识产权严重流失。所以，在人才的选择上，一定要以品德为上。

二、提出是非问题，察看其价值观与职业倾向。要判断一个人是否值得重用，首先得了解他的价值观是否积极、是否相对正确，志向是否远大。许多人在观看《赢在中国》栏目时，对于评委一再追问选手的志向印象深刻，正如马云所说："一个成功的创业者要有三个因素，眼光、胸怀和实力。而且人要有专注的东西，人一辈子走下去挑战会更多，你天天换，我就怕了你。"因此，团队要发挥更强的战斗力，每个人都必须拥有远大的胸怀。

三、是否具有应变、变通能力。在社会竞争中，情况千变万化，机会稍纵即逝，所以要做好自己的工作就应有很好的应变能力与灵活性。宋朝是个国富的时代，但兵却不强，对外战争（反侵略）基本无可圈点之处，一个重要原因就是宋朝对武将统帅权力限制太多。战场形势瞬息万变，可宋朝皇帝却不谙战争法则，为他的将军们准备了一堆的阵图阵法并让其随身携带，将军们只能按阵图阵法打仗。如果谁要是有自己的练兵想法或者计划，须先报皇帝过目，这种僵硬的指挥，降低了武将们制敌的

灵活性、实用性、针对性,贻误了稍纵即逝的战机。而岳飞用兵,却打破了宋朝的常规。他说:"阵而后战,兵法之常,运用之妙,存乎一心。"一些学者将"一心"译为万众齐心,集中兵力,其实这里"一心"也可译为一念,即一念之间,选择 A 作战方式还是 B 作战方式,成败于一念之间,即具体问题具体应对,快速准确有效应对。

● 识人与相人的不同

虽然曾国藩也写过《冰鉴》,告诉我们相人之术,但识人和相人仍有着本质的区别。识人是通过对于一个人的言谈举止来断定一个人的性格,而相人却是通过一个人的外貌判断一个人的能力甚至将来的祸福。

对于曾国藩识人,最为著名的则是他对刘铭传的发现。一次,李鸿章向恩师推荐了三个年轻人,希望他们能够在老师的帐前效力。黄昏的时候,曾国藩刚回府邸,家人立刻迎了上来,低声告诉曾国藩,李大人推荐的人已经在庭院里等待多时了。曾国藩挥挥手,示意家人退下,自己则悄悄走了过去。

通过观察这几个人,只见其中一个人不停地用眼睛观察着房屋内的摆设,似乎在思考着什么;另外一个年轻人则低着头规规矩矩地站在庭院里;剩下的那个年轻人相貌平庸,却气宇轩昂,背负双手,仰头看着天上的浮云。曾国藩又观察了一会儿,看云的年轻人仍旧气定神闲地在院子里独自欣赏美景,而另外两个人已经颇有微词了。

曾国藩继续观察了一会儿,很快,曾国藩召见了这三个年轻人。交谈中,曾国藩发现,不停打量自己客厅摆设的那个年轻人和自己谈话最投机,自己的喜好习惯他似乎都早已熟悉,两人相谈甚欢。相形之下,另外两个人的口才就不是那么出众了。不过,那个抬头看云的年轻人虽然口才一般,却常常有惊人之谈,对事对人都很有自己的看法,只是说话过直,让曾国藩有些尴尬。

谈完话之后,三个年轻人纷纷起身告辞。曾国藩待他们离开之后,立刻吩咐手下对三个人安排职位。出人意料的是,曾国藩并没有把和自己谈得最投机的年轻人委以重任,而是让他做了个有名无权的虚职;很少说话的那个年轻人则被派去管理钱粮马草;最让人惊奇的是,那个仰头看云,偶尔顶撞曾国藩的年轻人被派去军前效力,他还再三叮嘱下属,这个年轻人要重点培养。

李鸿章对此安排颇不理解,曾国藩说出了用人的秘诀:"第一个年轻人在庭院里等待的时候，便用心打量大厅的摆设，刚才他与我说话的时候，明显看得出来他对很多东西不甚精通，只是投我所好罢了，而且他在背后发牢骚发得最厉害，见了我之后却最恭敬，由此可见，此人表里不一，善于钻营，有才无德，不足以托付大事；第二个年轻人遇事唯唯诺诺，谨小慎微，沉稳有余，魄力不足，只能做一个刀笔吏；最后一个年轻人，在庭院里等待了那么长的时间，却不焦不躁，竟然还有心情仰观浮云，就这一份从容淡定便是少有的大将风度，更难能可贵的是，面对显贵他能不卑不亢地说出自己的想法而且很有见地，这是少有的人才啊！"曾国藩一席话说得李鸿章连连点头称是。"这个年轻人日后必成大器！不过，他性情耿直，很可能会招来口舌是非。"说完，曾国藩不由得一声叹息。

那个仰头看云的年轻人没有辜负曾国藩的厚望，在后来的一系列征战中迅速脱颖而出，受到了军政两界的关注，并且因为战功显赫被册封了爵位。不仅如此，他还在垂暮之年，毅然复出，率领台湾百姓重创法国侵略军，从而扬名中外。他便是台湾首任巡抚刘铭传。不过，正如曾国藩所言，性情耿直的刘铭传后来被小人中伤，黯然离开了。

在这里，曾国藩完全是通过对刘铭传的言谈举止判断其性格，而相人则是完全根据眼、眉、耳、嘴、鼻五官来判断一个人的是非祸福，完全是封建迷信，没有一点科学依据。对于看相，古人很早就提出了"看相"不如"自看"的观点。

唐朝僧一行说，他曾得到"古人相法"，即"观其所由，察其所为，可得大概"。意思是观察一个人的所作所为，若为人正派，言行一致，不搬弄是非，便称"吉相"，否则便是"凶相"。而古书《灼艾集》中说，论相有三十六种，诸如勤奋读书、慕近好人、安分守己、不交坏人、勤俭持家、不贪淫杀、与人守信、不乱谈别人妻女、不忘人恩、有大肚量、敢于扬善、严于律己、急难中救济人、不助强欺弱、不当面评人、常思己过、不忘故旧、办事公道等等。这种人便是"好相"，反之便是"恶相"、"坏相"。于是古人得出结论："相人形不如相人心，求人相不如自己相。"

由此看来，良好的面相是来自于一个人的言行修为，所以，作为一个领导者，要识人才能为团队带来好处，而不是寄希望于神汉巫婆式的看相。

适于时事的人才能发挥巨大作用

【原文】

千金之剑，以之析薪，则不如斧。三代之鼎，以之垦田，则不如耜。当其时，当其事，则凡材亦奏神奇之效。否则钼锘而终无所成。故世不患无才，患用才者不能器使而适用也。魏无知论陈平曰："今有后生考己之行，而无益胜负之数，陛下何暇用之乎？"当战争之世，苟无益胜负之数，虽盛德亦无所用之。余生平好用忠实者流，今老矣，始知药之多不当于病也。

【译文】

价值千金的宝剑用来砍柴，还不如几文钱的斧头好用。传世三代的宝鼎用来开垦荒地，还不如一般的木犁。只要是符合当时的情况，普通的东西也会产生神奇的效果。否则认不清一些工具的特性，干什么事都会很糟。所以世人不忧虑没有人才，而忧虑使用人才的人不会量才适用。魏无知在议论陈平的时候说："有个叫尾生的青年人，很有孝德之行，却不懂战争胜负之谋略，您该如何用他呢？"当国家处于战争忧患之时，如果一个人不懂战争之谋略，即使他有高深的德行也没有用啊！我生平喜欢忠厚老实的人，如今老了，才知道世上药物虽多，却也有治不了的病啊！

【解读】

● 物尽其用，人尽其才

曾国藩认为，人和物品、工具一样，只有做符合自己特性的工作，才能发挥出巨大的作用，否则，再好的工具、再优秀的人才，都会因为不适用而发挥作用有限，既是对人才的极大浪费，也为工作带来很大的副作用。

人才是当今第一生产力, 作为领导, 如何才能让下属竭尽全力, 尽职尽责地工作, 也是我们要考虑的一个问题。让 "人尽其才" 的思想变成工作现实, 转化为生产力, 是团队管理工作的重点。无论是企业还是政府部门, 在发展过程中, 通过不断创新管理机制、用人机制和激励机制, 来刺激人的动机, 激发人的活力, 让人想尽一切办法去与困难、挫折、问题作斗争, 积极挑战自我, 忘我地去工作、去挥洒才华、去追求卓越。

二战时期, 同盟国与轴心国之间的战争就是双方人才的竞争, 两个阵营的战争就是法西斯沙漠之狐隆美尔和美国的巴顿将军、艾森豪威尔将军之间的战争。战争的初期, 两个阵营势均力敌, 战得难舍难分。而后期, 希特勒没有做到人尽其才, 对隆美尔的功高盖主有所猜忌, 导致隆美尔自杀, 而美国总统罗斯福却用残疾的身体, 给予将军们极大的权力。最终, 同盟国不断传来凯旋的消息。也就是在这场战争中, 美国极力挽救被法西斯追杀的犹太籍科学家爱因斯坦, 这一举动为美国的核技术带来了跨越式的发展, 最后才有了日本广岛、长崎两地的原子弹爆炸, 结束了二战的东方战场。且不说核技术对人类的危害, 只说美国在做到人尽其才上就值得如今身为领导的人借鉴。

再举一个中国古代的例子来进一步说明人尽其才对一件事情成功与否的关键作用。秦朝末年, 群雄逐鹿, 有两支起义的队伍逐渐成了战争的主导, 一个是以刘邦为首的汉军, 另一个就是以项羽为首的楚军。楚汉争雄, 而最终战争的胜负关键, 依然是一个人尽其才的问题。刘邦取得了楚汉之争的最后胜利, 就在于他的 "三驾马车" ——萧何、韩信、张良。萧何稳健持重, 来治理军政务; 张良足智多谋, 来担任军师; 韩信骁勇善战, 来冲锋陷阵。正因为刘邦这种善于用人, 人尽其才, 才战胜了刚愎自用、有勇无谋的项羽。因此, 我们的团队想要在竞争日益激烈的经济活动中保持优势, 必须做到善于用人, 做到人尽其才, 否则, 将会给团队带来很多麻烦。

作为领导一定要了解如何做到人尽其才, 要了解人才个体自身的不同的特点。每个人的能力特点有所不同, 不同特点的人才对他从事什么样的工作以及工作绩效如何, 都有着极其重要的影响。只有当特点和工作相匹配的时候, 才能充分地发挥人的能力以及潜能, 才能真正做到人尽其才。

● 当其时不当其事，是最大的失败

曾国藩通过对魏无知在议论陈平的时候提出的问题："有个叫尾生的青年人，很有孝德之行，却不懂战争胜负之谋略，您该如何用他呢？"作了如下回答：当国家处于战争忧患之时，如果一个人不懂战争之谋略，即使他有高深的德行也没有用啊！强调了关键时刻一定要起用得力人才。在历史上，总有一些在关键的时候，因为用人不当，使整个团队遭殃甚至使整个国家灭亡的事情。

最著名的例子莫过于拿破仑兵败滑铁卢。据史料记载，拿破仑将自己的整个关键部队交给格鲁希元帅指挥，并命令：当他自己向英军进攻时，格鲁希务必率领交给他的三分之一兵力去追击普鲁士军，而且他必须始终和主力部队保持联系。而格鲁希却是一个气度中庸的人，他既没有缪拉那样的胆识魄力，也没有圣西尔那样的足智多谋，更缺乏内伊那样的英雄气概。关于他，没有神话般的传说，也没有谁把他描绘成威风凛凛的勇士。他从戎 20 年，他是缓慢地、一级一级地升到元帅军衔的。滑铁卢战役中，当拿破仑向英军发起攻击时，格鲁希却拿不定主意。他已经习惯于唯命是从，他胆小怕事地死抱着写在纸上的条文——皇帝的命令：追击撤退的普军。当他们的部队到达滑铁卢时，拿破仑已经兵败，他的帝国、他的皇朝、他的命运全完了。一个微不足道的小人物的怯懦毁坏了拿破仑这个最有胆识、最有远见的人物在 20 年里所建立起来的全部英雄业绩。

而同样，诸葛亮挥泪斩马谡也是因为没了解其性格，在舆论的压力下迫使刚愎自用、纸上谈兵的马谡请战，而马谡到达街亭后，不按诸葛亮的指令依山傍水部署兵力，却骄傲轻敌，自作主张地想将大军部署在远离水源的街亭山上。当时，副将王平提出："街亭一无水源，二无粮道，若魏军围困街亭，切断水源，断绝粮道，蜀军则不战自溃。请主将遵令履法，依山傍水，巧布精兵。"马谡不但不听劝阻，反而自信地说："马谡通晓兵法，世人皆知，连丞相有时也得请教于我，而你王平生长于戎旅，手不能书，知何兵法？"接着又扬扬自得地说："居高临下，势如破竹，置之死地而后生，这是兵家常识，我将大军布于山上，使之绝无反顾，这正是制胜之秘诀。"王平再次谏阻："如此布兵危险。"马谡见王平不服，便火冒三丈说："丞相委任我为主将，部队指挥我负全责。如若兵败，我甘愿革职斩首，绝不怨怒于你。"王平再次义正词严："我对主将负责，对丞相负责，对后主负责，对蜀国百姓负责。最后恳请你遵循丞相指令，依山傍水布兵。"马谡固执己见，将大军布于山上。

魏明帝曹叡得知蜀将马谡占领街亭，立即派骁勇善战，曾多次与蜀军交锋的张郃领兵抗击，张郃进军街亭，侦察到马谡舍水上山，心中大喜，立即挥兵切断水源，掐断粮道，将马谡部围困于山上，然后纵火烧山。蜀军饥渴难忍，军心涣散，不战自乱。张郃命令乘势进攻，蜀军大败。马谡失守街亭，战局骤变，迫使诸葛亮退回汉中。

● 当其事不当其时，滑向失败的深渊

孟子在谈到一个人的成功机遇时，说到"天时、地利、人和"，"天时"成为制约成功的首要因素。作为一个成熟的领导人要善于掌握时机审时度势，能在合适的时间选择合适的人来完成既定的目标。宇宙万物的运行，都是有自己的客观规律的，人无力强行改变这些规律，只有遵循规律，选择合适的时机办事才能取得成功。孟子所讲述的拔苗助长的故事最能说明这个道理。

有一个宋国人靠种庄稼为生，每天都必须到地里去劳动。太阳当空的时候，没个遮拦，宋国人头上豆大的汗珠直往下掉，浑身的衣衫被汗浸得透湿，但他却不得不顶着烈日弯着身子插秧。下大雨的时候，也没有地方可躲避，宋国人只好冒着雨在田间犁地，雨打得他抬不起头来，和着汗一起往下淌。就这样日复一日，每当劳动了一天，宋国人回到家以后，便累得一动也不想动，连话也懒得说一句。宋国人觉得真是辛苦极了。更令他心烦的是，他天天扛着锄头去田里累死累活，但是不解人意的庄稼似乎一点也没有长高，真让人着急。

这一天，宋国人耕了很久的地，坐在田埂上休息。他望着大得好像没有边的庄稼地，不禁一阵焦急又涌上心头。他自言自语地说："庄稼呀，你们知道我每天种地有多辛苦吗？为什么你们一点都不体谅我，快快长高呢？快长高、快长高……"他一边念叨，一边顺手去拔身上衣服的一根线头，线头没拔断，却出来了一大截。宋国人望着线头出神，突然，他的脑子里蹦出一个主意："对呀，我原来怎么没想到，就这么办！"宋国人顿时来劲了，一跃而起开始忙碌……

太阳落山了，宋国人的妻子早已做好了饭菜，坐在桌边等他回来。"以往这时候早该回来了，会不会出了什么事？"她担心地想。忽然门"吱呀"一声开了，宋国人满头大汗地回来了。他一进门就兴奋地说："今天可把我累坏了！我把每一根庄稼都拔出来了一些，它们一下子就长高了这么多……"他边说边比画着。"什么？

你……"宋国人的儿子大吃一惊,他连话也顾不上说完,就赶紧提了盏灯笼深一脚浅一脚地跑到田里去。可是已经晚了,庄稼已经全都枯死了。

愚蠢的宋国人不懂得这个道理,急功近利,急于求成,一心只想让庄稼按自己的意愿快长高,结果却落得一个相反的下场。

曾国藩在处理"当其时,当其事"时则显现出一般人所没有的智慧和眼光。据史料记载,湘军中胡林翼、曾国荃等都曾劝曾国藩自立为帝。如当安庆攻克后,湘军将领建议以盛筵相贺,曾国藩不许,只准各贺一联。李元度第一个撰成其联:"王侯无种,帝王有真。"曾见后立即撕毁,并斥责李。后其他将领所拟之联也没有一个符合曾意。曾勃然大怒说:"你们只知拉我上草案树(湖南土话,意为荆棘)以取功名,图富贵……"曾国藩寿诞,湖北巡抚胡林翼来贺,交谈间书写一纸条,赫然有:"东南半壁无主,我以其有意乎?"曾国藩书写出一副对联"倚天照海花无数,流水高山心自知",委婉地表明了自己无意自立的想法。

不仅湘系势力曾有劝进的举动,太平天国阵营里也有人劝曾国藩自立。曾国藩劝石达开降清时,石达开也曾提醒他,说他是举足轻重的韩信,何不率众独立?忠王李秀成被俘后,也曾表示,愿以长江两岸数十万余部拥戴曾国藩为帝。

而曾国藩最终没有采纳这些人的意见,不自立称帝是他对时局有着清醒的认识。当时清政府虽衰落,但科尔沁亲王僧格林沁拥有一支强大的以骑兵为主的军队。而且湘军攻陷天京后,人心思归,战斗力锐减。最关键的一条,湘军起兵是以"保卫儒教"和"忠君保国"为号召,一旦曾国藩称帝,很可能湘军要成为众矢之的。再说,也没有所谓"友邦"的帮助,曾国藩称帝未必能得到国际承认。

所以,只有选择合适的时机用合适的人去做事,才能达到四两拨千斤的效果,实现"凡材亦奏神奇之效"。

● 管理人才是一门大学问

曾国藩认为:"故世不患无才,患用才者不能器使而适用也。"意思就是世界上不缺乏人才,而缺少的是会管理人才的领导。任贤使能则事业兴,贬贤弃能则事业衰,这是古今通鉴。王安石在《兴贤》一文中列举了两汉、魏晋、李唐选人之功和用人之过,得出一个结论:"有贤而用,国之福也;有之而不用,犹无有也。"熟悉《三国》

的人都知道，没有孔明运筹的蜀汉，一事无成；而没有周瑜统率的东吴，军力大减。

汉武帝就是一个会管理人才的高手，他在选择人才上，摒弃旧的人才观念，任人唯贤，并注重对人才的培养。汉武帝继位后很注重选拔人才，并实行察举，任人唯贤，打破了传统的门第之见，这在当时是一个非常了不起的改革，有名的贤臣良将董仲舒、东方朔、卫青和霍去病，就是这样被选拔出来的。尤其值得一提的是，两位有名的大将军卫青和霍去病。卫青原为平阳公主家的骑奴，善剑术而通兵法，汉武帝没有因为他出身卑微而弃之不用，而是让其在羽林接受严格而系统的军事培训后委以重任，直至做到大将军。霍去病是卫青的外甥，少年熟读兵书，极具军事天赋，汉武帝不遗余力加以培养，"年十八为侍中，善骑射，再从大将军。大将军受诏，予壮士，为骠姚校尉"，最终成为一代名将。霍去病也是汉武帝在人才储备上的经典案例。当时，赵信反回匈奴，赵信在卫青手下为将多年，十分了解卫青的作战方式。因此在攻打右贤王部的时候改派年轻的霍去病，使匈奴摸不透其战术。汉武帝当时对卫青说："赵信深知你的作战方法，幸亏我留有一个棋子，该是用的时候了。"可见其深谋远虑。

其次，他就是用制度来制约人才，做到公平合理。汉武帝封赏从不搞论资排辈，曾有人问汉武帝，大将李广屡有战功，匈奴称之为"飞将军"，对皇上又忠心，为何不封侯？汉武帝说："我只按斩敌数封赏，如果按资历封赏必将造成军士的不服，使军心涣散。"上谷大战"卫尉广为虏所得，得脱归，皆当斩，赎为庶人"，"青至笼城，斩首虏数百。骑将军敖亡七千骑……惟青赐爵关内侯"。由此可见一斑。

在今天，随着中国经济的发展，对于用人问题，企业管理中显得最为迫切。一些企业管理者不断寻找最新最好的用人方法，但是在马云看来，企业管理者更应该关注人才管理中失败的案例，因为成功的因素有很多，而失败的因素就那么几条，只有对失败有了充分的了解，才能避免在用人上所产生的一系列问题。以下列出企业十大用人误区，以供大家参考：

误区一：只用"名企"出来的人。目前，相当一部分企业在用人时，只相信知名企业出来的人就是"好"的，用人只用"名企"出来的人。但"名企"出来的人可能习惯了标准化、流程化程度很高的工作环境，他们一般很难适应基础管理非常薄弱的中国本土企业现状，面对众多的问题，他们往往束手无策，没有解决问题的能力，最终使企业长期累积下来的问题和矛盾更趋复杂，难于解决，延缓了企业经营管理的进程，让企业付出了巨大的代价。

误区二：片面强调经验。目前，我国许多企业都有这样一种观点：在人才的使用上，将经验放在重要位置。可经验本身有其固有的属性，由于不同企业其管理模式、发展战略、市场规划、生产形式等方面都有各自的特点，因此此企业的经验不等于彼企业的经验，经验是不可复制的，任何人进入一个新的企业都不可避免地有一段适应摸索期，而有经验的人一般有一个比较固定的思维模式，工作方向也有一个固定的范围，喜欢按照以往的经验去做，很难会有新的突破和改变。

误区三：过分看重学历和文凭。在我国企业，用人看学历和文凭几乎成了一种不成文的规矩。但学历、文凭并不等于才能，尤其是学历高的人，如果有一种优越感，把自己看成时代的宠儿，小事不愿干，大事干不了，没有从基层做起的决心和精神，会严重制约其发展。

误区四：对"用人不疑，疑人不用"的片面理解。有一些企业片面认为，"用人不疑"就是要绝对相信所用之人的德与才，把某个人当"救星"，充分授权，把所有的事情都交给他（她）来处理，老板自己就什么都不管了，用与被用两放心，否则他就不可能放胆实干。这是形而上学的观点，是片面的、错误的认识。结果只能是缺少必要的"疑"，即考查、监督，导致贪污腐败问题的发生。

误区五：片面强调"外部人"。有些企业一谈到人才，总是眼睛向外，问及本单位内部人才，总是摇头叹气，对外部人才厚爱偏爱，相信"外来的和尚会念经"，工资福利等一切待遇从优解决，唯恐怠慢了这些人才，而对本单位原有的人才又是一种标准。这种仅重视"外部人"的片面做法在有意无意中冷落了本单位原有的人才，因而导致招来了"外来女婿"，气走了"自己儿子"的结局。

误区六：无过是英雄。在我国的一些企业中，对人才的评价往往以无过标准来论英雄。一般来说，这种在工作中从来不出差错的人，都是那些在日常的工作中不求有功，但求无过，缺乏开拓进取、锐意创新意识和魄力的人。

误区七：爱用"听话人"。唯命是从的人往往是守摊型的，改革创新精神差，打不开局面，而且连小事也很难办好，在工作中缺乏灵活性，即使上级指令有误，他也照办不误。企业长时间以来一直在维持现状，实质上就等于是在走向灭亡，因为经营管理没有创新，就无法满足日益变化的客户需求，这样会逐渐地丧失客户，使企业经营管理陷于困境。

误区八："贪腥之猫"不是好猫。认为"贪腥之猫"不是好猫，这种说法似乎挺有道理，实际也是一种误区。管子"趋利避害"的人性观正是人力资源管理最直接、最有效的人性假设。可以说，利益始终是人类行动的最大驱动器，没有点贪欲的人才，往往是碌碌无为的。"人无贪心不赶场"，没有利益的驱使，也就不会去努力工作，更谈不上拼搏，这类人是不可能为企业作出贡献的。

误区九：员工甄选方法的"单一化"和"关系化"。选用的人才经常会出现如贪污腐败、工作能力低下等问题。原因何在呢？可以说，不是"德才兼备"的标准不合理，而是企业的考查机制与考查方法出了问题，即员工甄选方法的"单一化"和"关系化"，使员工不能通过评论知晓各方面的意见，清楚自己的长处和短处。

误区十：心态上"疑"人。不用制度去"疑"人，去监督人，而是心态上"疑"人。企业在用人时心态上"疑"人，为此付出的代价是巨大的，就好像引进人才的管道铺好了，把人都引进来了，而到了释放潜能、放"水"的时候却把水管"堵"住了，不仅"选人"工作前功尽弃，而且人才也就从企业的"资产"变为了企业的"负债"，对于企业与员工双方皆是一种损失。据一项网上调查表明，企业领导对人才的不信任（不尊重）成为了企业员工离职的首要原因。

所以，要在管理用人方面取得成功，就首先要对人才有个清醒的认识，在合适的时机选择合适的人去做事，作为企业，更要避免用人方面的十大误区。

为国得人，不杂私念

【原文】

无兵不足深虑，无饷不足痛哭，独举目斯世，求一攘利不先、赴义恐后、忠愤耿耿者，不可亟得；或仅得之，而又屈居卑下，往往抑郁不伸，以挫、以去、以死。而贪饕出缩者，果骧首而上腾，而富贵、而名誉、而老健不死，此其可为浩叹者也。默观天下大局，万难挽回，侍与公之力所能勉者，引用一班正人，培养几个好官，以为种子。

【译文】

没有兵力不用去过度地担心，没有粮饷也不值得痛哭，可环望整个世界，要一个不求名利、义字当头、忠心耿耿的人，是不可能求得的；有时候得到一个这样的人，却又感觉到受到委屈，往往郁郁不得志，或者感觉备受挫折，或者离开，或者最终而死。而那些贪婪、尸位素餐的人，却能得到提拔的机会，享尽荣华富贵，捞到令人羡慕的名誉，又能活到很老而不死，这些都是令人极为感慨的事情。回望天下的大趋势，已经无可挽回，我们只能尽自己的一番努力，引用一批优秀的人才，培养几个好官员，作为国家栋梁的种子。

【解读】

● 千军易得，一将难求

曾国藩认为，优秀的人才是可遇不可求的，其重要性远远超过兵力、粮饷。在他看来，没有兵力不用去过度地担心，没有粮饷也不值得痛哭，而如果没有优秀的人才却是致命的问题。

三国时期的曹操，是一个爱才如命的人。曹操曾先后颁布了《求贤令》、《求逸才令》，三国史载当时有名的"建安七子"，除孔融外，都是他的幕僚，曹操在长期的南征北战中，每攻下一座城池，占据一个地方，他第一件事情就是访贤求才，史载打下兖州后，就立即通过各种渠道搜罗人才，得到了荀彧、荀攸、程昱、郭嘉等谋士和于禁、典韦等猛将，加上在陈留举义时的大批骨干，形成了日后争雄天下的班底。占据冀州后，曹操即令其心腹遍访冀州贤士，又得崔琰，命从别驾从事，"待为座上宾"。平定荆襄，发现了名士蒯越，入城至府中坐定，即召蒯越近前，抚慰曰："吾不喜得荆州，喜得良将也。"遂封蒯越为江陵太守，樊城侯。曹操广招人才，真是海纳百川，汇成人才的洪流，让后人为之赞叹。

在战场上，他只要见敌方猛将就心生爱慕，意在得到，专门设计招抚许褚、徐晃、关羽、庞德等勇猛的将领。关羽坐骑被困在土山上，曹操居然接受了关羽"知刘皇叔去向，不管千里万里，便当辞去"的条件，招纳了关羽。赵云匹马单枪陷曹兵阵内，已蹈绝境，曹操见其勇武出众，感叹道："真虎将也，吾当生致之。"遂令飞马传报各处："如赵云到，不许放冷箭，只要活捉的。"

将人才视若知己，用才委以重任。曹操求贤若渴还表现为礼贤下士，推心置腹相见，有贤能之士来投、来降或阵上被擒，曹操总是以礼数相待，谦恭敬重。在官渡大战的相持阶段，袁绍谋士许攸来投，"时操方解衣歇息，闻说许攸私奔到寨，大喜，不及穿履，跣足出迎，见到许攸，抚掌大笑，携手共入，操先拜于地"。后来，事实也证明，许攸为曹操打败袁绍、奠定三国霸主地位，立下了汗马功劳。

千军易得，一将难求，指的是有才能的人难以寻觅，将有所缺，主能补差。一个事业，需多种人才配合。因此，选择优秀的人才对于团队的发展是至关重要的。

● 采用合理的管理机制激励人才

曾国藩认为，有时候得到一个优秀的人才，却又感觉受到委屈，往往郁郁不得志，或者感觉备受挫折，或者离开，或者最终而死。而那些贪婪、尸位素餐的人，却能得到提拔的机会，享尽荣华富贵，捞到令人羡慕的名誉，又能活到很老而不死。最为难能可贵的是，他认识到这种现象的出现是因为"大局"，实际上就是环境和社会制度的问题。

晚清时期，社会官场腐败已经到了令人发指的地步，据清人张集馨的《道咸宦海见闻录》所述，表现如下：

大小官吏不学无术，贿赂公行，政由贿成。总督、巡抚等封疆大吏贪污无能，沉缅声色。如闽浙总督庆瑞，"公子出身"，不肯致力于政务，而是"宴会终日，摔跤唱曲，比射赌酒"。陕甘总督乐斌为八旗子弟，识字不多，"爱听戏喝酒，彻夜不休"，他所居住的兰州官府里"笙歌竟无虚月"。直隶总督桂良，"胸无点墨"，谈吐如"市井之徒"，就因为他是恭亲王的岳丈，所以他受贿卖缺，无所顾忌，不但自己索贿贪得无厌，就连随他一起巡查永定河的孙子也向地方官大张狮口，谁不送礼，官位难保，甚至连没有官俸的候补官也须敬送五百两银子。曾任闽浙总督的颜伯焘，即使在被革职回家时，也极其豪奢，他随身所带物品之多，排场之大，骇人听闻。为他搬运箱笼财物的扛夫达六七千人，随从差役、轿夫、仆从等也近三千人。所过之处，每天地方官除为扛夫安排饭食外，还需为随从差役、轿夫、仆从等准备四百多桌酒席，仅伙食一项，每天就要用两千多两银子。由此可见，他对人民的搜刮，远远超过了"三年清知府，十万雪花银"的水平。

各级政府巧立名目，横征暴敛。地方官所聚敛的巨额财富，完全是靠着盘剥百姓，盗窃国库。他们在征收赋税时，除了以损耗为名多征之外，还有名目繁多的花样，甘肃

有所谓"仓粮出陈易新"的招术，即强迫人们春天领仓里的旧粮，秋天加倍偿还。四川有所谓"放炮"的敛财办法，即借旧官离职、新官上任之机，征收特别税。某些地方更有所谓"发商生息"的可笑名目，地方官往往借口官仓粮食霉变，向上报称因亏损而以四折减价出售，实际上以原价发商售卖，每次可赚得数千至数万两银子。

相互馈赠是官场交往的润滑剂。清朝京官俸给微薄，无不接受地方官的馈赠。清廉者有所选择而受，贪心者则百方罗致。地方官为了获得京官奥援，不惜慷百姓之慨，以各种名目送礼。除了年节贺寿的常礼，还有冬天的"炭敬"，夏天的"冰敬"、"瓜敬"，以及想不出什么理由的"别敬"，以此与京官"互通声气"，以求"保官任"、"得提拔"。地方官之间也借互送礼品来联络感情。如陕西粮道对驻陕的巡抚、将军等按四季、节寿，每年各馈送四千两银子。对过往的官员，除馈送盘缠外，还以演戏和酒席招待，"每次皆戏两班，上席五桌，中席十四桌。上席必燕窝烧烤，中席亦鱼翅海参"。西安活鱼难得，一条大鱼要花四五千文钱。然而这是上席必不可少的。其他如白鳝、鹿尾等稀有名贵的菜肴也是待客所必备。总之，官府内"终日送往迎来，听戏宴会"。

以这种不学无术、贪赃枉法、醉眼蒙眬的官吏处理政务，不是以"多磕头，少说话"为宗旨，便是以滥施酷刑、草菅人命为能事，甚至有根据城隍庙里的阴爻阳爻决定犯人生死的荒唐暴虐的昏官。这些昏官领兵打仗，则克扣军饷，"兵如乞丐"，以变卖军械为糊口之资。因而这种军队毫无战斗力，只知骚扰百姓，逞凶勒索，上前线则"临敌狂奔"，甚至"跪接夷船，呈送牛羊金币"。

由此可见，由于晚清的腐败已经将优秀人才拒之门外，只有建立起一套有效的合理的管理机制才能鼓励人才发挥其作用。

值得借鉴的是曾国藩建立的激励机制，是注重针对不同人的不同需求，采取相应措施来激发其积极性——"武人给钱，文人给名"，即以厚赏来得兵将之勇，以名位来换幕僚之智，皆大欢喜，军心一统。通过不停的举荐，曾国藩的幕僚"几乎人人皆有顶戴"，"以满足他们的好名之心"。

对于激励机制的建立，应该采用以下办法：第一是不计门第，唯才是举。选的人不管是怎样的背景，有才就可以用。第二方面，随才任吏，不求完人，有句话是有行之士未必能进取，进取之士未必能有行也，根据人们不同的长处分派不同的用场。第三方面，胸襟一定要宽大，不念旧恶，要善于听取不同人意见。最后，管理要严格，做到有奖有惩，奖罚分明，使人心服口服。

● 储备人才至关重要

我们已经说过,人才储备在团队发展中起着至关重要的作用。人才是第一要素,人才资源是第一资源,人才对经济发展的拉动作用愈加明显。谁拥有人才优势,谁就拥有强大的竞争力,就会赢得加快发展的主动权,作为领导必须从战略的高度看待人才储备。

据报道,自 2003 年福州市在全国首创人才储备中心以来,人才储备中心的举措在全国其他城市也得到实践,并不断地探索完善,为企业发展储备了所需的各种人才。而福州市经过几年发展,已建成了市区两级人才储备网,储备各类人才信息 1.9 万多条,累计储备各类人才 4242 人,这些人才为福州乃至福建的发展作出了突出的贡献。

而曾国藩对人才的储备正如他所言,"引用一班正人,培养几个好官,以为种子",即通过自己来培养人才。

根据唐浩明的《曾国藩传》我们可以知道,曾国藩一直对其幕僚精心培养,视为子弟,除了几个为数不多的老朋友和大儒名士之外,一般幕僚都对曾国藩尊称为师。幕府既是治世之所,也是培养人才的学校。曾国藩本人既是军政长官,也是业师,幕僚则既是工作人员,又是生童。曾国藩在给朋友的信中描述他的幕府说:"此间尚无军中积习,略似塾师约束,期共纳于轨范耳。"他给丁日昌的信中谈得更具体:"(江南制造)局中各员譬犹弟子,阁下及藩司譬犹塾师,勉之以学,教之以身,诚之以言,试之以文,考之以事,诱掖如父兄,董督如严师,数者缺一一不可,乃不虚设此局。"

曾国藩还根据自己的体会,将当时切于实用的知识学问概括为四项内容,令每一位幕僚自选一项进行钻研。他在《劝诫委员四条》中说:"今世万事纷纭,要之不外四端:军事、吏事、饷事、文事而已。凡来此者,于此四端之中宜各精习一事。习军事则讲究战攻、防守、地势、贼情等件;习吏事则讲究抚字、催科、听讼、劝农等件;习饷事则讲究丁漕、厘捐、开源、节流等件;习文事则讲究奏疏、条教、公牍、书函等件。讲究之法则不外学问二字。学于古则多看书籍,学于今则多觅榜样,问于当局则知其甘苦,问于旁观则知其效验,勤习不已,才自广,而不觉矣。"在曾国藩培养之下,曾国藩的幕府成为中国当时最大的人才宝库,不仅人才数量多,质量高,

而且各型人才齐全：谋略、作战、军需、文书、吏治、文教、制造人才，样样俱全。

那么在当今社会，作为企业应该如何做好人才储备工作呢？

一、培养复合型人才。人才储备首先要求培养复合型人才，通过工作轮换，使员工轮换做不同的工作，以取得多种技能，同时也挖掘了各职位最合适的人才。其次，培养管理人员。对于中高级管理干部来说，应当具有对业务工作的全面了解能力和对全局性问题的分析判断能力。而培养这些能力，显然只在某一部门内作自下而上的纵向晋升是远远不够的。必须使干部在不同部门间横向移动，开阔眼界，扩大知识面，并且与企业内各部门的同事有更广泛的交往接触。

二、尝试建立企业人才竞争力评价指标体系，充分确定人才储备的提前量。人才储备提前量的确定，主要是按经济结构调整要求，根据企业经济发展趋势，预测确定企业未来发展的人才需求，以保证企业未来发展的相关人才。要想使所需人才及时到位，就要在使用前对企业人才竞争力进行调查，明确企业现有人才存量数据与现有人才的知识结构、能力水平等，科学预算人才储备的提前量，在人才使用前进行预期引进和培训。其中，对人才的数量、质量现状的分析，可尝试建立"企业人才竞争力评价指标体系"。

三、实现企业人才信息共享，推进人才储备产业化。人才储备包括两方面，一是人才数量的储备即人员储备，是指现有人员工作不饱和或闲置；二是人才质量的储备即人员技能储备，是指现有人员部分技能在现有岗位上不能充分发挥，而将来可能发挥。人才库是战略性人才数量储备的主要手段之一，而信息技术的发展为其提供了人才库建设的可行性；而人才质量储备则需要形成以提高人员技能为主的培训规模。因此，有必要从企业的角度，推进人才在数量与质量的储备上的产业化。

四、建立企业人力资源储备基地，培养年轻化人才队伍。转变经济增长方式，归根到底要依靠科技进步和提高劳动者素质，关键靠人才培养，技术、设备、资金和项目可以引进，少量高级专业人才也可以引进，但大量劳动者的高素质是无法引进的，必须靠地方高等教育体系培养。高校毕业生正是经济建设和社会发展的生力军，把面临就业难的区域内外高校毕业生储备起来、利用起来，也是人才储备的有效运作手段。

逆境使人成长，学习使人进步

【原文】

天下无现成之人才，亦无生知之卓识，大抵皆由勉强磨炼而出耳。《淮南子》曰："功可强成，名可强立。"董子曰："强勉学问，则闻见博；强勉行道，则德日进。"《中庸》所谓"人一己百，人十己千"，即强勉功夫也。今世人皆思见用于世，而乏才用之具。诚能考信于载籍，问途于已经，苦思以求其通，躬行以试其效，勉之又勉，则识可渐通，才亦渐立。才识足以济世，何患世莫知己哉？

【译文】

天下没有现成的人才和生而知之的人，人才大概都是由顽强磨炼而产生的。《淮南子》中讲："功绩靠顽强的奋斗而成，名望靠顽强的拼搏而立。"董仲舒说过："努力求学，见闻自然日见广博；努力修身，道德一定会日益进步。"《中庸》里所说的"他人知道一件事，自己要知道一百件。他人了解十件事，自己要了解一千件"，就是要勉励自己多付出工夫。现在的人们都想为社会所用，但又缺乏才干能力。只有靠研习书籍，汲取先人经验，苦苦思索以求弄通，又在实践中检验其效果，不断努力，则学识可以渐渐通达，才干也渐渐能培养起来。当你的才能达到济世的要求，还用担心别人不知道你吗？

【解读】

● 逆境对于人的作用

曾国藩认为，天下没有现成的人才和生而知之的人，人才大都是由顽强磨炼而产生的。也就是说真正的人才是在逆境中经过磨难而成长的，那么，究竟什么是逆境呢？

其实，逆境的含义可以是很广泛的，比如一个学生考砸了一场考试，或许一连几天心情都很低落，感觉很不顺，这就是他的逆境了；再比如一个白领，接连许多日子心情烦闷，脑袋里没什么创意，似乎上司也用不满的眼神来看自己，同事仿佛也有些冷漠，一切都那么不顺，这也就是他的逆境，就是不顺心的境况。

英国哲学家培根在《论逆境》里写道："一帆风顺固然令人羡慕，但逆水行舟则更令人钦佩。"如果奇迹就是超乎寻常，那么它常常是在对逆境的征服中显现的。"真正的伟大，即在于以脆弱的凡人之躯而具有神性的不可战胜"。

孟子也在其著作中通过舜在田间被任用，傅说在泥瓦匠中被选拔，胶鬲在贩卖鱼盐的商人中被选拔，管夷吾从狱官手里释放出来并得到任用，孙叔敖从隐居的海边被选拔，百里奚从集市里被选拔等一系列例子，向人们表明上天要降下重大使命在这样的人身上，一定先使他的内心痛苦，使他的筋骨劳累，使他经受饥饿，使他受到贫困，使他做事不顺利。通过这样的方式使他的心惊动，使他的性格坚强起来，增加他所没有的才能。当一个人内心被困扰，思虑被堵塞，然后就会有所作为。憔悴枯槁表现在脸色上，吟咏叹息之气发于声音，让更多的人了解他。所以无论国家还是个人，在忧患中得以生存发展，而在安逸享乐中则会委靡死亡。

不经一番寒彻骨，怎得梅花扑鼻香？因此，对于逆境，我们就可以理解为是不顺利的境遇。但人在不顺利的境遇中也要表现出自己的昂扬斗志，战胜困难，凸显自己的坚毅品德，否则，这就算不上所谓的逆境，而是让人沉落的泥潭。

逆境对人有着巨大的作用，翻开历史，打开传记，我们会发现那些立下丰功伟业的人都是经过很多磨难，才取得一番成就的。"自古英雄多磨难，从来享受少伟男。"真正的勇者敢于直视惨淡的人生，巴尔扎克曾经说过这样一句话："不幸"是天才的进步台阶、信徒的洗礼水、智者的无价宝、弱者的无底渊。逆境既能摧毁一个人，也能造就一个人。孔子周游列国宣扬"仁"政到处碰壁，一生遭受冷遇困境但不气馁，晚年执笔写《春秋》，成为一代圣人；韩信甘受胯下之辱的博大胸怀，至今依然激励着许多正遭受各种各样挫折，但誓死不向困难低头的好男儿、大丈夫；李嘉诚年少失怙，又曾患肺病，仅靠两三千元起家，凭借顽强的毅力，不断拼搏，最终成为亚洲富豪。

而曾国藩本人也是在逆境中成长，在失败中进步的。曾国藩自小就天赋不高，有一天晚上在家读书，一篇文章重复了不知道多少遍，还在朗读，因为，他还没有背下来。这时候他家来了一个贼，潜伏在他的屋檐下，希望等读书人睡觉之后捞点好处。可是等啊等，就是不见他睡觉，还是翻来覆去地读那篇文章。贼人大怒，跳出来说："这种水平读什么书？"然后将那文章背诵一遍，扬长而去。贼人是很聪明，至少比曾先生要聪明，但是他只能成为贼，而曾国藩却成为一代名相。这些表明，在逆境中不断努力，就会取得很大的成功。

● 学以致用，成为全面人才

曾国藩认为，社会需求大量的人才，但有些人的学识才干达不到要求，只有靠研习书籍，汲取先人经验，苦苦思索以求弄通，又在实践中检验其效果，不断努力，学识则可以渐渐通达，才干也能渐渐培养起来。尤其值得注意的是，曾国藩告诉我们要将学到的东西在实践中运用，才能让自己得到全面迅速的发展，成为优秀的人才。

"学以致用"观念要求我们有较多务实精神，较少浮泛、不切实际的幻想。孔子"不语怪力乱神"，"敬鬼神而远之"，以"未知生，焉知死"为由，拒绝对来世生活进行讨论，树立以尘世生活为学问目标的榜样。战国时期的田仲和屈谷的故事则说明了这个道理。

齐国有一个名叫田仲的人，自命清高，不愿与达官贵人为伍而隐居乡间，认为自己这样做是十分明智的。宋国有个叫屈谷的人至田仲那里去见他，对他说："我是个庄稼人，没有什么别的本事，只会干农活，特别是对种葫芦很有方法。现在，我有一个大葫芦。它不仅坚硬得像石头一般，而且皮非常厚，以至于葫芦里面没有空隙。这是我特意留下来的一只大葫芦，我想把它送给您。"

田仲听后，对屈谷说："葫芦嫩的时候可以吃，老了不吃的时候，它最大的用途就是盛放东西。现在你的这个葫芦虽然很大，然而它不仅皮厚，没有空隙，而且坚硬得不能剖开，像这样的葫芦既不能装物，也不能盛酒，我要它有什么用处呢？"

屈谷说："先生说得对极了，我马上把它扔掉。不过先生是否考虑过这样一个问题，您虽然是不仰仗别人而活着，但是您隐居在此，空有满脑子的学问和浑身的本领，却对国家没有一点用处，您同我刚才说的那个葫芦不是一样吗？"

所以，如果一个人不将自己的所得所知运用起来，仅仅只是在那笑傲山林，谈空论道。到头来，他的智慧与贡献还远不及那位种田的农夫屈谷。

要做一个全面发展的人才，就要以"没有调查就没有发言权"、"实践是检验真理的唯一标准"为精神，脚踏实地地将所学用到实践中。

卷七
▼

廉矩：

遵守道德才有成功的机会

在中国，一个人想要成功，就要有良好的人际关系和社会口碑评价。而良好的人际关系和口碑评价的建立，是要从遵循中国道德礼制出发的。在中国，只守法不守道德的人大都会落得众叛亲离的下场。

让你的才能充分展现

【原文】

翰臣方伯廉正之风，令人钦仰。身后萧索，无以自庇，不特廉吏不可为，亦殊觉善不可为。其生平好学不倦，方欲立言以质后世。弟昨赙之百金，挽以联云："豫章平寇，桑梓保民，休讶书生立功，皆从廿年积累立德立言而出；翠竹泪斑，苍梧魂返，莫疑命妇死烈，亦犹万古臣子死忠死孝之常。"登高之呼，亦颇有意。位在客卿，虑无应者，徒用累歔。韩公有言："贤者恒无以自存，不贤者志满气得。"盖自古而叹之也。

【译文】

名臣方伯的清明廉洁正派的作风，让人敬仰。死了之后家庭穷困潦倒，连下葬的钱都没有，不是特别廉洁的官员是做不到的，也感觉难以有人学到他的行为。我平常用功学习，也希望能为后人留下宝贵的精神财富。我昨天捐出百两黄金为其修建祠堂，并送挽联："豫章平寇，桑梓保民，休讶书生立功，皆从廿年积累立德立言而出；翠竹泪斑，苍梧魂返，莫疑命妇死烈，亦犹万古臣子死忠死孝之常。"很是希望我们当世之人，能向方伯学习。不在朝廷中任官，不用考虑别人回应自己，否则只会徒劳还累得让你喘粗气。韩愈曾说："贤能的人永远不能达到自己的理想，而那些不是贤能而庸俗的人却得到欲望的要求。"因此，自古以来这个就让人们感叹。

【解读】

● 有才能的人被埋没的原因在于自己

曾国藩引用唐代韩愈一句话："贤者恒无以自存，不贤者志满气得。"意思就是贤能的人永远不能达到自己的理想，而那些不是贤能而庸俗的人却得到欲望的要求，最后还一番感叹。简而言之就是怀才不遇是世界上最令人伤感的事情。

回顾中国历史，一些文人总是感叹自己怀才不遇，时常发牢骚。从战国时期的屈原喊出"举世皆浊我独清，众人皆醉我独醒"，到晚清时期龚自珍发出"我劝天公重抖擞，不拘一格降人才"的呼声，无不展现出其渴望被重用的愿望。

可是有才能的人为什么总是被埋没呢？在我们看来，无非是两个原因：一是社会环境，二是人才自身原因。

先看社会环境，时势造英雄即是说明了社会环境对一个人的成功有着极其重要的作用，好的社会环境能够成就一个人，坏的社会环境则有可能将一个优秀的人彻底毁掉。屈原坎坷的一生即说明了这个问题。

他一生经历了楚威王、楚怀王、楚襄王三个时期，其主要活动于楚怀王时期。这个时期正是中国即将实现大一统的前夕，"横则秦帝，纵则楚王"。屈原因出身贵族，又明于治乱，娴于辞令，故而早年深受楚怀王的宠信，位为左徒、三闾大夫。屈原为实现楚国的统一大业，对内积极辅佐怀王变法图强，对外坚决主张联齐抗秦，使楚国一度出现了国富兵强、威震诸侯的局面。但是由于在内政外交上，屈原与楚国腐朽贵族集团发生了尖锐的矛盾，以及上官大夫等人的嫉妒，屈原后来遭到一群小人的诬陷，以至楚怀王疏远了他。

楚怀王十五年（公元前314年），张仪由秦至楚，以重金收买靳尚、子兰、郑袖等人充当内奸，同时以"献商于之地六百里"诱骗楚怀王，致使齐楚断交。楚怀王受骗后恼羞成怒，曾两度向秦出兵，均遭惨败，于是屈原奉命出使齐国重修齐楚旧好。此间张仪又一次由秦至楚，进行瓦解齐楚联盟的活动，使齐楚联盟未能成功。楚怀王二十四年，秦楚签订黄棘之盟，楚国彻底投入了秦的怀抱。屈原也被逐出郢都，流放江南，辗转流离于沅、湘二水之间。楚襄王二十一年（公元前278年），秦将白起攻破郢都，屈原悲愤难当，遂自沉汨罗江，以身殉了自己的政治理想。

其次就是人才自身的原因。回顾屈原的一生，我们可以看出，虽然屈原所处的大到国家积贫积弱，小到奸人陷害的社会环境对其发展不利，但他如果能在处理问题上学会变通，或许他的一生也将改变。人作为社会中的一分子，当不能改变自己所处的环境时，就应该学会适应社会。当自己总是被人误解或发展不顺利时，首先就应该想到自己在哪些方面存在问题。

历史上，因为会变通而赢得赞赏的人，首推汉武帝时期的东方朔。据《史记》

记载，汉武帝即位初年，征召天下贤良方正和有文学才能的人。各地士人、儒生纷纷上书应聘。东方朔也给汉武帝上书，上书用了三千片竹简，两个人才扛得起，汉武帝读了两个月才读完。在自我推荐书中他说："我东方朔少年时就失去了父母，依靠兄嫂的扶养长大成人。我十三岁才读书，勤学刻苦，三个冬天读的文史书籍已够用了。十五岁学击剑，十六岁学《诗》、《书》，读了二十二万字。十九岁学孙吴兵法和战阵的摆布，懂得各种兵器的用法，以及作战时士兵进退的钲鼓。这方面的书也读了二十二万字，总共四十四万字。我钦佩子路的豪言。如今我已二十二岁，身高九尺三寸。双目炯炯有神，像明亮的珠子，牙齿洁白整齐得像编排的贝壳，勇敢像孟贲，敏捷像庆忌，廉俭像鲍叔，信义像尾生。我就是这样的人，够得上做天子的大臣吧！臣朔冒了死罪，再拜向上奏告。"汉武帝读了东方朔自许自夸的推荐书，很是喜欢他的修辞，赞赏他的气概，命令他待诏在公车署中。

熟习历史的人都知道，汉武帝是一个好大喜功之人，经常因为别人的顶撞而恼怒，甚至还诛灭九族，而东方朔却能根据自己变通的智慧，让汉武帝接受自己的意见。一次，汉武帝问东方朔："先生以为朕是一位什么样的君主呢？"东方朔回答说："圣上功德，超过三皇五帝，要不众多贤人怎么都辅佐您呢，譬如周公旦、邵公都来做丞相，孔丘来做御史大夫，姜子牙来做大将军……"东方朔一口气将古代32个治世能臣都说成了汉武帝的大臣。他语带讽刺，但又装出一副滑稽相，使汉武帝欲恨不能，笑恨之余又确实感到自己不如圣王。

可以想象，如果东方朔直接告诉汉武帝他不如圣王，将是一个什么结果。

所以，优秀的人才被埋没的根本原因还是在于人才本身。尤其是在21世纪的信息社会里，对于人才的要求不仅是知识，而且也包括应变处世能力，是对人综合素质的考查。当一个人还在为自己怀才不遇而感慨时，那么我们可以肯定地说，这个人可能是一个有能力的人，但却不是一个优秀的人。

● 优秀的人总是在努力表现自己

俗话说，酒香不怕巷子深。但在竞争日益激烈的今天，酒香也怕巷子深，如果不努力表现自己，就会在竞争中迅速被人击败。

战国时期的毛遂就是一个善于表现自己而被领导青睐的人。赵军在纸上谈兵的赵括的带领下大败于秦后,秦乘胜围攻赵都城邯郸。邯郸震动,赵王急命平原君商议退敌救国之策,在商议采用与楚国合纵的政策后,平原君就回到住地选择去楚国谈判的人。平原君门客三千,毛遂位居末列。可是三千人中,能文者不能武,能武者又不能文,只选得十九人,最后一人竟无从可得。平原君不禁慨叹:"想我赵胜相士数十年。门下宾客三千,不料挑选二十人竟如此难!"就在这个时候,毛遂于下座挺身而起,道:"毛遂不才愿往。"平原君见毛遂面生,又不曾听左右提起过毛遂,便有意试探:"先生居胜之门下几时了?"毛遂答道:"已有三年。"平原君遂生轻视之意:"贤主处于世间,恰似尖锥处于囊中,其锋芒亦现,今先生居此已有三年,却未曾听左右提起过,可见先生文不成、武不就,且出使楚国乃关系赵国存亡之大计,先生恐怕不能胜任,还是留下吧。"

毛遂并无胆怯的意思,立刻答道:"君子言之有理。贤士处世当展其才德,然欲逞才能须有表现机会,君子以贤达仁义、礼贤下士闻名于世,然君子若无赵公子之名分,地位安能显其贤达乎? 毛遂之所以未能展露锋芒是因无处于囊中的机会,否则,早已脱颖而出,不单单是只露锋芒的问题了。"平原君对毛遂之对答深感奇异,且事紧急,便同意毛遂同行。其余十九人虽听了毛遂适才的一番言论,仍不以为意,皆以为毛遂只不过徒逞口舌罢了,彼此目视而笑。十九人皆自以为学富五车,一路之上常是高谈阔论,毛遂不言则已,言必惊人,总能一语中的。到了楚国时,十九人皆已折服。毛遂也没有辜负平原君的期望,促成了和楚国的合纵,解了邯郸之围,为赵国立下汗马功劳。

以至于平原君回至赵国,发出"我一向自以为能够识得天下贤士豪杰,不会看错怠慢一人。可毛先生居门下三年,竟未能识得其才。毛先生于楚朝堂之上,唇枪舌剑,豪气冲天,不独促成约纵,且不失赵之尊严,大长赵之威风,使赵重于九鼎之吕,毛先生以三寸之舌,而强于百万之师。胜再不敢以能相天下之士自居了"的感叹,并将毛遂尊为上客。

著名主持人杨澜的出道,也说明了优秀的人总是在努力表现自己这个道理。在成为中央电视台主持人之前,她只是北京外国语学院(今北京外国语大学)的一名普通大学生,没有什么惊人之举。此时泰国正大集团结束了与几个地方台的合作,转与中央电视台共同制作《正大综艺》。双方决定要挑选一位有大学经历的女孩子做主持人,杨澜也被推荐参加试镜。如果没有这次机遇的话,杨澜也可能也会活得很优秀,但却绝不可能这么早、这么快又是这么轰轰烈烈地成名。正如杨澜在自传里所说的那样:"如果没有一个意外的机会,今天的我恐怕已做了什么大饭店的什么经理,带着职业的微笑,坐在一张办公桌后面了。"而这个意外机会的掌握,正是靠着她的善于表现自己。

通过毛遂自荐和杨澜的故事，我们得出的结论就是，优秀的人才总是善于表现自己。机会不会平白无故降临到我们头上，尤其想要获得成功的机会，就要善于表现自己。这样，成功的机会才会注意到我们，才会来到我们身边。

● 如何表现自己?

表现自己并不是要求每个人时刻抓住一切机会，去证明自己的实力和能力，因为如果这样，反而会被人视为骄傲的表现，令人反感。表现自己也应该有个适度原则，那么如何在工作中适度表现自己，收到最佳效果呢?

一、抓住时机来表现自己：第一天报到上班就开始表现自己，在进一家新公司，第一天你就应该按照公司的作息时间来准时报到，千万不要迟到，个人形象也要打理得利利索索，符合你的职位需要，千万不要刻意打扮得不伦不类、花里胡哨，这样让人感觉到你是一个时间观念很强，行为很利索又恰到好处之人，为以后的人际交往埋下好的伏笔。

二、接下来就是进新公司开始拜访各部门了，这是一个很好的推销自己的机会，这里面的技巧为：跟在向导身后，面带微笑，挺直腰板，不要走快步也不要走慢步，做到"一步一个脚印"，让周围的人能略略地感觉到你的雄壮有力的脚步声；一般向导只会把你向各部门的负责人介绍，这时候，你要做的事是"让人家在一分钟内记得你"。记得说话的时候要腰板挺直，面带诚恳之意，握手力量要适中。在介绍完后记得给周围的其他人送上一份微笑，不要忽略了周围的其他人，重点是你一定要记得这个部门负责人的姓名。

三、首次参加公司级别的会议也是一个很好的推销自己的时机。此时的你对公司的各项情况并不十分了解，建议你以虔诚的聆听为主，对部分不错的见解报以微笑，对不足的见解不作声张，做好重要信息的笔记，整个过程你不要把自己表现得是个新来的，对什么事都淡淡的，记着在这样的会议里，你只要仔细观察就可以看到哪些人是老板身边的人，哪些人在老板的心里稍微远点，这样为你以后和哪些人该亲近，和哪些人该保持距离确立了一个尺度。轮到你发言的时候，你应该表现得落落大方，底气十足，言语要铿锵有力、抑扬顿挫，既不能太谦虚也不要太张扬，该说的说，不该在会场说的话就会下讨论。不要让别人感到你是个拖泥带水之人。

四、在实际的工作中最主要的是提升你的专业技能，有了这个法宝，同事、老板自然会对你刮目相看。在这个基础上再尽量站在老板的立场上看问题，多换位思考，在工作中表现自己的能力，不是靠攀关系，而是在该露脸的时候一鸣惊人，一定要有自信。其次做事要有耐性，要充分发挥自己的主观能动性和创造性，凡事要具体分析、具体对待，以脚踏实地的工作作风赢得同事的支持和信任。最后，学会在工作中不断积累经验提升能力，把自己培养成为公司里面没人能替代的骨干。

五、主动去要任务。领导安排给你任务，你做得很好，领导不安排你，你就木头桩一样，是很不好的，要眼明手快，看到活主动干，不要老说这不是我部门的事，不由我来做，要有一副挑大梁的派头。不过，也不要揽一些自己没把握的活来干，否则会很难看。要踏踏实实地干活，这样才有成果展现给别人。老板、经理多数都不是傻子，你认真干活，他肯定是知道的。但只干活是不行的，你要把自己的见解说出来，表现自己就是把自己的成果、能力、优点通过实干与语言表现出来。

六、有时候我们可能会遇到领导交代一些没有什么技术含量的活，这个时候，你的心里不要有大材小用的想法，因为领导交代一些小活的时候，也是在考验你的耐心，如果你能把小活做好，那你就有可能接到大的项目。如果是个大任务，不要退缩，俗话说："打虎勇士是平时打死很多老鼠练出来的。"多请教业内资深人士，也许你能很出色地完成那份原本艰巨的工作，那么很快你就会得到领导的赏识。

七、加班时不要抱怨，这是领导在考验你的奉献精神，一个好的团队是不会让任何人白干的，此时给你补不上，过后，领导还是会记着你的。同时不要在领导面前太多地谈钱谈工资谈奖金，这样领导会觉得你这个人很俗，机会到来时就是报酬到来时。

八、要善于沟通，善于汇报。多与老板及同事们沟通，要时不时地将自己的成果展现给老板，即使别人抢你的功劳也要让大家知道你在做什么。汇报注意尺度，过于频繁，很可能让老板觉得你没有主见，让周围的人很烦。

九、在自己有十足的道理的时候把自己的"尊严和利益"争回来，不要总是表现自己大度；你这个不争，那个不争，时间长了，人家自然会觉得你好欺负，好说话。这是不行的。

十、要对信息敏感。要会分析周围及老板有意无意表现出来的情感，同事及老板的言行是否有对你不满的表现，要了解周围的人对你的所作所为的认可程度，要像开车一样把握好方向盘，适时调整自己。

让人信服的体制能增强团队竞争力

【原文】

古之君子之所以尽其心、养其性者，不可得而见；其修身、齐家、治国、平天下，则一秉乎礼。自内焉者言之，舍礼无所谓道德；自外者言之，舍礼无所谓政事。故六官经制大备，而以《周礼》名书。春秋之世，士大夫知礼、善说辞者，常足以服人而强国。战国以后，以仪文之琐为礼，是叔齐之所讥也。

【译文】

古代的君子之所以尽最大努力修养自己的品性，是因为不用得到就能看到的；那些修身、齐家、治国、平天下，都是遵循同一礼制。对于自己而言，没有礼制就谈不上道德；对于外人而言，没有礼制就谈不上国家大事。所以六官体制的设立，在《周礼》有着明确的记载的。春秋的时候，那些士人大夫懂得礼制、能言善辩，经常通过让百姓信服皇帝的权威而使国家强大。战国之后，繁琐的礼仪是被叔齐所讥笑的。

【解读】

● 好制度的重要性

曾国藩在这里开篇就论述了礼制对于一个国家的重要性，在他看来，之所以古代圣贤尽最大努力修养自己的品性，都是遵循修身、齐家、治国、平天下这一礼制。

世界万物的运转都是遵循一定规律而来的，而规律的体现就是在于制度的制定。人有社会制度，动物有群居制度，没有制度的社会是没有任何进步意义的。

中国有句俗话：没有规矩，不成方圆。其意思就是说，没有规则的约束，人类的行为就会陷入混乱。但这样一个朴素而重要的思想，却一直在生活中被人们忽视了。

人类的一切活动都与制度有关。经济学的一条重要原理就是：人们会对激励作出反应。而不同的制度会对一个人产生不同的激励，从而导致他产生不同的行为反应。经济学家的研究可以说明这一点 20 世纪 60 年代后期，美国国会通过立法要求生产的汽车必须配备安全带。这项法律旨在提高驾车的安全性，但是它也改变了对人们的激励。安全带法律降低了驾驶员生命面临的危险，导致他们可以更放肆地开车，结果是这些法律减少了每次车祸死亡的人数而增加了车祸次数，其结果是驾驶员死亡人数变化很小而行人死亡人数增加了。

比如中国为什么缺乏企业家精神？企业家精神的缺乏固然与教育、经济等相关，但最大的问题恐怕还是在于我们尚没有一套培育企业家的体制，比如竞争的企业领导体制和与风险责任相对称的报酬体制。中国要培育企业家精神，首先应建立有利于企业家成长的制度，比如企业家市场制度。

有一个很流行的分粥故事很能说明这个道理。说有七个人组成了一个小团体共同生活，其中每个人都是平凡而平等的，没有什么凶险祸害之心，但不免自私自利。他们想用非暴力的方式，通过制定制度来解决每天的吃饭问题：要分食一锅粥，但并没有称量用具和有刻度的容器。

大家试验了不同的方法，发挥了聪明才智，多次博弈形成了日益完善的制度。大体说来主要有以下几种：

方法一：拟定一个人负责分粥事宜。很快大家就发现，这个人为自己分的粥最多，于是又换了一个人，可总是主持分粥的人碗里的粥最多最好。由此我们可以看到：权力导致腐败，绝对的权力绝对腐败。

方法二：大家轮流主持分粥，每人一天。这样等于承认了个人有为自己多分粥的权力，同时给予了每个人为自己多分的机会。虽然看起来平等了，但是每个人在一周中只有一天吃得饱而且有剩余，其余六天都饥饿难挨。于是我们又可得到结论：绝对权力导致了资源浪费。

方法三：大家选举一个信得过的人主持分粥。开始这品德尚属上乘的人还能基本公平，但不久他就开始为自己和溜须拍马的人多分。于是得出结论：不能放任其堕落和风气败坏，还得寻找新思路。

方法四：选举一个分粥委员会和一个监督委员会，形成监督和制约。公平基本上做到了，可是由于监督委员会常提出多种议案，分粥委员会又据理力争，等分粥

完毕时，粥早就凉了。

方法五：每个人轮流值日分粥，但是分粥的那个人要最后一个领粥。令人惊奇的是，在这个制度下，七只碗里的粥每次都是一样多，就像用科学仪器量过一样。每个主持分粥的人都认识到，如果七只碗里的粥不相同，他确定无疑将得到那份最少的。

同样是七个人，不同的分配制度，就会有不同的风气。所以一个团队如果有不好的工作习气，一定是机制问题，一定是没有完全公平公正公开，没有严格的奖勤罚懒。如何制定这样一个制度，是每个领导需要考虑的问题。由是得之：制度至关重要，制度是人选择的，是交易的结果。

● 好制度是简约的

对于好制度的理解，曾国藩也明确说了，战国之后，繁琐的礼仪是被叔齐所讥笑的。在他看来，好的制度应该是简约的。

曾国藩认为绿营兵和八旗兵对付不了太平天国，兵和兵之间相互不熟悉，将和将之间不熟悉，清朝最初主要是考虑怕武人干政，害怕出现诸侯割据的情况。所以每当战事发生，比如吴三桂从云南起兵，这时怎么办？由国家派一个亲王作为大将军，这是最高的统帅，但不是一个人，而是几个人，也就是说几个将军之间他们相互不同属，权力是制衡的。那么兵也不是从一个集团军中抽，而是东抽一百西抽三百，也就是说每个省要调拨几百人，这样的话兵和兵之间不熟悉，避免对清朝出现威胁。这个制度本身很好，但是打硬仗问题就出现了。曾国藩就认为这样的军队最大的弱点是：这个军队打了败仗，那边看笑话，甚至见死不救，那边打了胜仗，这边往往是谩骂，害怕他们多得饷银，这样的军队多数是内耗。政治家考虑权力时，首先是考虑权力的制衡。

曾国藩召集了很多士兵，这些士兵都是从山里过来的农民。他就问这些人，就像搞调查一样，比如在家里一年种地可以收获多少钱，折合银两是多少，这些士兵回答说一般是 15 两到 20 两之间。曾国藩说农民非常苦，如果当兵的话，到湘军来，肯定要比种地的收入高。所以他定了一个中间值，在种地收入的四倍到六倍之间。这是他经过了深入调查的，而不是凭空想象定多少工资。湖南这个地方是多山的地区，自然环境也是比较恶劣的，很多人没有出路，这时曾国藩想到用这个办法，使许多农民加入到湘军中，军队主要力量也就是农民，定的银饷每个月不少于四两五，相当于国家正规军队的二倍多一点。国家正规军队分为绿营兵和八旗，八旗是打天下的力量，自始至终都是有优待的，所以八旗兵的一般一个月银饷是三两，绿营兵少一些，是二两，八旗兵也好，绿营兵也好，除了每个月发的这些银饷，还有一个补贴，打仗、行军的时候才有，绿营兵补贴是四两，但是不打仗得不到这笔钱，而且清朝当时处于衰弱时期，国家财政拿不出这么多钱，这时绿营兵、八旗兵实际上只能领到银饷的三分之一或者五分之一，所以八旗兵和绿营兵经常开小差，搞其他的一些活动，没有士气了。

于是，曾国藩就变换一种方法，将八旗兵和绿营兵所有战时状态的俸禄加在一起，取其中得了4.5两，这是一般的士兵可以得到的钱。湘军中，曾国藩是大帅，最高层的，下一层是统领，像彭玉麟。还有下面的营官，相当于现在的团级。再下面就是班了，湘军称之为"邵"。最初是260人作为一个团作战，后来扩展到500人，这样的一个集团，每个月可以抽260两银，也就是说一个营官每个人可以拿到260两银，团领可以拿到三千两银，所以这些官每个月拿的钱非常高。湘军招募也与众不同，曾国藩动了脑筋，得有优厚的待遇才能吸引他们这些人过来。曾国藩在管理方面确实做得很好，这些钱不全发给士兵，不是足额发放，而是发半饷，剩下一半不是不兑现，给你记账，有两个好处，一个是减少当时的财政负担，湘军最多的时候是12万人，每年的财政支出是相当大的。扣下一半银饷，但不是不兑现，不过有两种情况不兑现，第一种是私逃，还有一种是犯了错误被开除。这就起到了一种制约的作用，所以士兵很少开小差或者离开湘军。如果士兵做满三年要回家乡种地了，这时曾国藩就开出一张银票，到当地政府兑现，经过户部盖一个印，由户部统一做，然后湘军拿着这个东西到当地兑现。这是湘军组织程序上优于绿营和八旗兵很重要的一点。

无论是从军队权力的制衡还是士兵的发饷，曾国藩都做到了简约，省去繁文缛节，增强了团队的工作效率，提高了团队成员的积极性。

● 适合就是最好的制度

什么制度是团队最好的制度？适合的就是最好的，由于适合的制度不仅适合团队发展，它也是让团队成员心服口服、齐心协力的有力保证。邓小平在谈到制度时曾强调过："我们评价一个国家的政治体制、政治结构和政策是否正确，关键看

三条：第一是看国家的政局是否稳定；第二是看能否增进人民的团结，改善人民的生活；第三是看生产力能否得到持续发展。"

对于国家如此，对于团队更是如此。微软的制度好不好？通用的制度好不好？对于你的团队而言，难说。关键是适用。制度是从你的团队土壤里生长出来的，而不是从专家学者的专著中生搬硬套而来。制度是生物，不是产品，由于制度的不适合而产生的失败故事不胜枚举。

1997 年 4 月 25 日，日本大藏省向日产生命保险公司发出停止营业的命令，同时指定日本生命保险协会作为保险管理人，接管日产生命保险公司，这实际上是宣布了"日产生命"的破产。这是日本寿险业战后 50 年以来的第一桩破产案。此后不久，总资产为 50 980 亿日元、排行第十位的东邦生命保险公司也陷入财务危机，被美国通用电气公司下属财务公司接管，成立合资保险公司。尽管如此，也没能挽回其最终破产的命运。其失败的最大原因就是制度的失败。日产公司的倒闭不仅打破了日本保险公司"永不倒闭"的神话，也暴露了在"护航船队"中掌舵的大藏省行政管理的弊端以及日本金融体制上存在的本质性缺陷。日本战后采取的经济管理模式为"政府主导型经济"，强调政府对经济的指导和保护。在这一体制下，各保险公司处于严格的管制和保护之下，缺少经营自主权，保险商品没有特色，公司间的经营没有差异，形成全行业的同一化。这一方面导致即使是财务状况最为脆弱的保险人也能生存，削弱了保险公司的竞争能力；另一方面便导致保险公司在激烈的市场竞争中，只能就规模进行拼争，过度销售的原因就在于此。

由于日本政府和金融企业间形成了利益共同体，使日本保险业与企业间的关系不同于西方保险业的以保险基金形式进行的证券和实业投资，在日本，保险企业则是大量直接投资和参股日本企业，被投资企业又大量购买该保险公司的保单。在一定时期内两者的利益相互促进，但时至 20 世纪 90 年代，日本经济持续滑坡，企业为降低经营成本，削减保险计划。保险公司面对不断的保费负增长，为维持公司的流动性，不断减持企业股份，进而导致企业保单的进一步减少，形成恶性循环，为日本的保险业失败埋下了伏笔。

同样，青岛的"五朵金花"之一的澳柯玛倒下也说明这个问题，它"没有最好，只有更好"的广告词依然为人们津津乐道，但昔日辉煌已成为今日灾难。到 2006 年 4 月，主营业务收入比前一年下降 21%，澳柯玛股份 2005 年亏损已达 7345 万元。资金链断裂,业务几乎停顿。从现象上看,澳柯玛是垮在多元化上。1995 年,澳柯玛开始在家电行业扩大,到 2000 年,销售收入达 30 亿元,年增长率为 61%。但这时,澳柯玛的领导人物鲁群生似乎有点钱多得找不到北了。2002 年向多元化扩张,曾先后进入锂电池、海洋生物、电动自行车、自动售货机、房地产、金融、IT、MP3 等 19 大门类 800 多种规格型号产品,员工达 8000 多人。这种扩张占用了大量资金,严重影响了已有优势的主营业务。

同时进入许多自己并不熟悉或缺乏相关技术或创新能力的行业,在世界企业史上也不多见。当初澳柯玛董事长鲁群生这样做时,所有的人都不明白,他到底要干什么。但为什么他依然可以带领企业在这条"地球人都知道"的错误道路上走下去? 当时澳柯玛的企业决策制度在哪里? 许多国有企业和民营企业的振兴靠的是一个能人。如果把这个能人"神化",把他作为绝对真理的化身,或者他把自己"神化",当他犯错误时,这就不是个人损失,而是企业的灾难了。

由此可见,只有一个适合团队发展的制度才能让团队每一位成员信服,才能让团队发挥其最大作用,快速发展。

礼制实际上就是理学

【原文】

荀卿、张载兢以礼为务,可谓知本好古,不逐乎流俗。近世张尔岐氏作《中庸论》,凌廷堪氏作《复礼论》,亦有以窥见先王之大原。秦蕙田氏辑《五礼通考》,以天文、算学录入为观象授时门;以地理、州郡录入为体国经野门;于著书之义例,则或驳而不精;其于古者经世之礼之无所不该,则未为失也。

【译文】

战国时期的荀子、北宋的张载都将毕生精力放在礼制上了,可以说了解世事而追寻

古代圣哲，不去随世俗而沉浮。近代张尔岐写《中庸论》，凌廷堪写《复礼论》，都有以思考先人真知灼见的体现。秦蕙田编辑《五礼通考》，通过对天文、算数的整理作为观察天象的入门；通过对地理、府县的整理作为国家考察乡野的参考；对于写书的主旨，则有些混淆而不精练，而对于古代人的礼制没有涉及，则是很大的遗憾。

【解读】

• 荀子、张载对于礼的研究

在曾国藩看来，战国时期的荀子、北宋的张载都将毕生精力放在礼制上，对于社会的作用是巨大的，不逐乎流俗，更是每个人学习的榜样，两人对于礼的研究也是在中国儒家中占有重要地位。

荀子，战国末期赵国猗氏（今山西安泽）人。著名思想家、教育家，时人尊称"荀卿"。他曾三次出往齐国稷下学宫的祭酒，后为楚兰陵（今山东兰陵镇）令。荀子促进了古代唯物主义的发展，提倡性恶论，常被后人与孟子的性善论比较。

荀子的思想偏向经验以及人事方面，是从社会脉络方面出发，重视社会秩序，反对神秘主义的思想，重视人为的努力。孔子中心思想为"仁"，孟子中心思想为"义"，荀子继二人后提出"礼"，重视社会上人们行为的规范。以孔子为圣人，但反对孟子和子思为首的"思孟学派"哲学思想，认为子贡与自己才是继承孔子思想的学者。荀子认为人与生俱来就想满足欲望，若欲望得不到满足便会发生争执，因此主张人性本恶，需要由圣王及礼法的教化，来"化性起伪"使人格提高。

他的学问渊博，在继承前期儒家学说的基础上，又吸收了各家的长处加以综合、改造，建立起自己的思想体系，发展了古代唯物主义。现存的《荀子》有三十二篇，大部分是荀子自己的著作，涉及哲学、逻辑、政治、道德许多方面的内容。在自然观方面，他反对信仰天命鬼神，肯定自然规律是不以人的意志转移的，并提出人定胜天的思想；在人性问题上，他提出"性恶论"，主张人性有恶，否认天赋的道德观念。强调后天环境和教育对人的影响。在政治思想上，他坚持儒家的礼治原则，同时重视人的物质需求，主张发展经济和礼治法治相结合。在认识论上，他承认人的思维能反映现实。但有轻视感官作用的倾向。在著名的《劝学篇》中，他集中论述了他关于学习的见解。文中强调"学"的重要性，认为只有博学才能"知行而无过"，同时指出学习必须联系实际，学以致用，学习态度应当精诚专一，坚持不懈。他非常重视教师在教学中的地位和作用，认为国家要兴旺，就必须看重教师，同时对教师提出严格要求，认为教师如果不给学生做出榜样，学生是不能躬行实践的。

而张载，北宋大儒，哲学家，理学创始人之一，理学支脉"关学"创始人。他认为，宇宙的本原是气。他说："太虚无形，气之本体。"气有聚散而无生天，气聚则有形而见，形成万物，气散则无形可见，化为太虚。他认为宇宙是一个无始无终的过程，在这个过程中充满浮与沉、升与降、动与静等矛盾的对立运动。他还把事物的矛盾变化概括为"两与一"的关系，说："两不立则一不可见，一不可见则两之用息。"认为两与一互相联系、互相依存，"有两则有一"，"若一则有两"。在认识论方面，他提出"见闻之知"与"德性之知"的区别，见闻之知是由感觉经验得来的，德性之知是由修养获得的精神境界，进入这种境界的人就能"大其心则能体天下之物"。在社会伦理方面，他提出"天地之性"与"气质之性"的区别，主张通过道德修养和认识能力的扩充去"尽性"。他主张温和的社会变革，实行井田制，实现均平，"富者不失其富"，贫者"不失其贫"。

张载还提倡"民胞物与"思想。他在《西铭》中说："乾称父，坤称母……民，吾同胞；物，无与也。"乾坤是天地的代称，天地是万物和人的父母，天、地、人三者混合，处于宇宙之中，因为三者都是"气"聚而成的物，天地之性，就是人之性，因此人类是我的同胞，万物是我的朋友，万物与人的本性是一致的。

综合起来看，曾国藩所倡导的礼在这里实际上就是对荀子、张载学问的融合，即理学。

● 理学是最为重要的学问

在曾国藩论述荀子、张载之后，认为近代人秦蕙田编辑《五礼通考》，注重表象而对于古代人的礼制没有涉及，则是很大的缺失。其实，曾国藩在这里所指的礼制就是理学。

在论述曾国藩的理学观时，我们要首先对秦蕙田以及《五礼通考》作一个清晰的了解。秦蕙田，清学者。字树峰，号味经，金匮（今无锡）人，父秦道然，康熙四十八年进士，官礼部给事中，与贝子允禟善，为允禟府总管。允禟因夺谪事犯，秦道然株

连下狱。秦蕙田往来于江南、京师间，探省在监的父亲。乾隆元年，秦蕙田中一甲第三名，授编修，南书房行走。他乘时上书，请求皇帝赦免年逾八十疾病在身的父亲。乾隆准允了秦蕙田的请求，还升他为礼部侍郎。乾隆二十二年，迁工部尚书兼刑部尚书。二十三年调刑部尚书，仍兼领工部，加太子太保。乾隆二十九年卒。谥"文恭"。

他编著的《五礼通考》共二百六十二卷，秦蕙田有心钻研礼经，受清初学者徐乾学《读礼通考》的启发，决心在徐乾学研究丧礼的基础上，完成全部吉、嘉、宾、军、凶五礼的研究，写作《五礼通考》。以后十余年间，他考核撰述不辍，经四易其稿，又请顾栋高、钱大昕斟酌参校，于乾隆二十六年成书。《五礼通考》对我国古代礼制的源流沿革作了系统的考证，保存了历代学者的研究成果，是研究我国古代礼制的重要参考书之一。

而曾国藩治学虽然主张兼取各家之长，义理、考据、经济、词章四科不可缺一，但始终将理学放在首要地位。道光二十三年他在一封家信中对诸弟说："读经以研寻义理为本，考据名物为末。""自西汉以至于今，识字之儒约有三途，曰义理之学，曰考据之学，曰词章之学，各执一途，互相诋毁。兄之私意以为，义理之学最大，义理明则躬行有要，经济有本。词章之学亦所以发挥义理者也。""此三途者，皆从事经史，各有门径。吾以为欲读经史，但当研究义理，则心一而不纷。是故经则专守一经，史则专熟一代，读经史则专主义理，此皆守约之道，确乎不可易者也。"直到晚年成为著名的洋务派首领之后，他仍坚持这种观点。同治八年他在《劝学篇示直隶士子》一文中谈到治学问题时说："人之才智上哲少而中下多，有生又不过数十寒暑，势不能求此四术遍观而尽取之，是以君子贵慎其所择而先其所急。择其切于吾身心不可造次离者，则莫急于义理之学。""苟通义理之学，而经济该乎其中矣。"因而，他特别强调："今与直隶士子约，以义理之学为先，以立志为本。""志之所向，金石为开，谁能御之？志既定矣，然后取程朱所谓居敬、穷理、力行、成物云者，精研而实体之；然后求先儒所谓考据者，使吾之所见证诸古制而不谬；然后求所谓辞章者，使吾之所获达诸笔札而不差。"显然，曾国藩始终视理学为儒学的统帅与灵魂，以为只有它才是儒学的主宰，其他各科都是为它服务的，只能起辅助作用。

在政治上，曾国藩更是经常摆出一副理学家的面孔，处处标榜一个"诚"字。他出办团练之始，就信誓旦旦地宣称："国藩奉命以来，日夜悚惕，自度才能浅薄，不足谋事，唯有'不要钱、不怕死'六字时时自矢，以质鬼神，以对君父，即借以号召吾乡之豪杰。"举行"东征"之前，他又发布文告说，"自唐虞三代以来，历代圣人扶持名教, 敦叙人伦, 君臣父子, 上下尊卑, 秩然如冠履不可倒置", 而太平军"举中国数千年礼义人伦诗书典则, 一旦扫地以尽, 此岂我大清之变, 乃开辟以来名教之奇变, 我孔子、孟子之所痛哭于九泉, 凡读书识字者, 又乌可袖手安坐, 不思一为之所也"。他号召一切忠于孔孟之道的封建士人起而反对太平天国革命, 说"倘有血性男子号召义旅助我攻剿者, 本部堂引为心腹, 酌给口粮; 倘有抱道君子痛天主教之横行中原, 赫然奋怒以卫吾道者, 本部堂礼之幕府, 待以宾师"。事实上, 曾国藩选拔将帅、招聘幕僚也都是以是否忠于封建礼教为标准的。咸丰十年太平军横扫苏、常, 驻守常州的两江总督何桂清先期逃走, 地方官随之逃散一空, 唯当地反动土绅据城顽抗, 并在城破之后退往农村, 带领团练武装继续与太平军为敌。曾国藩听到这一情况非常高兴, 认为"该郡素尚节义, 其士子多好读书稽古, 研究事理", "其中必有二三贤智之士为之倡率"。曾国藩把这些"贤智之士"视为难得人才, 立即上奏清廷, 保举周腾虎、刘翰清、赵烈文、方俊谟、华蘅芳、徐寿等人, 请求清政府速令各地督抚将他们"咨遣来营", 收入幕府加以"造就", 留为"他日之用"。

曾国藩还认为, 清朝社会风气的转变, 气节的树立, 政治颓势的挽回, 全靠一二"节义之士"的倡导。他说: "风俗之厚薄奚自乎? 自乎一二人之心所向而已。""此一二人者之心向义, 则众人与之赴义; 一二人者之心向利, 则众人与之赴利。"又说: "世多疑明代诛锄缙绅而怪后来气节之盛, 以为养士实厚使然。余谓气节者亦一二贤臣倡之, 渐乃成为风气, 不尽关国家养士之厚薄也。"他甚至认为, 湘军的创立, 镇压太平天国革命的成功, 归根到底都是理学的胜利, 都是罗泽南、王鑫、李续宾等数位"忠诚君子"倡导的结果。他在《湘乡昭忠祠记》中说: "君子之道, 莫大乎以忠诚为天下倡。世之乱也, 上下纵于亡苟之欲, 奸伪相吞, 变诈相角, 自图其安, 而予人以至危, 畏难避害, 曾不肯捐丝粟之力以拯天下。得忠诚者起而矫之, 克己而爱人, 去伪而崇拙, 躬履诸胜, 而不责人以同患, 浩然捐生, 如远游之还乡而无所顾悸。由是众人效其所为, 亦皆以苟活为羞, 以避事为耻。呜呼! 吾乡数君子所以鼓舞群伦, 历九洲而戡大乱, 非拙且诚者之效与! "

在施政方略上, 曾国藩也明显带有理学的影响。例如, 办理对外交涉坚持"忠信"第一的原则, 兴办军事工业讲求"铢积寸累"功夫等等。

事实也证明, 曾国藩提倡的理学对于挽回封建统治阶级日趋衰落的形势, 重新振兴摇摇欲坠的清王朝也起到了一定的作用。

通过节俭朴素养成廉洁的习惯

【原文】

崇俭约以养廉。昔年州县佐杂在省当差，并无薪水银两。今则月支数十金，而犹嫌其少。此所谓不知足也。欲学廉洁，必先知足。观于各处难民，遍地饿莩，则吾人之安居衣食，已属至幸，尚何奢望哉？尚敢暴殄哉？不特当廉于取利，并当廉于取名。毋贪保举，毋好虚誉，事事知足，人人守约，则可挽回矣。

【译文】

我很推崇通过节俭朴素来养成一个人廉洁的习惯。当年在州县当差时，并没有多少薪水银子。今天能每月领俸数十两银子，而还有人嫌少，这就是所说的不知足。想学习廉洁，必须先知足。现在各地的难民，因为吃不上饭而饿死在路上，然而我们却有着充裕的衣服和食物，已经很荣幸了，还想奢望些什么呢？还想要浪费吗？不为特别廉洁是因为想获利，而廉洁则能给人带来很好的名声。不要因为贪婪而想得到一切，也不要因为得到别人的赞赏而接受不切实际的名誉，对于任何事情都能做到知足，每个人都能接受礼制的约束，就可将人的一切都挽回。

【解读】

● 节俭是美好的品德

曾国藩很是看重节俭对于一个人及其家族的作用的，他自己常说："余自三十岁以来，即以做官发财为可耻，以官囊积金遗子孙为可羞。盖子孙若贤，则不靠父辈，亦能自觅衣食；子孙若不贤，则多积一钱，必将多造一孽，后来淫佚作恶，大玷家声。故立定此志，决不肯以做官发财，决不肯以银钱予后人。"

他给儿子曾纪泽的信中说:"世家子弟,最易犯一奢字、一傲字。不必锦衣玉食而后谓之奢也,但使皮袍呢褂俯拾即是,舆马仆从习惯为常。此即日趋于奢矣,见乡人则嗤其朴陋,见雇工则颐指气使,此即日习于傲矣……京师子弟子之坏,未有不由于骄奢二字者,尔与诸弟其戒之,至嘱,至嘱。"他对女儿的要求也同样严格。在家书中他告诫几个女儿:"衣服不宜多制,尤其不宜大镶大缘,过于绚烂。"

由于中华民族经历过很多灾难,历代贤能之人都将节俭看做评价一个人是否优秀的重要标准。《周易·否》告诫人们:"君子以俭德辟难。"就是说通过节俭能让人避开一切灾难;《尚书·大禹谟》也明确指出:"克勤于邦,克俭于家。"《左传·庄公二十四年》则将节俭作为考核一个人的重要标准:"俭,德之共也;侈,恶之大也。"到了唐朝则有李绅《悯农》"锄禾日当午,汗滴禾下土。谁知盘中餐,粒粒皆辛苦"令人深思的名句;《治家格言》中明确指出:"一粥一饭,当思来处不易;半丝半缕,恒念物力维艰。"为后世人提出了节俭的要求。

因节俭而为后人树立楷模的例子不胜枚举,房梁挂钱就是一个。唐宋八大家之一的苏轼21岁中进士,前后共做了40年的官,做官期间他总是注意节俭,常常精打细算过日子。1080年,苏轼被降职贬官来到黄州,由于薪俸减少了许多,他穷得过不了日子,后来在朋友的帮助下,弄到一块地,便自己耕种起来。为了不乱花一文钱,他还实行计划开支:先把所有的钱计算出来,然后平均分成12份,每月用一份;每份中又平均分成30小份,每天只用一小份。钱全部分好后,按份挂在房梁上,每天清晨取下一包,作为全天的生活开支。拿到一小份钱后,他还要仔细权衡,能不买的东西坚决不买,只准剩余,不准超支。积攒下来的钱,苏轼把它们存在一个竹筒里,以备意外之需。

同样,伟大的周恩来总理因节俭被亿万国人所敬仰。据他的一个警卫员说,1951年周恩来做的一套睡衣和睡裤,颜色都褪光了,穿破了就补,再破再补,一直穿到他逝世。一条浴巾用了二十多年,正反补了14块补丁,住院时,还把它当枕巾。一顶帽子都破了,他还舍不得扔掉。一双夏天穿的黄颜色的皮凉鞋,一双春、秋、冬穿的黑皮鞋,穿了二十多年,修补过多次,由于没有多余的皮鞋可换,工作人员几次给他换鞋底,都是利用他睡觉的时间修理的。周恩来穿的袜子,都是织补了又织补。一个补袜板,还是解放战争时期用的,从西柏坡带到北京,一直留着织补袜子用。

这些伟人的节俭品德永远值得学习,也在历史上书写了浓重的一笔,而那些浪费、不知节俭的人则永远钉在历史的耻辱柱上。

●学会知足，懂得感恩

在曾国藩认为，想学习廉洁，必须先知足，对任何事物的追求都不要过度。无论古今中外，都将知足作为一个人重要的修养。诺贝尔曾经说过："金钱这种东西，只要能解决个人的生活就行，若是过多了，它会成为遏制人类才能的祸害。"

"知足常乐"语出《老子》："罪莫大于可欲，祸莫大于不知足，咎莫大于欲得。故知足之足，常足矣。"意思是说：罪恶没有大过放纵欲望的了，祸患没有大过不知满足的了，过失没有大过贪得无厌的了。所以知道满足的人，永远是觉得快乐的。

民间有这么一个小故事，说是过去有一个农民在田间劳动，感到非常辛苦，尤其是在炎热的夏天，感到更是苦不堪言。他每天去田里劳动都要经过一座庙，看到一个和尚经常坐在山门前的一株大树树荫下，悠然地摇着芭蕉扇纳凉，他很羡慕这个和尚的舒服生活。一天他告诉妻子，想到庙里做和尚。他妻子很聪明，没有强烈反对，只说："出家做和尚是一件大事，去了就不会回来了，平时我做织布等家务事较多，我明天开始和你一起到田间劳动，一方面向你学些没有做过的农活，另外及早把当前重要农活做完了，可以让你早些到庙里去。"

从此，两人早上同出，晚上同归，为不耽误时间，中午妻子提早回家做了饭菜送到田头，在庙前的树荫下两人同吃。时间过得很快，田里的主要农活也完成了，择了吉日，妻子帮他把贴身穿的衣服洗洗补补，打个小包，亲自送他到庙里，并说明了来意。庙里的和尚听了非常诧异，说："我看到你俩早同出，晚同归，中午饭菜送到田头来同吃。家事，有商有量；讲话，有说有笑，恩恩爱爱。我看到你们生活过得这样幸福，羡慕得我已经下决心还俗了，你反而来做和尚？"

这个故事就是告诉我们：一个人追求得越高，就越难以满足，也就越难找到快乐。当一个人被欲望所侵蚀的时候，就再也没有多余的心思放在其他事情上了，生活中许多东西都会在不知不觉中被我们所忽略，一切都会慢慢地变质。这个时候在你眼里已经看不到任何美好的存在，而只是你那永远也填之不尽的欲望深渊。而无论你超越了多少次自己，实现了多少你立下的梦想，得到了多少你曾经想要的东西，你还是不会感到知足。当一个人始终在起跑线上奔跑，无法停止下来，会觉得很累。也许一开始尚可坚持上一段时间，可越到最后就越觉有心无力，甚至终因承受不住而最终倒下来。这样的生活其实是一种累赘，一种折磨，你永远都难以过得轻松起来。

只有做到知足，感恩于你现在拥有的一切，正如曾国藩所述："现在各地的难民，因为吃不上饭而饿死在路上，然而我们却有着充裕的衣服和食物，已经很荣幸了，还想奢望些什么呢？还想要浪费吗？"这个时候你就会发现，你其实生活在一个快乐的世界里。

有的人觉得做到知足是一件很难的事情，因为人总是有缺点的，人的本性中总是有贪婪的成分，但是我们也要知道，知足只是一种心态，按照以下的方式，长期地坚持，我们都能做到知足，快乐地生活——

用心看世界，这世上不是每个人都很顺利，只是看自己怎么解决，比如你走路的时候被人撞了，别人给你道歉了，有时候你还是会觉得很生气，但是你却没想到撞你的人心里其实比你还难受，还是想想那句"开心也是一天，不开心也是一天，何不如天天开心"的话吧。

想到心情不好就心情会不好，那就不用想它，如果还是想，那就让自己忙起来，让自己没有空闲去想它，让自己充实地过好每一分钟。

选择一个空气清新，四周安静，光线柔和，不受打扰，可活动自如的地方，选择一个自我感觉比较舒适的姿势，站、坐或躺下。活动一下身体的一些大关节和肌肉，做的时候速度要均匀缓慢，动作不需要有一定的规范，只要感到关节放开，肌肉松弛就行了。

将注意力集中到一些日常物品上。比如，看着一朵花、一点烛光或任何一件柔和美好的东西，细心观察它的细微之处。点燃一些香料，感受它散发的芳香。闭上眼睛，想象一些恬静美好的景物，不管你的人生怎么样，我相信都是精彩的。

● 不要接受不切实际的名誉

曾国藩认为，除了物质上的满足之外，也千万不要因为贪婪而想得到一切，也不要因为得到别人的赞赏而接受不切实际的名誉，以一颗平常心看待一切。

有个成语叫"沽名钓誉"，语出《管子》："钓名之人，无贤士焉。"意思就是说虚伪矫饰以猎取名誉，而这种人也往往落得最终失败的下场。

《韩非子·说林》中记载有一个叫子西的人，做事总是先看中名誉，甚至于沽名钓誉。孔子对弟子说："谁能够去劝导一下子西，使他不再沽名钓誉？"弟子子贡

说:"我能劝他。"于是,子贡就去劝说子西,子西也似乎因此而没有什么疑虑了。孔子说:"不受功利所左右,才能胸怀宽广;保持本性而不动摇,才能保持住纯洁的品行。内心不正直,做事也就不能正直;内心正直,做事才能正直。子西恐怕还是难以避免灾祸。"后来,楚国发生内乱,楚国的大夫白公逃到了吴国,后来子西把他召回楚国了。不久之后,子西发动叛乱,结果被杀。

在同一时期,燕王哙身边有一个大臣名叫子之,与苏秦有婚姻关系,而苏秦的弟弟苏代又与子之交往密切。有一天,苏代作为齐国的使者来到了燕国,燕王哙问他:"齐宣王那个人怎么样?"苏代有意夸大其词说:"齐宣王只不过是一无能之辈,一定不会称霸。"燕王哙就问为什么。苏代说:"齐宣王不能大胆地信任他的大臣,为他认真做事的人没几个。"苏代想以此来激燕王哙重用子之,而燕王哙果然上了苏代的圈套,将一切军国大事都让子之去料理。子之也因此送了许多金子给苏代,以作报答。过了不久,子之又买动一个名叫鹿毛寿的人去游说燕王哙。鹿毛寿对燕王哙说:"主公不如将整个国家都让给子之。人们认为、是个贤者,只是因为、曾将天下让给许由,但许由不肯接受。这样,尧有让天下之名而实际上又没有失掉天下。现在,主公你如果将国家让给子之,谅子之也不敢接受。这一来,主公你就与大名鼎鼎的尧并列了!"

燕王哙果真发话,要把国家许给子之,想以此来捞个贤君的声誉。谁知人心不古,此一时彼一时也,那子之正一心想过国王的瘾。他觉得许由、务光那些人也太愚朽可笑,为什么有国王的位子不要?当燕王哙将俸禄三百石以上的官吏大印统统收回交给子之时,子之也就毫无愧色地"南面行王事",反将燕王哙当臣子一样使唤。过了三年,燕国发生了大的动乱,将军市被与太子平在齐国的帮助下,发动了讨伐子之的战争。燕王哙郁郁而死,子之逃之夭夭。人们共立太子平为王,即燕昭王。这样,因燕王哙沽名钓誉而引起的国内动乱方告结束。

这些故事都向我们表明,一个人心中总是有为名为利的念头,便会为得名得利而喜;得到之后因为害怕再失去,就会患得患失;想要得到名利却没有得到的时候,怨恨、争斗就会发生,甚至会不择手段地去追求得到,灾祸也就随之而生了。

曾国藩在这一方面就处理得非常恰当。在咸丰四年的时候,他回湖南老家招募兵勇,创立水师,训练湘军,自与太平军开战后,运筹帷幄,谋勇兼备,知人善任,调度有方,屡建奇功,多次受到清廷的恩赏和嘉奖。咸丰十一年十月,两宫皇太后授权曾国藩统辖江苏、安徽、江西、浙江四省军务,节制提督巡抚以下各官,可谓权绾四省。同治元年正月，又加授“协办大学士”，从而成为清朝自开国以来权势、地位最高的汉臣之一。而曾国藩的弟弟们也是兵权在握，四弟曾国荃统兵近两万，由于屡立战功，仅同治元年就受到清朝最高统治者的七次表彰；五弟曾国葆也统兵五千之众。曾家兄弟权倾朝野，曾氏家族堪称“天下第一家”。正如曾国藩自己所云：“余家目下鼎盛之际……近世似此者，曾有几家？”家门的极盛，并没有使曾国藩得意忘形，却使他感到忧心忡忡，且小心翼翼，时刻隐藏自己的锋芒。

曾国藩认为，功高名显，必然会带来别人对自己的嫉妒和仇视，所以与人分享利益和名誉是曾国藩的一贯做法。每次打仗，他都不以首功自居，而是将下属或是同僚的名字放在前头。例如，在担任两江总督时，为了搞好关系，曾国藩就特别注意将满人都督官文的功名摆在自己之前。

据传记记载，曾国藩费尽心思将长江水师改经制水师，这样一件很大的事，曾国藩又将官文的名字推到自己前面。由于官文既仇视湘军，又沾了湘军的光。不是湘军的胜利，哪有他的一等伯爵？贪名贪利，毫无见识，更无风骨，对于这样的贪官，为了促成水师制，不让他反对，必须给他点好处。因此在给太后、皇上的折子里，如果建议改制后的长江水师统领让官文做，大家都做他的副手，他一定会乐意。这样既可以减轻官文对湘军的嫉恨，又可拉拢他一起做事，借此消除满人对湘军的仇恨和排挤。后来证明，曾国藩此举十分成功。

当代知名学者季羡林先生“三辞”逸事更是说明了这个道理。季羡林在《病榻杂记》写道：(1)辞“国学大师”之称。现在在某些比较正式的文件中，在我头顶上也出现“国学大师”这一光环。说到国学基础，我从小学起就读经书、古文、诗词。对一些重要的经典著作有所涉猎。但是我对哪一部古典、哪一个作家都没有下过死工夫，因为我从来没想成为一个国学家。后来专治其他的学术，除了尚能背诵几百首诗词和几十篇古文外，自己的国学知识并没有增加。环顾左右，朋友中国学基础胜于自己者，大有人在。在这样的情况下，我竟独占“国学大师”的尊号，我连“国学小师”都不够，遑论“大师”；(2)辞“学界（术）泰斗”之称。在人文社会科学的研究中，说我做出了极大的成绩，那不是事实。说我一点成绩都没有，那也不符合实际情况，作出巨大贡献的人很多。但是，现在却偏偏把我“打”成泰斗。我这个泰斗又从哪里讲起呢？(3)辞“国宝”之称。在一次会议上，北京市的一位领导突然称我为“国宝”，我极为惊愕。到了今天，我所到之处，“国宝”之声不绝于耳，我很

疑惑。是不是因为中国只有一个季羡林，所以他就成为"宝"。但是，中国的赵一钱二孙三李四等等，也都只有一个，难道中国能有十三亿"国宝"吗? 由此可见，凡是那些取得巨大成功有着独特人格魅力的人，都是将名利看得很淡的，反而那些庸俗之人将虚无缥缈的名利看得比生命还重要。

卷八

▼

勤敬：

尊重别人，让你开启别样人生

古人修身治从之道，不外乎勤、大、谦。曾国藩说："千古之圣贤豪杰，即奸雄欲有立于世者，不外一勤字，千古有道之士，不外一谦字，吾将守此二字以终身，傥所谓朝闻道夕死可矣者乎！"

领导的修养决定政策的执行

【原文】

为治首务爱民，爱民必先察吏，察吏要在知人，知人必慎于听言。

【译文】

治理地方的第一原则就是爱护百姓，爱护百姓就要考察当地官吏，考察官吏就要了解他们的为人品德，要了解其品德就必须谨慎听他们所说的话。

【解读】

● 中国重要的爱民思想

曾国藩认为，治理好地方的首要任务就是对百姓的爱护，只有真切地体察民情才能将地方治理得井井有条。爱民的思想，也不是曾国藩独创，在我国的文明史中，民本思想源远流长。中国古代统治者很早就有"爱民"、"重民"、"尊民"、"亲民"的意识。

"夏后帝启崩，子帝太康立。帝太康失国，昆弟五人，须于洛汭，作《五子之歌》。"其中有"民可近，不可下；民为邦本，本固邦宁"的见解，这当是现存的我国古代关于民本思想的最早记载。殷代有识见的统治者即已提出必须"重我民，无尽刘"，即敬爱民众，顺承民意，不要随意伤害民众。据《尚书》记载，其时商王"视民利用迁"，并向民众宣示"用奉畜汝众"，就是说迁都迁邑是为了养育你们。商王朝的灭亡给后起的周初统治者以启示：要维持统治不唯敬天，还应勤勉政事，体恤民情。周武王克殷访于箕子，请教治国之道，《尚书·洪范》篇即为箕子向武王陈述治国大法。文中记述了九种治国方略，一再提到对"庶民"利益的关心和重视："凡厥庶民，有猷有为有守，汝则念之；不协于极，不罹于咎，皇则受之。"到后来，周公进一步提出"保民"这一新的政治概念，尽管周公的这一思想在当时不可能真正付诸实践，但其中所孕育的民本思想还是值得肯定的。

孔子生活在春秋战国之交，当时周王朝的统治濒于崩溃，诸侯征战不休，人民困苦不堪，面对"礼崩乐坏"、"天下无道"、"苛政猛于虎"的局面，勤学善思的孔子从上古圣贤那里获得智慧，从社会现实中探索治国安民的良策，希望通过实行"仁政"调整统治阶级内部的关系，缓和统治阶级和民众之间的矛盾，并从人类久远的未来和命运着眼，构想"老者安之，朋友信之，少者怀之"的大同社会。在众弟子的陪伴下，孔子开始了长达十多年的周游列国、风雪走天涯的坎坷征程。孔子希图修己而治国平天下，渴求遇见一位如尧似禹的明君，能够让自己如同周公一般行仁政，倡德治，兴礼制，尊君，爱民，救世安邦。也许孔子曾经失望甚至绝望过，但他仍试图以自己的真诚感动出一位有天下之志的大有作为的君主。"有人者出，不以一己之利为利，而使天下受其利；不以一己之害为害，而使天下释其害；此其人之勤劳必千万于天下之人。夫以千万倍之勤劳，而己又不享其利，必非天下之人情所欲居也。"黄宗羲的话，或许正说出了孔子人格的魅力所在。

《荀子》一书有专门讨论政治问题的系列论文，即如何统治人民，如何安定国家，如何任用贤能，以及富国强兵的方法等等，其中《王制篇》写道："传曰：'君者舟也，庶人者水也；水则载舟，水则覆舟。'"先哲们以舟与水的关系比喻君与民相互依存的道理，无疑是对人民力量的一种肯定。这一认识上承西周，下启秦汉，对于"民本"思想内核有了更清晰明确的表述，在当时确实具有进步意义；至孟子"民为贵，社稷次之，君为轻"的民贵君轻主张的提出，则是孟子在儒家思想的传承中，于真正意义上系统地提出了"民本"思想。从《论语》中辨析孔子的"民本思想"，大致体现在以下几个方面：对民关注、重视，主张"重民"、"爱民"、"惠民"，"使民以时"的初步的"以民为本"的思想；对"君"要求"德"与"贤"，主张实行"德治"、"仁政"、"尊五美"、"屏四恶"；重视对民众的教化，主张"治国以礼"，使民众知"仁"懂"礼"。孔子提倡贵族的尊严，讲究礼制，但注重百姓意志，以百姓的意志作为权衡的标准；孔子维护贵族的权益，主张捍卫君权，但更关心百姓命运，以百姓的命运作为治国的前提。

●领导爱护下属是唯一的真理

实际上在这里，我们也可以将官吏与百姓的关系理解为领导与下属的关系，即领导者要做好工作，有极强的执行力，就要爱护自己的下属，处理好同下属的关系。在这一点上，曾国藩就处理得极为恰当。同治元年十二月十一日，曾国藩在回复左宗棠的信中写道："炸弹轮船虽利，然军中制胜，究在人不在器。"正是这种"制胜在人"的用人思想，曾国藩让他的将领们觉得自己在军中很受重视，认为自己有用。只有这样，将领们才会从心底信服曾国藩的领导权威。同样，湘军平定了太平天国运动，朝廷进行论功行赏。曾国藩上书说："定谋以李鸿章为主，论功以刘铭传为先，为臣区区，何功之有？"把功劳统统给了自己的部将。他把自己的部下看成是一个个独立的个体，自己的成功都归功于每一个体的功劳。

通过对下属的爱护能够树立起领导的威信，下属对工作付出的努力，往往同领导的关注有很大关系，领导应该关心下属的思想、生活和情感。领导如果不能以坦诚的态度给予下属多方面的关心，那么他将不会得到下属多方面的关心。要想激发下属的热情是不可能的。领导者对下属的爱护和关心是一种巨大的催化剂，有时即使一点小事，如果你能挂在心上或者当下属遇到特殊困难的时候，你能破格给予关心和帮助，都会使下属对领导产生强烈信任和尊重感。

《水浒传》中的杨志因为和下属关系的紧张，才导致"智取生辰纲"的发生。刚一出行，杨志就对挑担的军汉施行暴力统治，"轻则痛骂，重则藤条便打，逼赶要行"。开始一段是大路，为了赶时间，五更便要起行。后来荒村僻野，就要"辰牌起身，申时便歇"，大约相当于早上七时到傍晚六时。正好是气温最高的暑热时候，并不准中午歇息。如是这般，挑担的军汉好似拉车的牲口，杨志则好似赶车的主人，他对他的"牲口"一路粗言漫骂，一路藤条侍候。走了半个月，"没一个不怨怅杨志"。直走到中计的黄泥岗，众军汉实在走不动了，"杨志拿起藤条，劈头劈脑打去，打得这个起来，那个睡倒，杨志无可奈何"。事情到了这个份上，其实已经是无可收拾，丧失了天时、地利、人和，终于不免失败。吴用利用酷热难耐的天气，知道赶了半天路的杨志一行会口渴，于是设计在酒中下蒙汗药。杨志一行全被蒙汗药麻倒，眼睁睁看着生辰纲被劫走。

所以领导与管理的过程就是一个不断追求双赢的过程。也只有这样，组织才有可能经营下去。领导对下属倍加爱护，下属必然对其尊重爱戴。作为领导者，应学会把关心下属的成长进步和冷暖疾苦放在心上，努力为下属排忧解难。其实想做到这一点并不难，只要凡事当前，先替下属着想，把困难留给自己，把方便让给下属就可以。其实，下属对领导的要求也不高，只要真诚地关爱他们，哪怕是一句善意的玩笑、一个赞许的目光、一声亲切的问候、一次简短的表扬，有时就能拉近彼此的距离，使下属感受到领导的关怀、重视和尊重，他们就会与领导心心相通。下属彻底对领导尊重爱戴，即使领导工作方法、工作技巧没有什么创新，甚至出了错，下属也会宽容、体谅领导的。

日本松下公司前总裁、世界著名企业家松下幸之助曾说过："在对别人不满之前，先想到彼此的缘分，那样就会更加珍惜。"著名作家琼瑶也说过："人生最大的美德是饶恕。"喜欢把责任归咎于别人的领导者是懦弱的不成功者，让他人自己认识到问题的严重性并努力去改正才是真正的成功者，因为对方已准备拿出全部的精力在今后的工作中为你死心塌地地去工作，去创造效益。

• 领导要有很好的道德修养

曾国藩认为，爱护百姓的政策思想是否执行，就要对官吏进行考察监督，而考察的核心就是对于其人的了解，做到"知人善任"。

对于人的了解，除了前面所讲过的识人相人的办法，我国古代实际上还有一套综合的考核制度。先秦典籍《左传》里就讲到：相传为舜制法律的皋陶法中规定"昏、墨、贼、杀"。即当官的不明、贪赃、滥施刑法的杀头。反过来，清明、廉洁、公正执法，就是做官的基本要求。"清官"的标准也就是"公正廉明"，当然还有其他一些。此后，做官的具体规范、要求越来越多。出土的云梦秦简有官书《为吏之道》，此后皇帝的诏诰圣训、律法等也有不少这方面的内容。东汉大儒马融的《忠经》，主要是针对做官的和要做官的人讲的。还有各式各样的"官箴"，从宋到清，数量不少。具体到如何断案，应对上级、下级、猾吏，连应对仆役、长随的办法都有。

清朝顺治皇帝是一个考核官吏的高手，他亲政后的第一件事，就是整肃吏治，严惩贪官。他总结了明朝灭亡的教训，提出了"要想治理好国家，首先要治理好官吏队伍，建立一支廉洁勤政的官吏队伍"的观点。顺治八年十二月，有一次在短短的三天之内顺治就向吏部下了四道圣旨，斥责各级官吏剥削民财，贪污成风，而吏部、总督、巡抚对下面的贪官污吏不闻不问，姑息养奸。他命令吏部、总督、巡抚对

下面严加甄别,有德有才的继续留职,不识文字,能力平庸,不勤不廉的立即罢免,有罪的还要治罪,同时还派出权力极大的监察御史巡察各地。顺治九年出台了审计制度,即从中央部院一级的官吏开始,每六年对各级官吏进行一次审计稽查。顺治十一年,又实行"大计天下",对各级官吏普遍进行一次甄别,并规定以后每三年举行一次。这年大计天下,各级官吏不能胜任而被革职和降级使用的960多人。为了督察官吏,提高各级官吏的办事效率,顺治皇帝亲自主持建章建制工作,制定了许多规章制度和奖罚条例,如:"违限处分例"、"议覆本章时限"等条例。对工作中推诿扯皮、久拖不办、超过规定时限的严惩不贷。

从中我们可以看出,历代的考核都是将领导者的道德修养放在首位的。俗话说:"火车跑得快,全靠车头带。"提升领导者的影响力,充分体现了以人为本的核心价值体系,同时对加强领导者的能力建设具有重大的意义。领导者的影响力对于组织目标的实现有着非常重要的作用,它能促进领导者与被领导者之间的沟通,能使组织成员凝聚在领导者周围,共同完成本团体本组织的目标任务。因此,领导者要勤奋学习,努力提高道德修养和综合素质,树立正确的世界观、人生观、价值观,严于律己,以身作则,以良好的个人形象和人格魅力去影响带动全体成员,促使组织成员改进工作方法,提高工作效率。

在影响事业成败的诸多因素中,领导干部是关键因素。领导者的素质、领导班子的结构与功能的不同,往往会造成不同的组织气氛和心理状态,从而影响到职工的工作积极性,影响到组织目标的达成。因此,领导干部要实现有效的领导,关键在于他的影响力如何。所谓影响力就是一个人在与他人交往中,以其身份和个性特征影响与改变他人的心理和行为的能力。领导者的影响力对整个组织目标的实现有着非常关键的作用,也就是说,提高了领导者的影响力,也就间接提高了组织成员的工作效率。决定领导者影响力的因素,既有非权力的,又有权力的。非权力因素主要取决于领导者自身的道德修养和知识、能力水平状况;权力因素取决于领导者的资历、职位、级别等与领导者实施职权的过程、行为、背景等有关因素。要提升领导者的领导力,就要提升领导者的影响力。

领导者的良好道德修养,使其迅速走向成功。无论是永远铭记于人民心中的孔繁森式好公仆,还是创业成功者的榜样马云、柳传志,他们都有着极强的道德修养和人格魅力,以良好的道德价值观为本,使民众对其信服。

● 领导者的核心素质是多做少说

在曾国藩看来，对于官吏的考察，最终是落实到其言行之上，慎于言而力于行的官员才是成大器者。"治军之道，以能战为第一义。"曾国藩认为治军之道，能战是最重要的事情，假如攻城攻了半年，不小心被敌人突围，无法抵御或受了小的挫折，自己的名望就会毁于一旦。曾国藩直截了当提出的"能战"，其实讲的就是"执行力"，以少说多做为原则。对其而言，最显露其"执行力"的战略，就是 1862 年的天京之战。

湘军攻陷安庆后，曾国藩立即设大营。同治元年正月初一，清廷任命曾国藩为协办大学士，仍统辖苏、赣、皖、浙四省军事。曾国藩立即筹划以东征金陵为主要目标的全盘军事行动。具体部署是：曾国荃部自安庆沿长江北岸直趋金陵；曾贞干部由池州攻芜湖；彭玉麟等率湘军水师沿江而下，配合两岸陆师行动并负运输接济之责；鲍超部由赣入皖，攻宁国府；左宗棠部攻浙江，李鸿章部淮军攻上海周围的太平军，而后西进。曾国藩实施坚壁清野、挖地道、合围、各个击破等策略，1862 年，攻克天京。

从中可以看出，极强的执行力能尽快地实现领导者的愿望，落实其制定的政策。一般而言，作为领导要紧紧地抓住执行力的四个核心特征，即坚定方向、立刻行动、坚持到底、严抓标准。

对于领导者，如果自身缺乏执行力，片面要求下属的执行力，是很难达到管理效果的。在领导的眼里，下属的执行力出了问题，领导大多会认为下属的工作态度有问题；但是如果在下属的眼里，领导因为执行力出问题，下属就可以认为领导要么不讲诚信，要么立场不坚定。因此，作为领导就应尽快将政策执行，而不是将大量时间花在计划的论证上，如果缺乏执行力，就会错失良机。

丘吉尔率领英国抗击德国纳粹就说明了这一点。一战后的英国弥漫着和平主义的气氛，从政党领袖到平民百姓都鼓吹裁军，人民天真地相信，一战后将再也不会有一场如此残酷的战争了。丘吉尔是议会中极少数反对裁军，并警告德国正在撕毁《凡尔赛条约》。丘吉尔警告，希特勒的法西斯独裁将给欧洲带来灾难，如果不立即阻止甚至可能导致文明的毁灭，他督促英国应当重整军备，并鼓励盟友法国加强军事势力，而不是"裁减你的武器，增加你的义务"。但是多数人都将他的

警告视为危言耸听。

1939年3月13日，德国吞并了捷克的剩余部分，斯洛伐克则在德国的支持下独立，宣告绥靖政策的彻底失败。英国首相张伯伦3月31日在下院发表演讲时保证，如果波兰遭受侵略，英国将予以支持。五个月后，第二次世界大战正式爆发。

1940年丘吉尔出任首相，发表了著名的讲话："我没有别的，只有热血、辛劳、眼泪和汗水献给大家……你们问：我们的目的是什么？我可以用一个词来答复：胜利，不惜一切代价去争取胜利，无论多么恐怖也要争取胜利，无论道路多么遥远艰难，也要争取胜利，因为没有胜利就无法生存。"

在得知法国即将投降，他立即向法国领导人表明，即使法国被打败了，英国仍将继续战斗。5月26日，丘吉尔下令撤出在法的英军。之后丘吉尔就发表了大概是二战中最鼓舞人心的一段讲话："我们将战斗到底。我们将在法国作战，我们将在海洋中作战，我们将以越来越大的信心和越来越强的力量在空中作战，我们将不惜一切代价保卫本土，我们将在海滩作战，我们将在敌人的登陆点作战，我们将在田野和街头作战，我们将在山区作战。我们绝不投降，即使我们这个岛屿或这个岛屿的大部分被征服并陷于饥饿之中——我从来不相信会发生这种情况——我们在海外的帝国臣民，在英国舰队的武装和保护下也会继续战斗，直到新世界在上帝认为适当的时候，拿出它所有一切的力量来拯救和解放这个旧世界。"

1940年从9月7日到11月3日，德军每晚以平均200架飞机的数量连续57天对伦敦进行轰炸，仅头两天就造成800多人死亡。这期间丘吉尔几乎每周都亲自到被炸现场视察。虽然丘吉尔不止一次地在被炸毁的房屋现场流下热泪，他依然以钢铁般的意志继续带领人民战斗。9月19日，希特勒决定无限期推延登陆计划，不列颠计划以英国的胜利告终。可以想象，如果在1940年丘吉尔没有采取切实有效的行动，英国就会像其他一些国家一样，沦陷为纳粹德国的殖民地。

总之，作为一个领导，一定要少说多做，在适当的时机采取有效的行动对策，增强团队执行力才会把握胜利的机会。

术即宽容，是一种积极的人生态度

【原文】

魏叔子以孟子所言"仁术"，"术"字最有道理。爱而知其恶，恶而知其美，即"术"字之的解也。

【译文】

魏叔子认为孟子所有说的"仁术"中"术"字是最有道理的，喜欢某一事物但能知道其不足，讨厌某一事物但能了解其长处，就是"术"字的最佳解释。

【解读】

● 魏叔子其人

曾国藩认为魏叔子对于孟子关于"术"的讲解最为合适，那么魏叔子是谁呢？原来这里的魏叔子就是有清初"三大家"之称的魏禧。

魏禧（1624~1681），字叔子，出生在书香世家，从小熟悉诗词书画与文化古籍，令人称奇的是每每谈古论今的时候，他都有自己独特的观点，十一岁便做了宁都的"补现学生"。在易堂，魏禧既不谋仕，也不应考，在翠微峰上开辟田园，自耕自食，并与兄魏际瑞、弟魏礼、挚友彭士望、林时益、邱维屏、彭任、曾灿、李腾蛟会聚易堂，世称"易堂九子"，切磋学问。当时，天下讲学，唯独易堂以古人经世实学为宗旨，提倡读书经世，一时间，邻近数省十数县的文人学子，慕名前来求学，形成一个文人荟萃的倡导古文实学的文学教育群体，成为当时"江西三山学派"中最具影响力的一支。其间魏禧写下了多篇惊世之作，取得了独步天下的散文成就，被誉为"开清代文风之先"，并与侯方域、汪琬齐名，号清初"三大家"。其文章特点在于以理

取胜。要以理取胜，必须锻炼见识，见识深广，才能在复杂现象中，提出精密的理。

在翠微峰住了二十年，康熙帝登基，魏禧已近四十，他认为自己闭户求学，不可以广己造大，于是便选择出游，走江淮，涉吴越，广交天下奇士，故国"遗民"。流浪或许是很多人的梦想，但更多的人是出于无奈，白居易贬谪九江而泪湿青衫，辛弃疾远走赣州而伤感西北望长安。魏禧主动地选择远走，只为博学。"于苏州交徐枋、金俊明，杭州交汪沨，乍浦交李天植，常熟交顾祖禹，常州交恽日初、杨瑀，方外交药地、槁木，皆遗民也。"

"康熙十八年，诏举博学鸿儒"，魏禧诏上有名，"禧以疾辞"。"有司催就道，不得已"，江西巡抚下令让魏禧带病去南昌就医，巡抚要来亲自检验他的病情，时临夏日，"禧蒙被卧称疾笃"，满头大汗，装着说胡话，巡抚才把他放了回家。两年后外出不幸病逝，享年五十七岁。

魏禧一生著作有《文集（外篇）》22卷，《日录》3卷，《诗》8卷。另有《文集（内篇）》2卷，《拟奏疏》1卷，《尚书余》1卷，《左传经世钞》10卷。其思想主要表现为"求士爱民"的治国之道、以"郡县为经，而纬以封建"的国家政体思想、"阉宦之当革"的整顿阉宦思想，具有一定的民主因素，具有近代启蒙意义，对后世具有深刻的影响。国学大师陈寅恪读过《魏叔子全集》后在《赠蒋秉南序》中写下这样一段话："唯深羡魏丘诸子值明清嬗变之际，犹能兄弟戚友保聚一地，相于从容讲文论学于乾撼坤岌之际，不谓为天下之至乐大幸，不可也。"意思就是说，只有深深了解魏禧遭受明清改朝换代的遭遇，才能体会出其文章的精粹，并且在世间也不可多得。

• 仁术之道，就是宽容

曾国藩借用魏叔子的话指出，以孟子为代表的儒家思想，提出的"仁术"就是类似于喜欢某一事物但能知道其不足，讨厌某一事物但能了解其长处的宽容。

最能体现曾国藩宽以待人的，是他与左宗棠的关系。左宗棠，湖南湘阴人，恃才傲物，自称"今亮"；但屡试不中，居乡里，四十一岁才任佐湖南巡抚张亮基。锋芒毕露而又科场失意的左宗棠对为人拙诚、科场得意、官运畅通的曾国藩很是轻视。他们那时虽非同僚却是同乡，见面时常有龃龉。传说，曾国藩见左宗棠为姜洗脚，笑曰："为如夫人洗足。"左宗棠反唇相讥："同进士出身。"有一次，曾国藩出一上联："季子才高，与吾意见常相左。"把"左季高"三字嵌了进去；左宗棠对下联："藩侯当国，问他经济又何曾。"语涉鄙夷。这些虽是传言，却也反映了二人早期的不和谐关系。但曾国藩对左宗棠一直是宽宏大量，不计前嫌。左宗棠的大器晚成，终于出将入相，离不开曾国藩的保荐之功。

左宗棠曾为巡抚骆秉章代拟奏折，劾请将私役兵弁、挪用公款的樊燮撤职查办。樊燮向湖广总督官文报告左宗棠为劣幕，咸丰帝密令官文：如左宗棠有不法情事，可即就地正法。咸丰十年，左宗棠被迫离开骆秉章幕府。后来因胡林翼、骆秉章上疏又得肃顺进言，案子才得以了结。这时左宗棠只得投向驻军宿松的曾国藩，曾国藩热情地接待了他。不久，奏准左宗棠以四品京堂候补随同帮办军务。曾国藩又让左宗棠回乡募勇开赴江西战场，让他掌握军事实权。几个月后，曾国藩上奏左宗棠战功，使他晋升为三品京堂；咸丰十一年，又奏准改襄办军务为帮办军务。第二年，又奏请左宗棠为浙江巡抚。不久，左宗棠被任命为闽浙总督，从此与曾国藩平起平坐。要知道，三年之中曾国藩对左宗棠四次举荐，使他从一个被诬告走投无路的士子一跃而为封疆大吏，这是在二人存在嫌怨的情况下进行的。

世界上任何事物都有两面性，我们只有正确认识其优点和不足，以海纳百川的心态对待，才能有很多快乐和收获，才会让你拥有独特的人格魅力。

鲁迅去世后，"新月派"女作家苏雪林写信给胡适，对鲁迅进行恶意的个人攻击。胡适在答复中对她的愤慨表示了同情，但认为她应该多关注和讨论鲁迅的思想以及信仰，区分鲁迅的思想中有价值的和无价值的内容。在信中他还责备苏雪林，称苏对鲁迅个人攻击的言辞为"旧文字的恶腔调"，并且说，"我们应该深戒"。这就是曾被鲁迅骂得体无完肤的胡适，他笔下的那个"焦大"。答复中还有如下文字"凡论一人，总须持平。爱而知其恶，恶而知其美，方是持平。鲁迅自有他的长处。如他的早年文学作品，如他的小说史研究，皆是上等工作……"正是这种"恶而知其美"的态度，使胡适能够真正理解鲁迅的价值。所以他不但没有为过去的个人恩怨斤斤计较，还在鲁迅全集的出版一事上鼎力相助。事后许广平致信称其为"鼎力促成，功德无量"。这就是胡适的气度。即使如唐德刚所说，胡适不懂现代史学，但他在中国近代史上的特殊地位还是无人能撼的。

李敖曾这么解读过这句话："爱而知其恶，恶而知其美者，天下鲜矣。"意思就是，喜爱一个人但是知道他的缺点，厌恶一个人但是知道他也有好的地方，这样的人世界上太少了。这本来一点不奇怪，因为人总是为自己的情感所左右，是感性的。

但是，总觉得我们也应该在任情任性，觉得痛快的同时，想想别人的感受。谁没有犯错的时候？明白一个人即使某方面再无可救药，他也毕竟在其他地方有其优点。因此我们必须对别人宽容，而不是死盯着别人的错误与缺点不放。

常言道，对别人好就是对自己好，待人宽容就是待己宽容。胜利、成功、美貌不能抹杀缺点与不足，失败与错误也不能把原有的毛病无限放大。如果我们可以理性一些、宽容一些，那我们也会赢得别人的尊重。

● 善待竞争对手

在成功者的字典里，永远会有"宽容"这个词。那些不懂得宽容，只会计较别人的缺点和不足的人，无一能逃过失败的下场。

周瑜是个完美主义者，其表现之一就是在听音乐的时候，最不能忍受的是曲子的错误，哪怕半个音走了调，他即使是喝醉了酒，也能够分毫不差地听出来，非要站起身，走过去校正歌伎的琴音。正是周瑜的这种狭隘的心理，使他成为《三国演义》中心胸狭窄、嫉贤妒能的典型，当他一发现诸葛亮的才智超过自己，便想方设法谋害，欲除掉孔明而后快，结果他的计谋被诸葛亮一一识破，自己反中了诸葛亮的谋算，以至于最后被气得吐血身亡，临到绝命之时仍发出"既生瑜，何生亮"的仰天长叹。

同样，朱元璋的岳父郭子兴也是因为心胸狭隘早早地退出了历史舞台。根据《明史》记载，朱元璋通过智救郭子兴，取得几场胜利后，就开始被郭子兴所压制。最为离谱的一次是，朱元璋请示郭子兴，说要去打定远（今安徽定远），郭子兴竟然让他独自带了24人走了。后来郭子兴带了自己的几万人来，滁州的粮食不够吃了，朱元璋进攻和州，攻下来后就住在那里，将滁州让给了郭子兴，并决定去攻老对手孙德崖。突然消息传来，说朱元璋被抓住了，郭子兴一下子懵了，到手的敌人跑了，他一时咽不下这口气，得了心病，过了一个月居然死掉了。

正如马云所说，周瑜之所以被气死，责任不在诸葛亮，而在于周瑜自身。每个想要成功的人都应该学会宽容，善待对手。许多人把竞争对手看做是心腹大患，是异己，是眼中钉、肉中刺，恨不得马上除之而后快。其实，竞争对手是人成功的帮手，有了对手，才会使人有危机感，才会有竞争力，才会使人奋发图强，不得不革故鼎新、锐意进取。否则，就只有等着被吞并、被替代、被淘汰。

伟大的法国作家雨果曾说："最高贵的复仇是宽容。"一个人没有了竞争对手，就会甘于平庸，养成惰性；一个群体如果没有竞争对手，就会因为互相的依赖而丧失活力；一个行业如果没有竞争对手，就会丧失进取的意志，安于现状而逐渐走向衰亡。所以，我们要善待竞争对手，千万不要把对手当成"敌人"，而应该有种敢于竞争对手拼搏厮杀的勇气，把竞争对手当做你的强心剂和推进器。真正能够促使你成功，让你坚持到底的，正是那些几乎可以置人于死地的挫折和打击或是你的对手。

●培养你宽容的心态

有人问杨澜，你采访过那么多名人，给你影响最深的是哪一个？杨澜脱口而出：王光美。"十年浩劫"，刘少奇被扣以"叛徒、内奸、工贼"的反革命帽子迫害致死，王光美身陷囹圄 12 年，可"报复"两字她从未想过。最让人感动的不是她的坚强，而是她的宽容。她说："人啊，还是应该试着去忘记过去，学会宽容，学会大度。"

生活中难免有矛盾产生，工作中也有许多不和谐的音符，能做到"爱而知其恶，恶而知其美"，这就是一种积极的人生态度。无论是大事、小事、好事、坏事都别总放在心里，该放下时且放下，如果能放得下，留给自己的将是一片海阔天空，自然也就少了很多的烦恼。那么，我们怎样去培养这种宽容的心态，去理解别人呢？

一、要善于求同存异。

和人相处，如果总是强调差异，你们就不会相处融洽。强调差异会使人与之间的距离越来越远，甚至最终走向冲突。如果把注意力放在别人和自己的共同点上，与人相处就会容易一些。要减少差异就要设身处地为别人着想，以达成共识。为别人着想，就会产生同化，彼此间的关系就会更加融洽。

通常，我们总会在无意间询问别人好多问题，通过询问，我们发现双方有着共同的衣着习惯、共同的电脑品牌，都喜欢喝某种饮料、吃某种面包。发现了一些共同点，我们就会不知不觉去掉戒备与生分，谈话变得非常投入、专注与忘我，把自己融进对方的世界。这个时候，无须恳求、命令，两人自然就会合作做某件事情。在人与人交往的过程中，每一个人都会有意无意地在想："这人是不是和我站在同一立场？"人与人之间的关系，要么非常熟悉，要么非常冷漠；要么立场相同，要么南辕北辙，不管人和人多么不同，在这一点上，你和你眼中的对手倒是一致的。唯有

先站在同一立场上，两人才有合作的可能。就算是对手，你也得先和他有共同的利益关系，方可走到一起来。

二、对伤害了自己的人表示友好。

宽容是一种博大，是一种境界，是一种优良的人格体现，对曾经有意无意伤害过自己的人要有宽容的精神。这样做虽然困难，但更能反映出你的宽大胸怀和雍容大度。用你的体谅、关怀、宽容对待曾经伤害过你的人，使他感受到你的真诚和温暖。也许有人会说，宽容别人是否证明自己放弃原则，太软弱了。其实宽容是坚强的表现，是思想的升华。

三、容忍并接受他人的观点。

人们都希望和那些懂得容忍自己的人相处，而不希望和那些时刻对自己说三道四、横挑竖拣的人待在一起。专门找别人碴儿，动辄教训别人的"批评家"估计不会有什么朋友。另外，根据自己所确立的伦理和宗教方面的标准去要求别人投自己所好的人，谁见了都会退避三舍；而那些能容忍和喜欢别人以本来面目出现的人，往往具有感动人和促使人积极向上的力量。当你想和朋友友好相处时，要尊重对方的人格和优点，容忍对方的弱点和缺陷，切莫去指责或试图改变对方。

四、发现和承认他人的价值。

容忍他人的不足和缺陷比较容易，而困难的是发现和承认他人的价值，这是一种更为积极的人生态度。每个人只要乐于寻找，一定能找出他人身上许许多多的优点和长处，能发现和承认他人的长处，那就承认了他人的价值。只有既能容人之短，又能容人之长，才更显出胸怀的宽阔、人格的高尚。

言行一致才能使人信服

【原文】

又言蹈道则为君子，违之则为小人。观人当就行事上勘察，不在虚声与言论；当以精己识为先，访人言为后。

【译文】

又说遵循道德的人是君子，违背道德的人是小人。观察一个人应该对其行事方式进行考察，不在于其承诺和言论；应该自己对被考核的人有深入的认识，再去听取别人对其的评价。

【解读】

● 道德的内涵

曾国藩认为，遵循道德的人是君子，违背道德的人是小人。道德是儒家最重要的伦理原则。《论语·里仁》记载："子曰：'参乎！吾道一以贯之。'曾子曰：'唯。'子出，门人问曰：'何谓也？'曾子曰：'夫子之道，忠恕而已矣。'"《论语·卫灵公》记载："子贡问曰：'有一言可以终身行之者乎？'子曰：'其恕乎，己所不欲，勿施于人。'"

曾国藩作为一个理学家，不但继承了儒学"恕"的思想，而且从理学高度对恕进行了更深刻的阐述，他说："凡人之生，皆得天地之理以成性。得天地之气以成形，我与民物，其大本乃出一源。若但知私己。而不知仁民爱物，是于大本一源之道已悖而失之矣……孔门教人，莫大于求仁，而其最切者，莫要于欲立立人、欲达达人数语。"曾国藩在这里把设身处地的待人原则上升到了哲学的高度。这一原则是他终身恪守的。在统率湘军镇压太平天国的过程中，他就是通过践履这一道德原则来处理与同僚与部属以及与各方面的关系，从而把他们紧紧团结在自己周围。

在其提倡的道德里面，最为核心的一条是忠君爱国。忠是理学最高的道德准则。理学认为：道德伦理是理的体现。理，曾国藩说："以身之所接言，则有君、臣、父、子，则有仁、敬、孝、慈，其必以仁敬孝慈为则者，性也；其所以纲维乎五伦者，命也。"作为理学家的曾国藩，忠无疑是他践履的最高道德准则。早在京为官时期，严格深厚的理学修养就使他从谋求个人和家庭的发展升华到了谋求国家发展挽救清朝倾覆的境界，冒死上"三疏"，为国忘身忘家就是明证，其道德思想对后世影响深远。

蒋介石对曾国藩顶礼膜拜，认为其为人之道，"足为吾人之师资"。他把《曾胡治兵语录》当做教导高级将领的教科书，自己又将《曾文正公全集》常置案旁，终生拜读不辍。据说，他点名的方式，静坐养生的方法，都一板一眼模仿曾国藩。

蒋介石一生推崇、学习、效法曾国藩,认为曾国藩著作是"任何政治家所必读的"。蒋介石在任黄埔军校校长时,以曾国藩的爱民歌训练学生,还亲自编辑《曾胡治兵语录白话解》,要求学员"人手一册",作为治军治国之蓝本。20世纪30年代,蒋介石在江西庐山等地举办"中央训练团",亲自从《曾文正公全集》中辑录出《曾国藩剿捻实录》,分发给广大官兵,尤其要求高级将领"格外用心研究"。蒋介石带兵最大的法宝就是给将士以"重赏"和"重赐",这完全师法于曾国藩"精神加银子"的练兵用兵手段。

在家庭教育上,蒋介石同曾国藩如出一辙。他在给蒋经国、蒋纬国兄弟的信中,从衣食住行,作文写字,到阅读功课,均有详细严格的要求。蒋经国在《我所受的庭训》一文中说:"父亲认为曾文正公对于子弟的训诫,可作模范,要我们体会,并且依照家训去实行。平常我写信去请安,父亲因为事忙,有时来不及详细答复,就指定曾文正公家训的第几篇代替回信,要我细细去参阅。"蒋介石认为,曾、左能打败洪、杨是他们的道德学问、精神与信心胜过敌人。

总之,曾国藩在这里认为考核君子和小人的道德标准,就是对儒家修身、齐家、治国、平天下、立功、立德、立言"三不朽"事业实践和执行。

• 言行一致的重要性

曾国藩认为,判断一个人的能力和作为,除了道德的评判,还要观察其言行是否一致。这就从侧面告诉我们,言行一致对于一个人而言是极其重要的。

老子在《道德经》中指出:"轻诺必寡信,多易必多难。"意思就是说轻易地许诺一定会让人失去信任,再做什么事情一定会困难。庄子也说"真者,精诚之至也。不精不诚,不能动人"。孔子多次强调:"人而无信,不知其可也。"还说:"自古皆有死,民无信不立。"子路问孔子应该如何与自己的领导相处共事,孔子说:"一定要言行一致,不要表面一套背后一套,不要心计。同时,知道领导不对的一定要当面指出来。"

由此看出,我们的先贤们都将言行一致放在一个极其重要的位置,孔子的学生曾子更是对其切身实践。一次,曾子的妻子要到集市上买东西,小儿子哭喊着也要去。她对孩子说:你好好在家等娘,娘回来叫你爹杀猪娃给你吃。孩子不闹了。当她从集市回来,曾子正在磨刀,准备杀猪。她急忙对曾子说,猪不能杀,我是哄孩子玩的。曾子说:大人怎能对孩子言而无信呢?母亲不守信用,孩子便会失信于人,答应孩子的事是不能反悔的。曾子的妻子点头称是，和曾子一起杀了猪。

还有一个关于戒糖的故事，也说明言行一致，以身作则的重要性。从前，有个很喜爱吃糖的男童，他的父亲很穷，没有能力经常买糖给他吃，而小孩不懂事，经常向父亲要糖。小孩的父亲想尽办法去制止他。有位贤人住在他们附近，于是父亲想出了一个办法。他把小孩带到贤人面前，让贤人劝他停止吃糖。贤人感到很为难，因为他自己也很喜欢吃糖，他请这位父亲一个月后再带儿子来见他。在这一个月月内，贤人戒了糖。一个月后，父子俩再来到贤人面前。贤人对小孩说："亲爱的孩子！你可否以后不要经常向父亲要糖果吃？因为这对健康不好！"从此，小孩不再向父亲索糖了。父亲奇怪地问贤人："为什么你不在一个月前叫他停止吃糖？"贤人回答："当时我自己也爱吃糖，怎能叫他戒掉呢？我用一个月的时间，自己先戒掉吃糖的习惯，才有资格教育你的儿子。"

回顾历史，我们就会发现，凡是成功者，无不将遵守诺言，说到做到看得比自己生命还重要。三国时曹操领军打仗，行军路上，曹操命令："现在正是麦收时节，军中只要有践踏麦田的，就斩首示众。"忽然，田里飞出一只鸟，曹操的马受了惊，一下蹿入麦田，曹操立即叫来随行的官员，治自己践踏麦田的罪行。鉴于古书《春秋》上有"法不加于尊"的说法，于是，曹操用剑断自己的头发，扔在地上，说："那么，我就割掉头发代替我的头吧。"在当时，割发和砍头没什么两样，军队和老百姓都大吃一惊，同时也都对他更加信服，使其在军队中树立起绝对的权威。

优秀的中国共产党党员刘少奇在《论共产党员的修养》一文中曾经写道，作为中国共产党党员，在任何时候、任何问题上，都应该首先想到党的整体利益，都要把党的利益摆在前面，把个人问题、个人利益摆在服从的地位。他不仅用这一"最高原则"去教育别人，也严格地用这一"最高原则"约束自己，身体力行，成为自我修养的典范。1942年，刘少奇由江苏华中局驻地回到了延安，参加并领导正在全党范围内开展的延安整风运动和大生产运动。由于长期的战争生活，风餐露宿，饥饱不均，使他患了严重的胃病。而当时延安的作物以杂粮为主，日常的主食主要是粗糙的小米，不好消化。因此，刘少奇的胃病经常发作，有时疼得他浑身冒汗，整夜整夜睡不着觉。警卫员们看着他憔悴的面容，急得团团转，一致要报告供给部，要求多配给些大米、白面，但是刘少奇执意不肯。他说："延安的条件就这样艰苦，同志们都能挺住，我作为党的领导干部，更应以身作则，怎么能要组织的特殊照顾呢？"

由此可见，那些历史名人之所以被后世推崇，绝对不仅仅是因为他们所取得的成绩，而是其言行一致的道德修为成就了他们的功名。

● 对于事物的全面认识，防止以偏概全

曾国藩还提出，要全面了解一个人，首先考察者要对这个人有更为深入的认识，再综合别人的评价对其作出正确的判断。这一原则对于我们认识任何事物、事情都有实际的借鉴意义。

三人成虎的故事，就是讽刺魏惠王的无知，表明判断一件事情的真伪，必须经过细心考察和思考，不能道听途说，也佐证了"精己识为先"的重要。

战国时代，各国互相攻伐，为了使大家能真正遵守信约，国与国之间通常都将太子交给对方作为人质。

魏国大臣庞葱，将要陪魏太子到赵国去做人质，临行前对魏王说："现在有个人来说街市上出现了老虎，大王可相信吗？"魏王道："我不相信。"庞葱说："如果有第二个人说街市上出现了老虎，大王可相信吗？"魏王道："我有些将信将疑了。"庞葱又说："如果有第三个人说街市上出现了老虎，大王相信吗？"魏王道："我当然会相信。"庞葱就说："街市上不会有老虎，这是很明显的事，可是经过三个人一说，好像真的就有老虎了。现在赵国国都邯郸离魏国国都大梁，比这里的街市远了许多，议论我的人又不止三个。希望大王明察才好。"魏王道："我自己知道。"庞葱的担心不是多余的，在他出行期间，有人说了他的坏话，魏王开始不信，但是说的人多了也就慢慢相信了。庞葱陪太子回国时，魏王就没有再召见他了。市集是人口集中的地方，当然不会有老虎。说市集上有虎，显然是造谣、欺骗，但因为许多人这样说了，如果不是从事物真相上看问题，也往往会信以为真的。

另外，我们也要注意的是由于晕轮效应的作用，人们对人的认知和判断往往只从局部出发、扩散而得出整体印象，也常常以偏概全。一个人如果被标明是好的，他就会被一种积极肯定的光环笼罩，并被赋予一切都好的品质；如果一个人被标明是坏的，他就被一种消极否定的光环所笼罩，并被认为具有各种坏品质。

具体表现为：一是"一叶障目"。以个别推及一般、由部分推及整体，随意抓住某个或好或坏的特征就断言这个人或是完美无缺，或是一无是处，这都犯了片

面性的错误。青年恋爱中的"一见钟情"就是由于对象的某一方面符合自己的审美观，往往对其思想、情操、性格诸方面存在的不相配处都视而不见，觉得对象是"带有光环的天仙"，样样都尽如人意；二是"以貌取人"。晕轮效应往往产生于自己对某个人的了解还不深入，从而对于某人的认识仅仅专注于一些外在特征上。有些个性品质或外貌特征之间并无内在联系，可我们却容易把它们联系在一起，断言有这种特征就必有另一特征，也会以外在形式掩盖内部实质。如外貌堂堂正正，未必正人君子；看上去笑容满面，未必面和心慈。简单地把这些不同品质联系起来，得出的整体印象必然是表面的。

所以，要对事物有正确的认识，防止以偏概全，就应身体力行去深入了解调查，并综合别人的意见和观点，避免晕轮效应。

勤谦不能有半点马虎

【原文】

古人修身治人之道，不外乎勤、大、谦。勤若文王之不遑，大若舜禹之不与，谦若汉文之不胜，而勤谦二字，尤为彻始彻终，须臾不可离之道。勤所以儆惰也，谦所以儆傲也，能勤且谦，则大字在其中矣。千古之圣贤豪杰，即奸雄欲有立于世者，不外一勤字，千古有道自得之士，不外一谦字，吾将守此二字以终身，傥所谓朝闻道夕死可矣者乎！

【译文】

古代贤能之人修身养性、管理治人遵循的原则，无非是勤劳、宽广、谦虚。勤劳像文王一样不间断，宽广像舜帝禹帝，谦虚如汉文帝，勤劳、谦虚这两个原则，尤其需要贯彻始终，一点也不能违背其原则。千古的圣人先贤和有作为的成功者，即使是那些奸雄却能被世间所敬仰者，不出一个"勤"字，而自古以来能得到众多人才者，不出一个"谦"字，我也将终身恪守这两个原则，即使早上能做到晚上就死去也值得啊！

【解读】

• 周文王的勤政之道

曾国藩认为在勤劳方面没人能比得过周文王,他还说:"古之成大业者,多自克勤小物而来。百尺之楼,基于平地;千丈之帛,一尺一寸之所积也。文王之圣,而自朝至于日中昃,不遑暇食。"意思就是说,自古以来成就大业的人,很多是从勤于小事做起。百尺高的大楼是从平地而起;千丈长的丝帛,是一尺一寸积累起来的,周文王的圣德之处就在于从早晨一直忙到中午,也顾不上吃饭。

周文王,姓姬名昌,周朝开国之君周武王姬发之父。他即位后,遵循先祖创业之路,"笃仁"、"敬老"、"慈少"、"礼下贤者",天下贤人都乐于归到其麾下。由于崇侯虎的谗言,商纣王将文王囚禁在羑里(今河南汤阴),长达七年,最后被释放。从此文王内修仁政,阴行善德,诸侯遇有纷争不去求商王判决,而是前来求文王公断。

根据《史记·周本纪》记载,周文王在位约五十年,为周武王灭商建国奠定了坚实的基础。文王即位后,首先就是寻访贤士,并以此作为振兴周的根本任务。史书中称"(文王)礼下贤者,日中不暇食以待士,士以此多归之",也就是说到了中午还来不及吃饭,因为他要接待那些贤士,因此天下贤士大多归附了文王。

在这些投奔文王的贤士中,有太颠、闳夭、散宜生、鬻子、辛申大夫等人。鬻子是受于楚的贤士;辛申则是商朝大臣,晚年经常劝谏商纣王,但纣王不听,使辛申感到绝望,于是投奔周。文王之子召公与其交谈后,发现他是一个难得的贤士,就向父亲文王推荐,文王亲自去迎接辛申,任为公卿,后来封于长子(今山西上党附近)。

他能继承后稷、公刘开创的事业,仿效祖父古公亶父和父亲季历制定的法度,实行仁政,敬老爱幼,礼贤下士,治理岐山下的周族根据地。在治岐期间,对内奉行德治,提倡"怀保小民",大力发展农业生产,采用"九一而助"的政策,即划分田地,让农民助耕公田,纳九分之一的税。商人往来不收关税,有人犯罪妻子不连坐等,实行着封建制度初期的政治,即裕民政治,就是征收租税有节制,让农民有所积蓄,以刺激劳动兴趣。对外招贤纳士,许多外部落的人才以及从商纣王朝来投奔的贤士,他都以礼相待,予以任用。姬昌自己生活勤俭,穿普通人衣服,还到田间劳动,兢兢业业治理自己的国家。岐周在他的治理下,国力日渐强大。

曾国藩从周文王身上学到了勤政之道，并不断深入严格要求自己和家人。他在给九弟的信中写道："吾辈现办军务，系处功利场中，宜刻刻勤劳，如农之力穑如贾之趋利，如篙工之上滩，早做夜思，以求有济。而治事之外，此中却须有一段豁达冲融气象，二者并进；则勤劳而以恬淡出之，最有意味，余所以令刻劳谦君子印章与弟者此也。"就是说，在办军务时，是身处功利场中，应该时刻勤劳，像农夫努力耕作，像商贾追求利润，像船工背纤走上滩，没日没夜，求的是有一个好结果。工作辛劳之余，便有一段通达冲融的气象。两方面同时前进，那么，勤劳的事情，会处置得恬淡，最有意味。曾国藩还叫人刻一枚"劳谦君子"的印章给其弟弟。

● 舜禹的宽广胸怀

曾国藩将心胸宽广作为修身治人的一个重要原则，他曾说："自古圣贤豪杰，文人才士，其志事不同，而其豁达光明之胸，大略相同。以诗言之，必先有豁达光明之识，而后有恬淡冲融之趣；自李白、韩退之、杜牧之，则豁达处多，陶渊明、孟浩然、白香山则冲淡处多。杜苏二公，无美不备，而杜之五律最冲淡，苏之七古最豁达，邵尧夫虽非诗之正宗，而豁达冲淡，二者兼全。吾好读庄子。以其豁达足益人胸襟也。去年所讲生而美者，若知之，若不知之。若闻之，若不闻之一段，最为豁达。推之即舜禹之有天而不与，亦同此襟怀也。"

意思就是，自古以来，圣贤豪杰，文人才士，他们的志趣虽不同，而他们的通达光明的胸怀，大体都一样。以诗来说，一定要先有通达光明的见识，然后才行恬淡冲融的趣味。李白、韩退之、杜牧之，通达的地方多一些；陶渊明、孟浩然，白香山，冲淡的地方多一些。杜、苏二公，无美不备，而杜的五言律诗最冲淡；苏的七言古诗最通达。邵尧夫虽然不是诗的正宗，但通达冲淡，两者兼而有之。我喜欢读《庄子》，以他的博大胸怀足以有益于我。去年我说生而美好的，好像知道好像不知道，好像听到好像没有听到那一段，最为通达。推而广之，舜、禹的有天下而不与，也是这样的襟怀。

舜，中国传说中父系氏族社会后期部落联盟领袖，也称虞舜，黄帝的八世孙，因生于姚地，以地取姓氏为姚。舜的父亲叫瞽叟，是一个瞎子。舜出生不久，生母病死，父亲又娶后母，生了弟弟象。父亲瞽叟盲于目而昧于心，宠爱后妻和儿子，不

喜欢舜；后母心胸狭隘，泼辣凶悍；其弟象粗野凶横。他们联合一起，经常虐待舜。为了让象一人继承家产，三人竟串通起来，要谋杀舜。但舜每次都能化险为夷。尽管这样，舜并不记仇，仍然尽心孝敬父母，爱护弟弟。

禹，姒姓夏后氏，名文命，号禹，后世尊称大禹，是黄帝轩辕氏玄孙。通过禅让制得到帝位，是夏后氏部落的首领。大禹的父亲因为治水不力，被舜处死，但他不计较前嫌，对舜仍然很是敬重，并想尽一切办法去治水。为了让更多的人和他全身心的投入治水中，并说其父亲"死有余辜"，取得舜的完全信任。让舜的无情处理有一个名正言顺的理由，为他在治水方面扫除障碍。他在与部下交流时，每次都频频颔首，每次都表现出受很大启发，每次还都表现出虚心听取意见，每次也都在最后表态中，表示按照此方案进行治水。禹的这种宽广胸怀，让这些部下颇为感动。大禹除了指挥外，还亲自参加劳动，为群众做出了榜样。于是在当时就有了这样一个劳动者：他手握木锸（形状近似于今天的铁锹），栉风沐雨，废寝忘食，夜以继日，不辞劳苦，和老百姓一起劳动，戴着箬帽，拿着锹子，带头挖土、挑土，以至于在操劳中，最后连小腿上的汗毛都磨光了。

在曾国藩看来，舜的不计较后母的虐待，大禹的身负杀父之仇而能身体力行地带领百姓治理水患，都是胸怀宽广的表现，而这种胸怀也是一般人所没有的。

● 勤谦的内涵

勤。曾国藩将"勤"字改为"劳"字。一是劳心，一是劳力。每天临睡之前，默想一下今天劳心的事情有几件，劳力的事情有几件，就会觉得为国家做的事情还不够多，今后应当更加竭诚为国效劳。这就是"劳"字功夫。

曾国藩对湘军日夜课程的七条规定，就是要突出一个"勤"字，使士兵在营中日夜都有一定课程可做，严格遵守点名、演操、站墙子、巡更、放哨等营规。曾国藩对于治军中"勤"字的理解是"治军以勤字为先，实阅历而知其不可易。未有平日不起早，而临敌忽能早起者，未有平日不习劳，而临敌忽能习劳者，未有平日不能忍饥耐寒而临敌忽能忍饥耐寒者"。他在给朋友的信中又写道："治军之道，以勤字为先。身勤则强，逸则病；家勤则兴，懒则衰；国勤则治，怠则乱；军勤则胜，惰则败。"只有在平日里保持高度的紧张，才能有备无患，战时镇定自若。他还认为，勤于政事，是政治家应具备的最基本的条件，而且应从小处着眼。

基于对清朝绿营兵制腐败的认识，曾国藩在招募湘军时，决定改弦更张。初创湘军时，曾国藩就提出了招募士兵的设想。首先，曾国藩有一条简明规定：招募规则是一定要挑选技艺娴熟、年轻力壮、朴实而有农民气的人为上。其油头滑面，有市井气者，有衙门气者，概不收用。他主张"大抵山僻之民多犷悍，水乡之民多浮滑，城乡多游惰习性，乡村多朴实的农夫。所以善于用兵的人常喜欢用山乡兵，不喜欢用城市近水的人"。湘军另一首领胡林翼也认为"勇丁以山乡为上，近城市者最庸，性情多半狡猾"。因此，湘军的招募，多在湘乡、宝庆一带山乡僻壤进行，专取朴实、强壮、土气的农民。曾国藩竭力主张在山乡僻壤招募朴实土气的农民为兵，其目的在于：山野之民大多"朴实少心窍"，经过训导可以一心一意地被驱使；拙朴的农民诚实可靠，易于整肃成军，山野之民大多体格健壮，善于奔袭，平时又习惯于吃苦耐劳，能够承受住艰苦的军事环境，能够有效地提高军队的战斗力。

《周易》中说，"谦谦，君子"。即人在任何时候都谦虚，才算君子。《尚书》中说"满招损，谦受益"。明代哲人王阳明也说："谦者，众善之基；傲者，众恶之魁。"意思是说：谦虚，是诸多善行的基础；骄傲，是诸多过失的罪魁。曾国藩也说，"人必中虚，不着一物，尔后能真实无妄，盖实者不欺之谓也"。人一定要谦虚，不讲任何条件，而后才能做到真实无妄，所谓真实，就是不欺骗。

慎。曾国藩又将"慎"字改为"谦"字。曾国藩认为，内在的谦虚是看不见的，而其外在的表现主要有四个方面，这就是：脸色、言语、信函、仆从属员。同时他告诫兄弟们应该在这四个方面下大力气，痛加纠正。这就是"谦"字功夫。

谦虚不仅是一种美德，谦虚者往往能得到他人的友善和关照，从而也为事业的成功打下了良好基础。人世间的人情冷暖是变化无常的，人生的道路是崎岖不平的。要知退一步之法，明让三分之功。因此，当你遇到困难走不通时，必须明白退一步的为人之道；当你在事业一帆风顺时，一定要有谦让三分的胸襟和美德。为人处世必须学会谦恭、礼让，不能处处都想战胜，不能事事都要露一手，难行的地方退一步或许会海阔天空。人生得意的时候，也应该把功劳让与别人一些，不要居功自傲，不能得意忘形。尤其世路多险阻，人生到处都有陷阱。这就要培养高度的谦让美德，遇到行不通的事不要勉强去做。换句话说，人生之路有高有低，有曲折有平坦。当遇到挫折时，必须鼓足勇气继续奋斗；当事业飞黄腾达时，不要忘记救助

那些穷苦的人。因为这样可以为自己消除很多祸患于未然。

● 勤谦一定要贯彻始终

曾国藩认为，圣人先贤和有作为的成功者，即使是那些奸雄却能被世间所敬仰者，不出一个"勤"字，而自古以来能得到众多人才者，不出一个"谦"字，并发誓自己将终身恪守这两个原则，甚至发出"即使早上能做到晚上就死去也值得啊"的感慨。

勤对于一个人有着极其重要的作用，缺乏勤劳吃苦的精神，小者致使自己失败，大者则会葬送整个国家。明熹宗朱由校不听先贤教诲——"祖法、舜，宪章文武"，却去学鲁班，学喻皓，学李诚，整天与斧子、锯子、刨子打交道。明熹宗时，外有金兵侵扰，内有山东徐鸿儒起义和陕西王二之起义。明熹宗却不务正业，只知道制作木器，盖小宫殿。吴宝崖在《旷园杂志》中写到明熹宗"尝于庭院中盖小宫殿，高四尺许，玲珑巧妙"。他经常沉迷其中，技巧娴熟，据《先拨志》载："斧斤之属，皆躬自操之。虽巧匠，不能过焉。"熹宗的贪玩使得宦官专政，奸佞弄权，正如《酌中志余》所述："当研削得意之时，或有急切章疏，奏请定夺，识字女官朗诵职衔姓名毕，玉音辄谕王体乾辈曰：'我都知道了，你们用心行去。'诸宦官于是恣其爱憎，批红施行。"魏忠贤就是在这种情况下扩充势力，步步夺权的，最终使整个大明王朝病入膏肓，走向灭亡。

谦虚能让人避免不可预知的祸患，不懂得谦虚的人最终会落得众叛亲离的下场。魏延，字文长，义阳（今河南桐柏）人。三国时期蜀汉名将。诸葛亮死后，魏延因被认为谋反而遭杨仪一党所杀。当初随刘备作战，他智勇双全，勇冠三军，深得刘备信任。魏延为人孤高，深明大义，多立战功，在后期尤其为诸葛亮所倚重。但是其性格上比较矜高，有些叛逆性，对自己的能力十分自信，时常发牢骚，不懂得处理官场上的人际关系，得罪了很多人，尤其是与杨仪势同水火。在诸葛亮死后，因为不甘心就此撤军，以及不能容忍兵权落到死对头杨仪的手中，而擅自违背诸葛亮撤兵的遗令，率军烧回栈道、攻击杨仪。最后定为谋反，遭受"夷三族"的悲惨后果。

所以，要取得长久的成功，使自己立于不败之地，就要将勤谦两个原则作为自己的金科玉律，时时刻刻牢记于心。

富不过二代

【原文】

国藩从宦有年，饱阅京洛风尘，达官贵人，优容养望，与在下者软熟和同之象，盖已稔知之，而慣常之积不能平，乃变而为慷慨激烈，斩爽朊脏之一途，思欲稍易三四十年来不白不黑、不痛不痒、牢不可破之习，而矫枉过正，或不免流于意气之偏，以是屡蹈愆尤，丛讥取戾，而仁人君子固不当责以庸之道，且当怜其有所激而矫之之苦衷也。

【译文】

我当官多年，在京城看多了各种现象，那些高官，一个个喜欢享受，我与他们表面来看并无差距，但在心里却很痛恨这种现象，甚至感觉很气愤，这三四十年来的颠倒黑白、顽固的不好的习惯难以攻破，可如果过于管理，就会流于治标不治本的恶性循环，应该引以为戒，绝不可去谴责，应当为其难以改变存有怜惜之心。

【解读】

● 财富的内涵

曾国藩虽然是对京城达官贵人的腐败表示不满，但却也指出，不能过于纠正，否则就会治标不治本，达不到所要的目的。实际上，这些也表明了曾国藩对富人的仇视心理。

中国人的仇富心理源于中国文化中根深蒂固的"为富不仁"观念。两千多年前，《孟子·滕文公上》载："阳虎曰：'为富不仁矣，为仁不富矣。'"意思是说：要想发财致富就没有仁义，要讲仁义就不能发财致富。换句话说，只求自己发财致富的人

必然存心不良，而心地善良、为别人着想的人就富裕不起来。自此，中国文化有了一个经典的"为富不仁"观念文本。这种观念绝非凭空而来，中国文化中的儒家思想逻辑即首先确立"贵义贱利"、"崇公抑私"、"存理灭欲"等较高的道德价值；进而以道德价值取代事实判断，得出义利对立、公私矛盾、理欲冲突的"普遍真理"。由此，"为富"必然"不仁"，故"为富不仁"。当然，传统的中国社会现实中也确实存在大量义利对立、公私矛盾、理欲冲突或为富不仁的现象。与此相关的许多民间谚语就是一种佐证。譬如"人无横财不富，马无夜草不肥"，"无官不贪，无商不奸"，"不穷千家，不富一家"，"发财一家，苦死万家"，"撑死胆大的，饿死胆小的"，"黑心做财主，杀心做皇帝"，"不毒不成财主，不饿不成骷髅"等等。

一个人致富后，其社会关系最初的变化多半是一种攀富现象，即各种亲戚朋友熟人乃至八竿子打不着的关系趋之若鹜、攀龙附凤。但紧随其后更多是一种人际关系疏离的状况，即人际关系上的疏远、分离、隔离、孤立。疏离者，或是因为攀富不成反生恨，或是因为自命清高而不肯同流合污，或是因为自惭形秽而难以相处，或是因为猜疑误解而退避三舍。

不过，我们也要看到，中国传统文化虽然重农抑商，但是对待财富是非常积极的，中国人日常最看重的是财神，历史上的任何统治者的统治口号都是让人民富裕起来，不管这是不是统治者的本意，至少要打出这样的招牌，才能安抚百姓，百姓才顺服统治者的统治。中国传统文化里，人们也是"尚富"的，"君子爱财"，但财富的获得必须"取之有道"。老朋友好久不见了，见面总要问"你在哪里发财"，过年过节人们祝福的话语也总是"恭喜发财""财源滚滚"等。不但在观念上，在实践中，中华民族也一直在努力创造财富。世界著名经济学家安格斯·麦迪逊通过研究得出的结论是：从公元50年到公元1700年，中国的人均GDP一直在世界名列前茅，是世界上最富的国家，按GDP总值算，中国一直到鸦片战争都是世界第一大国。

因此，中国人对于财富有着一个定义：通过正规渠道获得的钱财。而那些暗箱操作、贪婪财富，引起国家社会腐败之人则是曾国藩以及所有中国人所痛恨的。

• 富不过二代的恶性循环

在中国文化中，虽然也对为富不仁的人有着根深蒂固的仇视心理，而对于其子孙则有富不过二代的"诅咒"，看起来这似乎没有任何依据，但历史却恰恰暗合了这一规律。

在中国历史上，很多亡国也多次出现在二世。作为一个人才济济的帝国，会二世而亡简直是令人不可思议，然而，它就偏偏两次发生在历尽千辛万苦的秦隋两个伟大的朝廷。简单地说，秦是亡于宦官赵高的胡作非为和胡亥的极端昏庸，隋是亡于杨广的极端自大和穷奢极欲。按理说，他们二人，特别是杨广也经过统一战争，应该知道民生疾苦，可他们就是为了满足自己一己之私、食色之欲，视天下万物为刍狗，暴殄天下，自然没有人站在他的一边，导致"黄钟毁弃，瓦釜雷鸣"，实在是咎由自取，不值得丝毫的同情。秦隋的失天下给后人带来了无数的话题和反思。

站在今天来看，在过去的 30 年中，中国出现了一批第一代企业家与个人创富英雄；今天，他们中的很多人已经到了财富的代际传承的时候。统计资料显示，中国现有的 300 多万家民营企业中，家族企业占了 80% 以上。为数众多的家族企业在完成了最初的资本积累后，不得不面对这样一种选择：做强抑或做衰。第一代民营企业家正随着市场竞争日趋国际化而逐渐老去，目前，家族企业正处于两代人财富、权力的交接过程，而传承与转型也是家族企业成长进程中最脆弱的"关口"。

创业易守业难，据美国布鲁克林家族企业学：研究，约有 70% 的家族企业未能传到下一代，88% 未能传到第三代，只有 3% 的家族企业在第四代及以后还在经营。美国麦肯锡咨询公司的研究结果也差不多：所有家族企业中，只有 15% 的企业能延续三代以上。专家还指出，具体到中国，情况更糟，三代可能要改为两代。

富家出纨绔子弟的概率会比较大。中国的父母虽然嘴上也说，"你要长大了"，但实际上无论是父辈还是子辈都没有作好独立的准备。这种对孩子的溺爱是根深蒂固的。富足家庭，想的更是给孩子置业、买车，没有"18 岁独立成人"的意识。但弊端是显而易见的：孩子特别依赖父母，没有生活的体验和社会的阅历。于是，当有大量金钱可以支配的时候，就很容易迷失方向，作各种危险的尝试。中国的子女独立难，而给孩子的财富越多，其实越危险。因为他会生活在一种不真实的环境里。人生有常态，比如你是学生不挣钱，就要过节俭的生活。但有的富人却忽略了这一点，给了孩子很多钱，这样使得孩子从小就成为财富的奴隶。也会让孩子觉得，一切都很容易，什么都可以用钱摆平。

所以，要避免富不过二代就要像曾国藩说的那样，引以为戒。

快乐在于自身

【原文】

诸事棘手，焦灼之际，未尝不思遁入眼闭箱子之中，昂然甘寝，万事不视，或比今日人世差觉快乐。乃焦灼愈甚，公事愈烦，而长夜快乐之期杳无音信。且又晋阶端揆，责任愈重，指摘愈多。人以极品为荣，吾今实以为苦懊之境。然时势所处，万不能置事身外，亦惟做一日和尚撞一天钟而已。

【译文】

很多事情都比较棘手，焦虑的时候不是没想过干脆睡到棺材里算了，什么事也不管，也许比现在活在人世更觉快乐。如果你越着急，工作就会越烦心，使快乐离你而去。并且职位越高，责任就越大，被人所指出的不足就越多。人以极高的官品为光荣，我今天以为这是最大的痛苦。然而自己所处的情势，又不可能使自己置身于外，唯一能做的就是当一天和尚撞一天钟而已啊。

【解读】

● 要学会冷静

曾国藩认为，遇到比较棘手的事情，焦急之余，要学会冷静。

有一句古语说："威震四海，勇冠三军，只没本事，降服自心。"曾国藩为了"降服自心"，很精进地下了一辈子的"慎独"工夫，力求心静，严格内省。他在道光二十二年十月廿七日的日记中写道："静字功夫要紧……若不静，省心也不密，见理也不明，总是浮的。"

为官之人不能不冷静。曾国藩曾经有个幕僚叫李鸿裔，四川人，风流倜傥，不拘小节，曾国藩很钟爱他，把他像儿子一样看待。曾国藩的密室，只有李鸿裔可以随便出入。当时曾国藩的幕僚中有所谓三圣七贤，都是名极一时的理学大家。曾国藩仰慕他们的名声，把他们都召进来。然而只是安排他们的衣食住行，并不让他们担任具体的职务。一天，曾国藩与李鸿裔在室中谈话，正好来了客人，曾国藩便出去接待客人，留下李鸿裔自己在室中。李鸿裔闲来无事，便翻看桌上的文稿，看到一篇《不动心说》，是三圣七贤中的一个写的。诗文中有一段说：你把我放在美丽的姑娘面前，我会动好色之心吗？我不会。你再把我放在大红的顶戴面前，我会动高官厚禄之心吗？我不会。李鸿裔年轻气盛，看到这里，觉得十分可笑，就拿起笔在上面题了一首打油诗讽刺道：美丽姑娘前，大红顶戴旁，你心都不动，只想见中堂。写完，掷笔而去。曾国藩送走了客人，回到书房，见到所题的文字，便让左右叫来李鸿裔，对他说："这些人难免有欺世盗名的成分，言行也不见得一致，我也知道。然而他们能达到今天的地位，正是靠的这个虚名。现在你一定要公开揭破它，使这些人失去衣食的来源，那他们对你的仇恨，岂能是平常语言之间的仇怨可比的。杀身灭族的大祸，都隐伏在里边了！"李鸿裔顿时出了一身冷汗，很敬畏地接受了教诲，从此以后便深深地收敛锋芒，不敢再出言不慎。

经商之人不能不冷静。商海沉浮，危机重重，面对危机最重要的是要保持沉着冷静，处变不惊。古人说"安静则治，暴疾则乱"。如果心里先慌了，那么行动必然要乱。只有冷静沉着，才有可能化险为夷，转危为安。有这么一个故事，在印度一家豪华的餐厅里，突然钻进一条毒蛇。当这条毒蛇从餐桌下游走到一个女士的脚背上时，这女士虽然感到了是一条蛇，但她未慌乱，而是一动不动地让那条蛇爬了过去。然后她叫身边的侍童端来一盆牛奶放到了开着玻璃门的阳台上。一位一起用餐的男士见此情景大吃一惊。他知道，在印度把牛奶放在阳台上，只能是为了引诱一条毒蛇。他意识到餐厅中有蛇，便抬眼向房顶和四周搜寻，没有发现。他断定蛇肯定在桌子下面。但他没有惊叫着跳起来，也没有警告大家注意毒蛇。而是沉着冷静地对大家说："我和大家打个赌，考一考大家的自制力。我数300下，这期间你们如能做到一动不动，我将输给你们50比索。否则，谁动了，谁就输掉50比索。"顿时，大家都一动不动。当他数到280个数时，一条眼镜蛇向阳台那盆牛奶爬去。他大喊一声扑上去，迅速把蛇关在玻璃门外。客人们见此情景都惊呼起来而后纷纷夸赞这位男士的冷静与智慧。如果不是这一招，此间肯定有不少人的脚要乱动，只要碰到眼镜蛇，后果将不堪设想。他笑着指指那位女士说："她才是最沉着机智的人。"当商战中面临危

局的时刻，同样需要这种沉着冷静的心理素质。人在危急时容易恐惧、紧张、行为失措。而一旦冷静下来，你的智慧就会"活转"起来，帮你寻找到摆脱危机的办法。

总之，无论是做官还是经商，只要做到处事冷静，就会让自己变被动为主动，而想出更多的对策，就会做得游刃有余，使自己处于快乐之中。

● 职位越高，快乐就越少

曾国藩认为，当官、升官，并不快乐，职位越大责任就越大，被人所指出的不足就越多，而相对就会失去更多的快乐。

和曾国藩一样，湘军领导层均出身于耕读之家，自幼饱读诗书，深受湖湘学风的熏染，尊奉程朱理学、主张学以致用。他们刚好又生逢衰世，面对时病弊政和社会危机，不禁产生忧患意识，有强烈的经世用世愿望。曾国藩"既入词垣，遂毅然有效法前贤，澄清天下之志"，"尤究心方舆之学，左图右书，钩校不倦，于山川险要、河漕水利诸大政，详求折中"。

胡林翼少有"经世志"，在陶澍等的指导下，他以民生为念，博览群书，对山川要塞、兵政纪要探讨尤力。左宗棠"少负奇气，有大志，欲因时建非常之功"，他"究心舆地、兵法，讨论国闻"，"胸罗古今地图兵法、本朝国章……精通时务"。他们三人不仅互相交往，讨论时务，而且以类相求，在他们身边集结了一批志同道合的朋友。

尤其曾国藩因仕途顺利，青云直上，更成为湖南士人争相结识的对象，影响很大。于是在当时的湖南就形成了一个以曾国藩为中心的经世士人群体，被后人称为理学经世派。他们有个共同的特点，就是认为一切学问"论其原皆圣道所存"，所以他们向故纸堆中讨药方，通过"详览前史，求经世之学"，这无形中更强化了他们的卫道意识，使他们愈发有忠君报国的意识和卫教护统的自觉。曾国藩痛恨"士大夫习于优容苟安"、"达官贵人优容养望，与在下者软熟和同"，就欲以自己"精忠耿耿之寸衷，与斯民相对于骨岳血渊之中，冀其塞绝横流之人欲，以挽回厌乱之天心"。胡林翼则对幕僚说："吾辈做官，如仆之看家，若视主人之家如秦、越之处，则不忠莫大焉。"正因为如此，当洪秀全等在金田揭竿起义时，他们心怀忧愤，高度关注，切盼清军能尽快镇压粤贼。

面对太平军的凌厉攻势和高歌猛进，清廷上自咸丰帝、下至统兵官员，都一筹莫展、束手无策。因为他们把所有的招数都用尽了，依然毫无效果。咸丰帝情急之下，还做出了无奈之举，即下《罪己诏》，祈求祖宗保佑，甚至派人挖了"伪天王"洪秀全等人的祖坟，希望借此感动上苍，指出一条明路。但都于事无补，局势非但不见好转，反而一天比一天恶化。其实，问题就出在清王朝纲纪废弛、吏治腐败上，这导致政风颓废、政局败坏，诸臣见利忘义、因循苟且，全身保位者多，为国除弊者少；敷衍塞责者多，直言陈事者少。然而这些当政者并不知道问题的症结所在，也缺乏通盘筹划的能力，所以他们根本不可能实现自救，摆脱身处的困境。

当清军一溃千里、兵败如山倒的时候，这些有"灭贼"愿想的儒生便挺身而出，慨然以扑灭太平军为己任。曾国藩凭其器识和声望被推向前台，成为湘军领导层的核心人物。

他认为太平军是虎狼之师，作战勇猛，训练有素，又万众一心，不是轻易可以制服的，欲战而胜之，必先诸将一心，万众一气，而后可以言战。可是反观清军，"极可伤恨者在'败不相救'四字。彼营出队，此营张目而旁观，侈口而微笑，见其胜则深妒之，恐其得赏银，恐其获保奏；见其败则袖手不顾，虽全军覆没，亦无一人出而援手，拯救于生死呼吸之顷者"，这样的军队即使孔子再生、诸葛复出，恐怕也不能改变其营伍习气，率领他们消灭太平军。所以，当下的要务是重起炉灶，另立新军。在给咸丰帝的奏疏中，他就直言："今欲改弦更张，总宜以练兵为要务。"那么他所要练的兵究竟有多大规模、想达到什么程度呢？在奏疏中，曾国藩并未言及，但在给友人的信中，则透露说："鄙意欲练勇万人，呼吸相顾，痛痒相关，赴火同行，蹈汤同往，胜则举杯酒以让功，败则出死力以相救。"也就是说须练兵万人，令成一心，胜相庆，败相救，誓同生死，这样才有望镇压太平军，这些都说明，曾国藩当初率领湘军攻破太平天国，只是在尽一份自己的责任，对于兵力也只是"练兵万人"，但当其部队达到40万人时，他也位极权臣，而北京朝臣之中也对其攻击不断。

同治五年冬，因剿捻战争一时失利，清政府中途易帅，使曾国藩大丢脸面，陷入进退维谷的困境。曾国藩自剿捻以来，屡受清廷的指责，防守沙河之策失败之后，指责更是接连不断，愈演愈烈。至同治五年冬，即已受到"寄谕责备者七次，御史参劾者五次"，使他感到再也干不下去了，只好自请革去钦差大臣之职和一等侯爵之位。同治九年，曾国藩将天津教案办成典型的屈辱外交，全国舆论骤起攻击，形成人人喊打的局面，转眼间功臣贤相就成了过街之鼠。社会舆论变幻如此之速，其重要原因之一就是清政府有意落井下石，乘机打击曾国藩，以便将他赶出畿辅要地。

由此可见, 曾国藩对于做官升官没有太多乐趣, 而只是在不断完成自己的任务, 履行自己的责任。

● 撞钟思想也是一种解脱

曾国藩认为, 当一个人不能改变现实时, 做着自己不喜欢做的事情, 抱着像小和尚撞钟一样的思想, 也是不错的事情。

小和尚撞钟是一个民间故事, 说的是有一位小和尚在寺院担任撞钟一职。按照寺院的规定, 他每天必须在早上和黄昏各撞一次钟。开始时, 小和尚撞钟还比较认真。但半年之后, 小和尚觉得撞钟的工作太单调, 很无聊。于是, 他就"做一天和尚撞一天钟"了。一天, 寺院的住持忽然宣布要将他调到后院劈柴挑水, 不用他再撞钟了。小和尚觉得奇怪, 就问住持: "难道我撞的钟不准时? 不响亮?"住持告诉他: "你的钟撞得很响, 但钟声空泛、疲软, 没有感召力。因为你心中没有理解撞钟的意义, 也没有真正地用心去做。"后来就泛指没有尽全力认真去做一件事情。

曾国藩在这里引用小和尚撞钟的故事, 是对自己所处的环境以过一天是一天的态度而对待, 也是无奈之举。在攻克太平天国之后, 普天下没有谁的声望能超过曾国藩, 可就在这种风风光光的局面下, 朝廷有一股暗流在涌动, 拼命在挑曾国藩和湘军的毛病。部下劝他学赵匡胤, 黄袍加身, 谁料, 他不但不为所动, 反而断然功成身退。

首先, 他向朝廷一再表明不居功, 把打下南京归功于已死的咸丰皇帝和当时的皇太后、小皇帝, 而且从此以后, 他再也没有跟人谈起过打南京。接着, 他劝弟弟解甲归田, 他弟弟当年刚满41岁已是浙江巡抚, 但曾国藩指出当时形势不是一片大好, 背地里危机四伏, 不如辞官, 这个弟弟就此回到湖南老家, 专心做农民。然后, 他宣布裁军。在短短几个月内, 把打下南京城的这支当时最厉害的军队裁掉九成。其实这是清朝廷所乐意看到的事, 因为这支军队今天打下南京, 明天也可能打下北京, 曾国藩深知朝廷的心结。同时, 他还撤掉了遭百姓怨恨的税务局, 本来所有做生意的人都要抽税, 以此供养湘军。最后, 在曾国藩的努力下, 朝廷恢复了开科取士, 赢得两江读书人的心。

曾国藩也表示自己要回家务农, 但清廷没有准许, 还让他继续担任官职, 而剿捻战争的失败和天津教案屈辱外交谈判, 使其身陷囹圄, 此时唯有"做一日和尚撞一天钟而已", 自我安慰, 寻找心灵上的寄托。

卷九

诡道：
竞争中最实用的真理

兵者，诡道也。出其不意，攻其不备。主客奇正，何机而动。曾国藩说，守城者为主，攻者为客；两军相持，先呐喊放枪者为主，后呐喊放枪者为客。中间排队迎敌为正兵，左右两边抄出为奇兵。

仁礼也能用于带兵之道

【原文】

带勇之法，用恩莫如用仁，用威莫如用礼。仁者，即所谓欲立立人，欲达达人也。待弁勇如待子弟之心，尝望其成立，尝望其发达，则人之恩矣。礼者，即所谓无众寡，无大小，无敢慢，泰而不骄也。正其衣冠，尊其瞻视，俨然人望而畏之，威而不猛也。

【译文】

带领部队的办法，用恩惠不如用仁德，用威仪强制不如用礼仪管理。仁德，就是将别人视为自己的亲戚朋友。对待兵勇就像对待自己的弟子，渴望其能有所成就，将来富贵腾达，这就是所谓的恩德。礼仪，就是没有强弱、没有大小、没有怠慢，就是身处高位而不骄横。衣着整齐，让人以敬重的眼光看你，给人一种威风但不蛮横的感觉。

【解读】

● 恩惠与仁德带兵的不同

曾国藩认为，使用恩惠物质奖励的方法带兵，不如用仁德的方法带兵更为有效。所谓的仁德就是对待兵勇就像对待自己的弟子，渴望其能有所成就，将来富贵腾达。

在军队的治理上，主张以礼治军。曾国藩把军规、军法同家规、家法合为一体，用父子、兄弟、师生、朋友、同乡等关系掩饰、调剂以至补充军队中的上下尊卑关系，以减少内部的摩擦和抵触，使士兵和下级易于甚至乐于尊重长官、服从长官、维护长官，积极为长官卖命。为了贯彻以礼治军的方针，曾国藩对部下既实行"言

"，也注重"身教"。后来他在评论自己的带兵特点时说："臣昔于诸将来谒，无不立时接见，谆谆训诲，上劝忠勤以报国，下诫骚扰以保民，别后则寄书告诫，颇有师弟督课之象。其于银米子药搬运远近，亦必计算时日，妥为代筹，从不诳以虚语。各将士谅其苦衷，颇有家人父子之情。"

与曾国藩相对的还有一种采用恩惠鼓励士兵作战的方法，将这种方法发挥到极致的则是秦国的商鞅。为鼓励秦人勇猛作战，商鞅规定国家的爵位按将士在战场上斩获敌人首级的多少来计算。斩得敌人甲士首级一颗的，赏给爵一级。愿做官的，任以年俸 50 石的官职。官爵的提升与斩首级数相称。爵位从一级到二十级，愈高享受的待遇、特权愈优厚。如升到第十级"五大夫"时，赏赐给 300 户人家的税地。爵位在五大夫以上，除拥有 600 户人家的税地外，还有权收养宾客。有爵位的人犯了法还可以减免，"爵自二级以上，有刑罪则贬，爵自一级以下，有刑罪则已。"贬是指降低爵位，"已"是取消爵位。官职和待遇的获得一律取决于军功，使过去的旧贵族，即使是国君的宗室族人，没有军功也不能获得爵位。"宗室非有军功论，不得为属籍"，即不能靠出身就获得爵位，享受特权。就在这种奖励之下，秦国战斗力大大提升，攻无不克战无不胜，成了当时最为勇猛的作战部队。

但是，用恩惠带领军队的劣势也是显而易见的。例如雇佣军就是不顾国家民族利益和一切后果而受雇于任何国家或民族并为之作战的职业士兵。使用雇佣军不但经济上耗费大，而且在政治上也很危险，如 14 世纪初叶拜占庭帝国雇用的西班牙边民帮助拜占庭帝国打败土耳其人以后，就转过来攻打他们的雇主，并在肆意蹂躏色雷斯两年之后，继续糟蹋马其顿。在 15 世纪，由瑞士、意大利和德国士兵组成的各个"自由连"受雇于各国亲王和公爵。这些雇佣军往往贪婪、残忍、毫无组织纪律，如果雇主不愿或无力支付酬金，他们会在作战前夕逃跑或大肆抢劫，战斗力没有任何保证。

所以说，要实现军队的战斗力始终保持强盛的状态，就要以礼待人，让士兵受到尊重，而恩惠方式只会给其一时的鼓励，不能长久。

● 上梁不正下梁歪

曾国藩还认为，将领还要以身作则，从衣帽整洁做起，让士兵尊重。防止上梁不正下梁歪，上行下效，影响军队作战能力，这些对于治理国家同样也有很大的借

鉴意义。

　　裴矩是一个"代代红"式的人物,他一生侍奉过北齐、隋文帝、隋炀帝、宇文化及、窦建德、唐高祖、唐太宗,共三个王朝,七个主子,他在每一个主子手下都很得意。他看出隋炀帝是一个好大喜功的人,便想方设法挑动他的拓边扩土的野心。他不辞辛苦,亲自深入西域各国,了解各国的风俗习惯、山川状况、民族分布、物产服装情况,撰写了一本《西域图记》,果然大得炀帝的欢心,一次便赏赐他 500 匹绸缎,每天将他召到御座之旁,详细询问西域状况,并将他升为黄门侍郎,让他到西北地区处理与西域各国的事务;他倒不负所望,说服了十几个小国归顺了隋朝。有一年,隋炀帝要到西北边地巡视,裴矩不惜花费重金,说服西域 27 个国家的酋长,佩珠戴玉,服锦衣绣,焚香奏乐,载歌载舞,拜谒于道旁;又命令当地男女百姓穿着盛装,纵情围观,队伍绵延数十里,可谓盛况空前。隋炀帝大为高兴,又将他升为银青光禄大夫。裴矩一看他这一手屡屡奏效,便越发别出心裁,劝请隋炀帝将天下四方各种奇技,诸如爬高竿、走钢丝、相扑、摔跤以及斗鸡走马等各种杂技玩耍,全都集中到东都洛阳,令西域各国酋长使节纵情观看,以夸示国威,前后历时一个月之久。在这期间,又在洛阳街头大设帐篷,盛陈酒食,让外国人随意吃喝,醉饱而散,分文不取。当时外国人中的一些有识之士也看出这是浮夸,是打肿脸充胖子,隋炀帝却十分满意,对裴矩更是倍加夸奖,说道:"裴矩是太了解我了,凡是他所奏请的,都是我早已想到的,可还没等我说出来,他就先提出来了。如果不是对国家的事处处留心,怎么能做到这一点?"于是又赐钱 40 万,还有各种珍贵的毛皮及西域的宝物。裴矩个人是既富且贵了,却给国家和人民带来了巨大的灾难。那场罪恶的讨伐辽东的战争,便是在裴矩的唆使下发动的,战争旷日持久,屡战屡败,耗尽了隋朝的人力、物力、财力,以致闹得国弊民穷,怨声载道,加快了隋朝的灭亡。后来他几经辗转,投降了唐朝,在唐太宗时担任吏部尚书。唐太宗对官吏贪赃受贿之事十分担忧,决定加以禁绝,可又苦于抓不住证据。有一次他派人故意给人送礼行贿,有一个掌管门禁的小官接受了一匹绢,太宗大怒,要将这个小官杀掉。裴矩谏阻道:"此人受贿,应当严惩。可是,陛下先以财物引诱,因此而行极刑,这叫做陷人以罪,恐怕不符合以礼义道德教导人的原则。"唐太宗接受了他的意见,并召集臣僚说道:"裴矩能够当众表示不同的意见,而不是表面上顺从而心存不满。如果在每一件事情上都能这样,还用担心天下不会大治吗?"

司马光在论及裴矩的变化时说过一段话:"古人有言: 君明臣直。裴矩佞于隋而忠于唐,非其性之有变也;君恶闻其过,则忠化为佞,君乐闻直言,则佞化为忠。是知君者表也(表,标志),臣者景也(景,影子),表动则景随矣。"意思是,一个国君,便是一个国家的标志,标志正,则影子直;标志斜,则影子歪。忠臣良臣的出现,是由于国君的培植、倡导;奸臣佞臣的出现,是由于国君的放纵、默许。历史上曾有许多大臣,原本并不是坏人,只是由于国君的治国指导思想错误,他们也跟着误入歧途。君好大喜功,他们便兴师动众,推波助澜:君好斗,他们便相互攻讦,斗得个你死我活。许多身败名裂的大臣,其实是国君错误的牺牲品。

带兵的三大秘诀

【原文】

持之以敬,临之以庄,无形无声之际,常有懔然难犯之象,则人知威矣。守斯二者,虽蛮貊之邦行矣,何兵勇之不可治哉。

【译文】

保持在一个令人尊敬的状态,在人跟前给人一种庄重的感觉,在无形无声中就让士兵有一种自觉维护将领尊严不敢犯错误的状态,将领的威信就树立起来了。遵守这两个原则,即使是野蛮的国家也使用,还怕什么兵勇不能管理呢?

【解读】

● 让士兵总是尊敬将领,下级服从上级

曾国藩认为,士兵要总是尊敬将领,即使士兵和将领不在一起,士兵也要尊重。实际上,这就是培养士兵的服从精神,而下级服从上级的力量则是巨大的。

在美国,培养了众多政商界领袖的西点军校认为服从是一种美德。在西点军校,即使是立场最自由的旁观者,都有一个观念,那就是"不管叫你做什么都照做不误",这样的观念就是服从的观念。西点人认为,军人职业必须以服从为第一要义,学不会服从,不养成服从观念,就不能在军队中立足。除了部队,服从的观念在其他任何团队也都适用。每一个人都必须服从上级的安排,就如同每一个军人都必须服从上级的指挥一样。大到一个国家、军队,小到一个企业、部门,其成败很大程度上都取决于是否完美地贯彻了服从的观念。西点军校里有一个悠久传统,就是遇到军官问话,只有四种回答:"报告长官,是!""报告长官,不是!""报告长官,不知道!""报告长官,没有任何借口!"除此之外,不能多说一个字。据《美国商业年鉴》统计,第二次世界大战后,在世界五百强企业中,西点军校培养出来的董事长有1000多名,副董事长有2000多名,总经理、董事一级的有5000多名。任何商学院都没有培养出这么多优秀的经营管理人才。"没有任何借口"是西点军校奉行的最重要的行为准则,是西点军校传授给每一位新生的第一个理念。

"没有任何借口"是美国西点军校奉行的最重要的行为准则,是西点军校传授给每一位新生的第一个理念。它强化的是每一位学员想尽办法去完成任何一项任务,而不是为没有完成任务去寻找借口,哪怕看似合理的借口。其核心是敬业、责任、服从、诚实、执行!这一理念也是提升企业凝聚力,建设企业文化的最重要的准则。

《致加西亚的信》一书给我们讲了这样一个故事:罗文是美国陆军的一名年轻中尉,在美西战争期间,孤身一人,在没有任何护卫的情况下,冒着生命的危险,历经艰难险阻,终于将总统的信送给了加西亚将军——一个掌握着决定性力量的人,出色地完成了这次重要任务。毫无疑问,罗文取得的成功并不是因为他杰出的军事才能,而是因为他优良的道德品质、绝对的勇气和不屈不挠的进取精神,这就是忠诚和主动性,就是一种忠于职守,一种承诺,一种敬业、服从和荣誉的精神,就是工作没有任何借口的态度。

《致加西亚的信》颂扬了一种忠诚、敬业的美德,但它在深层次中倡导的是一种执行力和执行文化,一种没有任何借口的精神。当罗文接过美国总统的信时,他不知道加西亚在哪里,他只知道自己唯一要做的事是进入一个危机四伏的国家并找到这个人。他二话没说,没提任何要求,而是接过信,转过身,全心全意,立即行动。他下定决心,奋不顾身,排除一切干扰,想尽一切办法,用最快的速度达到目标。

从西点军校到《致加西亚的信》，我们可以看出，它们提倡的都是一种执行，都是一种对执行没有任何借口的态度。企业发展的速度要加快、发展的质量要提高、发展的规模要扩大、生存和发展的寿命要延长，除了企业的决策层要不断善于捕捉发展机遇外，还要有好的战略、好的班子、好的品牌、好的管理、好的资金和技术，更重要的是要具有实施这一战略的执行力，并对好的制度执行得没有任何借口。

一个高效的团队必须有良好的服从观念，一个优秀的人也必须有服从意识。因为上司的地位、责任使他有权发号施令；同时上司的权威、整体的利益，不允许下属抗令而行。一个团队，如果下属不能无条件地服从上司的命令，那么在达成共同目标时，则可能产生障碍；反之，则能发挥出超强的执行能力，使团队胜人一筹。

卢梭说："盲目地服从乃是奴隶们所仅存的唯一美德。"现代人不是奴隶，在团队中必须全心全意遵从团队的价值观，在高度认同的前提下，绝对地服从团队的制度和文化，才能提升执行力，提高效率，产生巨大的力量。

●领导的个人魅力

上级领导者的个人魅力，包括诚实正直的品格、良好的知识结构、丰富的经验、充沛的精力和高度的热情等。如果你只是靠正式的领导地位来实施对下属的领导，下属很可能是口服心不服或者阳奉阴违，但是如果你有很强的个人魅力，那他就会把你当做楷模和偶像，心甘情愿、死心塌地地跟着你干。因此，上级领导者应自觉地经常性地检讨自己并不断提高自身的个人魅力。

社会科学家研究了250位最伟大的军事家、宗教家、哲学家、艺术家、科学家，发现要成为一个伟人需要有20个条件，后来又被管理专家浓缩成了5个。这5项伟人的特质对于提高上级领导者的个人魅力具有一定的参考价值：(1)智力，智力是伟人的第一个条件，没有聪明的头脑是不行的。(2)监督力，就是如何使一项命令、一项工作按照自己的意愿实施下去。(3)自信，是指一个人对自己的恰当、适度的信心。既然是适度，就不能过分，过分则为自大；也不能不及，不及则为自卑。自信是心理健康的重要标志之一，也是一个人取得成功必须具备的心理素质。(4)主动，为了实现目标，总是能够积极主动地面对一切挑战，表现出超凡的勇气和进取心。(5)果断，做事情能够坚持、有魄力，而且一旦思考成熟，就立即着手去做，而不是开始做之后又畏首畏尾。

正确认识战争

【原文】

兵者，阴事也，哀戚之意，如临亲丧，肃敬之心，如承大祭，庶为近之。今以羊牛犬俶而就屠烹，见其悲啼于割剥之顷，宛转于刀俎之间，仁者将有所不忍，况以人命为浪博轻掷之物。

【译文】

战争是一件残酷的事情，有让人如死去父母一样的哀伤，有让人如参加重大祭祀的肃敬之心，很是接近啊！今天看到牛羊狗被切割宰杀时的哀号，那些善良有怜悯之心的人都会心存不忍，何况是将人的生命视为不值一钱的战争呢？

【解读】

● 战争的残酷

曾国藩认为战争是一件残酷的事情，令人痛心。而世界各国人民历来都是对战争有一种痛苦的表达。孙子被视为世界兵家鼻祖，但开章第一句就是"兵者，凶器也"，明确地表达了自己对战争的厌恶，而唐朝张籍更是有"可怜万里关山道，年年战骨多秋草"这样的对战争的真实写照；西方哲学家贺拉斯则说，"所有的母亲都憎恨战争"；欧洲民谚"战争是死神的盛宴"，将战争描绘成死神的盛宴。

战争给人类带来的灾难更是深重的，特别是那些无辜的孩子。很多孩子因为战争失去了家园，成了难民。由于食物短缺，孩子们大多营养不良。使用某些违禁武器所产生的辐射，使许多战争后出生的儿童，得了白血病和其他怪病。

据不完全统计，第一次世界大战持续了 4 年零 3 个月，参战国家 33 个，卷入战争的人口达 15 亿以上。战争双方动员军队 6540 万人，军民伤亡 3000 多万人，直接战争费用 1863 亿美元，财产损失 3300 亿美元。

第二次世界大战历时 6 年之久，先后有 60 多个国家和地区参战，波及 20 亿人口。战争双方动员军队 1.1 亿人，军民死亡 7000 多万人，财产损失高达 4 万亿美元，直接战争费用 13520 亿美元。

越南战争历时 14 年，是第二次世界大战以后持续时间最长、最激烈的大规模局部战争。战争中，越南有 160 万人死亡，1000 多万人成为难民；美国有 5.7 万人丧生、30 多万人受伤；战争耗资 2000 多亿美元。

两伊战争历时近 8 年。伊朗死伤 60 多万人，伊拉克死伤 40 多万人。两国无家可归的难民超过 300 万。两国石油收入锐减和生产设施遭受破坏的损失超过 5400 亿美元。两国在这场战争中损失总额达 9000 亿美元。战争使两国的经济发展计划至少推迟 20 年。

海湾战争历时 42 天。美军死亡 286 人、伤 3636 人、被俘或失踪 55 人，其他国家军队亦有轻微损失。伊拉克方面则伤亡近 10 万人，被俘 8.6 万人。科威特直接战争损失 600 亿美元，伊拉克损失约 2000 亿美元，美国则为战争耗资 600 亿美元。

科索沃战争历时 78 天。以美国为首的北约共出动飞机 2 万架次，投下了 2.1 万吨炸弹，发射了 1300 枚巡航导弹，造成南联盟境内大部分地区的军事、民用、工业设施和居民区的严重破坏。空袭还造成南联盟 1000 多名无辜平民死亡，数十万阿尔巴尼亚族人沦为难民。战争中使用的贫铀弹和《日内瓦公约》禁用的集束炸弹导致新生儿白血病和各种畸形病例激增。持续的轰炸还严重恶化了南联盟及其周边国家和地区的生态环境。

• 正义的战争

战争给人们带来的痛苦是巨大的，但正义的战争则包含了更多的意义。克劳塞维茨说："战争是强迫敌人服从我们意志的一种暴力行为。"特赖奇克则说："一次正义的战争能在高尚的国度里唤起神圣的爱的力量，这已为无数感人的事例所证实。"事实也证明，正义的战争对一个国家的团结有着巨大的作用，抗美援朝就说明了这一点。

1945 年 2 月，根据雅尔塔会议的安排，朝鲜半岛由美国、苏联、英国、中国共同托

管；8月15日，日本投降，朝鲜半岛获得解放，美国和苏联随即改变计划，商定以北纬38度为在朝鲜半岛接受日军投降的分界线（三八线）。同时，苏联、美国两国军队以北纬38度线为界分别进驻朝鲜半岛北、南半部，朝鲜半岛从此处于分裂状态。在美苏的各自支持下，朝鲜半岛南部于1948年8月成立了以李承晚为总统的大韩民国，朝鲜半岛北部于1948年9月成立了以金日成为内阁首相的朝鲜民主主义人民共和国。

1948年10月，苏联把朝鲜半岛北部的行政权移交给朝鲜政府，同年12月25日，苏军全部撤离朝鲜。新中国成立后，美国继续在军事上援助蒋介石，同时扶持韩国、越南等政权，建立针对中国的包围圈。

1950年1月以来，苏联和美国相继撤出在朝鲜和韩国的驻军后，朝鲜政府与苏联领导人密切协商，1月底，斯大林同意金日成以武力统一朝鲜半岛。在4月10日至25日苏朝领导人三次会谈中，斯大林强调，对南方采取军事行动必须具备两个条件要美国不进行干预和获得中国领导人的支持。金日成很自信，他完全能够依靠自己的军队统一朝鲜，美国不会冒险发动一场大的战争。

1950年6月25日，朝鲜人民军越过三八线南进，朝鲜战争爆发。美国为了维护其在亚洲的地位和利益，立即出兵干涉。6月26日，美国总统杜鲁门命令驻日本的美国远东空军协助韩国作战，6月27日再度命令美国第七舰队驶入基隆、高雄两个港口，在台湾海峡巡逻，阻止中国人民解放军渡海进攻台湾。美国驻联合国代表向安理会提交了动议案，授权组成联合国军队帮助韩国抵抗朝鲜军队的入侵。在苏联代表因抗议联合国拒绝接纳中华人民共和国为新成员国而自1950年1月起缺席的情况下，动议以13对1（南斯拉夫投了反对票）的表决结果通过了美国的提案，要求各会员国在军事上给韩国以"必要的援助"。联合国军以美军为主导，其他15个国家也派小部分军队参战。英国、土耳其、加拿大、泰国、新西兰、澳大利亚、荷兰、法国、菲律宾、希腊、比利时、哥伦比亚、埃塞俄比亚、卢森堡、南非与韩国国军均归驻日的美军远东军指挥，麦克阿瑟上将为美军远东军司令。7月5日美军参加了第一场对朝鲜的战役，公然干涉朝鲜内战。

这时的朝鲜人民军正处于节节胜利的状态，先后发动了汉城战役、铁原战役、大田战役和洛东江战役，占领了韩国90%的地区和92%的人口，把李、美军压缩到洛东江以东的狭小地区。8月31日，又发动了釜山战役，先遣部队达到了北纬35度线上，但是此后战局处于胶着状态。

6月28日，毛泽东发表讲话，号召"全国和全世界的人民团结起来，进行充分的准备，打败美帝国主义的任何挑衅"。同日，周恩来代表中国政府发表声明，强烈谴责美国侵略朝鲜及干涉亚洲事务的罪行。号召"全世界一切爱好和平正义和自由的人类，尤其是东方各被压迫民族的人民，一致奋起，制止美帝国主义在东方的新侵略"。7月6日，周恩来再次发表声明，指出联合国安理会6月27日关于朝鲜问题的决议为非法，中国人民坚决反对。7月10日，中国人民反对美国侵略台湾朝鲜运动委员会在北京成立，并在14日发出《关于举行"反对美国侵略台湾朝鲜运动周"的通知》。抗美援朝运动开始波及全国，形成第一个高潮。中央军事委员会（简称中央军委）根据毛泽东的提议，于7月13日作出《关于保卫东北边防的决定》，抽调第13兵团及其他部队共25.5万人，组成东北边防军。后又调第9、第19兵团作为二线部队，分别集结于靠近津浦、陇海两铁路线的机动地区。

9月15日，美军第10军于朝鲜半岛南部西海岸仁川登陆，朝鲜人民军腹背受敌，损失严重，转入战略后退。9月30日，周恩来发表讲话，警告美国："中国人民决不能容忍外国的侵略，也不能听任帝国主义者对自己的邻人肆行侵略而置之不理。"但是麦克阿瑟认定中国不敢出兵与美国对抗，所以美国不顾中国政府的多次警告，10月1日美军越过北纬38度线，19日占领平壤，企图迅速占领整个朝鲜，并公然声称："在历史上，鸭绿江并不是中朝两国截然划分的、不可逾越的障碍。"同时，美国飞机多次侵入中国领空，轰炸丹东地区，战火即将烧到鸭绿江边。10月8日，朝鲜政府请求中国出兵援助。中国根据朝鲜政府的请求，作出"抗美援朝、保家卫国"的决策，迅速组成中国人民志愿军入朝参战。10月19日，中国人民志愿军赴朝参战，10月25日，志愿军打响了入朝后的第一仗，拉开了伟大的抗美援朝战争的序幕。

在抗美援朝战争中，志愿军得到了解放军全军和中国全国人民的全力支持，得到了以苏联为首的社会主义阵营的配合。1953年7月，双方签订《朝鲜停战协定》，从此抗美援朝胜利结束。1958年，志愿军全部撤回中国。10月25日为抗美援朝纪念日。

抗美援朝战争的胜利，粉碎了美国吞并全朝鲜的企图，保卫了朝鲜民主主义人民共和国的独立；捍卫了新中国的安全，保障了新中国经济恢复和建设工作的顺利进行；保卫了亚洲和世界的和平，戳穿了美帝国主义"纸老虎"的面目，增强了中国人民的民族自尊心，鼓舞了世界人民保卫世界和平反对侵略的意志和决心；打出

了中国的国威和军威，提高了新中国的国际地位；使我军取得了以劣势装备战胜现代化装备的敌人的宝贵经验，加速了我军的建设。

在抗美援朝期间，在中国国内开展了爱国主义和国际主义教育，大批青年踊跃参加志愿军，全国人民掀起了增产节约运动和捐献运动，这不仅支援了抗美援朝战争，也促进了国民经济的恢复和发展，推动了各项社会改革运动的进行。

抗美援朝战争的胜利有力地向世人证明了一个真理，就是毛泽东主席所说的："外国帝国主义欺负中国人民的时代，已由中华人民共和国的成立而永远宣告结束了。"

● 不义之战

不义之战就是没有任何正义意义的战争，其目的只是为了掠夺财富，残害人民。我国的墨子对于不义之战则有系统的论述。

墨子认为，当时进行的战争均属掠夺性非正义战争，在《墨子·非攻》等篇中，反复申诉非攻之大义，认为战争是凶事。他说，古者万国，绝大多数在攻战中消亡殆尽，只有极少数国家幸存。这就好比医生医了上万人，仅仅有几人痊愈，这个医生不配被称为良医。历史上好战而亡的统治者不可胜数。这无疑给那些企图通过攻战来开疆拓土吞并天下的人以当头棒喝。所以墨子主张，以德义服天下，以兼爱来消弭祸乱。在墨子眼里，兼爱可以止攻，可以去乱。兼爱是非攻的伦理道德基础，非攻是兼爱的必然结果。墨子主张非攻，是特指反对当时的"大则攻小也，强则侮弱也，众则贼寡也，诈则欺愚也，贵则傲贱也，富则骄贫也"的掠夺性战争。墨子以是否兼爱为准绳，把战争严格区分为"诛"（诛无道）和"攻"（攻无罪），即正义与非正义两类。"兼爱天下之百姓"的战争，如禹攻三苗、商汤伐桀、武王伐纣，是上中（符合）天之利、中中鬼之利、下中人之利的，因而有天命指示，有鬼神的帮助，是正义的战争。反之，大攻小，强凌弱，众暴寡，"兼恶天下之百姓"的战争，是非正义的。

历史证明，不义之战最终都走向失败。日本侵略者自九一八事变后，加紧向中国进攻。国民党政府则采取"不抵抗政策"，节节退让。此后，日本帝国主义又通过《塘沽协定》、《何梅协定》，及策动华北五省所谓"自治运动"等一系列举措，逐步加紧对平津及整个华北的侵略。同时,日本帝国主义加强了发动全面侵华战争的准备,向华北大量增兵。从 1937 年 5 月起,日本驻屯军在卢沟桥、长辛店、平汉线北段频繁进行军事演习,并以营房不足为理由,要求在丰台与卢沟桥之间建筑兵营和修建机场,都被中国方面拒绝。7 月 7 日夜,日军借口一个士兵失踪,要求进宛平城搜查,并要求中国驻军撤出宛平等地。这些无理要求理所当然地被中国军队拒绝。当交涉还在进行时,日军即向卢沟桥一带的中国军队发动攻击,并炮轰宛平城。当地驻军第 29 军一部奋起抵抗,这就是著名的卢沟桥事变。中华民族已处在生死存亡的关键时刻,只有全民族团结抗战,才是中国生存和发展的唯一出路。第二天,中共中央率先向全国发出通电,大声疾呼“平津危急!华北危急!中华民族危急!”呼吁国共两党合作抗日,号召全国人民、军队和政府团结起来,筑成民族统一战线的坚固长城,抵抗日寇的侵略。

在中国共产党的倡导下,全国抗日救亡运动不断高涨,国民党政府提出用外交途径解决事变的提议被日本拒绝,使国民党最高领导人被迫接受中国共产党和各界爱国人士的建议,实现团结抗日。不久,中国工农红军先后改编为八路军和新四军,出师抗日,形成了第二次国共合作的局面。全国的工人、农民、知识分子和其他爱国人士一同投入抗日的洪流,建立了中国近代史上空前规模的、由整个中华民族组成的抗日民族统一战线。

1945 年 8 月 15 日,日本的侵略战争吃了败仗,在这一天宣布无条件投降。日本国内由于空袭的破坏,满目疮痍,遍地废墟。死亡人数有 668 315 人,其中 99.5% 是空袭的受害者。建筑物的毁坏,以当时币值计算,竟达 4 967 000 亿日元,占日本国家财富总额的 42%。工业部门的灾害更加严重,日本 56 种产业的生产设备,仅存水力发电等五种尚具生产能力外,其他产业全部破坏无遗。由于旧殖民地的丧失,不但生产所需的原材料无法取得,国民的粮食也告急。因此,工人没工做,国民没饭吃,简直是一幅惨不忍睹的战败地狱图。

骄兵必败

【原文】

无论其败丧也，即使幸胜，而死伤相望，断头洞胸，折臂失足，血肉狼藉，日陈吾前，哀矜不遑，喜于何有？故军中不宜有欢欣之象，有欢欣之象者，无论或为悦，或为骄盈，终归于败而已矣。田单之在即墨，将军有死之心，士卒无生之气，此所以破燕也；及其攻狄也，黄金横带，而骋乎淄渑之间，有生之乐，无死之心，鲁仲连策其必不胜，兵事之宜惨戚，不宜欢欣，亦明矣。

【译文】

无论战争是失败还是胜利，都会看到很多的死伤，头断掉而胸口被刺穿，缺胳膊少腿，一片血肉狼藉。每次看到这些，都哀伤不止，哪里有喜悦之情？所以军中不能有欢乐的景象，有欢乐的景象，无论是因为什么高兴，都是骄傲的表现，最终也难免失败。田单在即墨时，将军有拼得一死的决心，士兵也没有多少欢乐的表现，所以能将燕国打败；而在攻打狄国时，由于军队中大量发放军饷，士兵们在淄渑两地贪图行乐，都享受活着时的快乐而没有一战至死的决心，鲁仲连就谏言田单不会胜利，兵事应该要以悲壮开始，不要有欢乐之象，至此可明白吧！

【解读】

● 田单的胜利与鲁仲连谏言

在论述骄兵之象时，曾国藩举了田单的例子，向人们展示了骄兵与其以前的截然不同的两种结果。

周赧王三十一年（公元前 284 年），燕将乐毅破齐，连克七十余城，随即集中兵力围攻仅存的莒（今山东莒县）和即墨，齐国危在旦夕（见乐毅破齐之战）。时齐愍王被杀，其子法章在莒被立为齐王，号召齐民抗燕。乐毅攻城一年不克，命燕军撤至两城外九里处设营筑垒，欲攻心取胜，形成相持局面。

即墨，地处富庶的胶东，是齐国较大城邑，物资充裕，人口较多，具有一定防御条件。即墨被围不久，守将战死，军民共推田单为将。田单利用两军相持的时机，集结七千余士卒，加以整顿、扩充，并增修城垒，加强防务。他和军民同甘共苦，"坐则织蒉（编织草器），立则仗锸（执锹劳作）"（《资治通鉴》卷，周赧王三十六年），亲自巡视城防；编妻妾、族人入行伍，尽散饮食给士卒，深得军民信任。田单在稳定内部的同时，为除掉最难对付的敌人乐毅，又派人入燕行反间计，诈称乐毅名为攻齐，实欲称王齐国，故意缓攻即墨，若燕国另派主将，即墨指日可下。燕惠王本怨乐毅久攻即墨不克，果然中计，派骑劫取代乐毅。乐毅投奔赵国。

骑劫一反乐毅战法，改用强攻，仍不能下，企图用恐怖手段慑服齐军。田单将计就计，诱使燕军行，派人散布谣言，说害怕燕军把齐军俘虏的鼻子割掉，又担心燕军刨了齐人在城外的祖坟。而骑劫听到谣言后果然照着做了。即墨城里的人听说燕国的军队这样虐待俘虏，全都气愤极了，又瞧见燕国的兵士刨他们的祖坟，恨得咬牙切齿，纷纷向田单请求，誓与燕军决一死战。田单进而麻痹燕军，命精壮甲士隐伏城，用老弱、妇女登城守望。又派使者诈降，让即墨富豪持重金贿赂燕将，假称即墨将降，唯望保全妻小。围城已逾三年的燕军，急欲停战回乡，见大功将成，只等受降，更加懈怠。

周赧王三十六年，田单见反攻时机成熟，便集中千余头牛，角缚利刃，尾扎浸油芦苇，披五彩龙纹外衣，于一个夜间，下令点燃牛尾芦苇，牛负痛从城脚预挖的数十个信道直奔燕营，5 000 精壮勇士紧随其后，城内军民擂鼓击器，呐喊助威。燕军见火光中无数角上有刀、身后冒火的怪物直冲而来，惊慌失措。齐军勇士乘势冲杀，城内军民紧跟助战，燕军夺路逃命，互相践踏，骑劫在混乱中被杀。田单率军乘胜追击，齐国民众也持械助战，很快将燕军逐出国境，尽复失地七十余城。随后，迎法章回临淄（今山东淄博东北），正式即位为齐襄王，田单受封安平君。

其后几年，田单准备攻狄，他先去请教鲁仲连。鲁仲连说："将军这次去攻狄，我看是攻不下来的。"田单说："我凭靠一座小小的即墨城，指挥老弱残兵，打垮了强大的燕，收复了齐失地。如今先生说我攻不下小小的狄邑，不知从何说起呢？"田单气鼓鼓地下了车，招呼也不打一声就走了。田单带兵攻狄，攻了三个月，还是没

有攻下来。那时候齐的小孩子们唱道："高高的帽子,像个簸箕;长长的剑柄,抵住下巴;连个小小狄邑都打不下,将军把兵驻扎在枯草堆。"

田单吃了一惊,再去请教鲁仲连,说:"先生说我攻不下狄邑,请把其中的道理告诉我。"鲁仲连说:"将军在即墨的时候,坐着就编草袋,站着就拿锹干活,给士兵做出了好榜样。又鼓励将士们说:'向前吧!宗庙都给毁啦,我们还能退到什么地方去啊?'在那个时候,将军有牺牲的决心,士兵也没有生的念头。听了你的话,没有一个不悲愤落泪,决心跟敌人拼个你死我活的。这就是将军能打垮燕军的道理。如今将军东面有渑可以供奉,西面有淄可以欢娱,金带围腰,驱车跃马,驰骋于淄、渑之间,一味贪图生活享受,全无牺牲的决心,这又怎么打得了胜仗呢?"

田单说:"我的心思,先生都知道了!"第二天,他就亲自出马鼓舞士气,巡视城防,站在矢石如雨的前方,抡起大槌,擂鼓指挥。这一下,狄就被征服了。

● 骄兵必败的典型

骄兵历来是兵家大忌,中国历史上也不乏因骄兵而以少胜多的故事。著名的赤壁之战就是典型的因为曹操凭借自己雄厚的实力,轻视敌人,指挥失误而被打败。

曹操基本统一北方后,建玄武池训练水兵,并对可能发生动乱的关中地区采取措施,随即于建安十三年七月出兵十多万南征荆州(约今湖北、湖南),欲一统南北。后又率领20多万人马(号称80万)南下。此时孙权已自江东统军攻克夏口(今武汉境),打开了西入荆州的门户,正相机吞并荆州、益州(治成都),再向北发展;而依附荆州牧刘表的刘备,"三顾茅庐"得诸葛亮为谋士,以其隆中对策,制定先占荆、益,联合孙权,进图中原的策略,并在樊城大练水陆军。曹操大军劳师、水土不服、短于水战、战马无粮、北方后患等弱点,坚定了孙权抗曹的决心。孙权不顾主降派张昭等反对,命周瑜为大都督,程普为副都督,鲁肃为赞军校尉,率3万精锐水兵,与刘备合军共约5万,溯江水而上,进驻夏口。

曹操乘胜取江陵后,又以刘表大将文聘为江夏太守,仍统本部兵,镇守汉川(今江汉平原)。益州牧刘璋也遣兵给曹操补军,开始向朝廷交纳贡赋。曹操更加骄傲轻敌,不听谋臣贾诩暂缓东下的劝告,送信恐吓孙权,声称要决战吴地。冬,曹操亲统军顺长江水陆并进。

孙刘联军在夏口部署后，溯江迎击曹军，遇于赤壁。曹军步骑面对大江，失去威势，新改编及荆州新附水兵，战斗力差，又逢疾疫流行，以致初战失利，慌忙退向北岸，屯兵乌林（今湖北洪湖境），与联军隔江对峙。

曹操下令将战船相连，减弱了风浪颠簸，利于北方籍兵士上船，欲加紧演练，待机攻战。周瑜鉴于敌众己寡，久持不利，决意寻机速战。部将黄盖针对曹军"连环船"的弱点，建议火攻，得到赞许。黄盖立即遣人送伪降书给曹操，随后带船数十艘出发，前面十艘满载浸油的干柴草，以布遮掩，插上与曹操约定的旗号，并系轻快小艇于船后，顺东南风驶向乌林。接近对岸时，戒备松懈的曹军皆争相观看黄盖来降。此时，黄盖下令点燃柴草，各自换乘小艇退走。火船乘风闯入曹军船阵，顿时一片火海，迅速延及岸边营屯。联军乘势攻击，曹军伤亡惨重。曹操深知已不能挽回败局，下令烧余船，引军退走。

孙刘联军水陆并进，追击曹军。曹操引军离开江岸，取捷径往江陵，经华容道（今湖北潜江西南）遇泥泞，垫草过骑，得以脱逃。曹操留曹仁守江陵，满宠屯当阳，自还北方。

周瑜等与曹仁隔江对峙，并遣甘宁攻夷陵（今湖北宜昌境）。曹仁分兵围甘宁。周瑜率军往救，大破曹军，后还军渡江屯北岸，继续与曹仁对峙。刘备自江陵回师夏口后，溯汉水欲迂回至曹仁后方。曹仁自知再难相持，次年被迫撤退。

赤壁之战，曹操自负轻敌，指挥失误，加之水军不强，且军中出现瘟疫，终致战败。孙权、刘备在强敌面前，冷静分析形势，结盟抗战，扬水战之长，巧用火攻，创造了中国军事史上以弱胜强的著名战例。

同样，刘备因为轻视陆逊也落得可悲下场。曹丕废掉汉献帝后，建立了魏国，接着刘备称帝建立蜀国，孙权也自封吴王。荆州之战，关羽和他义子关平被吴王孙权杀害。刘备不听丞相诸葛亮和赵云的劝告，决定倾全国之力，攻打吴国，为关羽报仇。孙权在几次求和都未果的情况下，只好派出年轻的陆逊为都督，前去阻挡。由于刘备过于急迫地想夺回荆州，报国仇家恨，轻视陆逊，在蜀国没有作好准备的情况下，他就匆忙发兵了。夷陵之战是刘备的最后一战，接近10万大军兵力，却大败于东吴陆逊。夷陵之战中，陆逊善于正确分析敌情，大胆后退诱敌，集中兵力，后发制人，击其疲惫，巧用火攻，终于以五万劣势的吴军一举击败兵力占有优势的蜀军，创造了由防御转入反攻的成功战例，体现了高超的指挥艺术和军事才能，表明他不愧为一位杰出的军事统帅。至于刘备的失败，也不是偶然的。他"以怒兴

师"，恃强冒进，犯了兵家之大忌。在具体作战指导上，他又不察地利，将军队带入难以展开的二三百公里的崎岖山道之中；同时在吴军的顽强抵御面前，又不知道及时改变作战部署，而采取了错误的无重点处处结营的办法，终于陷入被动，导致悲惨的失败，自食"覆军杀将"的恶果，令人不胜感慨。

● 如何制骄

《孙子·计篇》，在讲到如何制胜他人时，有一条叫"卑而骄之"，是说我故作卑态，让对方骄横起来，然后战而胜之。

骄不是美德。如"满招损，谦受益"，"汝惟不矜（自以为是之意），天下莫与汝争能；汝惟不伐（自我夸耀之意），天下莫与汝争功"。《老子》说："自伐者无功，自矜者不长。"《老子》有一段话更是直接从军事角度讲骄的危害："祸莫大于轻敌，轻敌几丧吾宝。"

骄兵必败，三国中的典型人物是号称三国第一猛将的关羽。大意失荆州，败走麦城，"虽有埋伏，吾何惧哉！"至死不悟。再究，曹操何以有赤壁之败，原因很多，其中主观原因之一是其骄。作战前夕，曹操于长江上，评孙权，论刘备，横槊赋诗，唱"对酒当歌"，何等得意，其实是小看了孙刘联盟，最后落败。人们取得了成绩，会有高兴的表现，这是自然现象，也是人之常情，不足为怪。有喜乐没有错，但是不能过分了，要把握一个度。否则就会犯错，甚至会演化为灾。尤其是一个领导者，通常都会取得一定的成绩，但是要时刻警醒自己，人外有人，天外有天，没有什么值得骄傲的。今天的进步，应该视为明天的起点；今天的胜利，应该视为明天进步的动力。

要制骄，最根本的办法是提高认识，认识骄是败的根，是落后的隐患，自觉反骄，这是一；制骄要克制纵乐，乐是一种人间感情、生理现象。对自己事业抱有乐观情绪，工作取得了成绩心里高兴，这没有错，但是要防止盲目的乐、过分的乐，不然乐会转化为骄，甚至转化为悲，这是二；制骄，要在一片掌声、喝彩声中，加一点儿冷水，指出其中缺点、毛病，以防止骄傲情绪膨胀，这是三；要在败绩中磨炼，胜不骄，败不馁，是一个事物的两个方面，胜利了骄不对，胜不了灰心也不对，人要经得起这样胜败震荡的考验，这是四。制骄可以从这四个方面努力。

有这样的一则故事，抗日战争时期黄桥战役快打响了，陈毅同志与一善弈老人下围棋，陈以两胜一和的成绩告胜，再弈三弈同样如此。战役胜利后，两人再次交锋，陈毅同志却三战三负。陈毅同志不知其中缘由，善弈者说，临战前贵军士气重要，我们下棋，不能灭了你们的锐气。现在贵军获胜了，此刻要打打防骄的预防针，我就全力赢你，好使你们永远谨慎从事。老人的话是颇有道理的。

烂熟于心，处变不惊

【原文】

练兵如八股家之揣摩，只要有百篇烂熟之文，则布局立意，常有熟径可寻，而腔调亦左右逢源。凡读文太多，而实无心得者，必不能文者也。

【译文】

操练军队犹如八股作文家的揣摩，只要熟习上百篇的文章，则文章布局选择主题，就有路可循，而风格也是适合各种文风。但读了很多文章，却没有自己的心得的人，一定也写不了好文章。

【解读】

● 知彼知己，百战不殆

曾国藩认为要操练军队就得要求将领对于操练之法烂熟于心。无独有偶，清乾隆年间蘅塘退士孙洙对《唐诗三百首》的题词则是"熟读唐诗三百首，不会吟诗也会吟"。

通过背诵，变别人的为自己的，化知识为生命，这可能是很聪明的选择。这里包含了两层意思：第一，材料要精，不要泛。读就要读最好的三百首，最有代表性的三百首，而不是其他。第二，要熟读。三百首要翻来覆去地读，读到透读到烂为止。《唐诗三百首》不会主动进入你的脑海，想要做到不会作诗也会偷的境界必须先熟读唐诗，理解唐诗的意境与作诗的方法。

同样，对于任何事情都是如此。孙子说："知彼知己，百战不殆。"只有对事情的任何可能都能作出一定预测，并有心理准备才能安然应对。

据报载，这些年，中国企业的海外并购连连遭遇挫折——TCL 集团收购阿尔卡特手机业务之后出现"消化不良"，不得不变卖家产以保住自己的核心业务；明基电子在收购西门子的手机业务后，这个"蛇吞象"的项目宣布申请清偿，以失败告终。与此同时，国有企业的海外并购行动似乎并没有惹出多大的声响，但是其结果虽然不都是圆满，却也算是平稳，至少没闹到砸锅卖铁求生存、谋发展的地步。

而 2006 年 7 月初，全世界的球迷都把目光放在了世界杯足球赛举办地——德国，当时杭州机床集团董事长朱金根也去了一趟德国，但却不是到现场看球，而是到德国一家名为 abaz&b 的磨床企业去考察。同一年，杭州机床集团以 600.9 万欧元的价格，收购了这家老牌德国企业 60% 的股份。

说 abaz&b 是一个老牌企业，一点儿都不假。这家公司是一个家族企业，始建于 1898 年，是欧洲四大磨床制造企业之一，在德国阿沙劳堡、劳特林根和美国南卡罗来纳州分别建有三个工厂，总资产达 2 400 万欧元。abaz&b 专门研发、生产高精度平磨、数控成形磨床、高效率专用磨床等产品，是数控编程软件开发和砂轮修正技术方面的领导者，产品主要在欧洲及美洲销售。

abaz&b 的家族继承人克劳斯·霍尼齐克解释出售股权的时候说，中国的机床行业有 90 亿欧元的销售额，这是全球最大的市场，需求量比美国高 3 倍，光是这一条理由就足够了。abaz&b 曾经多年来致力于拓展亚洲，特别是中国市场，但因股东之间产生矛盾而陷入经营困境。由此，对于杭州机床集团伸出的橄榄枝，abaz&b 乐不可支地接了过来。

事实证明，这样的结果是双赢，该公司的年销售额不断攀升。

最近几年，中国机床业掀起了一股跨国并购的"热潮"，先后并购了包括美、德、日三国在内的多家世界知名机床企业。位于阿舍斯累本的机床制造厂希斯股份公司在 2004 年陷入破产的境地。几个月之后，沈阳机床厂购买了该企业 52% 的股份。并购之后希斯股份公司情况明显好转：销售额提高，企业的亏损也消失了——40% 的销售额是在中国实现的。

与"蛇吞象"的海外收购失败案例相比，这样的"蛇吞蛇"类型收购显然更加稳健得多，虽然是小规模的收购，但这为持续的赢利奠定了基础，至少不会出现

"消化不良"的病症。像机床行业的并购,中国企业方面定位清晰,目标明确。这就是德国技术加中国市场,而德国技术则来自于中小企业的技术,隐形冠军的技术,而不是"蛇吞象"并购中的国际大品牌的技术。在运营方面,中方企业也不是一味追求自己主导的海外市场运营。例如,在杭州机床集团虽然收购了德国机床公司60%的技术,但并购后国际市场的运营仍然由原有的管理团队来负责。这样,就建立了稳定的利益共享机制——杭州机床集团是60%的控股方,用中国市场为提升德国机床公司的公司价值作贡献;德方以剩余的40%的股权,分享在中国市场的增长,而重组后的国际市场仍然由原德方管理层负责,这样就保证了德方在管理上的利益,也能避免因为人事关系整合而引起冲突和矛盾。

这样的收购,用市场换技术,看起来是个老套路,就跟中国汽车工业所走的路子差不多。但实际上有天壤之别。差别在于中外汽车企业合资,中方和外方都是以销售为导向。外方的技术和品牌,再加上管理运营经验,完全处于强势地位,中方则处于下风。而在机床行业,中方与外方的合作着眼于技术导向,而且中外方直接在资本层面进行了合作。由于德方是中小型企业,中方反而能够以控股的方式充分利用技术资源方面的优势。

并购是否成功,一定程度上是在于前期的工作,清楚知道自己想要什么,自己有什么,也能清楚知道对方想要什么,对方有什么。这样,就像行军打仗一样,知彼知己,才能百战不殆。

● 读书要有自己的心得

孟子说,好读书不如无书,意思就是让人要从书中得到自己的心得。唐诗戭所撰的《曾国藩治学之道》一文中介绍,咸丰八年(1858年)曾国藩在军务繁忙之际,犹定申、酉、戌、亥四个时辰温旧书,读新书,偿外债(指诗文债、字债),写笔记。同治元年(1862年),他任两江总督,白天忙于军政事务,夜里仍温读诗文。他自道光十九年(1839年)正月初一起写日记,至同治十一年(1872年)二月初二止从未间断,数十年如一日。他不仅勤于读书,而且善于读书,深得要领,曾说:"万卷虽多,而提要钩玄不过数语。"其见解可谓精辟至极。曾国藩读书注重消化归纳,从而提出自己的独特见解。他很重视做读书笔记,除经史外,常随手摘记,使得他的读书精深有用。

曾国藩曾说："凡奇僻之字，雅故之训，不手抄则不能记。"曾国藩喜欢读史，曾写成《历代大事记》数卷，以此作为重要的读书方法。曾国藩的读书特点是：日课有程，持之以恒；博求约守，不拘门户；提要钩玄，善于概括；挈长补短，与时变化。

曾国藩对于读书，有着以下三个要求：

首先，他认为，应该根据自己的学习任务，确定适合自己的读书方法。有的人读书，无论是什么书都只随便翻翻，高兴看的时候就看，不高兴看的时候就将其抛开。还有的人则无论什么书都要从第一个字看到最后一个字。这两种方法很显然都有不可取之处。曾国藩认为读书应该根据自己的实际情况来确定。在学习的初级阶段，主要任务在于迅速摄取信息，读书时就要速点速读，不能句句求熟。曾国藩在教导儿子曾纪泽读《汉书》时说，"每日至少亦须看二十页，不必惑于在精不在多之说。每日半页，明日数页，又明日耽搁间断，或数年而不能毕一部。如煮饭然，歇火则冷，小火则不熟，须用大柴大火乃易成也。"在学习的高级阶段，温习巩固，目的在于消化和领悟。所以读书时就应该慢读精思。据此，曾国藩把读书分为看和读两种，即泛读和精读。"看者涉猎宜多、宜速；读者讽咏宜熟、宜专。看者耶日知其所亡爷，读者耶月无忘其所能爷。看者如商贾趣利，闻风即往，但求其多；读者如富人积钱，日夜摩挲，但求其久。看者如攻城拓地，读者如守土防隘，二者截然两事，不可缺亦不可混。"

其次，读书不要死记硬背。读书要理解记忆，不可机械地死背。曾国藩认为，读书记性好或坏并不足虑，"所虑者第一怕无恒，第二怕随笔点过一遍，并木看明白。此却是大病，若着实看明白了，久之必得些滋味，寸心若有怡悦之情，则自略记得矣"。

第三，应根据自己的实际情况采取适合自己的读书方法。有些人记性好，有些人则悟性高，那么在读书时则必须用不同的方法，否则效果就不好。纪泽"读书记性不好，悟性较佳。若令其句句读熟，或责其不可再生，则愈读愈蠢，将来仍不能读完经书也。若蛮读蛮记蛮温，断不能久熟，徒耗日工而已"。

第四，读书要有选择，要读有用之书。人生短暂只有数十载，要读的书则浩如烟海，要研究的问题也是各种各样，如果不是有所选择，到死恐怕也会无所作为："往者，书籍之浩，著述者之众，若江海然，非一人之腹所能尽饮也。要再慎择焉而已。"曾国藩认为，在读书做学问的过程中，如果一个人毫无边际地乱翻，没有系统，没有目标，最终是不会有精深的心得体会的，终其一生也将不会有所成就的。所以他特别强调，一定要有所选择。至于择书标准，其一应"先务乎其大"，即要选择有代表性的作品来读。"吾意读总集不如读专集。……学诗须先看一家集,不要东翻西阅。"其二,要选择能规矩言行、修身养性、终生受益之书。"须熟读小学及五种遗规二书。"这就是说,读书要有所选择,有主次之分。其三,要对症下药,择人长补己短。"注疏亦难领会,尔可暂缓。……尔明春将胡刻文选细看,可医尔笔下枯涩之弊。"这里,曾国藩是将读书与写文章联系起来,读书若能领会书中之奥妙,由言见意,由文知艺,吸收古书之精华,则能以文养文,医治自己文章之弊病,而使自己笔下之文润泽丰美。不过,曾国藩所讲的有所选择,是在广博的基础上的选择。首先要广泛涉猎经史子集,奠定较为深厚的知识基础,然后在此基础上,专一经或专一史。

● 操练军队要熟习实例

对于军队的训练是世界上最为严格也最为讲究实例的事情,军队的战斗力不在于其多么高明的战略,而是丰富的实战经验,这就要求军队训练要严格按照实战环境进行,不能有半点儿马虎,孙武练兵就说明了这个道理。

阖闾即位三年,即公元前512年,吴国国内政局稳定,仓廪充足,军队精悍,向西进兵征伐楚国的准备工作已经基本就绪。伍子胥向阖闾提出,这样的长途远征,一定要有一位深谙韬略的军事家筹划指挥,方能取胜。他向吴王阖闾推荐了正在隐居的孙武,向吴王介绍孙武的家世、人品和才干,称赞孙武是个文能安邦、武能定国的盖世奇才。可是,孙武自从来到吴国后一直隐居著书,吴王连孙武这个名字都不曾听说,认为一介农夫不会有大本事。伍子胥便反复推荐,仅一个早上就推荐了7次,吴王才答应接见孙武。

孙武带着他刚写就的兵法觐见吴王。吴王将兵法一篇一篇看罢,啧啧称好,但忽然产生一个念头,兵法头头是道,是否真适合于战争的实用呢? 孙武能写兵法,又怎样才能证明他不是一位纸上谈兵的人呢? 吴王便对孙武说:"你的兵法十三篇,我已经逐篇拜读,实是耳目一新,受益匪浅,但不知实行起来如何,可否用它小规模地演练一下,让我们见识见识?"孙武回答说:"可以。"吴王又问道:"先生打算用什么样的人去演练?"孙武答:"随君王的意愿,用什么样的人都可以。不管是高贵的还是低贱的,也不论是男的还是女的,都可以。"吴王想给孙武出个难题,便要求用宫女来演练。

于是,吴王下令将宫中美女180名召到宫后的练兵场,交给孙武去演练。孙武

把180名宫女分为左右两队,指定吴王最为宠爱的两位美姬为左右队长,让她们带领宫女进行操练,同时指派自己的驾车人和陪乘担任军吏,负责执行军法。

分派已定,孙武站在指挥台上,认真宣讲操练要领。他问道:"你们都知道自己的前心、后背和左右手吧?向前,就是目视前方;向左,视左手;向右,视右手;向后,视后背。一切行动,都以鼓声为准。你们都听明白了吗?"宫女们回答:"听明白了。"安排就绪,孙武便击鼓发令,然而尽管孙武三令五申,宫女们口中应答,内心却感到新奇、好玩,她们不听号令,捧腹大笑,队形大乱。孙武便召集军吏,根据军法,要斩两位队长。吴王见孙武要杀掉自己的爱姬,马上派人传命说:"寡人已经知道将军能用兵了。没有这两个美人侍候,寡人吃饭也没有味道。请将军赦免她们。"孙武毫不留情地说:"臣既然受命为将,将在军中,君命有所不受。"孙武执意杀掉了两位队长,任命两队的排头充当队长,继续练兵。

当孙武再次击鼓发令时,众宫女前后左右,进退回旋,跪爬滚起,全都合乎规矩,阵形十分齐整。孙武传人请阖闾检阅,阖闾因为失去爱姬,心中不快,便托词不来,孙武便亲见阖闾。他说:"令行禁止,赏罚分明,这是兵家的常法,为将治军的通则。对士卒一定要威严,只有这样,他们才会听从号令,打仗才能克敌制胜。"听了孙武的一番解释,吴王阖闾怒气消散,便拜孙武为将军。在孙武的严格训练下,吴军的军事素质有了明显的提高。

● 要有自己的主见

曾国藩做事很有主见,一旦认准,就不为浮言所动,创水师、扎祁门、围安庆都是如此,有主见是对事物发展趋向判断后的对策,当然不能朝令夕改,而要坚持实施。

曾国藩在创办水师时,办事不力,遭人排挤。可不可以找当地官员解决粮饷?异常艰难!一个守缺的内阁学士兼礼部尚书现在应该是处在一个什么地位?非官非绅!是官?按儒家礼治,无论官级多大,必须要尽孝道!即为父母守孝三年!这时朝廷要开去官缺,但仍享有原官品级,服丧期满,再到中央任职,所以这个官是个虚职。同时他又有在籍身份,曾国藩在家守丧,又有了乡绅身份。而这个乡绅身份也是虚的,一但服丧期满,又要离开湖南重返官场,而那些退休在家的官员才是真正的乡绅。所以曾国藩可以说是个没实权的人。那么这样经他处理的各项事宜,大半有超越权限、越俎代庖之嫌。而他练兵筹饷，哪一项不是和地方官打交道呢? 而他此时的性格外露，说话没顾忌，因而遭人怨恨，没有人愿意帮他，但他自己坚持去做。

1853 年，曾国藩自长沙赴衡州训练水师，兼避湖南营兵，并就近调遣兵勇，剿办衡永郴桂会党。至 1854 年 2 月 23 日，衡州、湘潭两船厂所造战船全部完成，湘军水师成立。曾国藩创建的湘军自此全军建成，成为清政府镇压太平天国的主力。为了镇压太平天国农民起义，曾国藩奉命赴长沙办团练，建立湘军的计划开始实施。曾国藩在长沙训练湘军受到一些官员的掣肘，湖南营兵常滋扰曾国藩所带湘勇而发生械斗。曾国藩于是移师衡州，在长沙的团勇，一部分带往衡州训练外，其他也调出长沙分驻醴陵、浏阳、郴州等地。在衡州，曾国藩不仅加紧训练陆师，同时还特别注意编组水师，并在衡州、湘潭两处设立造船厂，赶制战船，配备洋炮，招募水勇，编练水师。

1854 年 2 月 23 日，衡州、湘潭两船厂所造战船全部完成，共计大小战船 470 多只，湘军水师粗具规模。至此，湘军全军建成。湘军仿效明代戚继光的束伍成军法，分陆军编制、水师编制和马队编制三种。湘军陆师以武器的合理配备为依据，以营为基本单位，共 15 营，每营辖 4 哨，每哨辖 8 队;水师以各种类型的船舰合理组合为原则，也以营为基本单位，共 10 营，每营辖 30 只船;马队也以营为基本单位，共 2 营，每营 10 哨，每哨 6 棚;加营勇、工匠、夫役共计 17 000 多人。此后，在其作战过程中，编制逐步扩大。湘军初无骑兵，1859 年后始建骑兵。

不可贪多，要精炼

【原文】

用兵亦宜有简练之营，有纯熟之将领，阵法不可贪多而无实。

【译文】

用兵要有简练的军营编制，纯熟的将领，阵法不要探求太多而没有什么作用。

【解读】

● 长沙整军，走精兵之路

咸丰四年初，湘军经岳阳、靖港、湘潭三次战斗，两败一胜。曾国藩认真总结三次战斗的经验教训，在长沙对湘军进行组织整顿。他根据兵贵精而不贵多和重在敢战的原则，对湘军进行大力裁兵。这几次战斗中，凡溃散之营，营哨兵勇一律裁去不用。曾国葆亦在被裁之列，据说曾国葆回家后感到无脸见人，好几年都闭门不出，拒见宾客。这次整军，还做了三件事：将新兵、老兵在编组时搭配使用，以老兵带新兵；水师装备了更多的洋炮，火力更猛；营以上设分统、统领两级的指挥，兵力相对集中。

整军后，湘军水陆仅余五千人，随即大募新勇（溃散遣回之勇不在其列），人数迅速增至一万多人。经此整顿，湘军战斗力大大提高。在以后的战斗岁月，走精兵之路，一直是曾国藩治军的原则。这可以从曾国藩家书中看出一二。咸丰七年十月二十七日与沅弟书说："军营虽以人多为贵，而有时亦以人多为累。凡军气宜聚不宜散，宜忧危不宜悦豫。人多则悦豫，而气渐散矣。营虽多，而可恃者惟在一二营；人虽多，而可恃者惟在一二人。"咸丰八年三月三十日与沅弟书中，又告诫淘汰军中之冗员："似宜略为分别，其极无用者，或厚给途费，遣之归里，或酌租民房令住营外，不使军中有惰慢喧杂之象。"同治二年九月十七日与沅弟书中以酒为喻，说明兵贵精的道理："安庆克后，弟添新兵近二万人，此次又添二万，老营能战能守之将兵分散太多。譬如一壶醇酒，掺水至四五壶，则太淡不成酒味矣。"除淘汰冗员之外，慎用降兵降将，也是曾国藩精兵之路的办法。如围攻安庆期间，他给沅弟写信说："目下收投诚之人，似不甚妥善，如挤疖子不可令其零脓，如蒸烂肉不可屡揭锅盖也。"同一时期的另一封信中，他又谈到对太平军降将韦志俊部的使用，不可使之独当一路，只可做配角。他说："弟信言韦用兵内行，又言其好。然独统一路必不可，令之随鲍超出战则可。"信中屡次提醒曾国荃，防备韦志俊"反间"。

走精兵之路，是曾国藩领军的高明之处。而其对手太平军，在后期则忽略了这一问题。如李秀成爱招兵买马，招降纳叛，动辄提兵几十万，战斗力还不如湘军一两万。故曾国藩说太平军"悍则不多，多则不悍"，一语中的。

作战要讲究时机

【原文】

此时自治毫无把握，遽求成效，则气浮而乏，内心不可不察。进兵须由自己作主，不可因他人之言而受其牵制。非特进兵为然，即寻常出队开仗亦不可受人牵制。应战时，虽他营不愿而我营亦必接战；不应战时，虽他营催促，我亦且持重不进。若彼此皆率率出队，视用兵为应酬之文，则不复能出奇制胜矣。

【译文】

此时自治没有任何把握，只追求成绩效果，则会心浮气躁，而不知道自己在想什么。军队进攻需要自己做主，不要因为别人的话而牵制。不是特别情况的进军，即平常的出兵打仗，也不要因为别人而受牵制。作战时，虽然其他营不来接应我们，但是我营也一定会奋勇迎战；不作战时，虽然有其他营催促，我们也要把持住。如果强制出兵，就会将进攻作为应酬的事情，而不能迅速制胜。

【解读】

曾国藩认为，作战要把握时机才能收到很好的效果。历史上，因为把握战场时机胜利的例子不在少数，而不会把握机会的故事也时有发生。

战国时期的泓水之战就说明了这个道理。楚国本来是一个弱小国家，偏处荆蛮之地，不与中原相闻。楚国在陆续吞并江汉流域的一些小国家之后，势力越过大别山和桐柏山，开始向中原发展。当时楚成王在位，他是一个有大志的人，即位之后，布德施惠，结好诸侯。他去给周天子献礼，周天子说："命令你镇压南方夷越叛乱，但不要入侵中原。"但是，楚成王即位三十年来，仍然积极北上，连续三次攻打郑国。郑国位于中原腹地，攻打郑国是问鼎中原的必然步骤。

当时齐桓公是中原霸主,对于楚国的野心,当然不会坐视不管。搞定北方的戎狄之后,就联合了曹、卫、宋等八国军队,南下攻楚。楚成王亦率军北上,在楚国边境与联军对峙。齐桓公不愧为霸主,看楚国兵力强大,国土辽阔,即使一战败楚,亦无法深入,扩大战果,就想"不战而屈人之兵"。楚成王看联军气势强盛,亦不敢贸然衅兵。最终通过谈判,和平地化解了一场流血大战,达成有名的召陵之会。齐楚各有所得,齐桓公维护了他的霸业,阻遏了楚国北侵,楚成王则避免了在本土作战,没有任何损失。从政治态势上看,当然是对齐桓公更有利。不过,楚国的实力没有削弱分毫,也不是什么坏事。

齐桓公一死,楚成王北入中原的大志又活跃起来,准备先拉拢郑国,却正好看到宋襄公搞了一个睢上之会,因此针锋相对,打着修桓公之好的幌子,搞了一个五国之会。宋襄公搞的是东夷小国之会,楚成王却以齐、楚两个大国为首。宋襄公在想些什么,楚成王很清楚,那也正是他的企图。宋襄公却恰恰相反,不知道楚成王在想什么。宋襄公请楚成王领导诸侯来会,正中其下怀,就答应在盂(今河南睢县西北)做衣裳之会。衣裳之会就是大家只穿衣裳,不带武器,不带军队,进行文明的会谈。两人确实有差距,两国更有差距。宋襄公意图在会盟上夺得霸主位置,目夷说:"小国要争盟上的霸主之位,这是灾祸。宋国可能因此有亡国之危啊!"宋襄公不听。"那就带些军队去,以防不测。""当初说好了只穿衣裳,不带武器,我为仁义之师,怎么好意思?"宋襄公就高高兴兴赴会去了。

这次会盟陈、蔡、郑、许、曹五国都来了,齐、鲁、卫没有参加。楚成王后来,因为他带着军队,自然不方便早到。这下宋襄公傻了,知道自己被骗了,赶紧让目夷回国。军队把会场包围起来,活捉了宋襄公。楚成王押着宋襄公去攻打宋都,跟宋人说:"快投降吧,不然就杀了你们的国君。"

目夷在城楼上说:"托社稷保佑,我们已经有国君了。他让宋国受辱,即使回来,也会被驱逐。"楚军把宋都包围起来,打了几个月,也没有攻下来,就把宋襄公当做俘虏送给鲁国,以此来羞辱宋襄公,并提出与鲁国会盟。楚、鲁两国在亳相会,宋襄公就被放了回来。目夷却说:"我这个弟弟啊,我多了解他。这事还没完,教训还不够深。"

宋襄公的脸丢大了,回来之后,恼羞成怒,决定拿郑国开刀,想以武力扬威,一战而定霸业。郑国本来属于中原集团,齐桓公死了,郑国失去靠山,又遭遇楚国压制,只好转而与楚国亲近。所以宋襄公拿郑国开刀,如果成功,当了霸主,自然就争回了面子。

　　大臣劝告他，楚国一定会出兵救郑，那就白辛苦了，还不如等待时机。宋襄公不听，反而喊出了惊天动地的口号："天不弃我，商可以兴矣!"这是一个虚无缥缈的假设，商朝都灭亡好几百年了，所以目夷立刻批评道："天弃商久矣。"宋襄公大概已经失去理智，只想着挽回面子和争霸，而不考虑眼前局势和对手的情况，不听劝告，怒而兴师，对战争也不作任何谋划。兵法曰："多算胜，少算不胜，况于无算乎?"说的就是这种情形吧。郑国那边，郑文公带着老婆去见楚成王，刚刚回来，就听说宋国打过来了，于是立刻派人去搬救兵，一面准备抗战。楚成王发兵救郑，军队直扑宋国，迫使宋襄公回援。这跟后来的围魏救赵很相似。宋襄公回到国境线时，楚军还在路上，正穿越陈国向宋国挺进。宋襄公就在泓水北岸驻扎下来，以待楚军。

　　西周初年，宋国当是一个大国，到了宋襄公时代，只能算一个中等国家，兵力最多两军。目夷也口口声声说宋国是"小国"。楚国却是一个大国强国，兵力至少有五军。不过，先至为主，后至为客，守着泓水，以逸待劳，这对宋国是有利的。何况楚军远道而来，即使兵强马壮，也是疲惫之师。如果能够善用这些要素，尽管以弱敌强，宋国也还是有机会打赢这场战争，宋襄公就可以实现霸业。楚军开到泓水南岸，没怎么休息，就开始渡河。宋襄公也列好阵势，准备迎击。

　　楚军还没有渡完，目夷跟宋襄公说："敌众我寡，趁他们渡河未毕，赶紧攻击。"宋襄公说："不可。"

　　他自认为宋军是仁义之师，楚军还没有作好准备，就不能发起攻击，乘人之危，非仁义所为，所以拒绝目夷。楚军大概是最幸运的了，得到敌人如此照顾，从容渡过泓水。在楚军准备集结列阵时，目夷说："赶紧攻击吧。"宋襄公又说："不可。"等楚军列阵完毕，宋军见敌人兵势强盛，面生惧色。宋襄公身先士卒，亲自带队冲锋。正当宋军向楚军中央突破时，其两翼突然从左右包抄过来，把宋军围在当中，宋军大败。由于部将拼死保护，宋襄公才冲出来。突围之后，幸好距都城也只有五十里了，由目夷殿后，宋襄公才顺利退回城内，依城固守。宋国的都城非常坚固，楚国先后四次都没有攻下来。这可能是宋襄公敢于争霸、与楚国相抗的一个资本。

　　楚军尾随而至，看天色也不早了，就在河畔驻扎下来，等天明渡河攻城。第二天早上，楚军正要渡河，洪水突然从上游冲下来，溺死千余人，军资冲走无数，秩序

大乱。楚军遭此挫折，斗志涣散，只好撤兵。此一战，宋襄公被箭伤了大腿，他的贴身卫队全部战死，士卒死伤甚众。大家都批评他，他还不服气："君子不加害已经受伤的人，不擒拿头发花白的人。古人打仗，不在险道隘口偷袭敌人。我是商朝后裔，对方没列好阵，我就不会进攻。"宋国以仁义著称于当时，所以他说"我是商朝后裔"。第二年夏天，他伤重而死。

从中可以看出宋国四次好的进攻机会都被宋襄公浪费，实在可惜。如果在作战之前作好准备，并在敌人进攻的时候准确把握时机，那么战国的历史也许要改写，宋襄公更不会因为腿伤而早早死去。

卷十

▼

久战：
毅力决定命运

　　久战，实为持久之战，最忌势穷力竭。曾国藩在统领湘军时，通过勤练兵法、勤练胆气，使湘军保持了作战时的士气，防止了散漫之气的滋生。养精蓄锐，当时机成熟之时，抛弃顾虑，果断出击，是曾国藩作战的一大特点。

持久战是战胜敌人的法则

【原文】

久战之道，最忌势穷力竭四字。力则指将士精力言之，势则指大局大计及粮饷之接续。贼以坚忍死拒，我亦当以坚忍胜之。惟有休养士气，观衅而动，不必过求速效，徒伤精锐，迨瓜熟蒂落，自可应手奏功也。

【译文】

对于持久作战，最为忌讳的就是势穷力竭四字。力就是指将军和士兵的精力，势则指战略布局的大的计划和粮饷的接应。如果敌人用坚韧来以死抵抗，我们就用坚韧来取胜。只有修养好士气，观察敌人的行动而采取对策，不要过于追求速度，只会损伤精气和锐气，等到瓜熟蒂落的时候，用手轻轻摘取就可以。

【解读】

曾国藩认为，在和敌人交战时，只要能够坚持，能够坚忍不拔，不追求速胜就能取得一定的成功。他作为一代名相对于后来的湖南人影响深远。毛泽东就曾说："予于近人，独服曾文正，观其收拾洪杨一役，完满无缺。"而在中国近代战争史上，毛泽东持久战的军事思想有着重要的地位。

● 持久战的由来

1938年毛泽东写的《论持久战》，就是对抗日战争进行正确战略指导的著作。这部著作，是毛泽东在经过一段时间的摸索之后逐步总结、撰写出来的。

太原失守后，共产党认识到必须深入敌后，领导这场持久战。从"做眼"到反"围攻"，毛泽东验证了持久抗战的可能性。

早在 1936 年 7 月, 抗日战争还没有开始时, 毛泽东就在延安同美国记者斯诺的谈话中说过: "中日早晚要打一仗; 中日这一战, 是持久的。" 他还向斯诺谈到了打持久战的各项方针。抗日战争刚开始时, 毛泽东又说过, 中日之间的最后胜负, 要在持久战中去解决。但是, 对于持久战的系统理论观点, 毛泽东此时还没有形成。毛泽东对于这一观点说过这样的话: "大多数人不了解抗日战争的性质, 一半是因为我们的宣传解释工作不够, 一半也是因为客观事实的发展还没有完全暴露其固有的性质, 还没有将其面貌鲜明地摆在人们面前, 使人们无从看出其整个的趋势和前途。"

从 1937 年七七事变开始到 11 月太原失守, 这 4 个月, 对于蒋介石和毛泽东震动都很大。蒋介石在受震动之余, 是情绪消沉; 而毛泽东在受震动之余, 形成了一个基本认识: 国民党的正面战场是靠不住的, 共产党要依靠自己的力量打持久战。中日战争是持久战, 但不是仅仅依靠国民党正面战场的作战造成持久, 而是依靠共产党领导敌后人民实行全面抗战造成的持久。共产党必须深入到敌后去领导这场持久战。这是共产党领导持久战的开始, 也是认识持久战规律的开始。

1937 年 11 月 8 日太原失守的当天, 毛泽东就在致周恩来等人的电报中说: "八路军将成为全山西游击战争之主体。应该在统一战线之原则下, 放手发动群众, 扩大自己, 征集给养, 收编散兵, 按照每师扩大三个团之方针, 不靠国民党发饷, 而自己筹集供给。" 毛泽东的方针是: 把山西全省的大多数乡村化为游击根据地。

毛泽东的部署是: 我党领导的军事力量分为四大部分, 深入到敌后去, 发动民众, 收编溃军, 扩大自己, 自给自足, 开辟根据地。

这四大部分是: 当时编制最多、战斗力最强的一一五师分成两部分, 一部分由聂荣臻率领, 留在晋东北, 继续以五台山为中心, 开辟晋察冀抗日根据地; 一部分(即一一五师主力)则从晋东北开赴晋西南地区, 创建以吕梁山为依托的晋西南抗日根据地; 一二〇师以管涔山脉为中心, 开创晋西北抗日根据地; 一二九师沿正太铁路南下, 依托太行、太岳山脉, 开辟晋冀鲁豫抗日根据地。这四个区域, 都依托山地, 地理条件优越, 同时还可以直接威胁日军占领的铁路线和大城市。这四个区域又可相互呼应, 存在于日军控制下的山西全省, 既可以相互支援, 又是将来反攻、收复失地的坚实基础。

毛泽东把八路军主力在山西全省铺开, 发展游击战争, 建立抗日根据地, 形象地比喻为下围棋的"做眼"。他说: "只要我们在敌后建立了抗日根据地, 就站稳了脚, 就

是做了'眼',我们就活了,敌人就打不倒我们了。"他反复叮嘱我军将领:"到敌后,要像'做眼'一样,建立根据地。这是一个战略任务,必须执行。"毛泽东提到的"做眼",实际上就是认识到共产党领导敌后抗战的艰巨性和持久性。"如果我们没有'做眼',即没有创建抗日根据地,就在四个战略区站不住脚,结果,不是被日本人打回来,就是被日本人吃掉,我们就失败了,而创建了抗日根据地,做好了'眼',我们就在四个战略区站住脚了,就活了。抗日战争就能够持久地打下去,直到战胜日本侵略军。"

毛泽东部署的八路军主力,很快就深入山西敌后,在那里创建抗日根据地。日军见八路军在他们的"后方"建立了抗日根据地,便在占领太原后,集中兵力"清剿",以扫除其"南进"之忧。从1937年11月下旬开始,日军出动两万兵力,配合骑兵、大炮、坦克、飞机,向刚刚创建的晋察冀根据地发动大规模的"围攻"。晋察冀根据地是我军创建的第一块抗日根据地。对此,毛泽东十分重视。他清楚:我晋察冀抗日根据地能不能保住,是对共产党能不能独立领导敌后抗战的检验,也是我们能否在敌后进行持久战的关键。因此,毛泽东对日军的进攻很是关心。

每天晚上,毛泽东的窑洞里总是点着油灯,他不停地阅读各方面发来的电报,不停地思索。他白天不停地听汇报、看材料、看地图,和其他领导人一起研究情况。其他领导人走后,毛泽东仍然站在地图前思索。夜间,他仍然彻夜工作、思考。毛泽东的决定是:我晋察冀根据地不能被动地防守,必须反"围攻",而反"围攻"的方针是:避免正面抵抗,袭击敌之后尾部队,在敌之远近后方活动,使敌仍在我包围之中;在确有胜利把握的条件下,集中适当的力量给敌人以部分的歼击和有力打击。同时,要求一二〇师和一二九师分别在同蒲路、正太路积极活动,配合晋察冀根据地反"围攻"。在毛泽东的指导下,晋察冀根据地在不到一个月的时间里,接连打了几个胜仗,打破了日军的"清剿",取得了反"围攻"的胜利。

晋察冀根据地反"围攻"的胜利,实现了我军在敌后独立自主发展抗日根据地的战略意图。通过战争实践,也证明了毛泽东持久抗战理论的可行性,使毛泽东通过战争实践,逐步摸索到了持久抗战的规律。

● 持久战的提出

抗日战争开始后,日军原打算速战速决,三个月灭亡中国,但他们没有料到,八路军会深入到敌后去牵制他们。他们也没有料到,国民党在正面战场上也对他们进行了顽强的抵抗。国民党前线官兵英勇作战,付出了巨大牺牲。国民党军的顽强抵抗,阻止了日军的进攻,使抗日战争客观上形成了长期的持久战。但是,国民党在正面战场上采取硬打硬拼的单纯防御战,对作战十分不利,结果一败再败,使日军先后占领了上海、南京。

此时,在正面战场上,日军在进攻中已经在许多地方与国民党军队呈相互攻防的状态。由此,毛泽东得出了一个基本结论:正面战场的抗战,也肯定是长期的、持久的。基于这一认识,他向国民党当局提出了一个全面战略部署的完整方案。毛泽东向蒋介石提出:国民党对日作战,不应单纯防御,而应采取"攻势防御"的方针,把内线防御和外线进攻结合起来。如果国民党把近百万军队都退到黄河以南、平汉铁路以西之内线,而陇海、平汉为敌军占领,则将形成极大的困难。因此,总的方针应该是:在敌深入进攻时,必须部署足够力量于外线,方能配合内线主力作战,增加敌人的困难,减少自己的困难,造成有利于持久抗战之军事政治形势。

然而,蒋介石没有采纳毛泽东的建议。这使蒋介石失去了在黄河以北地区展开兵力,与敌互有攻防,进行持久抗战的机会。

毛泽东见蒋介石不采纳自己的意见,便不再对蒋抱多大的希望,更坚定了以我为主、以共产党领导的武装力量为主,进一步深入敌后,建立战略支点,创造全面抗战、持久抗战的局面。

1938年2月下旬,中共中央政治局召开会议,研究新形势下八路军的战略方针。会前,毛泽东已经有了比较成熟的想法。这就是:在武汉、徐州等地一旦失守的情况下,为了坚持持久抗战,八路军应该有足以影响全国抗日全局的动作。这个动作实质上就是:敌进我进,即在日军向我南部大举进攻的时候,八路军也向敌后开进,在敌后建立更多的能够独立作战的抗日根据地,形成长期抗战的重要战略支点。具体方案是:在山西、鄂豫皖、苏浙皖赣、陕甘、鄂豫陕、湘鄂赣建立根据地,作为战略支点,而以苏鲁边区、冀南区、热冀区、大青山脉区辅助之。八路军的三个主力师,一个放在鄂豫皖区,一个放在鄂豫陕区,一个放在陕甘区。中央政治局会议同意了毛泽东的这一方案。后来,毛泽东的这一方案虽有一些调整,但基本思路没有变。敌进我进,使我军在日军向南大举进攻的时候,深入敌后,在敌后发动群众,创建根据地,不仅立住了脚,牵制了日军,支持了全国的持久抗战,而且为我军在抗日战争中很快发展壮大起来奠定了基础。

　　八路军在敌后创建的抗日根据地，要长期坚持下去，依靠的是自己的武装力量。可是，在如何使用我们的武装力量方面，当时共产党内的认识并不一致。很多人认为，根据以往的经验，我们只有分成小股力量，才能机动灵活地打击日军。毛泽东却不这样看。他认为，八路军开进到敌后，要建立游击兵团。所谓游击兵团，按毛泽东当时的具体说法，就是 1 000 人左右，以八路军有作战经验的一两个连作为中坚，再把地方游击队和收编的新兵编入，这种游击兵团，可以独立地进行稍大一些的战斗，也可以保护一个地方不被日军全部占领，还可以独自发展扩大。各游击兵团配合起来，又可以打大一些的战役，这才能真正做到机动灵活。1938 年 3 月23 日，毛泽东在中央政治局常委会上提出了自己的这一想法，会议同意了毛泽东的意见。3 月 24 日，中央致电八路军各部，提出了组建游击兵团的具体任务。这样，八路军展开的速度就更快了，中国持久抗战的条件也更充分了。

　　抗战初期，八路军的将领习惯于依托山地打游击战，对进入平原地区打游击战有顾虑。徐向前在回忆那段日子时就说过："我们从红军时代起，就是靠山起家，靠山吃饭的，对在平原地区搞游击战争，缺乏经验，信心不足。"徐向前这些话，表达的正是当时我军高级指挥员的想法。毛泽东却从全面持久战的角度认定：八路军要想在持久抗击日军的过程中发展自己，就不能只局限于山区，而必须走向平原，发动饱受日军蹂躏的沦陷区同胞共同抗日，共产党的军队才能更迅速地壮大起来。山区打游击条件虽好，但人力、资源都有限，只有走向平原，才能获得更多的民众支持，获得更多的资源，壮大自己。同时，在平原，只要依靠人民群众，就会创造出更多的打游击的办法来。按毛泽东这一思路，我游击兵团如雨后春笋般地发展起来，平原游击战打得非常好。此后，毛泽东又进一步把目光投向我国东部和南部。他派罗炳辉到山东，和黎玉一起开创山东抗日根据地；他还指导新四军在南方开创抗日根据地。

　　1938 年 5 月 19 日，日军占领徐州。徐州失守，意味着中日战局发生了重大变化。日军的下一步行动有两种可能：一是主力转向华北，专门消灭共产党领导的武装力量；一是继续向南进攻，攻打武汉、广州。对日军动向能否作出准确判断，是我党确定战略方针的基础。同时，到徐州失守时，抗日战争已经进行了 10 个多月，各种矛盾已经充分暴露，可以认识到其规律性的东西了。毛泽东开始集中一段时间，静下心来分析时局的变化。那段时间，毛泽东会客少了。他集中精力研究来自各方面的情报，又一次到了废寝忘食的地步。据毛泽东身边的人回忆，那段时间，毛泽东白天在院子里踱步，常常因深入思考某个问题而忘记了其他。夜晚，毛泽东阅读各方面的来电，研究全国的军事局势，彻夜不眠。经过一番研究，毛泽东对战争全局作出了准确判断：日军不会马上把主力用于华北，日军进攻的目标是武汉、广州。

基于这一判断，毛泽东确定：共产党在华北开展游击战，派李井泉率骑兵开创大青山根据地。这样，就把触角更加深入到了敌后，在敌人后方纵深处牵制敌人，同时，冀中、冀热察等抗日根据地要巩固现有武装，作坚持长期游击战争的准备。

通过对我党领导的敌后战场情况的分析，和对国民党正面战场情况的分析，毛泽东开始形成了一个初步的全国持久抗战的思路，这就是：八路军、新四军在敌后要广泛发展；国民党军在正面战场要保存主力。中国能够保存和发展军事力量，是持久抗战的根本。

在保存和发展军事力量的过程中，共产党领导的军队的发展至关重要。因此，毛泽东决定，当日军向南方大举进攻时，八路军各部主力要向河北、山东的平原地区大规模进军：一二九师主力进入冀南，一二〇师主力进入冀中，一一五师师部率三四三旅进入冀鲁豫地区和山东，开辟新的根据地。按此战略方针，仅用两个月的时间，八路军、新四军就发展到18万人，一大批抗日根据地创建起来了。

面对"亡国论"和"速胜论"这两种论调，毛泽东建立了两个研究组织。有了充分的理论准备后，他决心写作《论持久战》。

● 持久战的内容

毛泽东在其著名的《论持久战》一文中，把中国人民的抗日战争喻为"犬牙交错"的战争。他透彻地分析了敌我双方在政治、军事、经济和文化等各方面的优劣，阐述了"犬牙交错"的几种形态：内线与外线，有后方与无后方，大块与小块，局部与整体，包围与反包围。毛泽东同志精当地运用了"犬牙交错"这一成语，以富有辩证哲理的分析，形象生动地巧抒胸臆，使人们明白了"长期而又广大的抗日战争，是军事、政治、经济、文化各方面'犬牙交错'的战争，这是战争史上的奇观，中华民族的壮举，惊天动地的伟业"。既驳斥了速胜论，又痛斥了亡国论，使全国人民看到了胜利的希望，增强了必胜的信心。

在《论持久战》中，毛泽东指出："中日战争不是任何别的战争，乃是半殖民地半

封建的中国和帝国主义的日本在 20 世纪 30 年代进行的一场决死的战争。"日本是一个强大的帝国主义国家,但它的侵略战争是退步的、野蛮的;中国的国力虽然比较弱,但它的反侵略战争是进步的、正义的,又有了中国共产党及其领导下的军队这种进步因素的代表。日本战争力量虽强,但它是一个小国,军力、财力都缺乏,经不起长期的战争;而中国是一个大国,地大物博,能够支持长期的战争。日本的侵略行为损害并威胁其他国家的利益,因此得不到国际的同情与援助;而中国的反侵略战争能获得世界上广泛的支持与同情。这些特点"决定了和决定着战争的持久性和最后胜利属于中国而不属于日本"。最后他得出结论:"中国会亡吗? 答复: 不会亡,最后的胜利是中国的。中国能够速胜吗? 答复: 不能速胜,抗日战争是持久战。"从而有力地批判了当时国内存在的速胜论与亡国论,为人民指明了抗日战争的正确道路。

毛泽东还指出: 这场持久战将经过三个阶段:"第一个阶段,是敌之战略进攻、我之战略防御的时期。第二个阶段,是敌之战略保守、我之准备反攻的时期。第三个阶段,是我之战略反攻、敌之战略退却的时期。"毛泽东着重指出,第二阶段是整个战争的过渡阶段,"将是中国很痛苦的时期","我们要准备付给较长的时间,要熬得过这段艰难的路程"。然而,它又是敌强我弱形势"转变的枢纽"。毛泽东强调"此阶段中我之作战形式主要是游击战,而以运动战辅助之","此阶段的战争是残酷的,地方将遇到严重的破坏。但是游击战争能够胜利"。

为了实现持久战的战略总方针,毛泽东还提出一套具体的战略方针。这就是在第一和第二阶段中主动地、灵活地、有计划地执行防御战中的进攻战,持久战中的速决战,内线作战中的外线作战;第三阶段应该是战略的反攻战。

在《论持久战》中,毛泽东还强调了"兵民是胜利之本"。他说:"武器是战争的重要的因素,但不是决定的因素,决定的因素是人不是物。""战争的伟力之最深厚的根源,存在于民众之中。"只要动员了全国老百姓,就会形成陷敌于灭顶之灾的汪洋大海,造成弥补武器落后等缺陷的补救条件,形成克服一切困难的前提。

● 持久战的启发

无论是看曾国藩的久战理论还是看毛泽东的持久战,给予我们的第一个启示就是要想战胜对手,获得成功,就要有坚韧的性格和恒心,它也是成功者的必备要素之一。

勒格森·卡伊拉仅有只够维持五天的食物，一本《圣经》和《天路历程》（他的两本宝书），一把用于防身的小斧头和一块毯子。带着这些，他急切地踏上了他的人生旅途。勒格森·卡伊拉将徒步从他的家乡尼亚萨兰（今马拉维）的村庄向北穿过东非荒原到达开罗，在那儿他可以乘船到美国，开始他的大学教育。

1958 年 10 月，勒格森只有十六七岁，他的父母也拿不准那时他的确切年龄。他的父母都是文盲，不知道美国的确切位置离他们究竟有多远。但他们还是勉强地为勒格森的旅途祈祷。对勒格森来说，他的旅途来源于一个梦想——不管多么遥远。这个梦想促使他决心要接受教育，他希望能像他心目中的英雄亚伯拉罕·林肯那样。林肯虽然出身贫寒，却成为美国著名的总统，为黑人的解放进行不懈的斗争。他要像布克·华盛顿那样打碎奴隶制度的枷锁，成为一位伟大的改革家和教育家，为他自己和他的种族带来希望和尊严。

勒格森希望能像他心目中的英雄一样改变世界，服务于全人类。不过，要想实现他的目标，他需要接受最好的教育，他知道只有在美国才能得到他所需要的教育。不要去想勒格森身上毫无分文，也没有任何办法支付船票。不要去想勒格森根本不知道他要上哪所大学，也不知他会不会被大学接受。也不要想勒格森的旅途从开罗到华盛顿有 3 000 英里之遥，途中要经过上百个部落，说着 50 多种语言，而他对此一窍不通。不要去想所有这一切。勒格森还是出发了，他必须踏上征途，他一心只想着那一片可以帮助他把握自己命运的土地，其他的一切都可以置之度外。

他并非总是这么坚定，作为一个不算大的男孩，他有时把自己的贫穷作为在学校没尽最大努力和不能成功的理由。"我只是一个穷孩子。"他曾这样对自己说，"我能做什么？"对勒格森来说，他和村里的许多朋友一样，相信居住在尼亚萨兰卡荣谷镇的穷孩子学习只是在浪费时间。后来，从传教士提供的书籍中他发现了亚伯拉罕·林肯和布克·华盛顿。他们的故事启发了他，使他重新审视了自己的生活，并且认识到接受教育是他实现梦想的第一步，于是他就有了徒步到开罗的想法。

在崎岖的非洲大地上，艰难跋涉了整整五天以后，勒格森仅仅前进了 25 英里。食物吃完了，水也快喝完了，而且他身无分文。要想继续完成后面的 2 975 英里的路程似乎是不可能了，但勒格森清楚地知道回头就是放弃，就是重新回到贫穷和无知。他对自己发誓：不到美国我誓不罢休，除非我死了。他继续前行。

有时，他同陌生人同行，但更多的时候则是孤独地步行。每到一个新的村庄他

都非常小心,因为不知道当地人是带有敌意的还是友善的。有时他找到一份工作,暂时有栖身之所,但大多数夜晚却是过着大地为床,星空为被的生活。他依靠野果和可以吃的植物维持生命,艰难的旅途生活使他变得又瘦又弱。

一次高烧使他病得很重,好心的陌生人用草药为他治疗,并给他提供了地方休息和养病。由于疲惫不堪和心灰意冷,勒格森几欲放弃。他推断说:"回家也许会比继续这似乎愚蠢的旅途和冒险更好一些。"他并未回家,而是翻开了他的两本书,读着那熟悉的语句,他又恢复了对自己目标的信心,继续前行。从他开始这次冒险旅行到1960年已经有15个月的时间了,他走了近1 000英里,到达了乌干达首都坎帕拉。此时,他的身体竟健壮起来,也有了更加明智的求生方法。他在坎帕拉待了六个月,干点儿零活,并且一有时间就到图书馆,贪婪地阅读着各种书籍。

在图书馆里他找到一本关于美国大学的指南书,其中的一张插图深深地吸引了他。那是个看上去庄重而友好的学院,坐落在湛蓝的天空下,喷泉草坪错落有致,环绕学院的群山使他想起了家乡那壮丽的山峰。

位于华盛顿佛农山区的斯卡吉特峡谷学院成为了勒格森申请的第一个具体的院校,这似乎是不可能成功的,但他决定立即给学院的主任写封信,述说自己的境况,并向学校申请希望得到奖学金。但是担心可能不被斯卡吉特接受,勒格森决定在他的微薄积蓄允许的情况下,给尽可能多的院校寄去了自己的申请。其实这大可不必,斯卡吉特的主任被这个年轻人的决心深深地感动了,不仅接受了他的申请,还向他提供了奖学金和一份工作,其工资足够用以支付他上学期间的食宿费用。勒格森向着自己的梦想又前进了一大步,但是更多的困难仍然阻挡着他的道路。

要到美国去,勒格森必须具备护照和签证,但是得到护照他必须向美国政府提供确切的出生日期证明。更糟糕的是要拿到签证,他还需证明他拥有可使他往返美国的费用。

勒格森只好再次拿起笔给他童年时起就曾教导过他的传教士写了封求助信。结果传教士们通过政府渠道帮助他很快拿到了护照。然而,勒格森还是缺少领取签证所必须拥有的那笔航空费用。勒格森并不灰心,而是继续向开罗前进,他相信自己一定能通过某种途径得到自己需要的这笔钱。正是他非常坚信这一点,他花了自己仅有的一点儿积蓄买了一双新鞋,使自己不必光着脚走进学院的大门。

几个月过去了,他勇敢的旅途事迹也渐渐广为人知。当他身无分文、筋疲力尽地到达喀土穆时，关于他的传说已经在非洲和华盛顿佛农山区广为流传了。斯卡吉特峡谷学院的学生们在当地市民的帮助下，寄给勒格森650美元，用以支付他来美国的费用。当得知这些人的慷慨帮助后，勒格森疲惫地跪在地上，满怀喜悦和感激。

1960年12月，经过两年多的行程，勒格森终于来到斯卡吉特峡谷学院。手持自己宝贵的两本书，他骄傲地跨进了学院的大门。毕业后，勒格森并没有停止自己的奋斗。他继续进行学术研究，并成为英国剑桥大学的一名政治学教授，同时还是广受尊重的权威。

勒格森出身卑微，但就像他崇拜的英雄——亚伯拉罕·林肯和布克·华盛顿那样，最终出人头地。他在世上寻求改变，成为我们人生航行中的一座壮丽的灯塔，其光芒一直为人们指引着前进的方向。

不打没有准备的仗

【原文】

凡与贼相持日久，最戒浪战。兵勇以浪战而玩，玩则疲；贼匪以浪战而猾，猾则巧。以我之疲战贼之巧，终不免有受害之一日。故余昔在营中诫诸将曰："宁可数月不开一仗，不可开仗而毫无安排算计。"

【译文】

凡是和敌人相持的时间久了，最为忌讳的就是和敌人展开游浪之战。兵士就会把游浪之战当做玩笑，玩了就会疲惫；而敌人则利用游浪之战而行狡猾，狡猾就会很灵巧。用我们的疲惫去和敌人的灵巧作战，最终会受到敌人的伤害。所以，我经常在军营中告诫部下："宁愿几个月不打一次仗，也不要到打仗的时候而没有任何安排。"

【解读】

在曾国藩看来，充足的准备是打胜仗的保证，如果没有作好充足的准备，宁愿几个月不打仗。

越王勾践就是一个众所周知的善作准备的人。起初，勾践在与吴王夫差的交战中大败，为了保存力量，勾践向吴王夫差称臣乞和。勾践，作为一个亡国之君，他除了接受这个现实，没有别的选择。怎么办？是继续做一个平民百姓，眼睁睁看着大好河山被别人占据着？还是立即发兵，夺回国土，夺回自己的尊严？勾践是明智的，他知道立即发兵换来的只能是失败，只能是更多的伤亡。可是亡国之耻是不能不报的！于是，他与民同住，与民同衣，卧薪尝胆，铭记亡国之恨，体察民情，聚敛人心。用西施麻痹夫差，换取更多的时间，这都是为什么？充分准备，为了能够成功而准备。于是，"臣民思报君之仇"，三千越甲吞下了整个吴国。十年的准备换取了一朝成功！勾践的成功只有必然。在记与忘之间，他勇敢地选择了记，在立即发兵与充分准备之间，他毅然选择了后者。这是何等的勇气！赞叹之余我们不禁感叹，要是没有长达十年的充分准备，勾践他能胜利吗？

第一次世界大战期间，同样是国家的领导者，面对德国的疯狂进攻，刚刚成立的苏维埃共和国，面临着严峻的考验！同样的问题，列宁作出了选择，割地赔款。难道列宁是丧权辱国的人吗？绝不是这样的，当时的苏维埃政府，甚至连一支正规军都没有，如何跟装备精良的德军作战？继续下去，刚成立的共和国便会像捷克、波兰一样被消灭。于是保存实力，争取时间才是关键。就是在这样一个时期里，一支强大军队慢慢形成了，在列宁的指挥下，扫平白匪，抗击德国。列宁不愧是列宁，在赞许列宁明智的同时，我们不禁要惊异，他的成功、苏维埃的成功同样是建立在充分准备的基础上。

在生活中，我们发现成功人士之所以能够获得命运更多的青睐，能在机遇来临之时牢牢地掌握命运，就是因为他们较之常人为此进行了更为漫长和充分的准备。他们像一颗颗种子，在黑暗的泥土中积蓄营养和能量，一旦听到春风的呼唤，他们就会破土而出，生长成挺拔俊秀的栋梁之才。

这就很好地解释了这样的一些问题，即：为什么有的人总能得到比别人更多的机遇？为什么面对同样的机遇有人成功了有人却失败了？为什么有些资质本来平平的人却能得到命运的垂青,而某些天资甚佳者却最终碌碌无为? 为什么成功者总显得比别人幸运等等。

这些问题的回答可归结为一句话,那就是: 机遇只偏爱那些为了事业的成功作了最充分准备的人。换句话说,只有在"万事俱备"的情况下,东风才显得珍贵和富有价值。

学会养精蓄锐

【原文】

夫战,勇气也,再而衰,三而竭,国藩于此数语,常常体念。大约用兵无他巧妙,常存有余不尽之气而已。孙仲谋之攻合肥,受创于张辽;诸葛武侯之攻陈仓,受创于郝昭,皆初气过锐,渐就衰竭之故。惟荀之拔逼阳,气已竭而复振;陆抗之拔西陵,预料城之不能遽下,而蓄养锐气,先备外援,以待内之自毙。此善于用气者也。

【译文】

战争,就是比的勇气,二次就会衰竭,三次就会竭尽,我在这里说这些话,经常念叨回味。其实用兵也没有什么巧妙的方法,只是经常保存用不完的勇气而已。孙仲谋在进攻合肥时,被张辽打败;诸葛武侯攻打陈仓时,被郝昭打败,都是因为当初锐气过盛,渐渐就衰竭的原因。只有荀攻克逼阳的时候,原本竭尽的士气又再次振作。陆抗在攻打西陵时,预料到城不能攻下,就蓄养锐气,先切断其外援,以等待其内乱而自取灭亡。这是善于用气的人。

【解读】

曾国藩认为,带兵打仗,士气很重要,而对于士气的运用则更为关键,如果对

于士气把握不准, 即使再聪明的人也会陷入失败之中。

● 诸葛亮陈仓之败

公元 228 年 12 月, 诸葛亮在第一次北伐失败后经过半年多的休整后出兵陈仓, 而曹魏方则对诸葛亮出兵陈仓的这次行动早有预料, 并提前作出了相应准备, 此战最终以诸葛亮未能攻下陈仓城, 军粮耗尽不得不退回蜀中, 在回师的过程中斩杀了前来追击的魏将王双而告收场。

当然, 诸葛亮的失败也是有原因的。据考证, 诸葛亮在攻打陈仓时, 就有人劝他不要行动, 他却极力阐明攻魏是先帝之托, 王业不可偏安, 强调 "臣鞠躬尽瘁, 死而后已, 至于成败利钝, 非臣之明所能逆睹"。于是 12 月 3 日, 诸葛亮率兵沿故道 (今陕西凤县)、散关路线进攻陈仓。

陈仓地形险要, 是蜀军伐魏的必经咽喉要道。正如诸葛亮所说, 陈仓西北是街亭, 必得此城方可进兵。魏将郝昭依托陈仓天险, 构筑了坚固的防御工事; 还在陈仓口筑起一城, 深沟高垒, 遍排鹿角, 十分严谨。先锋魏延率军猛攻数日, 仍不能破城。

为了打破僵局, 诸葛亮采取政治诱降与军事打击相结合的方针, 曾派郝昭的同乡两次向其喊话劝降, 均遭拒绝。诸葛亮自恃拥有数万精兵, 而郝昭只不过千余人马。且援军又不可能很快赶到, 于是便决定对陈仓展开强攻。

蜀军起初用云梯攻城。郝昭发射火箭烧毁云梯, 登城士兵均被烧死或摔死。蜀军继而用载重冲车攻城, 郝昭令士兵运石凿眼, 用绳子拴着石盘上下飞打, 冲车皆被打坏。蜀军又在城外搭起高架向城内射箭, 用土填堑, 企图直接登城, 郝昭则在城墙内加修一道城墙防护。蜀军改挖地道攻城, 郝昭也在城内挖地道截击。这样昼夜不停, 针锋相对激战了 20 多天, 郝昭的援军赶到, 蜀军弹尽粮绝, 只好退兵。

卷十一

廪实：
勤劳为本，商贸为道

古语有："仓廪实而知礼节，衣食足而知荣辱。"要使国富民强，百姓知礼节、晓荣辱，就应该以廪实为要，勤劳为本，商贸为道。曾国藩对此甚是推崇，所以在治军、治国、治家等方面均强调勤劳节俭，积攒财物。

勤奋节俭可带来快乐

【原文】

勤俭自持，习劳习苦，可以处乐，可以处约，此君子也。余服官二十年，不敢稍染官宦气习，饮食起居，尚守寒素家风，极俭也可，略丰也可，太丰则不敢也。凡仕宦之家，由俭入奢易，由奢返俭难，尔年尚幼，切不可贪爱奢华，不可惯习懒惰。无论大家小家、士农工商，勤苦俭约，未有不兴，骄奢倦怠，未有不败。

【译文】

勤奋节俭，学会劳动能够吃苦，可以得到快乐，能够长期坚持，这就是君子啊。我当官二十年，不敢沾染一点儿当官的习气，吃的住的，都遵守贫寒朴素的家风，很节俭也可以，稍微丰足也可以，但过于丰足就不可以了。凡是官宦人家，由节俭到奢侈容易，由奢侈到节俭就很困难了，你现在年纪很轻，千万不要贪恋奢华，不要养成懒惰的习惯。无论是大的家族还是小的家族、士农工商等行业，勤苦俭约，没有不兴盛的，骄傲奢侈，没有不败落的。

【解读】

曾国藩认为，勤俭持家能够使家业兴旺，而骄傲奢侈就会导致家业败落。通过曾国藩的这段描述我们可以看出，要做到他这一点就要学会知足常乐，能够以平常心对待自己的得失，能够抵抗诱惑。

● 勤奋节约，知足常乐

曾国藩说，勤奋节俭，学会劳动能够吃苦，可以得到快乐，能够长期坚持，这就是君子啊。实际上就是要求安于已经得到的利益、地位，知道满足，就总是快乐。知足常乐是你永远享用不尽的盛宴，有一个寓言说的就是这个道理——

从前，城里住着一位大财主，他拥有十多间店铺，乡下有几百亩出租的田地，又有一百多头牛羊，还有十多艘捕鱼船，这财主家大业大，可以说得上是腰缠万贯。在他隔壁有一间小木屋，住户的主人以理发为生，名字叫阿欢。财主各方面的生意都有掌柜帮或其他人帮忙打理，根本不用财主自己操心。财主平时穿的是绫罗绸缎，吃的是山珍海味，住的是大屋阔院，睡的是宽床高枕，盖的是罗帐锦被，但财主从来没感到快乐，他整天还为家族的产业入息不理想、赚钱太少而烦恼和唉声叹气，经常坐立不安，有时甚至饮食不思，经常睡不着，时间长了，他精神十分疲惫。而隔壁住的阿欢他三十出头仍没有妻儿，每天只能赚到几个银钱的理发钱，但也够日常的生活费用和小小开支，生活虽然过得清贫一点儿，但天天无忧无虑十分潇洒，每晚饭后便在小木屋里躺着放声地唱歌曲，直到午夜唱累了便喝一杯白开水，然后一觉睡到第二天的 9 点钟后才起床，又开始干他那快乐的理发工作。

财主可能是因为过分忧虑生意上的利润，或者因为阿欢晚上唱歌的声音太大了，让他更加难以入睡。有一天早上，财主叫掌柜过来问道："隔壁的'剃头欢'吃不饱、住不好，又没有妻儿，为什么能够这样开心，每天晚上都在唱歌呢？而我这么多钱仍快乐不起来？我真是不明白。"掌柜微笑地对财主说："因为他知足，所以他常乐！"财主听了沉默了一下便点了点头，然后对掌柜说："怎样才能够让'剃头欢'不会唱歌呢？"掌柜微笑地回应财主，说："这很容易，只要你能借给他十两银子就可以了。""行吗？不行我就扣你的人工钱。"财主带着怀疑的眼光问掌柜。"行！"掌柜很有信心地回应了财主。"那你明天就借十两银子给他，由你办理。"财主说完就走开了。

第二天中午，掌柜借口到阿欢的理发店刮胡子，跟阿欢聊了一会儿天后便特意地问："阿欢，你剃了二十多年的头，仍然赚不了钱，现在三十出头，连老婆都没有，怎么不改行去做一些小生意呢？"阿欢笑着对掌柜说："我每天只能赚'几个银钱'的理发钱，哪有本钱去做生意呢？""你想不想做生意？"掌柜很认真地问阿欢。阿欢又重复地说："我想，但的确是没有本钱！""如果你想做生意，我可以帮你向我老板借十两银子给你做本钱，利息比别人借钱的稍低一点儿。"掌柜胸有成竹地对阿欢讲。阿欢喜出望外，惊讶地问掌柜："当真吗？""绝不会假的。"掌柜斩钉截铁地说。这时，阿欢着急地追问："什么时候可以借钱给我？你快说，你快说！""明天上午就可以。"掌柜蛮有把握地说。"好吧，大丈夫一言为定，我今天帮你刮胡子的钱就不收了，以后还要请你喝酒呢！"掌柜刮完胡子后，阿欢便十分

高兴地送掌柜出到木门口，说："那我明早上去找你。""好的。"掌柜边说边走了。

这天晚上阿欢特别激动，他想：借到了这十两银子后，可以去做生意，以后赚很多的钱，有了钱可以盖房子，可以取一个妻子，以后有人做家务了，还可以让她生儿育女，传宗接代……想着，想着……这个晚上阿欢彻夜难眠，他干脆不睡觉了，一直唱歌唱到天亮。

第二天天还没亮，阿欢就到了财主店铺的门口等开门。直到 8 点多，财主的店铺开了门，他马上进去找到掌柜，掌握也很爽快地帮他办完了借款手续，然后借了十两银子给阿欢。从这天上午开始，阿欢真的不理发了，白天他连门都不开了。也就是从这个晚上开始，阿欢的小木屋再也没有了嘹亮的歌声。而财主这晚也好奇地找掌柜一起到阿欢小木屋隔壁的墙边，特地来听阿欢是否还会唱歌，当他们听了很久都没听到阿欢唱歌的声音时，就互相对视递了一个眼色，然后大笑着回去睡觉。不知道财主是因为真明白了"知足常乐"的道理，还是他妒忌阿欢快乐的心态取得了胜利？从这天晚上开始也渐渐地可以入睡了。

十天后的一个晚上，掌柜又到阿欢的小木屋里找阿欢聊天。掌柜说："阿欢，这段时间怎么没听到你唱歌呢？"阿欢苦恼地低声回答："唉！自从你借那十两银子给我之后，我真的不知道用来做什么生意才好。钱又不多，我又不懂生意行情，到期后又要归还本息，以后真是不知怎么办呢，现在真烦死我了！哪还有心情唱歌呢？""哈哈！"掌柜听了捧腹大笑，得意地走出阿欢的屋子。

这个故事就说明即使富有而不知道满足也会愁眉苦脸，但贫穷能知道满足也会变得很快乐，知足常乐是一种人生态度，更是不变的真理。

• 不要被贪欲所累

"做人要知足"，也就是说一个人在物质条件、名利地位、生活待遇上，要知足，知足才能常乐，淡泊方可明志。有些科学家，一直住着很小的房子，家里用着20 世纪五六十年代的旧家具，过着很俭朴的生活，但觉得这就够了。但也有些人则恰恰相反，他们生活上从不知足，标准能定多高就定多高，迷恋灯红酒绿，沉溺于声色犬马，这些无法实现时，甚至不惜走邪门歪道，巧取豪夺，贪污受贿。

时下，有些人总有一种无穷尽的欲求，今天吃饱了，明天就想着吃好；今天穿暖了，明天就想着穿名牌；今天有了点儿小名气，明天就想着要得到更大的名气等等，总是不满足，总是希望得到更多。当然，作为理性的人，适度追求物质和精神的享受，是可以理解的，它甚至是人类文明进步的必要条件，但若超过理性的度，变得欲壑难填，这样的人活着就会很累，哪有乐趣可言？

"知足常乐"就是要把个人欲望降到合情合理的份上，这样既无贪得无厌之罪感，也无贪而不得之心累。但要做到知足常乐，必须经常审视自己，时刻保持一种豁达乐观的积极心态，消除不切实际的各种物欲，排除不断袭来的各种诱惑，抵御想入非非的各种杂念。不以物喜，不以己悲。其实，早在一千年前，范仲淹就告诉了我们这个深刻的道理。不管外部环境如何，任何荣华富贵与得失成败都无法左右自己淡然、悠然的心境，守住知足恬适的心理堤防，做到："凡事有其自然，遇事处之泰然，得意之时安然，失意之时坦然，艰辛曲折必然，历尽沧桑悟然。"必须具有辩证唯物主义观点，用一分为二的方法看待自己的历史和当前的是是非非，多想多看有利于欢乐的人和事，对有碍快乐的人和事要本着宽宏大量、谦让包容的态度，不要让那些不快的事影响自己的心情。

能把名利得失置之度外，而凡事都能以诚相待的人一生将是快乐的。我们应从平淡的生活中去提炼体会，如：赤诚待人的那种快乐，低待遇下一如既往工作的快乐，助人为乐的快乐，一片至诚去感化恶人的快乐，热心被人误解依然如故的快乐，尽责任吃苦耐劳的快乐……因为这些"快乐"能保持住人内心的快乐，使人永远那么从容淡定。一句亲切的问候，甚至一个关切的眼神，快乐无处不有，唯有胸襟开阔的人，才能体会到。

妥协外交

【原文】

夷务本难措置，然根本不外孔子忠、信、笃、敬四字。笃者，厚也。敬者，慎也。信，只不说假话耳。然却极难。吾辈当从此字下手，今日说定之话，明日勿因小

利害而变。如必推敝处主持，亦不敢辞。祸福置之度外，但以不知夷情为大虑。沪上若有深悉洋情而又不过软媚者，请邀之来皖一行。

以正理言之，即孔子忠敬以行蛮貊之道。以阴机言之，即句践卑辱以骄吴人之法，闻前此沪上兵勇多为洋人所侮慢，自阁下带湘淮各勇到防，从无受侮之事。孔子曰能治其国家，谁敢侮之。我苟整齐严肃，百度修明，渠亦自不至无端欺凌。既不被欺凌，则处处谦逊，自无后患。柔远之道在是，自强之道亦在是。

第就各省海口论之，则外洋之通商，正与内地之盐务相同。通商系以海外之土产，行销于中华。盐务亦以海滨之场产，行销于口岸。通商始于广东，由闽、浙而江苏、而山东，以达于天津。盐务亦起于广东，由闽、浙而江苏、而山东，以达于天津；吾以"耕战"二字为国，泰西诸洋以"商战"二字为国，用兵之时，则重敛众商之费；无事之时，则曲顺众商之情。众商之所请，其国主无不应允。其公使代请于中国，必允而后已。众商请开三子口，不特便于洋商，并取其便于华商者。中外贸易，有无交通，购买外洋器物，尤属名正言顺。

【译文】

洋务很难处理，但根本问题不外是孔夫子所说的忠、信、笃、敬四个字。笃，就是淳厚；敬，慎重；信，就是不说假话。然而，做到却极难。我们该从此下手，今日说定的话，明日不能因小冲突改变。如果一定推我去主持，也不敢怠慢。是祸是福，置之度外，但不懂得洋务，这才是最大的难处。上海那里如有懂得洋务而又淳厚的人，请他来我这里一趟。

从正理上说，我们应以孔子的忠敬来与洋人相处。从机谋上讲，可以用句践卑辱的方式来对付洋人。听说上海的士兵被洋人侮辱，自你带兵从没遇到过这样的事。孔子说，能够自治的国家，谁敢侮辱。如果我们整齐严肃，百业兴盛，也就不能无端被侮辱了。想不被欺凌，就要处处廉明谦逊，自然没有什么可忧虑的。以柔致远的路是这样，自强的路也是这样。

目前根据各省沿海所开的口岸来看，和外国人进行商业活动，和内地进行盐务交易是相同的。通商可以使国外的特产，在中国畅销。盐务就是在海边生产，卖到内地的。与外国人通商是从广东开始的，由福建、浙江而到山东，最后到天津。盐务也是从广东开始的，由福建、浙江而到山东，最后到天津。我们以"农业生产"作为立国之本，对于

外国人则用"商业竞争"，等到用到兵士的时候，就要加重赋税；没有战事的时候，则顺应商业的发展。外国诸多商人的请求，都能得到他们国家领导人的支持。其派遣公使到我们这里申请，我们也只有去满足他们的要求。国内诸多商人请求开三子口，不给洋人特别的照顾，并尽量给中国商人方便。中外贸易，有无互通，购买国外的商品，都是名正言顺的。

【解读】

曾国藩外交思想的基本格局是对外妥协，以求苟安，韬光养晦，缓图发展。这种妥协态度，并非根源于他的个人品质，而是由当时中国半殖民地的历史条件决定的。正如曾国藩所说："古人之不容于物论者，不尽关心术之坏也。"

当时的中国统治阶级里，主张对西方列强进行坚决抵抗的，固然不乏其人，但始终不占主流、不占优势。在"和"与"战"的抉择上，道光和咸丰两位皇帝，总是缺乏"一定之计"。一会儿，遣兵征讨，"以彰天朝之威"，碰壁后又迁罪于主战之臣，求和受辱唯恐不速。曾国藩对此很反对，他坚决主张要守定"和议"，为中国争取和平发展的时间。

曾国藩曾有"卖国贼"的骂名，但是，历史人物的复杂性，绝不是几个字可以概括得了的。曾国藩的内心是情愿"卖国"的吗？看看他晚年倾力于洋务运动，看看他为中国的强大所做的一切，我们不难得出结论：妥协的外交，不过是韬光养晦的权宜之计，弱者生存之道。

在史学界，曾国藩的外交，多年以来一直被简单地认定为是投降、卖国的外交。"文革"以后，一些学者开始提出异议。有学者说："人们对曾国藩常用'软弱'、'妥协'、'媚外'、'投降'、'卖国'等责骂之词，未免有失公允。"他们认为曾国藩的外交，实际上是对列强的权且笼络，争取一个和平环境，速图自强，最终达到御侮的目的。认为曾国藩能正确地审时度势，知道中外实力相差悬殊，和列强硬拼，靠武力与之周旋，是不明智的，对自己未必有利。因而在特定的历史条件下，贫穷落后的弱国要生存，要反弱为强，除此韬晦之计，别无良策。

曾国藩一生，经历了两次鸦片战争所引起的中国社会大动荡，曾国藩外交思想经过这两个时期的发展，于晚年更趋成熟。

● 第一次鸦片战争，外交思想初露端倪

道光二十年，第一次鸦片战争爆发，当时曾国藩跻身于翰林院已有两年，刚入而立之年，正沉湎于程朱之学。由于清廷长期闭关锁国，国人对欧美的蓬勃发展一无所知，曾国藩同当时多数士人和官僚一样，对"英夷"是怎么一回事，是迷惑不清的。曾国藩心中还保留有自汉唐以来，中国士大夫对其他民族的鄙视心理，以对待"蛮夷"的夜郎自大态度，来看待中国近代史上的第一个大事件。

他在道光二十一年正月初十的日记中说："去年六月，英吉利豕突定海，沿海游弋。圣恩宽大，不欲遽彰天讨。命大学士琦善往广东查办，乃逆夷性同犬羊，贪求无厌。上年十二月十五，攻破沙角炮台。正月初五，又逼虎门。皇赫斯怒，通谕中外。初九，授奕山为靖逆将军，隆文、杨芳为参赞大臣。又策侍卫四人往广东，备差遣。"在这则日记中，曾国藩有许多认识不清的地方。明明是道光帝惩办了林则徐和邓廷桢，并不再禁烟，使侵略者得以横行，曾国藩却说成"圣恩宽大，不欲遽彰天讨"；明明是道光帝在侵略者提出苛刻条件后，宣布了没有丝毫军事准备、近乎儿戏的征讨令，曾国藩却赞为"皇赫斯怒"。

道光二十一年四月初一至初七，奕山在广州与敌开战，大败，最后在城头竖白旗，派广州知府余保纯向英国陆军少将行三跪九叩之大礼，呈求降书，赔付所谓"赎城费"600万两。奕山却在初八的上奏中谎报军情，将大败改为大胜，说"焚击痛剿，大挫其锋"；又称赔款为"将历年商欠清还"，称开放禁烟为"暂准其与各国一体贸易"。道光帝被蒙，大赏"有功之人"，于是"由军功升官及戴花翎、蓝翎者共二百余人"。曾国藩跟着被骗，他在家信中说："广东之事，四月十八日得捷音"，"广东事已成功"。

后来，侵略者沿海北上，先后攻占定海、宁波、镇海、乍浦、吴淞，入长江陷镇江，逼向南京。这段时期，曾国藩有些弄不明白了，他的情报依然不准确。八月初三的日记中说："广东事前已平息，近又传闻异辞。"九月十五日说："英夷在浙江滋扰日甚。"十月十九日又说："英夷之事，九月十七大胜，在福建、台湾生擒夷人一百三十二名，斩首三十二名，大快人心。"实际情况则是余步云军当时在镇江不战自溃。这年冬天，曾国藩没有听到什么消息，他说："英逆去秋在浙滋扰，冬无甚动作。"

第二年，战争又起，曾国藩在道光二十二年二月二十四日给父母的家书中说："浙江之事，闻于正月底交战，仍尔不胜。去岁所失宁波府城，定海、镇海二县城尚未收复。英夷滋扰以来，皆汉奸助之为虐。此辈食毛践土，丧尽天良，不知何日罪恶贯盈，始得聚而歼灭。"

六月十日与祖父书中，谈到吴淞的战事："逆夷海氛甚恶，现在江苏滋扰，宝山失守。官兵退缩不前，反在民间骚扰。"七月四日与父母书中谈到英人逼近南京的情况："逆夷在江苏滋扰，六月二十一日攻陷镇江，有大船数十只在大江游弋。江宁、扬州二府颇为危虑。然而天不降灾，圣人在上，故京师人心镇定。"全城文武，当此非常之变，竟"人心镇定"，一片升平气象，这些官僚，愚顽如此！当时曾国藩虽由于种种条件的限制，对前线真相了解不多，但他关心国家大事，尽其努力，较为详细地掌握了时事动态，与那些麻木的官僚形成了鲜明对比。对于前线战事的看法，曾国藩之前也被奕山等人所骗，盲目乐观了一番，后来败绩越来越多地为曾国藩所知，他对战败的原因作出了自己的分析。除"官兵退缩不前"和"将不知兵，兵不用命"的原因外，他还归罪于"汉奸助敌"。但他对那些屈膝投降的满族大员、不战自退的绿营将领，却不曾有一语谴责，也许因为曾国藩当时不过是一个无职无权的侍郎，多少有些难言之隐吧。

道光二十二年七月，清政府与英国签订了中国近代史上第一个不平等条约——《江宁条约》，即今所称《南京条约》。曾国藩当时是穆彰阿的忠实信徒，受穆彰阿影响甚深，故对西方侵略的严重后果，对"英夷"的凶恶面目和侵略本质，认识不足。加之《江宁条约》又是穆彰阿力主签订的，因此曾国藩难免有些门户之见。他也跟着认为"逆夷既已扼吭而据要害，不得不权为和戎之策，以安民而息兵"。称不平等条约的签订为"抚局已定"，并说由于条约的签订，"海疆平定以来，政简人和，雍熙如旧"。这实质上反映了当时多数中国人的麻木，对"数千年未有之强敌"缺乏起码的认识。由于战后的一时平静，曾国藩更幻想"夷人从此永不犯边，四海晏然安堵"。他未曾料到的是："安民而息兵"的"和戎之策"越是推行，越是民不得安，兵不得息。侵略者尝到甜头，岂会"永不犯边"？这一点，曾国藩在后来逐渐看清了，于是他又通过洋务运动来"师夷长技以制夷"，但妥协的外交思想始终未变。

● 第二次鸦片战争以后，外交思想日趋成熟

第二次鸦片战争断断续续打了几年，其间发生了一连串事件：咸丰七年十一月的广州失守，次年六月《天津条约》的签订，其高潮则是咸丰十年八月英法联军侵占北京，火烧圆明园，咸丰帝逃往热河等石破天惊的大事。这期间，曾国藩已是几

十万湘军的统帅、封疆大吏，朝廷的各种文报，都能及时读到。因此对当时的外患情形，知道得相当详尽，思想震动也很大。他在日记中写道："自二十六日接奉寄谕，知逆夷夺我大沽炮台，占据天津郡城。八月八日，在通州、八里桥接仗，我军复败，夷兵逼近京城仅二十余里。圣驾出狩热河，飞召外援，令鲍超带三千人进京，神魂震越，中夜涕零。"对火烧圆明园一事，他说夷人"派三百人至园子，焚外朝房，真堪发指"、"北事绝裂至此，薄海臣民，同深痛愤"。为此他上奏皇上，表示应求北援，虽然他明知这"缓不济急"，"无益于北，有损于南"，但他仍然表示："君父之难，义不反顾，成败利钝，概不复较。""主辱臣死，理所固然"。后虽由于祁门战事吃紧，北援又无济于事，并无一兵一卒北上，但曾国藩在"接到江西总局新刻的英吉利、法兰西、米利坚三国和约条款"后，"阅之，不觉呜咽"，"念夷人纵横中原，无以御之，为之忧悸"，流露出深沉的忧国爱国情感。

在第二次鸦片战争中，虽然国家民族遭受了奇耻大辱，但政治眼光颇为敏锐的曾国藩却从中窥视出西方列强并无推翻清政府之意，因而不能算做心腹之患。基于这种认识，他逐渐完善了自己的外交思想。同治元年五月初七，他在日记中记录了他与幕僚们谈论时说的话："眉生言及夷务，余以为欲制夷人，不宜在关税之多寡、礼节之恭倨上着眼。即内地民人处处媚夷、艳夷而鄙华，借夷而压华，虽极可恨可恶，而远识者尚不宜在此等处着眼。吾辈着眼之地，前乎此者，洋人十年，入京，不伤毁我宗庙社稷，目下在上海、宁波等处助我攻剿发匪，二者皆有德于我。我中国不宜忘其大者而怨其小者。欲求自强之道，总以修政事、求贤才为急务，以学做炸炮、学造轮舟等具为下手功夫。"

这段话表明，曾国藩认识到外夷尚无意推翻清王朝，当务之急，应置关税高低、崇洋风气于不顾，一心一意求自强，这完全就是一个韬光养晦、伺机再起的应变之术。应当指出的是，曾国藩这里所说的不着眼于关税的多寡，从他以后的所作所为来看，亦并非如此。因为关税关系到政府的收入，事关国家的主权，一味放弃这方面的权利，怎么能够自强呢？

● 晚年外交方针

洋务运动时期，曾国藩提出了在对外交涉中要"大事苦争，小事放松"的主张。

他指出："凡与洋人交际，小事可许者，宜示以大平恕；大事不可许者，宜始终坚持力争。若小事处处争竞，则大事或反有放松之时，不分大小，朝夕争辩，徒为彼族所轻视。"还主张与洋人交际要"恍惚似有几分痴气"，大智若愚。要"重信义，贵果决"，待洋人以一"诚"字。如此才是善处之道。

当时的中国，正"渐图自强"，必须争取到和平建设的环境，他说："苟欲捍御外侮，徐图自强，非持一二十年之久，未易收效。若在事端艰巨，畏缩不为，俟诸后人，则永无一自强之日。"为了赢得时间，应当给洋人一些甜头；但在大是大非面前，不可含混，而应据理力争。因而曾国藩在对外交涉上有积极抗争的一面，又有很大的妥协性。

曾国藩认为外国人提出的请觐、遣使、开拓传教三件事，应予以放松，尤其请觐、派遣外交使节，在中外"既已通好"的情况下，本属正常之事，不可有意把西方各国视为敌国，"以敌国之礼待之"。这样人为地树敌，不利于中国融入国际社会。这种思想，与主张闭关锁国的顽固派大不相同。他还主张在不损害百姓生计的情况下，与外国通商，"中外贸易，有无交通，购买外洋器物，尤属名正言顺"。可以说，曾国藩已具有一些"改革开放"思想，他的思想，是同时代中国读书人中最先进的。但是，弱国的"开放"，最容易损害百姓生计，因为"幼稚产业"和传统产业均易受到冲击。在这一问题上，曾国藩坚决主张"竭力相争"，"始终不可移易"。

峻法：
良好的制度和习惯能规范人的行为

面对世风日下，人心不安的状况，曾国藩主张用严格的制度来约束和规范人们的行为。只有这样，才能保证社会的安定。峻法也是曾国藩治军、安民的重要手段之一。通过实行严格的军事制度，曾国藩的湘军，取得了良好的战绩，同时，也为他在百姓中赢得了良好的声誉。

严格立法当安民

【原文】

世风既薄，人人各挟不靖之志，平居造作谣言，幸四方有事而欲为乱，稍待之以宽仁，愈嚣然自肆，白昼劫掠都市，视官长蔑如也。不治以严刑峻法，则鼠子纷起，将来无复措手之处。是以壹意残忍，冀回颓风于万一。书生岂解好杀，要以时势所迫，非是则无以锄强暴而安我孱弱之民。牧马者，去其害马者而已；牧羊者，去其扰群者而已。牧民之道，何独不然？

【译文】

当前世态风气已薄，人人都怀有不安分的心思，平时造谣惑众，希望天下大乱而去作恶为害，稍微对他们宽大仁慈些，他们就更加嚣张放肆，光天化日之下，竟然在都市抢劫，视官府不存在一样。不拿严厉的刑法处治他们，那么，坏人就会纷纷而起，将来就更无法收拾了。因此我才注意采用残酷手段，希望挽回颓唐的风气于万一。读书人哪里喜欢杀戮呢？关键是被眼前的形势所逼，不这样就无法铲除强暴，从而保护那些孱弱的百姓。放牧马群，去掉害群之马就可以了；放牧羊群，去掉捣乱的羊就可以了。治理百姓的办法，何尝不是这样呢？

【解读】

在曾国藩所处的时期，天下大乱，"人人各挟不靖之志"，"视官长蔑如也"，"稍待之以宽仁，愈嚣然自肆"。因此，他在咸丰三年刚出来办团练时，就提出了"严刑峻法"的主张。曾国藩在咸丰三年三月十二日的《严办土匪以靖地方折》中，对皇帝说明了他这一主张，并得到支持，从而严刑峻法的思想得以贯彻实施。

250

• 乱世用重典，盛世行德政

乱世用重典，盛世行德政，这是古往今来统治者留下来的至理名言。治乱世用重典是中国的一种传统文化，一种传统的精神财富，历朝历代的统治者都在讲。其来自于战国时期思想家"三国三典"的理论，即"刑新国用轻典"，治理新的国家用轻缓的刑罚，体现统治者的宽怀、大度、慈悲和对人民的人文关怀，这是为了巩固政权；"刑平国用中典"，比较平和的社会用不轻不重的刑罚；"刑乱国用重典"，对混乱的社会状态用严刑峻法，演绎成更通俗的就是"治乱世用重典"，这是普通老百姓都能理解的，也是历朝历代的统治者所推崇的，一直被继承到我们现代，成为我们国家推行"严打"政策的一个理论基础。

"乱世"是一个比较大的政治概念，指的是整个社会的政治乱、经济乱、文化乱、社会治安乱。刑法上所谓"乱世"指的是盗贼纷起，犯罪率上升，刑事犯罪很严重。这些严重的刑事犯罪是怎么发生的呢？犯罪学理论的研究表明，犯罪是一种非常复杂的社会现象，而它的发生、变化是有其本质规律的，是社会政治、经济、文化、社会环境，甚至地理、气候、人的心理、生理等各种因素综合发生作用而导致的，它不是简单的某一个原因所导致的，更不能片面地说刑罚轻了，犯罪就多了。判刑轻了，很多人犯罪，判刑重了，很多人不犯罪，犯罪学告诉我们犯罪规律不是这样的，原因很复杂。比如古人讲："饱暖思淫欲，饥寒生盗贼"，这可以用来解释某些犯罪的原因。"饥寒生盗贼"，没吃的没喝的，冬天没有御寒的衣物，就有可能去盗窃。"严打"全称为"严厉打击严重危害社会治安的犯罪分子"，是 1983 年邓小平同志提出来的。那时"文革"刚刚结束，社会比较乱，打群架、耍流氓、盗窃、抢劫等各种犯罪都比较多。小平同志说这个社会乱得不得了，人民群众不能安心工作、安心生活，就要严厉打击。具体而言叫做"抓一批、判一批、杀一批"，形成对犯罪的高压态势，来减少和控制犯罪。当时小平同志也引用了"治乱世用重典"，所以它是"严打"的理论基础。

在中国历史上的"贞观之治"是很出名的。当时有五年时间，全国的死刑犯一共有 29 人。还有一年，唐太宗李世民下令让死囚们"放假"几天，回家与家人诀别，然后回来受死，结果全都如期归来，无一潜逃。这说明德政威力之大，仁义已服人心。贞观五年，即公元 631 年，太宗盛怒之下，杀了大理寺丞张蕴古。事后不久，他即后悔不该处死张蕴古，责怪房玄龄等人没有直言规劝，也十分自责。为此他发布诏令："凡

判处死刑，虽已下令处决，必须经过五次审奏。"对死刑的复核制度就是从这次事件开始的。太宗一再指出"人死不可复生，执法宜宽大简约"。由于执法宽大简约，以仁义感化人民，在贞观之治的盛世景象中，法律有好几年时间几乎可以搁置不用。

曾国藩在做京官时期和晚年在直隶总督任上，由于国家基本太平，他的政治思想以宽柔为主：做京官时他有过"平银价、清冤狱"等主张；晚年有过赈救灾民，兴修水利工程，清理狱讼，为小民生计与洋人苦争，不深究哥老会等举措。战争期间，以严为主，严刑峻法，"莠民"血流成河，"良民"肯定也误杀不少。但这期间也有宽柔的一面，如攻陷安庆、金陵后恢复县学府学，赶修江南贡院，补行乡试，开放秦淮河，在战争最困难的时期，他仍念叨着"重农事"、"禁扰民"等劝诫。

• 为君安民之道

曾国藩早在咸丰三年便提出了"严刑峻法"的主张，他指出：君主只有严格立法惩治邪恶，才能安定百姓，这乃是为君安民之道。

民本思想，在我国有着悠久的历史。早在两千多年前，管子就提出顺民的思想，认为为人君者，每做一事，应顺民意。这是民本思想的起源。以后，民本思想进一步发展，于是有"民为贵，社稷次之，君为轻"之说。到了唐代，民本思想在李世民君臣论中得到了更大的发展，有舟水关系、鱼水关系之说，这反映了封建统治者民本思想的逐渐深化。

曾国藩深受中国传统文化的熏陶，有着强烈的民本思想。在他带兵治政的二十多年时间里，他时刻不忘"爱民"二字，尽力去实行，但由于种种客观原因的限制，曾国藩的民本爱民思想，实施起来有很大的不彻底性。

曾国藩峻法思想源自韩非的法家思想。韩非乃战国晚期的名家，是秦国名相李斯的同学，他也是中国古代法家思想的集大成者。他认为，作为君主，应该是处势、任法和用术三者并举。

关于法的概念与定义，韩非的观点很有建树："法者，编著之图籍，设之于官府，而布之于百姓者也"；"法者，事最适者也"。韩非主张，立法应当以普通老百姓的理解能力和承受能力为根据，不能以高标准为度立法，他说："仅明察之士能知之，不可以为令，夫民不尽察，仅贤者能行之，不可以为法，夫民不尽贤。"其次，还应当将法令制定得详备具体，"明主之法，必详尽事"。如同圣人之书写得简略会使弟子们争论不休一样，法令制定得简略，会导致法律的伸缩弹性，有空可钻，这不利于法律的执行。最后，法令一旦制定，就不可朝令夕改，应保持相对稳定并坚决执行，"法莫如一而固"。韩非关于"法"的论述，与当今的"有法可依，有法必依，违法必究，执法必严"有许多相通之处。韩非不愧为中国法学界的祖师。

一如先秦各家学派，法家也在试图寻求维持社会秩序的有效途径。虽然诸子求治去乱的终极目标一致，但彼此凭借的手段并不相同。儒家通过内在的道德修养，自觉地遵守礼制规范，由此形成长幼异节、上下有差的严整秩序；道家则否定伦理情感和社会规范，以另类的价值取向方式，消解人们争名逐利的欲望，从而化解天下纷争，达成无为而治；但法家是从外在的控制力量入手，以严刑峻法为威慑力量，从而造就整齐划一的社会秩序。

法家诸子基于对人性的洞悉，主张以严刑峻法治理天下国家。他们发现"人性好利，莫不自为"。法家并不像其他学派将人性追逐利益、权衡利害视做恶行而予以禁绝，他们反而要求因循人性，以大利诱导民众守法，以大害惩戒民众违法。法令是衡量人们行动的标准，合法则赏，不合则罚。法令面前，一视同仁。刑无贵贱，功不抵罪，甚至轻罪重罚，以严刑峻法威慑人们不敢越轨。君主掌控法度刑律，并借助威势、玩弄权谋以驾驭群臣，统御万民。君主上遵天道，下凭法度；臣僚秉公办事，效忠君主。在法令刑律的威慑下，君主垂拱而无为，臣僚任事而尽责，最终天下无为而治。

韩非曾指出："其法通乎人情，关乎治理也。"（《韩非子·制分》）所谓"法通人情"，就是说法令、刑律的制定，是针对人性好利而恶害的本能倾向，从而化生出奖赏与惩罚两种手段，以名利来刺激激励人的创造能力，而以刑罚来遏制限制人的越轨倾向。虽然律法具有惩戒力量而能够规范人们的行为，但律法的功能并不仅限于惩戒。法家诸子认为，律法还具备的规矩、规范一类的功能，是其协调社会行动、维护社会秩序的基础。管子对律法的本质内涵有所申述，他说："尺寸也、绳墨也、规矩也、衡石也、斗斛也、角量也，谓之法。"（《管子·七法》）就如同测量长短、权衡轻重、计算多寡的器具标准，也如同画出直线、方圆所依据的规矩准则。律法既是外在的强制性行动规范，也是人们判断是非、明辨曲直的标准和根据，故管子又说："法者，天下之仪也，所以决疑而明是非也。"（《管子·禁藏》）法是天下民众共同的行动准则和价值标准，是一切疑问、是非的判定根据，是人们的社会行为所依循的教令。

法家强调以法治国、鼓吹重刑的思想，迥异于西周以来以德治国、以礼服人的主张。法家学者认为，世道变迁，在上古人口稀少、资源丰富的时代，民风淳朴，人们能够有限遵守道德规范，而当下人口众多，资源短缺，人们在逐利本性的驱使下争名夺利，那些温文尔雅的道德与仁爱失去舞台，所以法家要求用严厉的惩戒手段予以调控。韩非就说："仁义爱惠之不足用，而严刑重罚可以治国也。"（《韩非子·六反》）唯有重刑才能使人畏惧慑服，不敢以身试法。轻刑等于无刑，只有严刑峻法，才能止奸息暴。韩非认为，严刑峻法在治国安邦的实践中具有根本性作用，他说："夫严刑重罚者，民之所恶也，而国之所以治也；哀怜百姓，轻刑罚者，民之所喜，而国之所以危也。"（《韩非子·和氏》）所以法家诸子反对减轻刑罚，认为这是乱亡之术。

此外，韩非明确提出君主也应当恪守法令。做到"不游意于法之外，不施惠于法之内，动无非法"，"功名所生，必出于官法"。韩非的任法主张含有行政规范化、依法执政的趋向。在两千多年前就产生的这种思想，在今天仍然具有指导意义。曾国藩根据依法行政的思想，还提出过"赏罚以法"，即根据韩非子法令，下臣有功则予以奖赏，有罪予以惩罚，奖惩分明，皆依法而行。这一点在封建社会里，无论君臣，都是难以做到的。因为在人治社会，领导者个人的情感因素，喜怒哀乐，直接关系到奖惩赏罚。直至今天，以言代法、权大于法的现象依然存在。

曾国藩深受韩非法家思想影响，并加以消化吸收，成为自己的思想。他认为统治者必须既有"盛德"又有"尊严"，这与韩非之处世主张是一致的。曾国藩一生所倡行的"中则治"的统治术，则更是学自韩非仁政、暴政都于国不利，"仁暴皆亡国"的思想，当然也有孔子、荀卿、子产等人类似的思想或治国经验教训的影响。

• 因势改革，大胆创新

曾国藩在动乱时期大胆地提出了"严刑峻法"之策，又设审案局，创立了"就地正法"之制，这是一种大胆的创举。

据史料记载，严刑峻法在得到了皇帝的首肯后，曾国藩就放手实施其策。他首先致信湖南各州、县官绅，要他们办好团练，对于"素行不法，惯为猾贼，造谣惑众者"，要"告之团长、族长，公开处罚，轻则治以家刑，重则置之死地！其有逃兵、逃勇，经过乡里劫掠扰乱者，格杀勿论！其中匪徒痞棍，聚众排饭，持械抢掠者，格杀勿论"！当时天下大乱，政局动荡，一般的主富户都不敢公开同会党、穷人作对，各地敢于出面办理团练的，多是一方之土豪士绅。平时他们武断乡曲，威风八面，一旦办起团练，更成为当地的土皇帝，操有生杀大权，对镇压"土匪"，他们卖命得很。所以曾国藩称赞他们"以之防土匪则有余"，他积极扶持这些人办团练，并美其名："借一方之良，锄一方之莠"。

各地团练头子对"格杀勿论"者可就地处决，其余则捆送省城。最初是全由湖南善化县审理。后来曾国藩嫌其效率太低，便在团练大臣公馆设立审案局，从重从快处理，"即寻常痞匪，光棍之类，亦加倍严惩，不复拘泥成例"，甚至已经送到善化县的人，他也强行提来杀掉。

曾国藩很早便对清朝地方官员的腐败无能心怀不满，更不信任他们，于是他决心在司法机关外设置独立的机构，自行审案。他在长沙鱼塘口自己的寓馆内设立审案局，委派候补知州刘建德、严良浚二人协助审案，"匪类解到，重则立决，轻则毙之杖下，又轻则鞭之千百"。刘、严二人对上述三种情况可独自决断。而大案要案则由此二人汇报曾国藩，由曾国藩一手经办，以"期于立办无所挂碍牵掣于其问"。案子到了曾国藩手里，就"即时讯供，即时正法，亦无所期待迁延"。为了调动地方官绅的积极性，曾国藩将过去衙门办案的办案费全部都省去，不收捆送人犯来他这里的人一分钱。同时，对被捆送者的处置，既不依照法律条文，也不需要任何证据，以捆送者的言词为据，稍加询问，立即结案。曾国藩设审案局是在咸丰三年正月下旬，到六月十二日，他即向咸丰帝奏称："臣设局以来，一经到案讯明，立予正法。计斩决百零四名，立毙杖下者二名，监毙狱中者三十一名。"在不到五个月的时间里，就杀死了137人！差不多每天杀一人！并且经他批令于各地"就地正法"者，还不在此数。如湘乡知县朱孙诒密捕串子会"会匪"92名，皆被陆续就地正法。

《宋史》上曾经记载：宋代的薛奎在成都时，有一天在大东门外设宴，城里有卫兵作乱被抓获。都监跑来向薛奎报告，薛指示就在抓获的地方处决。当时民间认为这是一项聪明的决断，干净利落，不互相牵连。迅速结案，未尝不是一个好办法。可见，这种就地正法的非常措施，其实也不是始于曾国藩。但是，大规模地实施就地正法，并把它作为一种有效手段传于后世的，在历史上，恐怕只有曾国藩一人。

在咸丰三年正月至十一月这11个月里，湖南各地会党，被曾国藩各个击破。在出兵剿匪的过程中，不知又有多少人死于刀下。"曾剃头之诨名不胫而走。"这些血

腥的镇压，使湖南全境的地方性群众斗争遭受了严重挫折，进入低潮。这为逐步恢复被太平军和会党冲乱了的社会秩序，为湖南后来成为湘军兵源与粮饷供应的重要大后方，打下了坚实的基础。这期间曾国藩的所得与所失，显然得远大于失，为了如此丰厚的收获，他是"身得残忍之名亦不敢辞"！

治军之道

【原文】

医者之治�痛，甚者必剜其腐肉而生其新肉。今日之劣弁羸兵，盖亦当之为简汰，以剜其腐者，痛加训练，以生其新者。不循此二道，则武备之弛，殆不知所底止。立法不难，行法为难。凡立一法，总须实实行之，且常常行之。

【译文】

医生治疗痈疮病人时，如果病情严重，必定剜掉他身上的腐肉，以便长出新肉。现在军中品行恶劣、体质差的士兵，也应该予以淘汰，这就好比剜去人身上的烂肉一样，然后严格训练，以早日形成新的战斗力。如果不按照上述两种办法整顿军队，则武备松弛的局面，不知到何时才能改变。立法并不难，难在实行。每制定一项法令，都要切实地实行它，并持之以恒，坚持下去。

【解说】

曾国藩是大清当之无愧的政治家、军事家。他带兵有自己独特的一套，严、勤这是当先的。作为领导者他还身体力行，一言九鼎，是我们后辈学习的榜样。

● "严"字当头，"勤"字为先

军队要以"严"字为先。曾国藩说"游勇抢奇者，假号牌入休城者，务乞立正军法,愈严愈好。若不与以猛剂,则此后葛藤愈多,整顿愈难"。这句话是非常有道理的。军队有着严明的纪律,这是众所周知的事实。

在我国古代军队里就有着严明的纪律。在《中国古代的军纪——十七条禁律五十四斩》的记载如下:

其一:闻鼓不进,闻金不止,旗举不起,旗按不伏,此谓悖军,犯者斩之。

其二:呼名不应,点时不到,违期不至,动改师律,此谓慢军,犯者斩之。

其三:夜传刁斗,怠而不报,更筹违慢,声号不明,此谓懈军,犯者斩之。

其四:多出怨言,怒其主将,不听约束,更教难制,此谓构军,犯者斩之。

其五:扬声笑语,蔑视禁约,驰突军门,此谓轻军,犯者斩之。

其六:所用兵器,弓弩绝弦,箭无羽镞,剑戟不利,旗帜凋敝,此谓欺军,犯者斩之。

其七:谣言诡语,捏造鬼神,假托梦寐,大肆邪说,蛊惑军士,此谓淫军,犯者斩之。

其八:好舌利齿,妄为是非,调拨军士,令其不和,此谓谤军,犯者斩之。

其九:所到之地,凌虐其民,如有逼淫妇女,此谓奸军,犯者斩之。

其十:窃人财物,以为己利,夺人首级,以为己功,此谓盗军,犯者斩之。

其十一:军民聚众议事,私进帐下,探听军机,此谓探军,犯者斩之。

其十二:或闻所谋,及闻号令,漏泄于外,使敌人知之,此谓背军,犯者斩之。

其十二:调用之际,结舌不应,低眉俯首,面有难色,此谓狠军,犯者斩之。

其十四:出越行伍,搀前越后,言语喧哗,不遵禁训,此谓乱军,犯者斩之。

其十五:托伤做病,以避征伐,捏伤假死,因而逃避,此谓诈军,犯者斩之。

其十六:主掌钱粮,给赏之时阿私所亲,使士卒结怨,此谓弊军,犯者斩之。

其十七:观寇不审,探贼不详,到不言到,多则言少,少则言多,此谓误军,犯者斩之!

"治军之道,以勤字为先。身勤则强,逸则病;家勤则兴,懒则衰;国勤则治,怠则乱;军勤则胜,惰则败。惰者,暮气也。""治军以勤字为先,实阅历而知其不可易。未有平日不早起,而临敌忽能早起者;未有平日不习劳,而临敌忽能习劳者;未有平日不能忍饥耐寒,而临敌能忍饥耐寒者。"这是曾国藩家书中的原话,也是其治军的砝码之一。

曾国藩还创立了做官"五到"之说,他解释道:"身到者,如做吏,则亲验命盗案,亲查乡里;治军则亲巡营垒,亲冒矢石是也。心到者,凡事苦心剖析,大条理,

小条理，终条理，先要放得开，后要括得拢是也。眼到者，着意看人，认真看公牍是也。手到者，于人之短长，事之关键，随笔写记，以备遗忘是也。口到者，于使人之事，警众之辞，既有分寸又不惮再三苦叮咛也。"这"五到"无不贯穿一个"勤"字，他以此要求别人，自己则首先做到。他曾经详细规定了一天的工作安排："每日午前于吏事军事加意，午后于饷事留意，灯后于文事注意。每日应办之事，积搁甚多，当于清早开列本日应了之事，日内了之。"

相传，陶渊明辞去彭泽令退居田园后过着自耕自种、饮酒赋诗的恬淡的生活。一天，有个少年前来向他求教，说："陶先生，我十分敬佩您渊博的学识，很想知道您少年时读书的妙法，敬请传授，晚辈不胜感激。"陶渊明听后，大笑道："天下哪有学习妙法？只有笨法，全靠下苦工夫。勤学则进，辍学则退！"陶渊明见少年并不懂他的意思，便拉着他的手来到稻田旁，指着一根苗说："你蹲在这儿，仔细看看，告诉我它是否在长高？"那少年遵嘱注视了很久，仍不见禾苗往上长，便站起来对陶渊明说："没见长啊！"陶渊明反问道："真的没见长吗？那么，矮小的禾苗是怎样变得这么高的呢？"陶渊明见少年低头不语，便进一步引导说："其实，它时刻都在生长，只是我们肉眼看不到罢了。读书学习，也是一样的道理。知识是一点一滴积累的，有时连自己也不易觉察到，但只要勤学不辍，就会积少成多。"接着，陶渊明又指着溪边的一块磨刀石问少年："那块磨刀石为何有像马鞍一样的凹面呢？""那是磨成这样的。"少年随口答道。"那它究竟是哪一天磨成这样的呢？"少年摇摇头。陶渊明说："这是我们大家天天在上面磨刀、磨镰，日积月累，年复一年，才成为这样的。学习也是如此，如果不坚持读书，每天都会有所亏欠啊。"少年恍然大悟，连忙再向陶渊明行了个大礼说："多谢先生指教，学生再也不去求什么妙法了。请先生为我留几句话。我当时时刻刻记在心上。"陶渊明欣然提笔，写道："勤学如春起之苗，不见其增，日有所长；辍学如磨刀之石，不见其损，日有所亏。"

人生的事业，就是一往无前地不断进取；世界上没有绝对成功，只有不断进步。勤奋是财富，勤奋就是不断进取、不断进步、不断提高，是实现人生理想并走向成功的力量源泉。

● 优胜劣汰之道

曾国藩说："今日之劣弁赢兵，盖亦当之为简汰，以剃其腐者，痛加训练，以生其新者。"暗含着一个优胜劣汰之道。一个军队必须要进行严格的筛选,去除那些赢弱和滥竽充数者,严格训练才能造就一支强有力的军队。

优胜劣汰是达尔文生物进化理论的核心内容。达尔文认为生物学规律影响所有生物,包括人类在内。所有生物有机体在资源有限这一情形下的数量增长都将导致生存竞争。某些生理和心理特征使个体在生存竞争中处于有利或不利地位。这些特征被选择出来,通过时间遗传下去,将在适当的时候导致新物种的出现和另一些物种的消亡。达尔文认为一切生物都有高速率增加的倾向,因此不可避免地就出现了生存竞争。各种生物都以如此高速率增加着,以致它们如果不被毁灭,则一对生物后代很快就会充满这个地球,这是一条没有例外的规律。即使生殖慢的人类,也能在 25 年间增加一倍,照这个速率计算,不到一千年,我们的后代简直就没有立脚余地了。达尔文的《物种起源》的理论直接受到了马尔萨斯在《人口论》中所持的观点,即:除非被诸如饥荒、战争、疾病或者其他因素所阻遏,人口数量是以几何级数增长的,而食物供应却以代数级增长。

世界就是一个博弈体系,不管是被动还是主动的。优胜劣汰也是一个必然之道,无论是对于大自然还是整个人类群体。为什么会这样呢?

优胜劣汰是生物进化的自然规律,自然选择理论的核心是物种变异。达尔文认为,"如果这样的变异确能发生,那么较其他个体更为优越的个体具有最好的机会以生存和繁育后代,这还有什么可怀疑的呢? 另一方面,我们可以确定,任何有害的变异,即使程度极轻微,也会遭到严重的毁灭。我把这种有利的个体差异和变异的保存,以及那些有害变异的毁灭,叫做'自然选择',或'最适者生存'"。

达尔文的进化理论并不仅限于自然界,他还将生物进化论引入到了人类社会。他说:"人和其他高等动物在精神上的差异虽然很大,但显然是一种程度上的差别而不是不同种类之间的差别……感觉、直觉、各种情感以及才能,比如爱、记忆、注意、好奇、模仿、推理等等,人引以自夸的这些东西都可以在低等动物身上找到雏形,有时甚至是处于较好地发展了的状况。"这种引用到人类社会的进化理论因为达尔文的进化学说而被称为社会进化论,有时也被称为社会达尔文主义。

其实,社会达尔文主义在达尔文的《物种起源》出版前就已经形成。黑格尔认为世界历史是人们不断增进对自己所在社会的理解的过程。在他看来,世界历史必然是一个确定的序列和进步的过程。孔德的进化论由三个阶段组成,这三个阶

段和黑格尔一样，是由帮助人类理解周围环境的主导观念界定。这三个阶段就是神学阶段、形而上学阶段和实证阶段。斯宾塞和黑格尔、孔德他们一样，也试图模仿物理学和自然科学，以致力于构建寻求社会变迁的一般规律。但他在这个方面走得如此彻底，以至于前后的其他社会科学家无人能出其右。在斯宾塞的"社会达尔文主义"中，他所称的"种族"的最小弱者将会死去，最强壮者将会生存下来并繁衍后代。而且，他们将倾向于把自身的特征遗传给下一代。"如果一个种族的病弱者习惯地生存并繁衍后代，这个种族的平均精力将会衰退；而如果由于不满足生存条件，这些病弱者死亡了，剩下来的是能够满足生存条件的，这样就会保持这个种族对生存条件的平均适应力……高出产率所导致的不仅是那些不能适应新的社会秩序形式的人的消亡，也导致了拥有新能力的新型人类的产生。"

优胜劣汰的自然规则特别受到国人的追捧。纵观中国政权更迭的历史，其实就是建立在暴力基础上的优胜劣汰的历史。"胜者为王，败者为寇"、"窃钩者诛，窃国者为诸侯"始终是中国历史推演的主旋律。

自鸦片战争以来，西方列强以坚船利炮轰开了中国闭关锁国的大门，国人更是认识到"落后就要挨打"的生物性规律。此后中国历史上一系列的运动无不是出于自救与图强的目的：洋务运动企图以技术救国，以夷制夷；戊戌变法则寄希望于变法改制，以图富强与进步；而辛亥革命则试图通过废除皇帝，以共和制来拯救中华民族；抗日战争更是表现了中国人民以不屈不挠的精神抗击外来侵略；而今天所实行的改革开放的一系列政策，强调解放生产力，奉行效率优先，也在一定意义上是出于竞争的目的，以期跻身于世界强国之林。

正因为国人对物竞天择、适者生存，大浪淘沙、优胜劣汰有太多太多的切身体验，因而，马克思主义关于唯物史观、阶级斗争和无产阶级专政等理论相较于同样是西方的自由主义学说而言，对矛盾重重、战乱不断的中国社会更具有解释力，因而，马克思主义理论在中国也就更容易被人们所接受并坚持。这也是优胜劣汰的必然结果。

● 学会选择，学会放弃

曾国藩在文中一再强调"剜其腐者，痛加训练，以生其新者"，这是一种选择，舍得放弃那些腐者也是一种美。

很多古代贤人都曾舍弃钱财和荣华富贵而归隐山林,过自己想要的生活,这是一种生活的境界。陶渊明弃官归隐田园更是大家耳熟能详的故事之一。

陶渊明年幼时,家庭衰微,八岁丧父,十二岁母病逝,与母妹三人度日。孤儿寡母,多在外祖父孟嘉家里生活。日后,他的个性、修养,都很有外祖父的遗风。外祖父家里藏书多,给他提供了阅读古籍和了解历史的条件,在学者以"庄老"为宗而黜"六经"的两晋时代,他不仅像一般的士大夫那样学了《老子》、《庄子》,而且还学了儒家的"六经"和文、史以及神话之类的"异书"。时代思潮和家庭环境的影响,使他接受了儒家和道家两种不同的思想,培养了"猛志逸四海"和"性本爱丘山"的两种不同的志趣。

陶渊明少有"猛志逸四海,骞翮思远翥"(《杂诗》)的大志,孝武帝太元十八年(393 年),他怀着"大济苍生"的愿望,任江州祭酒。当时门阀制度森严,他出身庶族,受人轻视,感到不堪吏职,"少日自解归"(《晋书·陶潜传》)。他辞职回家后,州里又来召他做主簿,他也辞谢了。

安帝隆安四年(400 年),他到荆州,投入桓玄门下做属吏。这时,桓玄正控制着长江中上游,窥伺着篡夺东晋政权的时机,他当然不肯与桓玄同流,做这个野心家的心腹。他在诗中写道:"如何舍此去,遥遥至西荆。"(《辛丑岁七月赴假还江陵夜行涂口》)对仕桓玄有悔恨之意。"久游恋所生,如何淹在滋?"(《庚子岁五月中从都还阻风于规林二首》)对俯仰由人的宦途生活,发出了深长的叹息。隆安五年冬天,他因母丧辞职回家。

元兴元年(402 年)正月,桓玄举兵与朝廷对抗,攻入建康,夺取东晋军政大权。元兴二年,桓玄在建康公开篡夺了帝位,改国号为楚,把安帝幽禁在浔阳。陶渊明在家乡躬耕自资,闭户高吟:"寝迹衡门下,邈与世相绝。顾盼莫谁知,荆扉昼常闭。"表示对桓玄称帝之事,不屑一谈。

元兴三年,建军武将军、下邳太守刘裕联合刘毅、何无忌等官吏,自京口(今江苏镇江)起兵讨桓平叛。桓玄兵败西走,把幽禁在浔阳的安帝带到江陵。陶渊明离家投到刘裕幕下任镇军参军(一说陶渊明是在刘裕攻下建康后投入其幕下)。当刘裕讨伐桓玄率兵东下时,陶渊明仿效田畴效忠东汉王朝乔装驰驱的故事,乔装私行,冒险到达建康,把桓玄挟持安帝到江陵的始末,驰报刘裕,实现了他对篡夺者抚争的意愿。他高兴极了,写诗明志:"四十无闻,斯不足畏,脂我名车,策我名骥。千里虽遥,孰敢不至!"(《荣木》第四章)刘裕打入建康后,制度上也有很多需要处理的地

方，东晋王朝的政治长期以来存在"百司废弛"的积重难返的腐化现象。经过刘裕的"以身范物"（以身作则），先以威禁（预先下威严的禁令）的整顿，"内外百官，皆肃然奉职，风俗顿改"。其性格、才干、功绩，颇有与陶侃相似的地方，陶渊明曾一度对他产生好感。但是入幕不久，看到刘裕为了排除异己，杀害了讨伐桓玄有功的刁逵全家和无罪的王愉父子。并且凭着私情，把众人认为应该杀的桓玄心腹人物王谧任为录尚书事领扬州刺史这样重要的官职。这些黑暗现象，使陶渊明感到失望。

"目倦山川异，心念山泽居"、"聊且凭化迁，终返班生庐"。紧接着陶渊明就辞职隐居，于义熙元年（405年）转入建威将军、江州刺史刘敬宣部任建威参军。三月，陶渊明奉命赴建康替刘敬宣上表辞职。刘敬宣离职后，他也随着去职了。同年秋，叔父陶逵介绍他任彭泽县令，到任81天，碰到浔阳郡派遣邮至，属吏说："当束带迎之。"他叹道："我岂能为五斗米向乡里小儿折腰？"遂授印去职。陶渊明13年的仕宦生活，以自辞彭泽县令结束。这13年，是他为实现"大济苍生"的理想抱负而不断尝试、不断失望、终至绝望的13年。最后赋《归去来兮辞》，表明与上层统治阶级决裂，不与世俗同流合污的决心。

陶渊明辞官归里，过着"躬耕自资"的生活。夫人翟氏，与他志同道合，安贫乐道，"夫耕于前，妻锄于后"，共同劳动，维持生活，与劳动人民日益接近。归田之初，生活尚可。"方宅十余亩，草屋八九间。榆柳荫后檐，桃李罗堂前。"渊明爱菊，宅边遍植菊花，"采菊东篱下，悠然见南山"至今脍炙人口。他性嗜酒，饮必醉。朋友来访，无论贵贱，只要家中有酒，必与同饮。他先醉，便对客人说："我醉欲眠卿可去。"

陶渊明在必要时刻作出了自己的选择，他放弃了做官，放弃了衣食无忧的富贵生活，但他得到了一种宁静与满足，这种满足虽然夹带着贫寒。曾国藩所说的要舍得放弃军中的劣者、羸弱者，舍得剃掉那些腐败的东西，以滋生新的东西，这是一种选择，也是值得后人认真思考的。

● 绿营积重难返

曾国藩改革军制的设想，由来已久，到办团练时已趋成熟。他移驻衡阳后，只用了五个月左右的时间，就基本实现了改制建军的目标。

清朝初期，八旗兵叱咤风云，从关外打到关内收编了明王朝吴三桂的军队，消灭了张献忠的大西政权和李自成的大顺政权，后又削平三藩之乱。"国家用以定鼎，当时劲悍无敌。"但是，执政以后，八旗子弟养尊处优，讲求享受，"积习乃坏"，不少人患有近视，八旗兵也几乎丧失战斗力。自康熙朝以后，清军主力转为以绿旗为标志的绿营。绿营是清廷削平三藩之乱后，按明代的兵制组成的、以汉人为主体的新武装。到曾国藩任京官的时期，绿营已走过百余年历程。此时的绿营，已不堪用。咸丰元年，曾国藩向新登基的咸丰帝陈述道："兵伍之情状，各省不一。漳、泉悍卒，以千百械斗为常；黔蜀冗兵，以勾结盗贼为业；其他吸食鸦片，聚开赌场，各省皆然。大抵无事则游手恣睢，有事则雇无奈之人代充，见贼则望风奔溃，贼去则杀民以邀功。"太平军起兵后，各地驻军"筋力日懈，势所必然"，往往一触即溃，甚至闻风而逃。太平军从全州到武昌一路攻城略地，都没有遇到强大的抵抗。为此江忠源感叹道："军兴以来，法玩极矣！全州以失援陷，而赴援不力者相仍；道州以弃城陷，而望风逃溃者接踵。及至岳州设防不能为旦夕之守，九江列舰不能遏水陆之冲。文武以避贼为固然，士卒以逃亡为长策。"曾国藩也说："自军兴以来二年有余，时日不为不久，糜饷不为不多，调集大兵不为不众。而往往见贼逃溃，而未闻有与之鏖战一场者。往往从后尾追，而未闻与之拦头一战者。皆以大炮鸟枪远远轰击，未闻有短兵相接，以枪把与之交锋者。"

咸丰六年，绿营兵仍在使用，但腐败之状仍没有改变。这年冬天，漳州镇总兵周天受带领绿营兵赴援浙江，阻击因内讧而与洪秀全分裂的石达开部。但是，这些兵勇均已堕落，毫无战意，唯知掳掠。当时有一段文字描述这些绿营兵很形象："最先至明镇之兵，染江南骄淫之习甚深，军中多美妇人，艳妆华服，驮以肥马，招摇过市，民咸惊讶。其所部兵勇尤为不仁，由兰溪过金华以人缙云，一路劫掠，至铅锡场，乡团大呼贼至，兵勇狂奔，遂拾其器械以杀之，并夺其辎重，将官死者马姓秦姓唐姓，勇之得免者不过十之二三，遂不能成军，其实不遇一贼耳。"这种乡团与绿营兵的相互仇杀，几乎可以使太平军不战而胜，石达开轻取处州、永康、武义等城。

曾国藩认为，绿营弊病约有三大端。

一为官气与惰气太深，"不能稍复"。他说："今大难之起，无一兵足供一战之用，实以官气太重，心窍太多。""武营习气，退缩浮滑。"

二为疏于训练，军纪败坏。他在咸丰三年六月的奏折中写道："军兴以来，官兵之退怯迁延，望风先溃，胜不相让，败不相救，种种恶习，推原其故，总由平日毫无

训练，技艺生疏，心虚胆怯所致。"

三为调遣方法不善。战事一起，不是成建制整营整军调动，而是"此营一百，彼营五十。征兵一千，则抽选数营至十数之多。其兵与兵已不相熟，而统领之将，又非本营之官。败不相救之故，半由于此"。这种调动方式是满人对汉人武装的防范心理造成的，但这种临时抽调、临时拼凑，致使"兵与兵不熟，将与将不和"，"彼营出队，此营张目而旁观，掩口而微笑。见其胜，则深妒之，恐其得赏银，恐其获保奏；见其败，则袖手不顾，虽全军覆没，亦无一人出而援手，拯救于生死呼吸之间"。

除以上三点之外，曾国藩认为绿营的弊病还有欺压文官，不听指挥；勇于私斗，怯于公战；薪饷太低，将帅又贪污克剥，军饷不够，当兵的从事"第二职业"等。

由此可见，绿营军早已积重难返，曾国藩于咸丰三年即决心另立新军的主张是正确的。

● 对绿营完全绝望，决心另立新军

根据绿营这种状况，面对强大的太平军，曾国藩断言："即有十万众在我麾下，亦将各怀二心，离心离德。居今之世，用今之兵，虽诸葛复起，未必能灭此贼！恐岳王复生，半年可以教成其武艺；孔子复生，三年不能革除其恶习。"后来，他在书信中进一步声称："国藩数年以来，痛恨绿营习气，武将自守备以上，无一人不丧尽天良。故决不用营兵，不用镇将。"

咸丰三年八月，他在衡阳给王鑫的信中第一次提出了"别树一帜"的主张。他认为，只有"尽募新勇，不杂一兵，不滥收一将"，才能"扫除陈迹，特开生面，赤地新立，或收寸效"。此后，他巧妙利用团练与官勇的相通之处，逐步变乡勇为官勇，继而创建湘军。这是曾国藩远大的战略眼光的一次表露：把团练编为官勇，再把官勇由辅助性的武装力量变成独立的自成体系的强大军队。这正是曾国藩比江忠源、胡林翼等人高明的地方，他之所以成为湘军集团的领袖，绝不是偶然的。

● 募兵制代替世兵制

绿营实行世兵制，父子相承，世代以当兵为业。绿营子弟成年后即可随营习武，称为随军余丁。营中一有空额，便可补缺，吃官粮。所以，绿营一般不从外面招募，只有余丁不足时才向外招募。

湘军属官勇性质，全部对外招募，且不时可因情况需要而增减或裁撤。在招兵标准上，曾国藩重视兵勇素质，他很欣赏戚继光的募兵标准。戚氏强调，招兵第一切记不可用城市油猾之人，应招募乡野老实之人。曾国藩积极加以仿效，主张募兵须"择年轻力壮，朴实而有农夫土气者为上，其油头滑面有市井气者，有衙门气者，概不收用"。因为"大抵山僻之民多猱悍，水乡之民多浮滑，城市多游惰之习，乡村多朴拙之夫"。所以"善用兵者好用山乡之卒，而不好用城市近水之人"。据说曾国藩在初募湘军时，每坐在招募处，看到黑黑的而又不爱说话的乡下人，便连声说"好、好"，表示可以选；如果看到城市人，或好说话的人，则"嗯、嗯"两下，表示不可选上。因此湘军，几乎无一不是农民。

这种招兵标准，其原因有二：一是山野之民大多"朴实少心窍"，易于训练成军，打仗勇敢，逃兵少；二则山野之民体格健壮，能吃苦耐劳，这与冷兵器时代对士兵体质的要求多于对士兵的知识智力要求是一致的。应当指出的是，曾国藩选将时以"简默实"者为将，与这种招兵方法在原则上是一致的。

为了加强湘军的内部团结，曾国藩招兵还注意地缘和血缘关系。所以，湘军士兵只在湖南招募，又多集中于长沙、宝庆二府，尤以湘乡县最多。初创湘军水师则全用湘乡，以图"易于合心"。军官则多为师生、故旧、亲友、族属。

在一百多年前的中国，地方封建势力很强，传统的地域观念很浓厚。这种观念所固的排外心理，也会使这种军队在一定时期内更具有一种向心的凝聚力。曾国藩利用了这点，达到了"同乡旧部，同属一属，则将士一心，于大局必有所济"的目的。

为防止士兵逃跑，曾国藩还规定应募必须出具保结，并将其邻居、父母、兄弟、子女姓名详细登记入册，使士兵不敢轻易逃跑。一旦逃跑，即可令地方官访拿，向家属逼索。这种"出具保结"的办法实际上是把民间的"保甲制度"运用到招兵，这就像一条无形的绳索，束缚着兵勇，使其不敢犯上作乱，或临阵脱逃。

● 变"兵为国有"为"兵为将有"

曾国藩改革军制，改变了清代军队的国有性质，把由清王朝直接控制、直接指挥的国家制额兵，改变成为由地方督抚和某些将领直接控制，而清廷只能间接指

挥的具有私属性质的军队。

曾国藩招兵选将，采取层层招募的办法，即大帅挑选统领，统领挑选分统，分统挑选营官，营官挑选队长，队长挑选士兵，不越级挑选。曾国藩认为这样做，"口粮虽出自公款，而勇丁感营官挑选之恩，皆若受其私惠，平日既有恩谊相许，临阵自能患难相顾"。"一营之中，指臂相连，兵勇视营、哨，营、哨官视统领，统领视大帅，皆如子弟之事其父兄焉。"

为了加强各级军官的权力，曾国藩规定，一军之权托付统领，大帅不为遥制；一营之权全付营官，统领不为遥制。这就大大加强了各级军官的相对独立性，使他们成为所在单位的绝对权威。这对提高湘军战斗力，起到了一定作用。这种统兵亲选、不越级指挥的做法并非曾国藩首创。戚继光在其《练兵实纪》中已有述及。但在晚清动荡不安的政局下，曾国藩这种改革，对后世产生了深远的影响。由于太平天国行将覆灭之际，各省绿营额兵大多土崩瓦解，湘军已成为清政府的主要军事支柱，要将其彻底裁撤已不可能，这就使曾国藩的军改措施得以延续下来，从而对后世产生影响。清末民初时期政局的混乱、军阀的发端，与曾国藩变"兵为国有"为"兵为将有"有很大关系。

曾国藩的军改，在当时的确造就了一支精干善战的军队，但却给后世带来负面影响，这对今人是有借鉴意义的。

• 湘军陆师的创建

陆师的建立最早应从咸丰三年九月（1853 年 8 月）算起。当时曾国藩已开始着手改革军制，拟定营制、营规、饷章等，决心一扫绿营积弊，同江忠源商议了练勇万人的计划，初定了湘军的规模。这年秋天，又奉创办水师之命，遂改原定训练陆师万人的计划为水陆各五千人。然而这时练成的官勇已大大超过五千人，因而不得不缩编。曾国藩提出，邹寿章、储玫躬、曾国葆、周凤山各为一营五百人不变，塔齐布、罗泽南各将两营缩编为一千五百人，其余遣散。王鑫不服，投于骆秉章门下。后又令朱恰、邹世琦、杨各声、林源恩各募一营五百人。罗泽南因年岁较大，率部一营驻衡阳。至咸丰四年正月二十八日，随曾国藩"东征"的湘军共 10 营 5000 人，陆师粗具规模。

以后随着战事发展，湘军陆师进一步扩大。咸丰五年二月二十八日，周凤山兵败樟树镇后, 江西形势危急, 八月, 吉安又为太平军攻克。曾国荃在湖南巡抚骆秉章、吉安知府黄冕的支持下, 统一指挥黄冕、周凤山所募六七千人, 号称吉安营。攻克吉安后, 曾国荃将这支部队解散, 自己也回家买田建房, 复出之后重新招募成军, 脱离了骆秉章的指挥, 成为湘军嫡系。

咸丰十年四月十八日, 左宗棠回湖南募勇, 共得 5804 人, 号曰楚军, 在景德镇一带作战。这实际上是湘军的旁系, 乃左湘军起源。此外, 以罗泽南部湘军为基础还发展了胡湘军, 在胡林翼手里得到很大发展。

● 湘军水师的创建

曾国藩的好友、高级幕僚郭嵩焘力主创建水师。当时的湖北巡抚常大悖也认识到, 欲 "制遏贼势", 应调集炮船于长江中下游, 以 "断其粮运"。曾国藩也深有同感, 他于咸丰三年十月二十四日专上《请筹备战船折》说: "该匪以舟楫为巢穴, 以掳掠为生涯, 千舸百帆, 游弋往来, 长江千里, 任其横行, 我兵无敢过而问者。前在江西, 近在湖北, 凡傍水区域, 城池莫不残毁, 口岸莫不蹂躏, 大小船只莫不掳掠, 皆因水师未备, 无可奈何。兵勇只保省城, 亦无暇兼, 顾水次, 该匪饱掠而去, 总未大受惩创。若今为保省会计, 不过数千兵勇, 即可坚守无虞; 若为全楚计, 必须多备炮船, 乃以堵剿兼施。今若带勇赴鄂省, 贼以水去, 我以陆追, 曾个能与之相遇, 又何能痛加攻剿哉? 再三思量, 总以办船为第一要务。"

在此, 曾国藩对当时战局作出了精辟的分析, 并由此得出须重视发展水师的正确结论。清廷依议, 并令两湖、四川制造战船, 买洋炮五百门。曾国藩接令后, 便与骆秉章筹划。开始, 既缺资金, 又无造船人才, 甚至连造船的木料都找不到。后来, 岳阳水师守备成名标、广西同知褚汝航来到衡阳, 带来了造船技术。不久, 从广西送来了大批木料, 曾国藩遂于衡阳设总厂, 湘潭设分厂, 由成、褚分任监督, 召集大批工匠, 日夜赶造战船。后又接受黄冕建议, 每营造十只舢板船, 便于在河湾港汊行驶, 可补大船之不足。

曾国藩对炮的质量和安装也十分讲究。当时自己造的炮, 笨重、射程短且有炸裂的危险。两三千斤的大炮还不如几百斤重的洋炮威力大。所以曾国藩不惜重金, 从广东购回大批洋炮, 经多次研试, 解决了一系列的技术难题, 安装在战船上, 从而建

成了中国当时最先进的内河水师。至咸丰四年正月底，水师炮船齐备，计有大小船只361艘。数量虽然不多，但在技术装备上大大超过太平军。水师的创建，是曾国藩得意之笔。在以后征战的岁月中，湘军虽屡有挫败，但水师基本上保持了优势。

在战斗中，曾国藩十分注重消灭太平军水师。咸丰四年十月中旬，湘军发起田家镇战役，烧断了太平军横亘于河道上的铁锁链，大败太平军水师，焚毁船只四千多艘。曾国藩在奏折中描述说："申酉之际，追至三十余里之武穴地方，乃纵火大烧，烟焰蔽天。""又三十里至龙坪，时已三更，此处贼船最多，凡烧船约四千余号，百里内外，火光烛天，皆该逆近岸所掳民船，同归浩劫。"从此，太平军水师大衰。

应宽者二，应严者二

【原文】

以精微之意，行吾威厉之事，期于死者无怨，生者知警，而后寸心乃安。待之之法，有应宽者二，有应严者二。应宽者：一则银钱慷慨大方，绝不计较，当充裕时，则数十百万掷如粪土，当穷窘时，则解囊分润，自甘困苦；一则不与争功，遇有胜仗，以全功归之，遇有保案，以优奖笼之。应严者：一则礼文疏淡，往还宜稀，书牍宜简，话不可多，情不可密；一则剖明是非，凡渠部弁勇有与官姓争讼，而适在吾辈辖境，及来诉告者，必当剖决曲直，毫不假借，请其严加惩治。应宽者，利也，名也；应严者，礼也，义也。四者兼全，而手下又有强兵，则无不可相处之悍将矣。

【译文】

用精致细微之心意，行我的威厉之事，希望死者没有任何怨言，生者知道警笛长鸣，而后我这颗心才能安宁。在法律法规上，对待他们，对理应宽大者有两种决策，理应严厉者也有两种决策。对待理应宽大者：一是慷慨地给予金钱，决不与他们计较，当宽裕时，则如粪土般给予其数十百万，当穷困窘迫之时，则应解囊分润，而自己则与民众同甘共苦；另一是不与其争功，如遇打胜仗之时，则应把全部的功劳归于他，当遇到处理好的案件，则应该加倍封赏收拢英才。对理应严厉者：一是疏淡文礼，往来理应稀薄，书牍应简洁，话也不要多说，与其友情不要太亲密；另一是辨明是非，只要是渠部那些胆敢与官府对峙的大胆之徒，而恰恰是在我辈管辖之内，当有人及时报案之时，则必须当机立断，毫不掩饰弄虚，对其严厉地加以惩治。理应宽大者，名利与名声，理应严厉者，礼数与义气。这四者全部具备了，而手下又有强兵精兵，这才是什么都可与之交往的悍将啊。

● "中则治"的统治术

曾国藩一生所倡行的"中则治"的统治术，学自韩非"仁暴皆亡国"的思想，当然也有孔子、荀卿、子产等人类似的思想或治国经验教训的影响。曾国藩曾经把"中则治"的统治术提高到哲学的高度，他在答复刘蓉的信中说："天地温厚之气始于东北，而盛于东南，此天地之盛德气也，此天地之仁气也；天地严凝之气始于西南，而盛于西北，此天地之尊严气也，此天地之义气也。斯二气者，自其后而言之，因仁以育物，则庆赏之事起；因义以正物，则刑罚之事起。"在大谈了一些哲学理论之后，他总结说："中则治，偏则乱。"

所谓"中则治，偏则乱"，是指治政者要把奖赏与刑罚、宽大与严酷二者并举，则天下治。重一轻一，则天下乱。如果一切以礼以德，宽大优柔，则民无所顾忌，积弊丛生，政令不行，这就是一味的仁政于国不利。如果一切以刑以法，严酷刚暴，则民无所感激，积怨充溢，揭竿而起，这就是一味的暴政于国不利。

"中则治"的统治术，也得益于春秋时期郑简公为政甚宽的教训，这个故事被以后的许多思想家所引用：当时郑简公为政甚宽，结果群盗蚁聚于萑苻泽，利用湖泊之险抗拒官府，最后事件越闹越大，不好收拾了，郑简公又不得不兴兵"尽杀之"，盗贼才稍微有些收敛。郑简公失之于宽在先，失之于严在后，两者均走极端，教训传之千秋。事后，郑简公才对自己的"不忍猛而宽，而卒不得不猛"后悔。这时他想起子产去世之前开导他的话："火烈，民望而畏之，故鲜死焉；水懦弱，民狎而玩之，则多死焉。故宽难。"子产是主张宽严并举，且倾向于稍严的。《左传》在叙述了这个故事后，引用孔子的话说："政宽而民慢，慢则纠之以猛。猛则民残，残则施之以宽。宽以济猛，猛以济宽，政是以和。"认为治政宜以"宽——严——宽"的方法，注意宽严的随时调剂，而不要出现过宽、过严的情形。对于这种宽严相济，

曾国藩也有自己的提法："威惠并施，刚柔互用。"

"中则治"的统治术要求宽严并举，刚柔相济：但这并不意味着二者等量齐观，按相同的比例使用。而应根据具体情况，有所侧重，但又不是完全偏重一方，使两者过于失衡。这种统治术，说起来容易，实行起来却很难，到底应是一种怎样的比例，就在于领导者的领导艺术。大致说来，乱世应以严为主，而济之以宽；盛世应以宽为主，而济之以严。

卷十三

外王：
向敌人学习是你成功的关键

曾国藩在家书中写道："英夷滋扰以来，皆汉奸助之为卢。此辈食毛践土，丧尽天良，不知何日罪恶贯盈，始得聚而歼灭。""英夷今年退出宁波，攻占乍浦，极可痛恨！"

对于强国之道，曾国藩认为"总以修政事、求贤才为急务。"对人才，曾国藩说："国家之强，以得人为强。"优秀的人要懂得辨识英才，与他们接近，向他们学习，从而不断提升自己。作为领导、统帅，要善于知人用人，如此才能使事业进展顺利，有所成效。

师夷长技以剿逆

【原文】

凡恃己之所有夸人所无者，世之常情也；忽于所习见、震于所罕见者，亦世之常情也。轮船之速，洋炮之远，在英、法则夸其所独有，在中华则震于所罕见。若能陆续购买，据为己物，在中华则见惯而不惊，在英、法，亦渐失其所恃。购成之后，访募覃思之士，智巧之匠，始而演习，继而试造，不过一二年，火轮船必为中外官民通行之物，可以剿发逆，可以勤远略。

【译文】

拿自己有的东西向没有这种东西的人炫耀，是世之常情；忽视司空见惯的，但对极少见的东西感到震惊，也是世之常情。轮船之快、洋炮射程之远，被英、法两国夸耀为独有的东西，在国内因少见而为之震惊。如能陆续购买这些轮船大炮，据为己有，那么在我们中国就会司空见惯而不至于惊奇，英、法也会逐渐失去它们所倚仗的东西。买回来之后访求那些精思聪慧的人士，机智灵巧的工匠，开始操练演习，然后尝试制造，不出一两年，火轮船一定会成为全社会通行之物，可以用来剿灭太平军，也可以为国家的长远战略服务。

【解读】

在对待太平军的问题上，曾国藩有他自己独有的一套谋虑，他善于学习西方先进的技术，善于任用贤才。在军事上，勤务军事，大力发展军工业以自强。

●师夷长技

曾国藩是魏源"师夷长技以制夷"思想和林则徐"官办船炮局"设想的忠实继

承者和切实践行者,是中国近代史上以自己的行动突破清廷的闭关锁国政策,认真向西方学习而卓有成效的一人,是19世纪60年代在中国勃然兴起的"洋务运动"的先行者和开拓者。他对加速中国近代化进程的洋务运动,作出了开创性的贡献,对中国的近代化历程产生了深远而积极的影响。以至毛泽东在年轻时"独服曾文正",晚年时,他也承认"曾国藩是地主阶级中十分厉害的人物"。

魏源比曾国藩大17岁,湖南邵南人,1857年去世,是《海国图志》一书的作者。他最先向中国人系统而科学地介绍世界各国的政治、地理、经济、人文状况,对于西方世界了解之深入,在当时的中国人中是无人能及的。他最先提出了"师夷长技以制夷"的思想,还对封建顽固势力的冥顽不化进行了尖锐的抨击。魏源提出:"欲制外夷者,必先悉夷情;欲悉夷情者,必先立译馆翻夷书。"这种新鲜思想,起到了"开风气"和启蒙的作用,成为后来洋务运动的思想起源。多年以后,曾国藩利用自己的权力和影响,做到了魏源想做但做不到的事。

曾国藩最先从战争中认识到洋人坚船利炮的威力。同治五年二三月间,他与纪泽的书信中也谈到"洋药治病,立时应验",对洋人避雷之法,"在室则束铜丝于屋顶,引雷入土,在舟则束铜丝于桅颠,引雷入水",很感兴趣。还说"洋人谓高屋长桅旗杆大树最易引雷,不可不慎"。这些在今天看来是常识的东西,在一百多年前,对中国人来说则是科学的启蒙。

同治元年五月,曾国藩就形成了成熟的洋务思想,他在日记中写道:"欲求自强之道,总以修政事、求贤才为急务,以学做炸炮、学造轮舟等具为下手功夫。但使彼之长技我皆有之,顺则报德有其具,逆则报怨亦有其具。"他主张"危急之际,不要靠别人,专靠自己,才是稳着"。因此他十分重视"自强",自强又以"学做炸炮、学造轮舟"为"下手功夫"。认为中国的落后,只是武器装备和科学技术的落后,他说:"外国技术之精,为中国所未逮。如舆图、算法、步天测海、制造机器等事,无一不与造船练兵相表里。精通其法,仿效其意,使西人擅长之事,中国皆能究知,然后可以徐图自强。"又说:"列强乃数千年未有之强敌,夷情有损于国体,师其智,有得轮船机器,仍可驯服。""有此成物,各处仿而行之,渐推渐广,以为中国自强之本。"曾国藩当时没有,也不可能想到在政治上进行深刻的变革,这是他的历史局限,是不可苛求的;任何人换到他的位置,可能也不会做得更好、更多。

● 除逆谋略

曾国藩认为学习外国的造船和洋炮之术可以剿灭太平军，毕竟这些东西在国内太平军手中是不可能有的,这些设备配上他灵活的用兵之术必然会剿灭太平军。

初战湘潭,攻击方向正确。1854 年 4 月,湘军王鑫部三千人在羊楼司遭遇太平军,大败,退入岳州。后曾国藩派炮船前往城下虚张声势,王鑫等九百人得以从中缒城逃出。太平军乘胜攻占岳州、湘阳、宁乡、湘潭,形成对长沙的夹攻之势。由于太平军过于轻敌,进攻太快,暴露出不少弱点。尤其占领湘潭的林绍璋一军,已孤军深入,表面上好似全军的精锐,实际上却成为全军最脆弱的部分。曾国藩及时抓住这个弱点,制订了集中兵力攻打湘潭的作战计划。当时在长沙城内的军事会议上,有两种意见:一是全力固守长沙,一是对太平军实行反攻。主张反攻的人在反击点上又有三种意见:一是靖港,一是宁乡,一是湘潭。会议否定了驻守长沙的意见,认为入城固守,必陷于被动,一旦失利,后果将不堪设想。会议决定攻击湘潭,因为攻湘潭即使失利,仍可退守衡州,徐图恢复,有较大回旋余地。曾国藩攻湘潭的决定无疑是对的,正好击中太平军的弱点,加之太平军主将林绍璋忠厚有余而将才不足,遂致湘潭大败,损失二万人马,锋锐尽失。曾国藩在家书中描述"湘潭大胜"的情形时说:"贼于廿七早辰刻破湘潭,即刻分股,窜至朱亭、渌口、株洲一带,掳涟江之船。廿八早塔齐布在湘潭大获胜仗,踏破贼营三座,烧毁木城一座,杀贼至六百余人。是夜贼又筑营垒,廿九日塔又大战二次,初次烧贼营二座,杀贼七百人,二次真长发老贼拼命出战,塔又大胜,杀贼千余。初一、初二皆大战,皆官兵大捷。五仗共杀贼至四千人,三日连破贼营三次,至第四日,贼不敢筑营矣。凡自贼中逃出者,皆言自广西起事以来,官兵从无此非常之胜。"

湘潭之战,是太平军起义以来的首次大败,也是湘军初期具有重大意义的胜利。这不仅仅是军事上的胜利,而且在政治上,引起了清廷对湘军的重视,曾国藩募勇成军的做法得到咸丰帝的支持,这对日后湘军的发展,产生了难以估量的政治影响。

安庆之役,一军围,三军战。曾、胡进攻安庆,一开始就采用围城打援的策略,其目的不仅限于攻陷安庆这一军事重镇,更主要的是要进行主力决战,歼灭太平军精锐陈玉成部。这一方针首先是胡林翼提出的,他说:"用兵之道,全军为上,得地次之;今日战功,破敌为大,复城镇为下。古之围者必四面无敌,又兵法十则围之。若我困敌于一隅,贼必以弱者居守,而旁轶横扰,乘我于不及之地,此危道也。然不围城则无以致贼而求战。"这里的"致贼而求战",就是调动敌人,迫其就范,最后聚而歼之的意思。

曾、胡决定用曾国荃部围城。1860 年 6 月攻陷安庆东北要地枞阳后,曾国荃乘陈玉成回援天京,进击江南大营之机,用霉变陈米千石、银数千两雇用饥民,与长夫一起开挖两道长壕,深、宽各达二丈,内壕围困安庆守军,外壕抗拒援敌。彭、杨水师封锁水道,协助围城,兼管运输。多隆阿、鲍超、李续宜三军打援。这样,打援部队在力量上大大强过围城部队,兵力分配大致是 3:1,形成一军围,三军战的局面。这一部署反映了安庆之战,湘军的重点在打援上。

1861 年 4 月,陈玉成回援安庆,天京也派来洪仁玕等率军二万来援,安庆城外展开了一场异常激烈的战斗。战线共分六层:最南一层是长江中的湘军水师,第二层是坚守安庆的太平军叶芸莱部,第三层是曾国荃围安庆的湘军,第四层是陈玉成的部队,屯于集贤关内外,第五层是清军多隆阿部,第六层是洪仁玕所率援军。形势是犬牙交错,既有包围也有反包围,内线外线层层作战。这次战役是具有决定意义的,所以双方都全力以赴。太平军的精锐之师除李秀成所部外,几乎都参加了这一战役。

湘军最终取得安庆之战的胜利,原因大致有以下几个:就湘军方面而言,一则兵力雄厚,湘军八万精锐聚集于此地;二则以逸待劳,以主待客,围城和打援的部队都有工事可守,"无绝大便宜绝不出壕作战",只在工事内"以群子火蛋打之",而一旦盯准破绽,则全力出击。这样"贼有日竭之势,我有可胜之机","此贼断无持久之道"。这一战术使湘军一直处于比较主动的地位。

就太平军方面而言,陈玉成与李秀成两人战略思想不统一。安庆是陈玉成的根据地,赴援心切,在武汉城下稍遇挫折就回援安庆。李秀成重视江浙,对安庆的作用缺乏认识,一路招兵买马,进军路线迂回曲折,致使不能按期会师,在安庆危急之际,李秀成竟无一兵一卒到达战场。而从战术上看,太平军在安庆外围的失败,是陈玉成一个错误决策造成的。由于集贤关苦战失利,洪仁玕援军败守桐城,陈玉成夹在曾国荃与多隆阿之间,腹背受敌。于是,陈玉成留八千人守集贤关,另于关外东冈岭留刘沧琳四千人,以阻击鲍超之湘军,自己则率五千余人退走桐城,企图与洪仁玕等会合后,再打回集贤关。刘沧琳部孤悬于关外,很快便被鲍超及成大吉部万余人包围,曾国荃也切断了刘沧琳与关内太平军的联系。经过 20 天的战斗,赤冈岭这座营垒被攻破。刘部多是老广西战士,即曾国藩所谓"长发老贼",战

斗力强，乃陈玉成部精锐，一直被用做先锋，陈玉成有功，多赖刘沧琳之力。刘沧琳部覆灭，标志着陈玉成军由盛转衰，安庆不复可救矣！而安庆一失，天京又不可守。可以说，刘部四千人的牺牲，成为战争全局的转折点。

剿捻中的一场空城计。1866 年 9 月至次年 2 月，曾国藩驻兵周家。11 月的一个晚上，大队湘军尚未归营，大营中仅有千余亲兵护卫，捻军突然来袭，营中亲兵惊惧不已，有些混乱了。幕府文书钱应溥急忙跟曾国藩说："现已半夜，力战肯定不行，突围恐怕危险更大。但如果我方按兵不动，泰然处之，捻军必然生疑，或许会不战自退。"曾国藩于是高卧不起，幕府人员也异常镇定。守护曾国藩的亲兵见主帅若无其事，于是也都平静下来，恢复常态。捻军本来就怀疑大营重地必有重兵把守，又见湘军如此平静，更怀疑曾国藩布有伏兵，于是徘徊不定，不敢冒进，最后匆匆撤去。

● 用人之术

曾国藩善于用人，这是出了名的。在举办洋务之时，他善于"访募覃思之士，智巧之匠"。

人才决定一切，这是亘古不变的一个事实。汉朝开国皇帝刘邦总结得到天下的原因时说："夫运筹帷幄之中，决胜千里之外，吾不如子房；镇国家、抚百姓、给饷馈、不绝粮道，吾不如萧何；连百万之众，战必胜，攻必取，吾不如韩信。三者皆人杰，吾能用之，此吾所以取天下者也。项羽有一范增而不能用，此所以为我所擒也。"

早在西周时期，太公姜尚就提出了"治国安家，得人也；亡国破家，失人也"的思想。管子从历史经验中认识到，圣王之治，"非得人者，未之尝闻"；暴王之败，"非失人者，未之尝闻"。"人，不可不务也，此天下之极也"。墨子认为，"国有贤良之士众，则国家之治厚；贤良之士寡，则国家之治薄"。诸葛亮特别强调"举贤"对于治国的重要性。他曾总结两汉兴衰治乱、用人得失的历史教训，"亲贤臣，远小人，此先汉之所以兴隆也；亲小人，远贤臣，此后汉之所以倾颓也"，并据此提出了"治国之道，务在举贤"的方针，并反复加以论述。他说："夫国危不治，民不安君，此失贤之过也。夫失贤而不危，得贤而不安，未之有也。"又说："为人择官者乱，为官择人者治，是以聘贤求士。"唐太宗李世民集前人重才思想之大成，结合自己的治国体会，提出"为政之要，唯在得人"的著名论断，这是当时对人才重要性的最高概括。朱元璋非常重视人才群体的作用。他对礼部臣僚们说："为天下者，譬如作大厦，大厦非一木所成，必聚才而后成，天下非一人独理，必选贤而后治。故为国得宝不如举贤。"清康熙皇帝的人才思想更具有经典意义。他指出："自古选贤任能，为治之大道。"所以，"致治之道，首重人才"。这些论述，从不同的侧面揭示了天下兴亡、社稷安危、国运盛衰，皆系于人才的道理，即使今天的人读起来仍觉受益匪浅。

据说，曹操在袁绍帐下时，二人有一段精彩的对话。袁问曹："若事不辑，方面何所可据？"曹反问道："足下意欲问若？"袁绍说："吾南据河，北阻燕代，兼河漠之众。南向争天下，庶可以济乎？"曹操说："吾任天下之智力，以道御之，无所不可。""任天下之智力"，真是千古胜算！

曾国藩对历史研究很深，这有助于他重视人才思想的形成。早在咸丰元年，他就向咸丰帝陈言道："今日所当讲求者，唯在用人一端耳。"他开始站在治国兴邦的高度来考虑人才问题了，指出当时京官和地方官普遍存在退缩、敷衍、不识事理、漫不经心的毛病，认为他们"但求苟安无过，不求振作有为。将来一有艰巨，国家必有乏才之患"。

他于咸丰三年出办团练，更多地接触到社会实际，发现情况比想象的还要严重："无兵不足深忧，无饷不足痛哭，独举目斯世，求一攘利不先、赴义恐后、忠愤耿耿者，不可亟得或仅得之，而又屈居卑下，往往抑郁不伸，以挫、以去、以死。"而那些遇事不敢担当，又贪婪的钻营之辈，争先恐后地往上爬，"而富贵、而名誉、而老健不死。此可为浩叹者也"。曾国藩对贤才被压抑、庸人当道的现实，感到十分激愤。

因此，他出山后就强调"欲求自强之道，总以修政事，求贤才为急务"、"国家之强，以得人为强"、"人存而后政举"、"国家大计，首重留心人才"、"用当一人而天下取，失当一人而社稷危"。后来他和胡林翼在为左宗棠说情的奏折中曾说："天下不可一日无湖南，湖南不可一日无左宗棠。"在他们看来，左宗棠可称是"用则天下取，失则社稷危"的举足轻重的人才。

咸丰十年冬，英法联军侵占北京，咸丰帝"狩猎"热河，朝廷上下乃有迁都之说。当时许多京官、地方官纷纷陈奏，几乎众口一词，以迁都为第一良策。曾国藩则认为迁都不是办法，他在书信中说："有人则秦可滦，均足自立，无人则滦失而秦亦未必得。"他又引用历史史实，进一步阐述道：

"中兴在乎得人，不在乎得地。汉迁许都而亡，晋迁金陵而存。拓跋迁云中

而兴，迁洛阳而衰。唐明皇、德宗再迁而皆振，僖宗、昭宗再迁而遂灭。宋迁临安而盛昌，金迁蔡州而沦胥。大抵有优勤之君，贤劳之臣，迁亦可保，不迁亦可保；无其君，无其臣，迁亦可危，不迁亦可危。鄙人阅历世变，但觉除得人之外，无一事可恃也。"

曾国藩说："求人之道，须如白圭之治生，如鹰隼之击物，不得不休。"白圭，战国时周人，他捕捉赚钱的时机，就如同老鹰和隼猎取食物一样迅速，且不达目的不罢休。

为此曾国藩随时都在留意人才。他的《无慢室日记》中列有"记人"一项，记录了大批或为官员、幕僚推荐，或毛遂自荐的人的名字，均附有考查的记录。他还从朝廷的京报、内参上获取信息，并将有用的信息记下，分为"闻耳"、"闻舌"、"见可"三类。

在直隶总督任上，曾国藩对人才广加延访，除专拟《劝学篇示直隶士子》一文广为传播外，还将人才"略分三等，令州县举报送省"。曾国藩与人谈话、通信时，也不忘访查人才。

每到一地，他即广为寻访、招揽当地人才。他的幕僚中，如王必达、程鸿诏、薛福成等人都是通过这个方法求得的。同治四年，他走上剿捻前线，榜列《剿捻告示四条》，其中一条便是"寻访英贤"。他指出："方今兵革不息，岂无奇才崛起？无人礼之，则弃于草泽饥寒贱隶之中；有人求之，则足为国家干城腹心之用。"宣称："淮徐一路自古多英杰之士，山左诸州亦为伟人所萃。本部堂久历行间，求贤若渴，如有救时之策，出众之技，均准来营自行呈明，察酌录用；即不收用者，亦必优给途费。""如有荐举贤才者，除赏银外，酌予保奖。借一方之人才，平一方之寇乱，生民或有苏息之日。"薛福成就是在见到告示后，呈送《上曾侯书》的。薛在这篇洋洋洒洒的万言书中，提出"养人才、广垦田、兴屯改、治捻寇、澄吏治、厚民生、筹海防、挽时变"八项建议，每条建议都附有具体的实施办法。全文条理清楚，文笔流畅，曾国藩极为赞许，立即召他面见，发现他确有内政外交的真实学问，遂不嫌其为落第秀才，当即招揽入幕，深为器重。薛亦不负所望，成为洋务运动的重要人物。以后又成为改良主义思想家、外交家，时以"巨擘"相称。

师夷之智

【原文】

师夷之智，意在明靖内奸，暗御外侮也。列强乃数千年未有之强敌。师其智，购其轮船机器，不重在剿办发逆，而重在陆续购买，据为己有。粤中猖獗，良可愤叹。夷情有损于国体，有得轮船机器，仍可驯服，则此方生灵，免遭涂炭耳。有成此物，则显以宣中国之人心，即隐以折彼族之异谋。各处仿而行之，渐推渐广，以为中国自强之本。

【译文】

学习外国之才智，意图在明面上铲除内奸，暗地里要防御外侮。外国列强是数千年从未有过的强敌。我们学习其才智，购买其轮船机器，不重在剿灭太平军之叛逆之徒，而重在陆续购买，据为己有。在广东一带，列强猖獗，令一切贤良之士愤慨叹息。外敌进攻有损我大清国体，如果有了轮船机器便可将其驯服，这样的话方可使八方百姓免受涂炭之罪。有了这些轮船机器，便可彰显中国人之心，这样也可以铲除异族的阴谋。各地仿效执行，逐渐推广，这才是中国自强之本。

【解读】

曾国藩认为，师夷长技关键在于购买轮船机器，据为己有。这在当时有其合理之处，但放在当下，自然是愚笨之举。但无论怎样，这毕竟是曾国藩自己对于国家的一种忠诚策略。

● 明靖内奸，暗御外侮

在借夷助剿问题上，曾国藩处处暗中加强对洋人的防范。名义上是整治太平

军，暗中却是对外敌的防范。

　　咸丰皇帝的同父异母弟奕䜣，宫中呼为"六爷"。当英法联军进逼北京，咸丰逃往热河时，留他守城兼清廷全权代表，同英法侵略军谈判。由于同洋人接触较多，奕䜣遂成为清廷中最早了解西方列强对华政策的人。他发现，洋人对华用兵的目的，只是为了获得政治和经济特权，并无推翻清朝政权之意，相反，洋人还可能帮助自己镇压"发捻"，维护封建秩序。他总结道："发捻交乘，心腹之害也；俄国壤地相接，有蚕食上国之志，肘腋之忧也；英国志在通商，暴虐无人理，不为限制，中国则无以自立，肢体之患也。故灭发捻为先，治俄次之，治英又次之。"因此，在《北京条约》订立后，奕䜣就提出"借俄、法兵助剿"的议案。

　　咸丰十年八月，法国专使正式表示愿协助清军镇压太平天国，提出所有该国停泊港口的船只、兵丁，悉听调遣；十月，俄国公使对奕䜣说："发逆在江南等处横行，请令中国官军于陆路进剿，俄国拨兵三四百名，在水路会击，必可得手。"清廷于是问计于曾国藩及江、浙两省巡抚。曾国藩于十一月初八复奏说："该夷（俄国）与我，向无嫌怨，其请兵船剿发逆，自非别有诡谋。康熙年间进攻台湾，曾调荷兰夹板船助剿，亦中国借资夷船之一证。"只是"皖、吴官军之单薄在陆而不在水"，未必能收"夹击之效"。当时湘军已占尽水上优势，太平军的战斗力主要在陆地上，因此他主张"奖其出兵之诚，缓其会师之期"。咸丰帝也怕"借夷助剿，流弊颇多，恐遗无穷之患"，不可贪目前之利，此事便搁置下来。

　　咸丰十一年，洪秀全对洋人许诺：一年之内不进入上海及其附近百里以内的地方。年底，李秀成移得胜之师由杭州攻向上海，英法两国悍然宣布要以武力"保卫"。于是，江苏巡抚薛焕上奏朝廷，又重提"借夷助剿"。曾国藩在同治元年二十二日的奏折中明确说："借洋兵以助守上海，共保华、洋之财则可，借洋兵以助剿苏州，代复中国之疆土则不可。"这是因为上海无险可守，曾国藩认为非两万人不能守，湘军尚无此兵力；且因苏常二州在太平军手中，无路可以进兵，唯有借助洋兵。后来曾国藩正是派出李鸿章率八千湘淮军，秘密乘坐租来的洋船赴援上海，与洋兵合力，才守住上海的。

　　当时在"助剿"的名义下，英兵驻上海，法兵驻宁波，俄国也拟派军舰前来。清廷内部如崇厚之流，主张用洋兵"直捣金陵贼"。当时奕䜣还较清醒，上奏说："若令外国带兵入内地攻剿，不仅得一处代守一处，足为中国腹心之患，即得一处焚毁一处，亦实为地方疮痍之灾。"又说，"城池竟全委于外国"，且不论"流弊滋多"，也会使外国"太觉中国无人"。曾国藩赞同他的观点，认为英法军队入内作战，无法驾驭控制。"肢体之患"一旦深入中国内地，占据要津，到时候赖着不走，可就成了"心腹之害"，正是"去了长毛，来了红毛"。因此曾国藩在奏折中对江浙士绅官员请求洋人代收南京、苏、杭等地一事，极为反感和蔑视。他把"专借洋兵"与科场上找人代笔相比，主张"中华之难，中华当之。在皇上有自强之道，不因艰虞而求助于异邦；在臣等有当尽之职，岂轻借兵而诒讥于后"？

同治元年五月，英军头目斯迪弗任职期满回国，他特意赶到裕溪口见曾国藩，要求仿照"常胜军"，建立一支 10 400 至 10 500 人的洋枪队，包打天京及江、浙各城。曾国藩对此态度十分冷淡，仅答以"须函商总理衙门定夺"，实际上是借词婉转推托，以后再也没有提这件事。

对在上海与洋兵"会剿"的李鸿章，曾国藩要求他要以湘军为主，洋兵为辅，不可喧宾夺主；要有主见，切不可受制于洋人；要表现出良好的战斗力，以不使洋人轻视"华兵"，这都是出于"既要利用洋人，又要积极防范"的考虑。

● 大力发展军工业

曾国藩在同治七年七月至九年六月这两年中，任直隶总督。这一时期，他抓紧练兵，完成对绿营兵制的彻底改造。他在洋务运动上，也是重点发展军事工业，学习造船制炮之术。

同治七年十二月中旬，曾国藩上殿陛见。慈禧开门见山地说："直隶甚是空虚，汝须好好练兵；吏治也极废弛，汝须认真整顿。"到同治九年九月二十七日的这次召见，慈禧又是见面就问："你在直隶练兵若干？"曾国藩答："臣新练三千，前任督臣官文练旧章之兵四千，共为七千。拟再练三千，合成一支。已与李鸿章商明（当时李接任直隶，曾国藩回任两江），照臣奏定章程办理。"慈禧又说："南边练兵也是最要紧的，你们好好地去办。"曾国藩说："洋人实在可虑，现在海面尚不能与之交战，惟当设法防守。臣拟在江中要紧之处修筑炮台，以防轮船。"可见他们的国防意识还是很强的。

曾国藩在练兵时，对原绿营部队实行彻底改革，完全采取湘军营制、营规、饷章等项，彻底废除绿营旧日的烦琐礼仪，荡涤官气和衙门习气，使经过训练的部队

完全割断了与绿营的一切联系。曾国藩在有生之年，完成了全国性的军事制度改革，提高了军队的作战能力。

曾国藩早就认识到洋枪洋炮的厉害，他一开始筹建水师时，就大批购置洋炮。同治元年八九月间，李秀成率十万余人围攻雨花台曾国荃大营，曾国藩十分震惊太平军"又有西洋之落地开花炮"。九月十八日沅弟来书中也说："刻下阵亡及受伤者千数百人，皆系洋枪之为害，此仇何可不报！"第二次鸦片战争中，僧格林沁的精锐骑兵在大沽口一役全军覆没的惨状，更令曾国藩震惊。

同治十年正月十二日，曾国藩上《复陈夷务折》，从中可窥见当时国防的一些情形："十八行省之中，滨海者六，滨江者三，合之奉天共为十省，皆洋船指顾可到，皆膏腴之地也。前任江苏抚臣丁日昌曾与臣言及防海之道，数省当合并办理。直隶、山东归并设防，而以直隶主政。沿海七省共练陆兵九万，少者一万，多者或二万或一万数千。沿江三省共练陆兵三万，或各统一万，或小有参差。闽者前经奏明，福州造成轮船十六号。将来沪厂亦须造十六号，各以数号为水师兵船，其余以为货船。平日租赁商贾听装货物，有事则装载陆兵，互相救援，南北江海十省，均不过数日可到。以陆兵为御敌之本，以轮船为调兵之具，海道虽极遥远，血脉仍极贯通。十省之中，主持防务者四省。枪炮、子药、米粮、杂物，四省多为存储，六省亦各有存储。一遇调兵，则各件皆由轮船运之同行。平日无事，即用轮舟载货，各省习惯而渐成自然，出洋如履庭户。洋人长于水师，断非中国所能及。至其陆军野战，则淮勇前在苏沪亦常与洋将洋兵角逐争胜，尚非不可及者。若能多练陆兵，而以轮舟装载驰援，各省举重若轻，驭远如近，似亦制敌之方，此臣妄拟规划全局之略也。"

• 以民为本

曾国藩在晚年洋务运动时期，时时以民为本。他说："夷情有损于国体，有得轮船机器，仍可驯服，则此方生灵，免遭涂炭耳。"

同治八年四月一日，曾国藩离开直隶总督府，前往永清、固安一带查阅永定河水利工程。三日给纪泽的信中记述了当时的情景："沿途天气亢旱，麦稼既已全坏，而稷粱等不能下种。吾念百姓遭此旱灾，殆无生理，不胜焦灼。"曾国藩晚年，他所期盼的"同治中兴"局面，似乎从未出现过。吏治腐败，灾患频发，百业萧条，赤地千里。饥民思乱，

"中国之赤子"，转眼之间就可能成"贼匪"。为民为国，曾国藩均不胜焦灼。

曾国藩晚年，外患更剧。西方列强利用通商条约掠夺中国资财，扩大经济侵略。曾国藩在许多涉及国计民生的大是大非问题上，与列强"苦争"，竭力抗拒，在这些问题上，可以清楚地看到他民本爱民思想的痕迹。

第二次鸦片战争结束后，英、法、俄等国逼迫中国与之签订了诸多不平等条约。有关通商的条款公布以后，曾国藩对外国商品倾销中国市场的危害性予以特别的关注。他上书主张改变以大臣"统辖江、楚、苏、浙、闽、粤六省数千里之远"，以致形成"鞭长莫及"的状况，而通过强化地方政权，以应付"自轮船入鄂以来，洋人踪迹，几遍于沿江郡县，或传教于僻壤，采茶于深山"的不利局面。对于洋人以条约为凭，恣意扩大条约以外的特权，如在中国建造铁路、私运盐米、传教于城镇乡村、"以邪教诱惑"残害愚弄中国民众等经济与政治上的入侵，曾国藩进行了坚决的抗争。他反复指出："军兴以来，中国之民久已痛深水火，加以三口、五口通商，长江通商，生计日蹙，小民困苦无告，几于倒悬。今若听洋人行盐，则市场商贩之生路穷矣；听洋人设店，则行店囤积之生路穷矣；听小轮船入内河，则大小舟船水手柁工之生路穷矣。"当他发现洋商违约私运盐米、四处贩卖后，怒责英国商务代表白齐文"所犯罪情重大，至今未将该犯交出，即系洋官袒庇之明证"。他坚决主张中国"凡立一法，出一令，期在必行"。强调此后于船只经过之处，"令洋船停泊候查，查出之后，虽洋汉亦一律严惩"。对于洋商提出的减轻关税的无理要求，曾国藩立即"批驳不行"，并建议总理衙门针对洋人"逐利居奇"的本性，善筹与洋商周旋之对策。

同治七年，当外国侵略者借修约的机会，提出在中国修筑铁路等要求时，曾国藩立即在奏折中强烈反对，他说："小轮舟、铁路等事，自洋人行之，则以外国而苴夺内地之利；自华民之附和洋人者行之，亦以豪强而占夺贫民之利，皆不可行。至于铁路、轮船、行盐、开栈等事，害我百姓生计，则当竭力相争。"认为虽然"今日中国多事，洋人方张"，我国也不能"因曲徇和议而不顾内地生民之困"。

总之，在对外交涉中，曾国藩极力为"小民生计"着想。他说："总就小民生计占之切实理论，自有颠扑不破之道。"如果洋人争辩不休，要挟多端，也要力争。"即使芳师勉强应允，而中国亿万小民穷极思变，与彼为仇，亦断非中国官员所能禁止。中国之王大臣为中国之百姓请命，不患无辞置辩，不患洋人决裂"，即使"我以救民生而司兵"，也"上可以对天地列圣，下可以对四海苍生"。

忠疑：
忠于职守使你与众不同

忠，就是无二心，是下对上；疑，就是怀疑、不放心，是上对下。曾国藩攻克太平天国后，一时功高震主，引起了清政府的猜疑。曾国藩察觉到了清廷对自己的猜忌，以主动裁湘军表示了自己的忠心。

精忠报国

【原文】

盖君子之立身，在其所处。诚内度方寸，靡所于疚，则仰对昭昭，俯视伦物，宽不怍，故冶长无愧于其师，孟博不惭于其母，彼诚有以自伸于内耳。足下朴诚淳信，守己无求，无亡之灾，翩其相戾，顾衾对影，何悔何嫌。正宜益懋醇修，未可因是而增疑虑，稍渝素衷也。国藩滥竽此间，卒亦非善。肮脏之习，本不达于时趋，而逡循之修，亦难跻于先进。独是蜎守介介，期不深负知己之望，所知惟此之兢兢耳。

【译文】

君子的处身立世之道，在于其所处。精诚可以从内心度量，内疚会委靡不振，光明磊落之时则仰观万物，俯视世间万物，内心宽大而没有任何做作，所以在老师面前便无愧，孟博在其母亲面前不会有任何的惭愧之情，他的诚心自然能够传达到他的朋友及亲邻之间。足下您朴诚淳信，克己奉公，没有任何私心，两袖清风，每当顾影自怜之时有什么可后悔的事情呢？现在正赶上益懋醇修之时，不要因为此事而徒增忧虑，稍微发泄一下自己的内心情感就够了。国藩在众臣中间只能是滥竽充数，我的士兵也不是个个善战。肮脏之习，在当前的时局下进行整治改进，也很难有所进步。我只是一个人尽自己的微薄之力，希望不要有负于众望，我所知道的只是自己一颗忠于祖国的肝胆之心而已。

【解读】

这是曾国藩自述的一段感人肺腑的箴言，他在危难时刻扛起大清复兴的担子，用一颗赤胆忠心报效祖国，为的就是不负众望。

• 为臣之道

我们前文说过，曾国藩的峻法思想源于春秋战国时期的韩非子。韩非从维护君主权威的目的出发，提出为臣守职之道，主要有四点：

一是竭诚事君。韩非主张："贤者之为人臣，北面委质，无有二心，有口不以私言，有目不以私视。"可见，韩非理想中的人臣品格，就是尽心奉上，一切服从君主的意志。但考虑到这样的臣下毕竟太少，所以韩非又说："所谓忠臣，不危其君。"这种要求就比较现实了，是多数人臣都能做到的。

二是告恶谏过。申不害说过："治不逾官，虽知弗言。"即为官只管好自己分内之事，不越职侵权，也不要揭发他人的错误。这实际上是许多恪守中庸之道、世故颇深的官吏终身所奉的法则。韩非对此批评道："治不逾官，谓之守职也可；知而弗言，是不谓过也。人主以一国目视，故视莫明焉，以一国耳听，故听莫聪焉，公知而言，则人主尚可知闻焉。"韩非主张，人臣有揭发罪恶之责，知恶不告，则与之同罪。不仅如此，人臣还应当善谏君过，"夫为人臣者，君有过则谏，谏不从，轻爵禄以待之，此人臣之礼也"。

三是循法遵令。韩非认为，下臣必须遵守法令，不得越雷池半步。他说："法者，官所师也。""人臣循令而从事，案法而治官。"在这里，法是下臣行动的唯一准则。

四是勉力职事。韩非要求，"为人臣者，譬之若手，上以修头，下以修足，清暖寒热，不得不救，剑锋及体，不敢不搏"，"在朝不敢辞贱，在军不敢辞难"。这就是说，人臣应当不畏劳苦，尽职尽责，为君主排忧解难。

以上四条为臣守职之道，曾国藩受其影响甚深。曾国藩一生恪尽职守，夙兴夜寐，直言皇上之过，弹劾枉法之官，忠诚体国，为官者之榜样。

曾国藩作为大清的臣子，时时刻刻恪守自己的职责，为君为国，他当之无愧。他宽于名利，爱惜人才。韩愈在《马说》一文中谈道：千里马一顿要吃一石小米，但养马的人不了解它是千里马，和普通马一样喂养，吃不饱则力不足，要想达到普通马的水平都不能，更不用说日行千里了。顾炎武在《日知录》中分析明末贪取之风甚烈的原因时说："今日贪取之风所以胶固于人而不可去者，以俸禄之薄无以赡其家也。"

曾国藩深明此理。他虽然一生不爱钱财，并且要求将领们不追逐名利，认为这样的人干不得大事，但他也知道"勇于事情者皆有大欲存焉"，因此还必须设法"养

廉"。他的措施归纳起来有八个字：武人给钱，文人给名。

● 忠诚为国

　　曾国藩对于大清可谓是赤胆忠心，俯首甘为孺子牛之精神。他用一颗赤忱的心恪守自己的职责，可惜的是他生不逢时，大清摇摇欲坠的江山是不可能凭他曾国藩一个人的力量撑起的。他的忠诚足以令后人汗颜。

　　岳飞的英雄事迹在民间广为流传，其中岳母刺字的故事也家喻户晓。但是岳母刺字的故事，历史上却查无依据。宋人的笔记和野史均无记载，包括岳飞的曾孙岳珂所著的《金陀革编》也没有记录。岳母刺字始见于元人所编的《宋史本传》，书云："初命何铸鞫之，飞裂裳，以背示铸，有'尽忠报国'四大字，深入肤理。"但书中未注明此四字出自岳母之手。

　　至明代中叶，岳飞的故事开始广为流传。成化年间创作的《精忠记》，也仅提及岳飞背脊有"赤心救国"字样。在嘉靖三十一年（1552年）熊大本的《武穆精忠传》记有岳飞见汤阴家乡有人因生活所迫，聚啸山林，为自勉和勉人，乃去请工匠在背上深刺"尽忠报国"四字。明末，由李梅草创，冯梦龙改定的《精忠旗传奇》称："史言飞背有'精忠报国'四大字，系飞令张宪所刺。"如若这样，"精忠报国"是岳飞成为大将后，命部将张宪刺的。

　　据史料记载，"岳母刺字"最早见于清乾隆年间，杭州钱彩评《精忠说岳》，该书第22回，回目"结义盟王佐假名，刺精忠岳母训子"。内容为，岳飞不受杨么的使者王佐之聘，其母恐日后还有不肖之徒前来勾引岳飞，倘若一时失察受惑，做出不忠之事，英名就会毁于一旦。于是祷告上苍神灵和祖宗，在岳飞背上刺了"精忠报国"四字。该书叙述岳母刺字时，先在飞脊背上，用毛笔书写，再用绣花针刺就，然后涂以醋墨，使之永不褪色。描述得具体而详细。但有些学者认为，文身刺字是一门特技，有严格的操作程序和技巧，绝非一般常人所能。岳母乃家庭妇女，不可能具有这种技艺，显然是作者按照元、明有些传记中岳飞背上有刺字的记叙，加以想象发挥、艺术加工创造的。因此，岳飞脊背上有没有刺字？所刺何字？是谁之手刺的？尚是个难解之谜。

　　在大清，还有一个忠诚为国的大臣，那就是朱一新。朱一新自幼喜欢读书，年少聪慧，才智过人，禀性耿直，性情敦厚，乐于助人。在家乡时，他常常为邻居和亲友代写书信，做些有益的事。朱一新于同治九年（1870 年）考中举人，光绪二年（1876 年）考取进士，官至御史。在任期间，亲眼目睹国家遭受帝国主义列强的侵略与凌辱，朝廷则腐败无能，丧权辱国，朱一新连连直谏，主张广开言路；反对清廷在中法战争中妥协求和，坚决主战；揭露慈禧宠信李莲英祸国殃民，反对慈禧挪用海军军费修建颐和园。后因参劾李莲英北洋阅军之事，触怒慈禧，被降为主事。朱一新忠诚为国，刚正不阿，《清史稿》称他"言论侃侃，不避贵戚"。在清廷慈禧的专制统治下，朱一新感到绝望，既然无力改变朝廷腐败局面，就决然抛弃荣华富贵，以母病为由，请准回里。

朱一新离开京师时，众多同僚亲临相送，百姓称他为"真御史"，而他自己却认为虚得直谏之名而未能得到应有的效果，始终耿耿于怀。朱一新辞官后，应两广总督张之洞礼聘去广州，先后在端溪、广雅两书院主教七年，在端溪期间又兼管星岩书院，对三个书院的管理、招生、考核等方面进行创造性的改革，既吸取传统的书院教育精华，又有新学特色。特别是在课程中改变专教应对科考的局面，摒弃时文，不开设专门对付科举考试的课程，如八股文等，设置有用之学；对西学也十分重视，提倡学习自然科学。他向学生讲述化学、光学以及农、医、军事、铁路、水利等，在他所著《无邪堂答问》中记载了他与学生共同讨论西学的过程。他将藏书阁式的"冠冕楼"建设成后人称为我国第一的具有近代性质的图书馆。他认为"冠冕楼"中的图书应该着眼于应用，在经费有限的情况下，增购大量优秀汉译西书，如：《西学大成》、《西艺新知》等等，引起全院师生对西学研究的兴趣，开阔了师生眼界，对引导学生进步、培养新一代有用人才，起了很大作用，从而为光绪二十四年（1898 年）该校正式开设西学课程奠定了基础。在当时的广雅书院已经出现新型人才，如汪鸾翔、黎佩兰等，成为国家的栋梁。

在当时的历史背景下，他自律严谨、为官清廉、意志坚强，敢于奋起与慈禧太后的腐败政权作斗争，他这种大无畏的崇高精神得到当时众多正义人士的支持和称颂。在党中央大力开展爱国主义教育和廉政建设的今天，我们回顾朱一新的一生，仍具有非常重要的现实意义。

生存之道

【原文】

持矫揉之说者，譬杞柳以为桮棬，不知性命，必致戕贼仁义，是理以逆施而不顺矣。高虚无主见者，若浮萍遇于江湖，空谈性命，不复求诸形色，是理以豕恍不顺矣。惟察之以精，私意不自蔽，私欲不自挠，惺惺常存，斯随时见其顺焉。守之以一，以不贰自惕，以不已自循，栗栗惟惧，斯终身无不顺焉。此圣人尽性立命之极，亦即中人复性命之功也夫！

【译文】

主张矫揉造作之说的人，就好像把杞柳树当成枝条编成的杯盘一样，不通晓性命之理，必然会残害仁义，使道理颠倒而不顺畅。高谈虚云妙论而无主见的人，就像江湖中的浮萍，只会空谈生存之道，不要求现实生活的多姿多彩，所以他们的生活应该是虚幻而没有任何实际的，很难顺利达到目的。只有那些留意洞察细微处者，不遮掩自己的私意，不阻挠自己的私欲，有着一颗美好善良的心，于是我们可随处见到其顺利之处。对于一件事情忠一，没有二心的自我警惕，一生都在孜孜不断地追求，害怕有悖于自己的良心，这样的人终生都会很顺利。这才是圣人们用尽毕生的心血立命所达到的至高境界，这也是人对于自身最好的交代了。

【解读】

曾国藩在此文中列举了几类人的生存之道，前两者都不可能达到自己的目标，一个是目光过于短浅，一个是虚无主义者。只有那些为了一个目标，脚踏实地，孜孜不倦追求，时时警醒自己的人才能顺利实现自己的目标，这是圣人的境界，也是我们当下人应该潜心学习的。

● 风物长宜放眼量

毛泽东的"牢骚太盛防肠断,风物长宜放眼量"是要告诫我们在现实面前不要老是抱怨,而应当把眼光放长远一点儿。

据史料,1949 年,中国共产党确定筹备召开新的政治协商会议,并及时发出了邀请各民主党派和无党派民主人士来北平商谈的电函。柳亚子接电后,即于 2 月 28 日由香港起程,3 月 18 日抵达北平。一周后,毛泽东也由石家庄来到北平,柳亚子亲临机场迎接。当晚毛泽东在颐和园举行宴会,柳亚子应邀赴宴,并即席赋诗:"民众翻身从此后,工农出路更无疑",气氛十分融洽。中共中央刚迁入北平,头绪分繁,万事待理,而由海外和国统区北上的民主人士纷至沓来,应接不暇,有些具体事照顾不过来。柳亚子出席毛泽东的宴会之后,即想往香山碧云寺拜谒孙中山的灵堂及衣冠冢,然而无车前往,颇为懊恼,于 3 月 28 日,写下了七律《事呈毛主席》诗一首:开天辟地君真健,说项依刘我大难。夺席谈经非五鹿,无车弹铗怨冯灌。头颅早悔平生贱,肝胆宁忘一寸丹。安得南征驰捷报,分湖便是子陵滩。

柳亚子在诗中以"说项依刘"自命清高,以戴凭、朱云一类"夺席谈经"者自认怀才不遇,以出无车而弹铗的冯灌表明地位待遇不高,以"头颅早悔平生贱,肝胆宁忘一寸丹"来摆老革命的架子,诗末还流露出要离开政界,准备步严于陵的后尘回江南故乡去过隐居钓鱼生活的思想。毛泽东看了诗后感到,柳亚子的这种想法和情绪,不仅对当时的统一战线工作不利,对柳亚子先生个人的形象也有影响。毛泽东一方面派人把柳亚子迁入颐和园益寿堂居住,妥善安置了他的生活起居,使他感到共产党的关怀与温暖;另一方面采取适当的方式进行耐心和诚恳的帮助。

此前不久,即 1949 年 3 月 5 日,毛泽东在中共七届二中全会的报告中论述了对党外民主人士的政策和原则,明确指出:"我党同党外民主人士长期合作的政策,必须在全党思想上和工作上确定下来。我们必须把党外大多数民主人士看成和自己的干部一样……从团结他们出发,对他们的错误和缺点进行认真的和适当的批评或斗争,达到团结他们的目的。对他们的错误和缺点采取迁就态度,是不对的。对他们采取关门态度或敷衍态度,也是不对的。"毛泽东和柳亚子是多年的诗友,于是毛泽东以诗的形式体现中共七届二中全会的精神,做柳亚子的工作。4 月 29 日,毛泽东写了七律《和柳亚子先生》一诗:饮茶粤海未能忘,索句渝州叶正黄。三十一年还旧国,落花时节读华章。牢骚太盛防肠断,风物长宜放眼量。莫道昆明

池水浅，观鱼胜过富春江。

这首诗的首联"饮茶粤海未能忘，索句渝州叶正黄"，是回忆毛泽东同柳亚子先生第一次、第二次相会的情况。第一次是1925至1926年间，毛泽东在广州主持农民运动讲习所，柳亚子到广州参加国民党的会议，两人首次相会。他们一起品茶，畅谈国家大事。这次相会给柳留下深刻印象，1941年还以"云天倘许同忧国，粤海难忘共品茶"的诗句赠给毛泽东。第二次相会是毛泽东赴重庆参加国共两党和谈，那正是"叶正黄"的秋天，柳亚子再次见到毛泽东，并在曾家岩八路军办事处与毛泽东长谈受益匪浅，曾作诗曰："与君一席肺肝语，胜我十年蚕雪功。"当时柳亚子还向毛泽东索诗，毛泽东曾手书《沁园春·雪》相赠。这一联以亲切感人的笔调唤起对方的深情厚谊和革命的激情，成为进一步沟通感情的渠道。

第二联"三十一年还旧国，落花时节读华章"，是讲毛泽东1918年9月为组织湖南青年赴法勤工俭学运动第一次来到北平，到1949年重返北平，刚好是31年。在这31年中，中国的革命形势发生了翻天覆地的变化，这些柳亚子是十分清楚的。但他却忘记了这一蓬勃发展的革命形势，在"落花时节"写给毛泽东的"华章"，过多地考虑个人的荣辱得失，这与时代是不合拍的。这联富有深意，帮助启发柳亚子的思想觉悟。

第三联"牢骚太盛防肠断，风物长宜放眼量"，是全诗的主旨，意在针对柳亚子诗中流露出来的不正确的看法和牢骚情绪，提出委婉和诚挚的规劝。毛泽东以老朋友的身份，勉励柳亚子应该把眼界放开一点儿，向远处、大处看，从革命的整体利益着眼。这联饱含着真挚的情感和精湛而透辟的哲理。

尾联"莫道昆明池水浅，观鱼胜过富春江"，是针对柳亚子原诗的中心之点而发的。毛泽东以形象的语言劝他应留在北平继续为革命工作。指出与其回到"子陵滩"过隐居生活，专事观鱼（钓鱼）自慰，何不如留在北平工作；如果烦闷，同样可以就地取景，到颐和园昆明湖去观鱼取乐。这联诚恳规劝柳亚子不要脱离政治，不要半途而废，要继续前进。

5月1日，毛泽东还乘车特地来到柳亚子居住的颐和园看望他，合影留念，并同他游览颐和园，在昆明湖上划船，两人倾心相谈。毛泽东日理万机，还抽出半天时间来看望柳亚子，使柳亚子非常感佩毛泽东，写下"风度元戎海水量"的诗句，心悦诚服地作了"昆明池水清如许，未必严光忆富江"的自我批评，不再想去"子陵滩"了。

自此以后，柳亚子以高昂的革命激情，积极投身到建设新中国的伟大事业之中，当选为全国人民代表大会常务委员会委员、中央人民政府委员、政务院文化教育委员会委员，还写了大量诗篇歌颂新中国。在新中国成立一周年的时候，他欣然填词《浣溪沙》一首：火树银花不夜天，弟兄姊妹舞翩跹，歌儿唱彻月儿圆。不是一人能领导，那容百族共骈阗，良宵盛会喜空前！

所以，在任何事情面前，我们不要一味地抱怨，而是应当把眼光放远些，这样才能成就一番大事业。

● 执著于正确的目标

我们经常看到很多表面很聪明或学历很高的人，却过着贫困的生活，而很多表面不太聪明或学历较低的人，却拥有辉煌的业绩与财富。

因为"表面"不聪明的人，学历低的人，由于知道得少，就会容易把复杂的东西，简化得非常简单，像"土狼"一样，一旦发现猎物，就会不屈不挠地只见目标，不见障碍地咬紧猎物，不达目的，誓不罢休！而"表面"很聪明或学历很高的人，因为知道得太多，就会容易把非常简单的东西复杂化，像"土鳖"一样，当发现猎物时，就会思前想后，怕东顾西，慢条斯理地行动，结果一事无成。

太爱学习但性格不坚强的人，常常会被太多的选择所干扰，从而常常会忘记自己最初承诺要达成的目标，一不留神，就会跑到另一个毫不相干的道路上，这种最典型的文化现象，在张艺谋电影《十面埋伏》和《英雄》中，表现得最突出——影片开头时，男主角信誓旦旦一定想要达成某目标，到片尾时竟"忘记了"，放弃了……

只要重复不断思考的事情，并且相信，它都可能变成真的。保证每一天、每一分、每一秒都用来思考这一个核心目标，并坚持向这一个目标行动——每天进步1%，坚信只要自己重复的次数足够多，梦想中的目标，就一定会实现！

尽性知命之旨

【原文】

阅王夫之所注张子《正蒙》，于尽性知命之旨，略有所会。盖尽其所可知者，于己，性也；听其不可知者，于天，命也。《易·系辞》"尺蠖之屈"八句，尽性也；"过此以往"四句，知命也。农夫之服田力穑，勤者有秋，散惰者歉收，性也；为稼汤世，终归礁烂，命也。爱人、治人、礼人，性也；爱之而不亲，治之而不治，礼之而不答，命也。圣人之不可及处，在尽性以至于命。尽性犹下学之事，至于命则上达矣。当尽性之时，功力已至十分，而效验或有应有不应，圣人于此淡然泊然。若知之若不知之，若着力若不着力，此中消息最难体验。若于性分当尽之事，百倍其功以赴之，而俟命之学，则以淡泊如为宗，庶几其近道乎！

【译文】

我阅读王夫之所注的张子的《正蒙》，对于张扬个性了解自身生命有了大致的体会。用自身所学，对于自己，是性命，听到我所不知之事，对于天，那是命。《周易·系辞》"尺蠖之屈"八句，都是所知道的；"过此以往"四句，这是所不知道的。农夫日夜耕作在田野里，勤快者会有所收获，懒惰者自然会歉收，这是自身奋斗的结果。在大旱三年种庄稼，怎么勤也终归庄稼焦枯绝收，这是我们所不能改变的。爱人、治人、礼人，这是我们理应做到的；爱之而不亲，治之而不治，礼之而不答，这是我们所不能做的。我们之所以无法达到圣人的境界是因为，他们都是在自己力所能及的范围内尽力往不可知处探求。对于自己会的仍有不会之处，不会的会更多。当尽性之时，功力已至十分，而当验证之时有的人做，有的人不做，圣人对于此是非常淡然的。对于知道或不知道，用力或不用力，从中体会出是非常难的。如果对于自己所学竭尽全力，用百倍的力量全力以赴，然而对于听天由命的事，则应为以淡泊为原则，有几个人达不到至高境界呢？

【解读】

这是曾国藩读王夫之所注的张子的《正蒙》所获得的心得，他强调了"知之为知之，不知为不知"的重要性，强调了淡泊名利的重要性以及后天学习的重要性。时至今日，我们读来，仍受益匪浅。

● 知之为知之，不知为不知

孔子的《论语》中说道："知之为知之，不知为不知，是知也。"意思是说，在日常生活中，知道就是知道，不知道就是不知道，这是智慧的。做学问也是这样，我们要抱着诚实的心态去学习才能有所进步。

世界著名物理学家、获诺贝尔物理学奖的美籍华人丁肇中在接受中央电视台《东方之子》采访时，曾对很多问题都表示"不知道"。他在为南航师生作学术报告时，面对同学提问又是"三问三不知"："您觉得人类在太空能找到暗物质和反物质吗？""不知道。""您觉得您从事的科学实验有什么经济价值吗？""不知道。""您能不能谈谈物理学未来20年的发展方向？""不知道。"三问三不知！这让在场的所有同学意外，但不久就赢得全场热烈的掌声。也许，一些人在说"不知道"时往往被看做是孤陋寡闻和无知的表现，但丁先生的"不知道"却体现着一种做人的谦逊和科学家治学的严谨态度，不禁令人肃然起敬。

韩愈在《师说》中，尖锐地批判了当时社会上耻于从师的陋习："惑而不从师，其为惑也，终不解矣。"

孔子认为，学习是老老实实的事，承认自己有不懂的地方，本身就是认识上的一种进步。然而，在我们身边，不懂装懂，自以为是，因羞于脸面而不敢去问的人却不在少数，而这种心理和思想就大大抑制了我们的发展，抵消了人们的才能和努力，使人们的骄傲自满心理潜滋暗长，因而就没有了"无知感"、"求知欲"，"不知"便以为"知"，这才是最可怕的无知。

然而，那些真正的学问家，因为懂得学无止境，所以总能看到自己无知的一面。孔子曾说："盖有不知而作之者，我无是也。多闻，择其善者而从之，多见而识之，知之次也。"孔子并不否认"生而知之"，但他认为自己不是这样的人。他多次谈道，他的成绩得益于虚心好学。正因为如此，孔子对于不懂装懂、夸夸其谈的行为是深

恶痛绝的。

　　有这样一个例子：有一位青年对誉满全球的大科学家爱因斯坦称自己"无知"感到大惑不解。于是他向爱因斯坦问了这个问题，爱因斯坦笑着随手拿出一张纸，在上面画了一大一小两个圆圈。然后指着大圆圈说，我的知识圈比你大，当然未知领域的接触面也比你大。

　　可见，知识越是增加，"无知感"越是强烈，这就是有成就的伟人、学者们的普遍体会。法国数学家笛卡儿说过："愈学习，愈发现自己的无知。"由此可知，如今的我们，就更应懂得学问的道理，难道我们还有理由"惑而不从师"吗？

　　人类的进化，从远古到现在，再到将来，都是人们对周围事物由"不知"到"知"的逐步完善的认识过程，过去如此，将来也是如此，所以人类的发展，既要靠有知来发现，更需要有着"无知感"的有志者去开拓。所以，我们这一代的青年，就更应该总结前人的教训，要有疑就问，有意识去问，有胆量去问。泰戈尔为自以为是的人画了这样一幅像："青烟对天空夸口，灰烬对大地夸口，都以为它们是火的兄弟。"蒙田则把真正有学问的人比喻成麦穗："当它们还是空的，它们就茁壮挺立，昂首藐视；但当它们到臻于成熟，饱含鼓胀的麦粒时，便开始低垂下来，不露锋芒。"

　　因此，只有我们有了"知之为知之，不知为不知"的意识，才能"从而师之"，才会有所发展。

● 淡泊名利

　　"淡泊名利，宁静致远"，这是许多有识之士恪守的座右铭。大千世界，芸芸众生。在茫茫人海里，又有几个人能够达到这种超凡脱俗的境界呢？于是乎，它便成为人的意识中的一种向往，一种渴望，一种历练，一种旷古绝伦的纯高意境。

　　"淡"是由三点水和两个火字组成的。俗语说，"水火不相容"。而在文字里，水与火的相容竟然形成了"淡"。不知道是"水"熄灭了"火"，还是"火"燃烧了水。就单字而言，它们是一种对立的关系。但就整字来说它们又是融为一体的。这就是矛盾的原理：任何事物有反则必有正，是具有双面性的。如果把握好其中的尺度，必然产生质的飞跃。

和其他事物一样，人生也是在矛盾中进行的。有顺则有逆，有好则有坏，有高则有低，有得则有失，有乐则有愁。正如老子所说："祸兮福之所倚，福兮祸之所伏。"如果我们把任何事情都看得淡一点儿，特别是对名利不要看得太重，只要我们在这些词语前面加上"淡淡"的字样，就会使心态平和下来，遇事有道，处变不惊，永远保持平稳的心态。

"守护淡泊"不仅要有一种心态，更要有一种韧劲。就是必须做到持之以恒。这样，才能不为权所欲，不为财所惑；不为强所畏，不为弱所折；不为美所俘，不为色所迷；不为富所骄，不为贫所移。才能使淡泊的心态得到升华，淡泊名利，宁静致远。淡泊名利是一种境界，拥有淡泊的人生是一种超脱。一个人假如有淡泊宁静的气质，那便是一种人生丰富阅历的展现。能够洞悉人生的真相，明了自然界的法则规律，显示出淡泊的一种智慧，一种成熟。

宁静淡泊，这是最高的人生品位，更是难能可贵的生命素质。"用神采奕奕的面孔去领略，用淡然恬静的神情去感知。"其实最美的人生境界都在人的意念之间，它是一种意念的体会。让我们怀着一种淡然恬静的人生心态去追求理想，实现自己的人生价值。淡泊方以明志，宁静才可致远。

卷十五
▼

荷道：
文以载道，精心敬慎

文以载道，是古人写作文章的宗旨。曾国藩为文，主张思路宏开，意义宽广，济世载道。在文风上，他以气象光明俊伟为最贵，同时亦主张文章要有阳刚之气，还应有阴柔之韵，这样才能算佳作。

文章之道

【原文】

文章之道，以气象光明俊伟为最难而可贵。如久雨初晴，登高山而望旷野；如楼俯大江，独坐明窗净几之下，而可以远眺；如英雄侠士，褐裘而来，绝无龌龊猥鄙之态。此三者皆光明俊伟之象，文中有此气象者，大抵得于天授，不尽关乎学术。自孟子、韩子而外，惟贾生及陆敬舆、苏子瞻得此气象最多，阳明之文亦有光明俊伟之象，虽辞旨不甚渊雅，而其轩爽洞达，如与晓事人语，表里粲然，中边俱彻，固自不可几及也。

【译文】

文章之道，以整体风格光明俊伟最难能可贵。就像长久下雨之后的初晴天气，登上高山。望一望无际的原野；登上高楼瞭望大江，独自一人坐在明窗净几下面远眺；英雄侠士，身着褐裘款款走来，绝没有龌龊猥鄙的神态。这三者全部是光明俊伟之象，如果文中有此气象，大都是上天的授予，而且这不仅仅关乎学术。除了孟子、韩非子外，只有贾谊及陆敬舆、苏轼文中得此气象最多，文章阳明而且具有光明俊伟之象，虽然文辞旨意不是特别的渊深高雅，然而其轩爽顺畅文理至深通达，如果跟知晓了解这些的人谈论，外表和心里都会非常高兴痛快，无论是文中还是边缘都讲解得非常透彻，所以我是远远不能赶上的啊。

【解读】

在该文中，曾国藩认为，文章之道在于其气象光明俊伟。在文中他还列举了孟子、韩非子、贾谊及陆敬舆、苏轼等人的文章，大夸文章的气象，自谦不如人家，这是文人做学问的风范所在，曾国藩不愧为一有学识和修养之人。

● 文人风范

文人是感性的。敏感、多思、固执，时而拍案而起，时而慷慨悲歌，时而喃喃细语，时而为生活之点滴而感动落泪。一叶落而知天下秋，便是文人风范之深刻铭记。

文人是善良的。善良常在的人不会是恶人。人性复杂，很难在善恶之间画一条清晰的线条，更多时候善恶只在人的一转念间，然而文人心中长存的是非观念不允许自己的随波逐流。

文人是孤寂的。此"孤寂"并非指生活中乏朋友、伴侣，而是精神境界的曲高和寡。

"众鸟高飞尽，孤云独去闲。相看两不厌，只有敬亭山。"细品此诗，想象原本"时游敬亭上，闲听松风眠"的大诗人李白何以发出如此感慨，也许，天下本无几人能解，更何况商业气息迎面扑来而古风不存之当今……"古来圣贤皆寂寞，唯有饮者留其名。"

当大文人们鲜明可爱的形象渐渐模糊，只能任后人浮光掠影般地抚念，寂寞时，何以解忧？唯有杜康。文人治国的时代是一去不复返了，当今社会需要的是理性的思考。

理性的思考不是凭空得来，而是建立在一息尚存的良心基础上，建立在博览群书的修为基础上，建立在博采众长的明辨基础上。

文人毕竟是人，除去嵇康、陶渊明等少数风骨奇高者，大多脱不了世俗功名利禄的羁绊，他们陶醉的是"春风得意马蹄疾"，追求的是策马天山、建功立业，梦想的是光耀门楣、名垂青史。身为体制中人，注定无法痛陈时弊，此风气使然也。心中长存良心与正义，无愧于天地间，则足矣。

尽管我们的力量微不足道，我们的思考甚至可能是非理性的，但写出来总比不写好。哪怕成为众人口诛笔伐的靶子，对国家、对民族、对社会而言，也是一种努力。虽为沧海一粟，再小的力量也是一种支持，更何况细流成水、汇流成河、万涓成海。

学界泰斗季羡林不仅学识渊博，名贯中西，在为人处世方面更是德高望重，平易近人，处处表现出了大家的风范。季羡林老先生在90高龄时，还一如既往地以礼待人，每每客人造访，他总是起身亲自送客人到家门口，无论是党政要人，还是

一般平民百姓，他都这样对待，从不把人划分为三六九等。在季老看来，别人的需要就是他的乐趣，他无法走出自己的"平民情结"。可以说，"平民情结"已深深地植根于季老的脑海里。

季羡林老先生不仅精通梵文等许多鲜有所闻的语言还是我国著名的翻译家、语言学家和散文家。就是这样一位学富五车、才高八斗的老学者，并没有自视才高而目空一切，其德学双馨的风范令人肃然起敬。相比之下，一些"名人"就逊色多了，一些"名人"的"摆谱"、"做派"令人作呕。有的出入于公共场合时，前呼后拥，俨然大人物到场，私下场合，这些所谓的"名人"更是盛气凌人，对周围的人冷漠无情，让人觉得空气凝重，气氛紧张，友好和谐的气氛荡然无存。

论名气和才学，季老先生不可谓不大，但他并没有因此而觉得"高人一等"，并没有因此而变得骄狂。常言道：骡子大马大值钱，人大不值钱。他自觉地融入平民的行列中，形成了一种挥之不去的"平民情结"，这一点是最难能可贵的。一个人要想得到大家的敬重，并不是摆谱"摆"出来的，也不是盛气凌人"凌"出来的，而是高尚的道德感染力，永久的人格魅力使然。那些动辄以"名人"自居，从不把别人放在眼里的人，永远得不到人们的敬重和尊敬。

拥有"平民情结"这话说说容易，做起来是很难的，尤其在看重权势、名气的人群里，宦海沉浮，多少人拥权自重，他们把权势、名气看成个人价值的筹码，处处显示出"与众不同"。殊不知，除了满足聊以自慰的虚荣心外，丝毫得不到人们的尊敬。他们把自己看得过重，在人们的心目中却一文不值，此正谓"人大不值钱"。桃李不言，下自成蹊。一个人的社会声望不是虚张声势造出来的，而是高尚的人格魅力赢得的。拥有才学固然让人觉得可敬，但如果没有高尚的道德作支撑，只能使人敬而远之。

季老先生不同于一般人，他视功名如"过眼烟云"。他做人始终保持低调这一点，使人们看到了他那颗真实的平常心。功名利禄皆身外之物，唯有人格魅力、道德风范长留于世。季老先生的"平民情结"给那些虚张声势的"造势名人"上了很好的一课。

成大业者皆精心敬慎

【原文】

古人绝大事业，恒以精心敬慎出之。以区区蜀汉一隅，而欲出师关中，北伐曹魏，其志愿之宏大，事势之艰危，亦古今所罕见。而此文不言其艰巨，但言志气宜恢宏，刑赏宜平允，君宜以亲贤纳言为务，臣宜以讨贼进谏为职而已。故知不朽之文，必自襟度远大、思虑精微始也。

【译文】

古人成就大事业的人，绝大多数是以长久的敬业谨慎之心换来的。用区区蜀汉这一块小地方，想出师关中，向北讨伐曹魏，这样的志愿是如此宏大，事情的形势是如此艰难危急，这也是古今以来少见的事情。然而在此文中，不提其艰巨，而只说他的志气应当恢弘，赏罚应公平，君主应当以亲贤人广纳言为要务，臣子应当以讨伐奸贼进谏忠言为自己的职责。所以我深知不朽的文章，必然是从自身襟怀度量远大、思虑精辟细微开始的。

【解读】

曾国藩认为，古今完成事业的人，大都是以长久的敬慎之心换来的。不朽的文章也应当有宽大的襟怀和远大的度量，思虑精辟细微。这是其文章之道，也是后人应当学习的。

● 胸怀广，思虑精

人说，不见大海不知天有多宽。海是那么宽容，随时都可以包容一切。有多大的胸怀，就能成就多大的事业。胸怀，这个广阔得可以如大海、细小得可以如针眼的事物，对于事情、做人的成功与否起着举足轻重的作用。

做人的关键在于胸怀，有胸怀的人才能拥有成功，只有拥有了宽广的胸怀，才会体验到"退一步海阔天空"的轻松和愉悦。

前车之覆，后车之鉴。三国时的周瑜心胸狭窄，容不下比自己更有才华的诸葛亮。而诸葛亮不予计较，还与其共商抗曹大事，面对周瑜的百般阻挠，仍然圆满完成任务。周瑜最终发出"既生瑜，何生亮"的感慨而吐血身亡。同样是才华横溢的青年才俊，同样是平定天下的治世能臣，却有不同的下场。归根到底是由于不同的气量和胸怀。换言之，面对比自己更有才华的能者，以平常的心态坦荡处之，加以欣赏，取其精华，去其糟粕，将对方的优点为己所用，不断地完善自己，那么，我想周瑜的人生仕途将面临完全不同的境况。

经常听到周围的人抱怨工作不理想，生活很郁闷，的确，生活在充满竞争的现代社会，必须要接受许多不能接受的事情，人难免会觉得心中压抑。要成就心中的梦想，就必须要培养拿得起放得下的宽广胸怀，要有务实的心态，要学会接受环境，接受自己，甚至要接受一些不能改变的事情，这样的话，我们不仅可以成为胸怀宽广的人，也可以成为更加快乐的人，同时成功之神也会时时眷顾我们。

当然，在日常工作生活中，我们总是会遇到这样或那样不顺心的事，不被重用，努力没有回报，受委屈等。面对这些，我们能否淡然应对，能否"海纳百川"，关系到我们能否跨越一个个台阶，实现自我的超越。

在日常的工作生活中，我们每个人都扮演着多个不同的角色，我们是孩子，是长辈，是同事，是同学，是朋友，是爱人，在每个角色圈里都需要我们用心去相处，去呵护每个角色圈的氛围。然而，人与人之间或多或少都会存在差异，我们用什么去维护每个和谐的角色圈呢？答案里一定包含这样一个词语：胸怀。在与家长之间出现代沟时，需要你的胸怀来理解父母；在与小辈出现矛盾时，需要你的胸怀来包容小辈；在与同事、同学、朋友出现摩擦时，需要你的胸怀换位思考，谅解他人；在与爱人意见不同时，更需要你的胸怀缓解气氛，努力去营造和谐美满的家庭氛围。这一切，看起来简单，说起来容易，可是做起来何其困难。我们每个人都已深深地体验过，但是我们不能就此放弃努力。

我们要做个胸怀宽广的人，同时也要做一个思虑精细、以大局为重的人。蔺相如无疑在这方面为大家做了一个良好的榜样，廉颇"负荆请罪"的故事也千古美名扬。

战国时期，赵王得到了一件无价之宝，名叫和氏璧。秦王对此虎视眈眈，于是向赵王提出用城池换和氏璧，赵国都知道这是一个骗局，但都惧怕秦国的强大而无计可施。蔺相如挺身而出，上演了一出"完璧归赵"的好戏。赵王因此封蔺相如为大夫。

秦王一计不成又生一计，过了几年，他邀请赵王赴渑池会，意图羞辱赵王一番，蔺相如用自己的机智，不仅保护了赵王的安全，而且也保全了赵王的名声。蔺相如再次立了大功，赵王封他为上卿。

蔺相如的官位已经在廉颇之上，老将军廉颇对此十分不满。他心想，自己辛辛苦苦出生入死才封为将军，可是蔺相如仅凭着几句话就做了比我还大的官，他决定去找蔺相如理论一番。这件事被蔺相如知道后，蔺相如便称病不上朝，避着老将军。

有一天，蔺相如坐车出去，远远看见廉颇骑着高头大马过来了，他赶紧叫车夫把车往回赶。蔺相如手下的人可看不顺眼了。他们说："蔺相如怕廉颇像老鼠见了猫似的，为什么要怕他呢？"蔺相如对他们说："诸位请想一想，廉将军和秦王比，谁厉害？"他们说："当然秦王厉害！"蔺相如说："秦王我都不怕，会怕廉将军吗？大家知道，秦王不敢进攻我们赵国，就因为武有廉颇，文有蔺相如。如果我们俩闹不和，就会削弱赵国的力量，秦国必然乘机来打我们。我所以避着廉将军，为的是我们赵国啊！"

蔺相如的话传到了廉颇的耳朵里。廉颇静下心米想了想，觉得自己为了争一口气，就不顾国家的利益，真不应该。于是，他脱下战袍，背上荆条，到蔺相如门上请罪。蔺相如见廉颇来负荆请罪，连忙热情地出来迎接。从此以后，他们俩成了好朋友，同心协力保卫赵国。

不同的同事，大家的生活经历各异，认知立场等也各不相同，往往在同一个问题上产生不同的理解或看法。廉颇是武将，他衡量战功的标准是沙场杀敌，所以才会觉得蔺相如的功劳不值一提。蔺相如不但胸怀宽广，而且思虑精细，以大局为重，处处避让廉颇。假如蔺相如为了一己的名声，和廉颇理论争吵，闹得不可开交，赵国的实力大损，那么在虎视眈眈的敌国面前就危险了。蔺相如从大局出发，最终感动了廉颇，文相武将，协力配合，力保赵国在混乱的战国时代国泰民安。

见道多寡关乎文之醇驳

【原文】

三古盛时，圣君贤相承继熙洽，道德之精，沦于骨髓，而学问之意，达于闾巷。是以其时置兔之野人，汉阳之游女，皆含性贞娴吟咏，若伊莘、周召、凡伯、仲山甫之伦，其道足文工，又不待言。降及春秋，王泽衰竭，道固将废，文亦殆殊已。故孔子睹获麟，曰："吾道穷矣！"畏匡曰："斯文将丧！"于是慨然发愤，修订六籍，昭百王之法戒，垂千世而不刊，心至苦，事至盛也。仲尼即没，徒人分布，转相流衍。厥后聪明魁桀之士，或有识解撰著，大抵孔氏之苗裔，其文之醇驳，一视乎见道之多寡以为差：见道尤多者，文尤醇焉，孟轲是也；次多者，醇次焉；见少者，文驳焉；尤少者，尤驳焉。自荀、扬、庄、列、屈、贾而下，次第等差，略可指数。

【译文】

三古兴盛时，圣明的君主和贤德的辅相们代代相继，道德的精深都能深入骨髓，学问的渊博能够到达闾巷。所以当时的狩兔的猎人，在汉阳游玩的女子，都心地善良歌咏美好的生活，如伊莘、周召、凡伯、仲山甫的伦理，他们的道义足以和文公相比，没有什么可说的。等到了春秋，国王的恩泽衰竭，道义也将要荒废，文也同样倦怠了下去。所以孔子见了获麟说："你的道将要穷尽了。"畏匡说："这种风气将要丧失了！"于是他非常气愤地决定发奋努力，修订六籍，明明白白地向世人昭示百王订立的法规戒律，让它流芳百世而不失去，这种良苦用心，使事情达到了极致。孔子去世后，他的徒弟分布在四处，到处奔波流传。自此以后，那些聪明敏捷之士，有的能解说编纂著作，大都是孔子的后裔，他们的文章醇驳，当你见得多了就知道这是少有的：见道越多，其文越醇，孟子就是这样的；少一点的，自然次点；见道少的，文自然驳些；更少的，更驳。从荀子、扬雄、庄子、列子、屈原、贾谊之后，略微差了些，我们大致可以有个数目比对。

【解读】

在此文中，曾国藩系统分析了从上古至今文章的醇驳与见道多寡的关系。在上古时有良好的道德风气，春秋时则走向衰微，孔子等门徒百般努力才使此风兴盛，他们见道多，所以文醇。

• 见多才能识广

只有多学多问才能有渊博的学识。古往今来，有学问之士大都如此。

据史料记载，北宋嘉祐四年十二月十四日，宗泽出生在义乌山村石板塘一个贫寒的耕读之家。宗家虽贫苦，但有"耕读传家"的传统，父亲宗舜卿就是一个乡村知识分子。宗泽自幼随长兄宗沃参加劳动，农闲则在家长的教导下，读书识字。天资聪慧的宗泽，勤奋好学，从小就打下了良好的文化基础。

宗泽十几岁时，宗家举家迁居到交通比较便利，商贸、文化较为发达的廿三里镇。在那里，宗泽视野扩大了，耳闻目睹宋王朝吏治腐败和外敌频仍，萌发了救国救民的思想抱负。不到20岁的宗泽毅然离家外出游学，历时十余年，就学之地多达数十处。他不仅悉心求学，研读"古人典要"，而且学以致用，考察社会，了解民情，孜孜不倦地追求治国之道，逐步看清了整顿吏治是解决政治腐败的关键所在；同时他眼看辽国、西夏屡屡入侵，也产生了靖边安境、为国效力的思想。于是他认真研读兵书，苦练武艺。这样，宗泽迅速成长为一个博学广识、文武兼备、有理想和抱负的青年。

元祐六年（1091年），宋廷举行省试、殿试。年已31岁的宗泽，千里迢迢前往京城应省试。宗泽通过省试后，进入殿试。宗泽在殿试时，不顾字数限制的规定，洋洋洒洒写了万余言，力陈时弊，还批评朝廷轻信吴处厚的诬陷而放逐蔡确，认为"朋党之祸自此始"。这是宗泽第一次在政治上亮相，就充分反映出他革除弊政的强烈要求以及与邪恶势力作斗争的勇气和决心。主考官"以其言直，恐忤旨"，将宗泽置于"末科"，给予"赐同进士出身"。宗泽虽未能名登榜首，但毕竟通过了科举考试，从此开始步入仕途。

为官一任造福一方。元祐八年（1093年），宗泽被派往大名府馆陶县任县尉兼摄县令职事。宗泽到任不到一个月，就迅速而妥善地处理完该县历年诉讼积案，显

露了他处理政务的才能，赢得了属吏们的信任和敬仰。

绍圣二年（1095 年）知府吕惠卿命宗泽巡视御河修建工程，这时宗泽适丧长子，他强忍悲痛，奉檄即行。吕惠卿闻知后，赞叹道："可谓忧国忘家者也。"这时天寒地冻，宗泽在巡视中发现不少民工冻死在道旁，立即上书，建议推迟工期，待明年春天再动工，并表示届时"当身任其责"。朝廷同意延期。次年春，"河成，所活甚众"。宗泽在官场崭露头角，就表现出忠于职守、为官清正、休恤民情等高尚品德。

此后，从元符元年（1098 年）至政和四年（1114 年），宗泽先后任衢州龙游、莱州胶水、晋州赵城、莱州掖县等四县知县。纵观宗泽从政 20 多年，能为官一任，造福一方，政绩卓著，"所至称治"，赢得了各地群众对他的信赖和爱戴。然而，由于宋王朝政治极端腐败，权奸当道，因而宗泽长期得不到提拔和重用。

随着辽、金不断南侵，宋王朝为了加强北部边防，下令将登州等四州提升为"次边"，要选拔一些干练的官员充任通判。政和五年（1115 年），宗泽升任登州通判。登州邻近京师，权贵势力扩张至此。如登州仅宗室官田就有数百顷，其他不毛之地，岁纳租万余缗，都转嫁到当地百姓身上。宗泽上任后，愤然上书朝廷，陈明实情，请求予以豁免，终于为登州百姓免除了沉重的额外负担。

宗泽在官场中，越来越看清宋朝统治集团的腐朽，感到自己已难以有所作为。宣和元年（1119 年），年届六十的宗泽乞请告老还乡，获准授予主管南京（即应天府，今河南商丘）鸿庆寺的虚衔，遂退居家乡义乌邻县东阳，结庐山谷间，拟著书自适以度晚年。后被人诬告蔑视道教，宗泽被发配镇江"编管"。宗泽被编管期间，夫人陈氏病逝。

宣和四年（1122 年），徽宗举行祭祀大典，实行大赦，宗泽才重获自由。宗泽先掌监镇江酒税，两年后才调任巴州通判。这时，金国在北方崛起，辽、金、宋之间正在展开激烈的斗争，忧国忧民的宗泽却被远置西南边陲巴州，完全背离了他的意愿。宗泽在这期间所作的《古楠赋》、《重修英惠侯义济庙记》，借景抒情，如泣如诉地表达了自己怀才不遇、壮志难酬的悲愤心情，并借汉末巴郡太守隐喻自己，表达了愿做"断头将军"，决不做"投降将军"的决心。

卷十六

▼

藏锋：
内敛也是成功的秘诀之一

　　曾国藩认为：君子应当像《扬
雄传》中说的那样："君子得时则大
行，不得时则龙蛇。"他主张做人应
该能屈能伸，内敛也是使人成功的
秘诀之一。

龙蛇之道

【原文】

《扬雄传》云："君子得时则大行，不得时则龙蛇。"一曲一直，一伸一屈。如危行，伸也。言孙，即屈也。此诗畏高行之见伤，必言孙以自屈，龙蛇之道也。

【译文】

《扬雄传》中说："君子才华在得到施展时则大力施展，怀才不遇时则像龙蛇一样。"一曲一直，一伸一屈。就像爬行一样，这是伸。在不得志时，就屈起。所以此诗是说一切有德行之人应当能屈能伸，这是龙蛇之道啊。

● 以屈求伸

古往今来，无论取得多大成就的人，很少能一生高高在上，颐指气使，屈身是成功的必然。我们常说：战场上没有常胜的将军。项羽这个力拔山兮气盖世的英雄在四面楚歌之时，却唱起了"虞兮虞兮奈若何"。项羽突破汉军之围至乌江，乌江亭长催其上船曰："江东虽小，地方千里，众数十万人，亦足王也。"而项羽经受不起八千子弟无一人还的沉重失败，独叹无颜见江东父老，最终自刎乌江。霸王，霸王，千年之后的今天我仍然为他惋惜。岂不知，活着才有希望；岂不知勾践卧薪尝胆最终灭吴；岂不知那个你瞧不起的刘邦也曾向你屈身而有今天；岂不知江东子弟多才俊，你卷土重来，鹿死谁手，还有一较。司马迁曾言："西伯拘而演《周易》；仲尼厄而作《春秋》；屈原放逐，乃赋《离骚》；左丘失明，厥有《国语》；孙子膑脚，《兵法》修列；不韦迁蜀，世传《吕览》；韩非囚秦，《说难》、《孤愤》。《诗》三百篇，大氐贤圣发愤之所为作也。"

大丈夫行走于世间，遇到挫折是在所难免的，英雄不仅在顺境时能大展宏图，更要在逆境时学会以屈求伸。退一步，海阔天空，暂时的隐忍必将换来明天的高歌。

东汉末年分三国，其间各方霸主能够称雄一方，大都能够做到以屈求伸。最典型的莫过于刘备。当各方诸侯割据一方称王称霸之时，这个堂堂汉室宗亲仍然奔走于各方诸侯之间，寄人篱下，虽胸有大志，奈何无一寸属于自己的地盘。刘备曾先后依附公孙瓒、袁绍、曹操、刘表等等。依附公孙瓒，乃无名小卒；依附袁绍时，差点儿被其所杀；依附于曹操时，整天于后园种菜浇花，以掩饰其志向；依附刘表时，差点儿没丢掉性命。他每一次的隐忍和屈身，都是为了自己能获得多一点儿的成功。世人认为刘备懦弱，其实不然，刘备没有曹操协天子以令诸侯的天时，也没有孙权的长江险要的地利，他当初是一个织履之徒，白手起家，而有三足鼎立之势，靠的是什么？隐忍，以屈求伸。

当你遇到挫折时，切勿计算你损失了多少。相反，你应该计算你可以获得多少，你会发现你得到的会比你失去的多得多。

人贵有自知之明

【原文】

凡民有血气之性，则翘然而思有以上人。恶卑而就高，恶贫而觊富，恶寂寂而思赫赫之名。此世人之恒情。而凡民之中有君子人者，率常终身幽默，暗然退藏。彼岂异性？诚见乎其大，而知众人所争者之不足深较也。自秦汉以来，迄于今日，达官贵人，何可胜数？当其高据势要，雍容进止，自以为才智加人万万。及夫身没观之，彼与当日之厮役贱卒，污行贾竖，营营而生，草草而死者，无以异也。而其间又有功业文学猎浮名者，自以为才智加人万万。及夫身没观之，彼与当日之厮役贱卒，污行贾竖，营营而生，草草而死者，亦无以甚异也。然则今日之处高位而获浮名者，自谓辞晦而居显，泰然自处于高明。曾不知其与眼前之厮役贱卒，污行贾竖之营营者行将同归于澌尽，而毫毛无以少异，岂不哀哉！

【译文】

大凡民众都有血气之性，那么进入翘然思索的只有一些上层社会的人。那些身份卑微的自然羡慕高贵之人，贫穷的自然觊觎富贵之人，那些没有什么名声的自然会时时惦记那些声名赫赫者。这是世之常情。只要是平民中的君子，通常是一生都幽默，悄然而不张扬。难道他们的性情和别人不同吗？他们见多识广，深知众人的争论是不值得计较的。自秦汉以来，到现在，达官贵人怎么能够数得过来呢？当他们身居显赫的高位时，他们的雍容行为举动，自认为才智高过千千万万人。当我仔细深入调查时才发现，他们平日和那些卑贱的士兵厮混，污点无数，四处造孽，草菅人命，和他们没有什么区别。然而如今处于高位而徒有虚名者，自以为文辞渊博地位显赫，怡然自得地处于高位。其实他们和那些厮役贱卒、污行贾竖之辈将要同流合污同归于尽，然而自己却没有任何洞察，这难道不悲哀吗？

【解读】

曾国藩认为，人都有喜欢攀比的本性，这是世之常情。有些人外表堂堂，装作绅士位居高位，然而品行龌龊，实则营营之类。所以身在官场要淡泊名利，要经常反省自身，有自知之明，这才是智者。

● 做有自知之明之人

不要看重事物表面的浮华，更不要过于重视名利的得失。做任何事都要量力而行，做个有自知之明的人，才是聪明人。面对外来的批评和赞美，最重要的是要保持一颗平常心。

有一则小故事：一只猫饱餐了一顿，顾不上洗脸，打了一个呵欠就睡着了，鼻子上还沾着奶油呢。这时一只饥肠辘辘的老鼠，寻着奶油的香味，来不及看清周围的境况，莽莽撞撞张开嘴就咬。"哎哟！"一声惨叫，被疼痛惊醒的猫，还没弄清怎么回事，就吓得逃之夭夭了。消息传开，这位莽撞的老鼠在鼠国家喻户晓，它被同伴们视为无畏的勇士，于是它便成了鼠类的骄傲。"您为我们出了一口气，以前只有我们见到猫逃的事，今天竟然是猫逃走了。在我们鼠类历史上还是第一次，您将被载入史册。"老鼠协会的所有成员都夸奖它说。

从此，无论这位鼠英雄走到哪里，哪里都有鲜花和欢呼围绕，还有漂亮的鼠小姐们对它频送秋波，含情脉脉。就这样，这位英雄也慢慢地相信自己真的是猫的克星，不知不觉就变得趾高气扬起来。谁知没过多长时间，这只鼠勇士又碰上了那只倒霉的猫。它暗自高兴，这次又可以大显身手，再给猫一个重创，抓瞎它的眼睛，用更大的胜利赢得更高的荣誉与尊敬。可是它怎能是猫的对手？这次不仅没有得到便宜，反而被对方咬得遍体鳞伤，尾巴也被咬掉了半截。若不是侥幸凭借一点儿机灵，险些性命都难保了。这倒霉的消息也不胫而走，又轰动了整个鼠国。这次大家却不是用鲜花和欢呼迎接它，取而代之的却是铺天盖地的咒骂和唾沫："懦夫！小丑！真是丢脸！……"往日的英雄再没有人理睬，别说没有了老鼠姑娘们的青睐，就是走路也得拖着半截尾巴，低着脑袋。

那只老鼠正因为不了解自己，才受到了命运的惩罚。了解自己是一种智慧。年轻人喜欢在还没有衡量清楚自己的兴趣、爱好、实力之前，便给自己制定过高的目标。这种目标往往不是彻底了解自己之后制定的，而是在偶然的侥幸成功之后，忽然心血来潮制定的，所以，这样的目标常因不切实际而导致失败。

还有一则：从前有一只蚂蚁，它的力气很大，开天辟地以来，像这种蚂蚁大力士还不曾有过，它能够毫不费力地背上两颗麦粒。若论勇敢，它的勇气也是前所未有的：它能像老虎钳似的一口咬住蛆虫，而且常常单枪匹马地和一只蜘蛛作战。它不久就在蚁国之内声名大盛，蚂蚁们的谈论几乎都离不了它这位大力士。

到后来它的头脑里塞满了颂扬的话，它一心想到城市里去一显身手，到城市里去博得大力士的名声。有一天它爬上最大的干草车，坐在赶车人的身旁，像个大王似的进城去了。

然而，满腔热望的蚂蚁大力士碰了一鼻子的灰！它以为人们会从四面八方赶来，可是不然！它发觉大家根本不理会它：城里人个个忙着自己的事情。蚂蚁大力士找到一片树叶，在地上把树叶拖呀拖的，它机灵地翻斗跟头，敏捷地跳跃，可是没有人瞧，也没有人注意。所以，当它尽其所能地要过了武艺，便怨天尤人地说道："如果我觉得城里人都是糊涂和盲目的，难道是我不可理喻吗？我表现了种种武艺，怎么没有人给予应得的重视呢？如果你上我们这儿来，我想你就会知道，我在蚁国是赫赫有名的。"

那天回家时，蚂蚁大力士就变得聪明些了。

有些人就是这样没有自知之明，自以为名满天下，恍然大悟时方才知道自己的

名声仅仅限于蚁国的范围而已。

自豪——一旦它与骄狂、偏见及狭隘同行，一旦它与同情、谦逊及友谊分手，就成了一种消极的品质。这种虚幻的自豪感是褊狭、傲慢和无知——对创造性生活的无知，对朴实、谦恭和果敢的无知。

人能通过积极思维和想象力找到自己的理想和目标。而妄自尊大意味着人只是在运用扭曲了的想象，这种充满谬误的想象伤害他人，同时也在无形之中伤害了自己。

妄自尊大的悲剧在于：它阻止人们达到完美和正直。试问，你能在妄自尊大的同时怀有真正的自尊吗？不能！你能在妄自尊大的同时拥有对他人的理解吗？也不能！真正的自豪感来自于对自己的理解，这是一种由成功和谦恭结合而成的幸福。

自知之明，就是正确地认识自己，对自己有一个公正的评价。尤其是针对自己的能力与智力而言。如果说我们经常在了解他人、了解环境、了解社会，甚至在了解世界方面表现得比较自信的话，那么要了解自己，要做到有自知之明，就未必能有这个自信。有人说过：大千世界，茫茫人海，能够真正认识自己的人很少，而不能认识自己的人却很多很多。要不，何以古今中外，都有"人贵有自知之明"之类的劝诫呢！

为师之道

【原文】

古之英雄，意量恢拓，规模宏远，而其训诫子弟，恒有恭谨厚藏，身体则如鼎之镇。以贵凌物，物不服；以威加人，人不厌。此易达事耳。声乐嬉游，不宜令过。蒲酒渔猎，一切勿为；供用奉身，皆有节度。奇服异器，不宜兴长。又宜数引见佐吏，相见不数，则彼我不亲。不亲，无因得尽人情；人情不尽，复何由知众事也。数君者，皆雄才大略，有经营四海之志，而其教诫子弟，则约旨卑思，敛抑已甚。

【译文】

自古的英雄，他们的意气和度量都是非常恢弘，规模也是相当宏远的，然而当他们训诫子弟，通常是谦恭谨慎，有着极深的修养，自己则身体力行，一言九鼎。用富贵来降服万物，万物是不会服气的；用威严来强加于人，人也会讨厌的。这是比较容易传扬的。声乐嬉戏游乐，不要过了头。蒱酒渔猎，一切不要做；穿衣用食都是有节度的。奇特的服装别样的器物，不要用之过度。又要用适宜的次数来引见佐使，相见的次数多了，则你我不亲。不亲，没有什么原因是不会尽人情的；人情不尽，怎么能知道众人的事情呢？无数的君主，都是雄才大略，有经营四海的志向，然而其在教育训诫弟子时，则有所约束地展露其微小的想法，处处收敛，有为人师的风范。

【解读】

曾国藩在此文中论述了为师之道。他认为作为一个老师在日常生活中都要处处重视自己的细节，在拥有宏大志向的同时，教育子弟要有多收敛。老师要身体力行，一言九鼎。

● 为师之道

教师作为一种从事独立职业的人，是在春秋战国这一由"学在官府"到"学在私门"转变的特定时代应运而生的。以先秦诸子为代表的古代知识群体，这些被后世奉为"先师"和"师表"的人，正是为师之道的开创者。在其为人之师的身体力行过程中，他们探索并积累了一整套为师之道。

教学作为一种专门职业，有其别于当时"士农工商"之职业的独特之处，它不能经由"少而习焉，其心安焉，不见异物而迁焉"的父兄子弟的技艺传承而自然完成。而是需要具备特定的方式并在特定条件下实现。

换句话说，教师要以天道人道的先觉者的睿智去觉悟后觉者，承担起文化与精神传承的灵魂工程师之职责。而这显然就不是"涂之人皆可以为"的，而是需要在人格、心理、知识等诸多方面臻于一定层次，才能够胜任的。对此，先秦诸子论之甚详，而大概又可以归纳为以下三点：

1. 老。我们知道，在古代文化传播与散布的手段甚为落后的情况下，人们汲取知识获得信息都极为困难。往往只有经过长期而缓慢的日积月累与逐步消化，一个人才有可能获取相对良好的知识修养。《吕氏春秋·去宥》云："人之老也，形益衰而智益盛。"可见，在先秦诸子时代，人们的共同认识即是人步入老年时，其拥有的智慧最为丰富。孔子对此所作的总结更为具体和仔细，他说："四十而不惑，五十而知天命，六十而耳顺，七十而从心所欲不逾矩。"这虽是孔子的自我解剖，未必人人如此，但也不难发现，在孔子看来，人在智慧与技能上的自由度，是与其年龄密切相关、丝丝紧扣的。然而，经纶满腹之时，已是人垂垂老矣的暮年，享受智慧的时日已不多了。为了彻底摆脱这种令人难以排遣的困扰，让人类智慧之光永远闪烁并烛照人间尘世，传之他人也就成为一种最佳的选择。故《荀子·致士》云："耆艾而信，可以为师。"这里"耆艾"，正是古人对六十和五十岁老年的称谓。又《荀子·法行》引孔子之言曰："君子有三思，……老而不教，死无思也。……老思死，则教。"可知，在先秦诸子那里，老不仅是授徒传知为人之师的客观外在条件，而且也是一种发自为师者心底的内在要求，是这两者的和谐统一。

2. 尊。《孟子·公孙丑下》载："天下有达尊三，爵一，齿一，德一。"由此可知，年老者在诸子时代乃是当然的受尊重者。然而为师之老人，更需要受到来学者的尊崇，所谓："尊严而惮，可以为师。"这乃是因为："师尊则言信矣，道观论。"不难发现，为师者的尊严，不仅仅来自于学者的烘托，也在很大程度上取决于为师者的自尊、自信。先秦诸子对此甚为清醒和明智，如孔子充满信心地自许"文王既没，文不在兹乎"，孟子确信"舍我其谁"，墨子自负"天下无人，子墨子之言也犹在"等。如此的襟怀抱负和自重，才能以一种高尚的人格与智者形象，赢得门人弟子的膜拜敬仰，使之在一种"欲罢不能"的奋力思齐和自省中最大限度地求得真传。当然，这种自尊与自信，乃是源于"知者不惑，仁者不忧，勇者不惧"的智慧与人格的力量，而非无缘无故的自我吹嘘和白日梦呓。

3. 学。孔子曾指出："生而知之者上也，学而知之者次也，困而学之，又其次也；困而不学，民斯为下也。"可见，对常人而言，学乃是成为君子的首要条件，一旦离开了学，便无足道了。而欲为人之师，则需在"学"字上下更大气力，持之以恒地复习旧学，日复一日地涵养新知。孔子说："温故而知新，可以为师矣。"荀子也说："诵说而不陵不犯，可以为师；知微而论，可以为师。"并说："而博习不与焉。"可见，为师之学，不是简单而机械地学习和掌握知识，而是要好学深思心知其意且用之自如。另外，庄子对专于一先生之言法的做法极为唾弃，孟子对"尽信书则不如无书"之认识的申论，同于此理。《吕氏春秋·劝学》则明确提出："故为师之务在于胜理，在于行义，理胜义立，则位尊矣。"这就把学的要领呈露无遗了。看来，诸子所言为师之学，应当包含以下两层含义：其一是深入学习和掌握既有知识，就需要有"学而不厌"的主观治学态度和"关中载书甚多"的客观条件；其二是以足够的勇气和毅力来"弘道"，同时毫不犹豫地放弃"道弘人"的妄想。

以上是对先秦诸子所论为师之条件的大致勾勒。事实上，这三者乃是互相联系而不是彼此分割和孤立的。可以这样说，老与学乃是尊的必要准备，而尊又反过来将老与学导向为师的目标和归宿。三者彼此沟通，集于一人之身，使之可以为人之师。

为师之原则。具备了上述条件，并不表明就一定能成为一名为师者，而仅说明具有了成为一名为师者的必备能力。要实现这一实质性的跨越，尚需遵循一些必要的原则，以此约束那些不合规范和有违师道的放肆行为，维护和坚守住为师者的尊严，确保知识的准确传授和受教者更多更好地领受师泽的洗礼和滋润。这些原则，大概又可以归纳为以下几点。

1. 循道而教。具备为师之资格的人，在诸子时代皆是裂得"道术"，且"言之成理，持之有故"的知识分子。尽管"俱道尧舜，而取舍不同"，但都无一例外地传授自己所认同的"人道"。而这便成为为师者所要遵循的首要原则。如《吕氏春秋·劝学》谓："故师之教也，不争轻重、尊卑、贫富，而争于道。"而孔子对弟子樊迟欲学稼与圃的斥责，以及对颜回安贫乐道的赞许，荀、孟、墨、庄等对大道不厌其烦的条分缕析和阐解释说，更证实了诸子对循道而教原则的严格遵循和极力恪守。

2. 来学不往教。所谓"来学"，是指弟子深感自身贫乏，主动前来求教；所谓"往教"，是指为师者主动去传授知识。诸子的主张十分明确，即反对往教，提倡来学而教。如《孟子·尽心下》称："夫子之设科也，往者不追，来者不拒，苟以是心至，斯受之而已矣。"对自愿来学者，悉心加以教诲；对不辞而别者，也不挽留和追究。对此，《吕氏春秋·劝学》给出了一个圆满的解释，文云："往教者不化，召师者不化，自卑者不听。师操不化不听之术，而以强教之，欲道之行，身之尊也，不亦远乎？"可见，只有欲学者虚心诚意向学，为师者才可以施以教诲，否则就是徒劳无益。不唯如是，孔子甚至对自愿来学者渴求学问之程度加以准确把握，并提出：

"不愤不启，不悱不发。"只有来学者对某一问题到了急切了解或困惑不解的关头，再适时加以点拨，不可以不顾其实际情况和真实需要而枉加毫无目标和目的地教导。对此孟子尖锐地指出："人之患在好为人师。"墨子也认为："以学为无益而教，悖。"这是为师者之大忌，是对更深层面上来学不往教原则的挖掘和展开。

3. 有教无类。春秋战国时期，正是"天下大乱"的关口。在这种大背景下，原来由官府一家独揽而他人无缘染指的教育，此时也转而为私门所承担。私门授学开启了学术下移的先河，使得人人皆可借此阶梯升至"尧舜"的境界。诸子在自己的教育实践中，也顺应了这一历史潮流，推波助澜，广收门徒，传播文化。孔子率先提出了"有教无类"的主张，声言："自行束以上吾未尝无诲焉。"荀子也引孔子之言曰："如垤而进，吾与之。"《吕氏春秋·劝学》则说："其人苟可，其事无不可。"只要肯来求学请益，则不问其身份的高低，都一概热情欢迎，倾己所学，甚至于"叩其两端而竭焉"，以满足其要求。此外，墨子对"和而不唱"之"不教"行为的谴责，则从反面表现了有教无类的主动与积极。

4. 循循善诱。教学是一种双边活动，教师是主体。但面对与自己一样有思想有生命的教育对象，一味机械地灌输，虽然不能说是毫无益处，但无疑乃是下下策，完全不足取法。诸子的做法是"循循然善诱人"。如孔子对自己的门徒，是"以吾一日长乎尔，毋吾已也"，时时让他们"各言其志"，在一种融洽宽松的气氛中切磋琢磨，提高其志趣，增长其知识才干，端正其处世态度和人生观。他在劝导门人诵习诗礼时，即曾以一种平和商量的口吻说："小子何莫学夫《诗》？"然后又不厌其烦地称述学习《诗》的种种益处，从而使弟子们心悦诚服，自觉自愿地"步亦步，趋亦趋"。至于孟子与门人公孙丑等人的对答，墨子对耕柱子之徒的劝诫，无不表现出循循善诱的特点。而《吕氏春秋·诬徒》甚至说："视徒如己，反己以教，则得教之情也。"更是将此推衍深化，从师徒实质的深层次上，将循循善诱的主体之职责予以明确。

5. 因材施教。受教育者由于个人禀性的差异，不能不表现出各自不同的个性特点。对此，先秦诸子已能充分认识，并为此提出了因材施教的对策，使受教育者克服缺点，张扬个性，最终成长为有用之才。如孔子对其门徒的特点，就了如指掌。他曾分析说："柴也愚，参也鲁，师也辟，由也喭。"因此，他针对"求也退，故进之；由也兼人，故退之"，因人而异来帮助他们共同健康成长。同时，他还根据来学者资质的差别而分别施教。他说："中人以上，可以语上也；中人以下，不可以语上也。"孟子总结并把握得更为细致，他说："君子之所以教者五，有如时雨化之者，有成德者，有达财者，有答问者，有私淑艾者。此五者，君子之所以教也。"他甚至更为深刻和清醒地指出："教亦多术矣，予不屑之教诲也者，是亦教诲之而已矣。"这样，就把受教育者的不同情况，置为施教的先决条件，有的放矢，从而引领出一代"裴然成章"、"文质彬彬"的饱学才俊。据《墨子·耕柱》载："子墨子怒耕柱子，耕柱子曰：'我毋愈于人乎？'子墨子曰：'我将上太行，子将谁驱？'耕柱子曰：'将驱骥也。'子墨子曰：'何故驱骥也？'耕柱子曰：'骥足以责。'子墨子曰：'我亦以子为足以责。'"不难看出，这则故事实质上反映的也是因材而施教，乃是针对受教者资质之区别而相应予以不同要求的教诲。这与前揭孔子"中人"之论，可谓不谋而合。不唯如是，墨子在回答弟子"为义孰为大务"的提问时，说道："譬若筑墙焉，能筑者筑，能实壤者实壤，能欣者欣，然后墙成也。为义犹是也，能谈辩者谈辩，能说书者说书，能从事者从事，然后义事成也。"这虽是劝告弟子力勿好高骛远而应客观寻找己之所长并循此发展，却无疑也透露出墨子在因材施教原则中对学生个性特点的注重和关切。

以上所揭诸子的为师原则虽则各有侧重，但并非孤立无援，而是互相关联，不容分割的。它们共同发挥作用，制约和指导为人之师者圆满地完成为师者的使命。

每个教师都心怀一种理念，心向某个目标，"传道、受业、解惑"，并把"传道、受业、解惑"之果解释为成功或失败。因此，为师之道，在乎一心。

盈虚：

虚实相间，大智慧者的特别之处

阴阳相生，福祸相长。月满则亏，水满则溢，人满则败。大自然及世间万事万物的发展都逃脱不了这个规律。曾国藩得意之时，强调"势不使尽"、"弓不拉满"，可谓深得"阴阳盛衰"的道理。

盈虚乃世之常理

【原文】

尝观《易》之道，察盈虚消息之理，而知人不可无缺陷也。日中则昃，月盈则亏，天有孤虚，地阙东南，未有常全而不缺者。"剥"也者，"复"之几也，君子以为可喜也。"夬"也者，"姤"之渐也，君子以为可危也。是故既吉矣，则由吝以趋于凶；既凶矣，则由悔以趋于吉。君子但知有悔耳。悔者，所以守其缺而不敢求全也。小人则时时求全；全者既得，而吝与凶随之矣。众人常缺，而一人常全，天道屈伸之故，岂若是不公乎？

【译文】

我曾经学习《周易》之道，知道盈虚乃常理之事，知道人不可能没有缺陷的。白日里太阳高照，晚上月亮则有盈亏，天也有孤虚之气，地之东南西北，并没有十全十美的。失去多少，就会得到多少，君子以为这是可喜之事。"夬"之时，"姤"也会渐行渐远，君子认为这是危险之事。所以，既然是吉利之时，则应该珍惜以驱除凶势；既然是凶之时，则应该反悔以趋向于吉利。君子是知道反悔之人，所以他宁愿守其缺而不敢求十全十美。小人则时时求全；等一切十全十美了，凶与吝就会随之而来。通常，众人都是不追求完美的，而只有极个别人时时追求十全十美，天道屈伸自有它的道理，这难道不公吗？

【解读】

曾国藩在此文中告诉我们：世界本处于矛盾中，盈虚乃常理之事，关键在于心态。

● 矛盾的原理

世间万物无不处在矛盾之中。事物自身包含的既对立又统一的关系叫矛盾。简言之，矛盾就是对立统一。所谓对立，是指矛盾双方相互排斥，相互分离的属性趋势，又叫斗争性。所谓统一，是指矛盾双方相互吸引相互联结的属性趋势，又叫同一性。矛盾双方在一定条件下相互依存，一方的存在以另一方的存在为前提，双方共处于一个统一体，矛盾双方依据一定条件相互转化。因此，我们要认识到，事物都是一分为二的，在对立统一中坚持矛盾的分析方法，反对割裂对立统一的关系。

矛盾是一切事物所共有的，不以人们的主观意识为转移，既不会因人们否定它回避它而消失，也不会因人们任意夸大它或缩小它而改变。因此，我们要实事求是地承认和揭露矛盾，反对否认矛盾的存在的观点。

矛盾存在于一切事物中，并且贯穿于每一件事物发展过程的始终。即事事有矛盾，时时有矛盾，这就是矛盾的普遍性原理。因此我们要承认矛盾普遍性与客观性，敢于承认矛盾、揭露矛盾，其次还要善于全面分析矛盾，坚持两分法防止片面性。

矛盾具有特殊性。矛盾的特殊性是指矛盾着的事物及其每一个侧面各有其特点。矛盾特殊性表现在不同事物的矛盾有不同的特点；矛盾的特殊性还表现在同一事物的矛盾在不同发展阶段有不同的特点；矛盾的特殊性还表现为事物的双方也各具特点。因此我们要具体问题具体分析，反对一刀切的观点。

矛盾具有主次关系。在事物发展过程中处于支配地位，对事物发展起决定作用的矛盾叫做主要矛盾，其他处于从属地位，对事物发展不起决定作用的矛盾叫做次要矛盾。主要矛盾和次要矛盾相互依赖、相互影响，主要矛盾和次要矛盾在一定条件下可以相互转化。因此，我们要首先要善于抓住重点，集中主要力量解决主要矛盾，其次要学会统筹兼顾，恰当处理次要矛盾，反对不分主次，眉毛胡子一把抓。

矛盾的主次方面。在事物内部居于支配地位、起主导作用的主要矛盾方面叫做矛盾的主要方面，处于被支配地位不起主导作用的矛盾方面叫做矛盾的次要方面。矛盾的主要方面和次要方面的关系是对立统一的，它们相互排斥又相互依赖，在一定条件下可以相互转化。因此，我们看问题既要全面又要善于分清主流和支流，着重把握主要方面绝不意味着可以忽视矛盾的次要方面，反对把矛盾双方同等看待不分主次，混淆事物的性质，离开两点谈重点，离开重点谈两点。

矛盾的普遍性和特殊性相互联结。一方面, 普遍性寓于特殊性之中, 并通过特殊性表现出来, 没有特殊性就没有普遍性。另一方面, 特殊性也离不开普遍性。不包含普遍性的特殊性也是没有的。矛盾的普遍性和特殊性在不同的场合可以相互转化。因此, 我们要遵循从特殊到普遍, 再由普遍到特殊的认识顺序; 学会科学的工作方法。

矛盾同一性与斗争性之间是对立统一的辩证关系。第一, 矛盾的同一性和斗争性之间是相互连结、相互制约的。一方面, 同一性依赖于斗争性, 同一是包含着差别、对立的同一, 没有斗争性就没有同一性; 另一方面, 斗争性寓于同一性之中, 斗争是同一中的斗争, 没有同一性, 斗争性也不能成立。第二, 同一性与斗争性之间是相对与绝对的关系。斗争性是绝对的、无条件的, 同一性是相对的、有条件的, 斗争性最终导致同一性的分解, 有条件的同一性和无条件的斗争性相结合, 推动着事物发展。

曾国藩所提到的盈虚乃世之常理, 这就是矛盾的普遍性的表现。矛盾的普遍性, 就是矛盾的共性、矛盾的绝对性, 它包含矛盾存在的普遍性和矛盾性质的普遍性两个方面。

矛盾存在的普遍性, 是指矛盾毫无例外地存在于一切现象和过程中。具体地说: 第一, 矛盾存在于一切事物的发展过程中, 即处处有矛盾。无论是自然界、人类社会, 还是人们的思想都充满着矛盾, 世界没有什么事物不包含矛盾。第二, 每一个事物的发展过程中存在着自始至终的矛盾运动, 即时时有矛盾。世界上任何事物从它产生、发展到灭亡的过程中都存在着矛盾。总之, "没有矛盾就没有世界"。

矛盾性质的普遍性是矛盾普遍性原理的另一个重要方面, 它指一定范围和一定场合的矛盾的普遍性, 也就是指同类事物中具有同样性质的矛盾, 或者说, 同类事物中的矛盾具有共同性、共性。如, 在各种机械运动中, 都存在着作用和反作用的矛盾, 这一矛盾就是机械运动的共性。各种阶级社会中, 都存在着剥削阶级和被剥削阶级的阶级矛盾, 这一矛盾是阶级社会所共同具有的。人类社会中都存在着生产力和生产关系、经济基础和上层建筑的矛盾, 这一矛盾是人类社会所共同具有的。上述各种矛盾都是同类事物共同具有的, 所以都是属于矛盾性质的普遍性。如果把范围扩大到非生物界, 那么, 排斥和吸引的矛盾是非生物界各种形式的共性。这也属于矛盾性质的普遍性。假如把矛盾性质的普遍性扩大到全宇宙的一切事物, 它们的普遍性、共性或共同本质只有一个, 那就是都始终存在着矛盾。所以, 当把一切事物、一切矛盾都包括在内时, 我们说, 它们的普遍性, 除了矛盾存在的普遍性外，再没有别的涵义。也就是说，就全宇宙范围而论，事物的矛盾存在的普遍性和矛盾性质的普遍性就合二为一了。

● 残缺也是一种美

残缺也是一种美。世间万物不可能是十全十美的，关键看你的人生态度。残缺不见得是不完美的，我们应当认识到人有悲欢离合，月有阴晴圆缺之理，人生便更有意义了。

上帝给了你美丽的容貌，却不给你博大的思想；上帝给了你高深的智慧，却不给你健康的体魄。月盈则亏，水满则溢；荣辱相依，福祸相倚。所谓"金无足赤，人无完人"，没有一件事是十全十美的。但这也并不妨碍我们创造美，欣赏美，因为残缺也是一种美。

残缺有美有不美，美的如上所说，不美的，如圆明园，它或许更多的是一种心情、心理上的缺憾吧。从这里也可知道，欣赏残缺美你得知道缺了什么，不知道缺了什么很难觉得它美。就像一位书法家看到敦煌残纸，它会想象出一笔一画的动作，普通人则只当是残字而已。一个不了解中国文化审美的人看到圆明园，他只能看到一堆瓦砾，美从何来？而熟悉中国文化审美的人看时则可填补出所缺的东西，了解这一段惨痛历史的有爱国心的中国人看圆明园，当又是另一种心情。这不知算不算残缺美，但说是残缺的力量应该不过分。

有时候残缺也是一种美，而完美的结局不一定是最好的。留下一点点残缺更令人回味无穷，也留给了人们想象的空间。或许我们真的错了，完美的结局只会让人陷入一种幻想，而残缺才是美。

一说到残缺美，人们就会立刻想到断臂维纳斯。1820 年，在希腊的米洛斯岛上，爱和美的女神维纳斯带着震撼人心的残缺重返尘世。断臂的维纳斯因其断臂在带给人们些许缺憾时，更多的却带给人们无边的想象和包含着无尽梦幻的具有崇高美学价值的缺陷，一些人对这种残缺美的激动和敬重甚至到了一种不可遏止的状态。

毋庸置疑，人们钟情于断臂的维纳斯固然包含着对美的深刻挖掘和理性思考，但更多的是人们一种社会心理的折射。人们往往对已经得到的东西不知道珍惜，而当它一旦失去的时候，才突然发现它的价值。因此，残缺美说到底是一种空白

美,是一种模糊美。

残缺是完美的对应物。残缺带来的并不是优美的展示,而是与美的强烈对比。书法中的"布白",篆刻中的"残边",都是典型的残缺造境。清代的王国维在谈及意境时指出:"有造境,有写境,此理想与写实的两派之所由分。然二者颇难分别。因大诗人所造之境,必合于自然,所写之境亦必邻于理想之故也。"

残缺不是美,但残缺可以带来美。断臂维纳斯是世人公认的残缺美,但美的不是残缺,而是对残缺无可奈何的叹息。断臂维纳斯带给人们的是遐想美,是人们对完美的追求。

残缺不是美,但残缺可以得到美。"月有阴晴圆缺",月亮的残缺表现出一种过程美。月亮经历了由残缺到圆满的过程,人们便得到一种追求圆满的享受。残缺不是美,但残缺可以创造美。聋哑人演出的《千手观音》引起人们极大的兴趣,但它所带给人们的是残疾人所表现出来的超常的表现力和幕后的艰辛,更多的是人们对演员的惊叹和赞许。

没有博大的思想,你却可以尽情展示美丽的容颜;没有健康的体魄,你却可以充分施展高深的智慧。月圆当念月亏,水满犹恐水溢;荣光常记耻辱,福至应防祸起。残缺并不可怕,我们要做的,就是学会在残缺中欣赏美,品味美,创造美。

尽管维纳斯是残缺的,断了一只手臂,但仍凝聚了人体形象美的魅力。人体由于力,或者由于它的美,可以唤起种种不同的意象。它既表现出了对健康、匀称、和谐、充满活力的形象美的向往和歌颂,又表现出对人的生命,以及对生命的热爱和对人类的热爱。残缺的维纳斯毕竟是令人遗憾的,艺术家们试图让其完美无缺,续接的手臂或举或抬,或屈或展,或空或实,诸多方案均不理想,最终人们放弃了至善至美的举动,保留了维纳斯的残缺——人们发现残缺本身也是一种美。

我们总是以为,已经得到的东西便是属于自己的。一旦失去,就觉得蒙受了损失。其实一切皆变,没有一样东西能被真正拥有,得到的一切终将在一天悉数交出。不如在一生中,得而复失,失而复得,享受残缺的乐趣。因为,残缺也是一种美。小时候的邰丽华是不幸的,由于一场重病而变成了聋哑人。但她不甘就这样沉沦下去,节目《千手观音》的顺利播出使她从内心的低谷攀登到了艺术的颠峰,用自己残缺的身体抒写了美丽动人的艺术人生。

好莱坞巨片《泰坦尼克号》所展示的露丝与杰克之间的爱情故事震撼了全球

亿万观众的心——虽然结局带着惨烈悲壮的色彩。善良的观众是多么希望露丝与杰克能够走到一起，但是假如我们用客观、冷静的心态作一番分析，不难发现：无论是文化层次、价值观念，还是社会地位、处世准则……他们二人相差悬殊。结合对他们而言未必就意味着一生的幸福。而电影大师们却巧妙地利用了人类史上的一次悲壮海难——泰坦尼克号沉没事件回避了这一问题，制造了一场感人肺腑的生死别离：死去的人（杰克）为了爱情献出了年轻的生命，带着对恋人的深深祝福步入天堂；活着的人（露丝）带着祝福与这段珍贵的回忆珍惜着生命的每分每秒，此时的她对人生的态度、生命的真谛的认识与理解已然有了质的飞跃——谁能忘记影片中，在耄耋之年，她依然在心海中追忆那串永放光芒的珍珠项链、回味那段惊天动地的爱情故事时的闪亮目光和幸福神态呢？如此看来，福兮，祸兮，又岂在一朝一夕？要知道，残缺也是一种美。

● 知足者常乐

知足常乐，语出《老子·俭欲第四十六》："罪莫大于可欲，祸莫大于不知足；咎莫大于欲得。故知足之足，常足。"意思是说：罪恶没有大过放纵欲望的了，祸患没有大过不知满足的了；过失没有大过贪得无厌的了。所以知道满足的人，永远是觉得满足的、快乐的。

有这样一个民间故事：胡九韶，明朝金溪人。他的家境很贫困，一面教书，一面努力耕作，仅仅可以衣食温饱。每天黄昏时，胡九韶都要到门口焚香，向天拜九拜，感谢上天赐给他一天的清福。妻子笑他说："我们一天三餐都是菜粥，怎么谈得上是清福？"胡九韶说："我首先很庆幸生在太平盛世，没有战争兵祸。又庆幸我们全家人都能有饭吃，有衣穿，不至于挨饿受冻。第三庆幸的是家里床上没有病人，监狱中没有囚犯，这不是清福是什么？"

一个人要懂得知足，就要懂得凡事循序渐进，量力而行；凡事把握有度，适可而止。过分苛刻要求自己与要求别人，从某种程度上说是对自己和他人的一种不认同。

所谓知足，是种平和的境界。所谓常乐，是一种豁达的人生态度。知足者常乐，不是说这个人安于现状，没有追求，没有目标，而是说这个人懂得取舍，懂得放弃，懂得适可而止。

生活在尘世，又有什么比知足者常乐更让人觉得珍惜的事呢？只是浮华世界，已经很少有人愿意体会知足者常乐的意境。理由又很简单，市场的多元化，造就了人与人之间物质的多元化。

尽管物质与精神是两种不同的境界，但是很多人已经被同化了。灵魂与精神的一种同化，使人性变得贪婪、自私、残忍，变得不可一世，利益权力第一。很多人丧失人本身的道德底线，最后成为阶下囚。正因为这些人的欲望无法满足，才出现了人与人之间的认同感越来越差。

最主要还是彼此价值取向的差异。所以有些人很难真正融入彼此的内心世界，这也从另一个角度说明了人本性遗留下来的一些无法达成共识的差距。

知足常乐的人，那是一种对生命的淡然之美。懂得享受工作与享受人生的人最快乐，这种快乐来自于自知与自我价值的认同感。活在这个世界上，人与人之间每天都存在着很多诱惑，如何摆正自己的位置最重要。

知足者常乐。在哪个时段，做哪个时段该做的事，就是最佳状态。欲望无止境，如果任其膨胀下去，必将后患无穷。

老子说："祸莫大于不知足。"讲的是知足常乐的道理。孟子说："养心莫善于寡欲；其为人也寡欲，虽有不存焉者，寡矣；其为人也多欲，虽有存焉者，寡矣。"说的也是知足常乐的道理。知足常乐，可以说为每个人所熟知，但在现实中又有几人能做到这一点呢？许多人不可谓不聪明，但却由于不知足，贪心过重，为外物所役使，终日奔波于名利场中，每日抑郁消沉，不知人生之乐。

"人心不足蛇吞象"，知足者才能常乐，人有了贪欲，就永远不会满足。不满足，就会感到欠缺，高兴不起来。贝蒂·戴维斯在她的回忆录《孤独的生活》中曾写道："任何目标的达到，都不会带来满足，成功必然会引出新的目标。正如吃下去的苹果都带有种子一样，这些都是永无止境的。"除非你真正懂得常乐的秘诀，否则将永远不会满足于自己所拥有的。

比如说，有一个人，偶然在地上捡到一张百元大钞，他得到这笔意外之财以后，总是低着头走路，希望还能有这样的运气。久而久之，低头走路成了他的一种生活习惯。若干年后，据他自己统计，总共拾到纽扣近四万颗，针四万多根，钱则仅有几百块，可是他却成了一个严重驼背的人，而且在过去的几年中，他没有好好地去欣赏落日的绮丽、幼童的欢颜、大地的鸟语花香。

不知足的可怕之处，不仅在于摧毁有形的东西，而且能搅乱你的内心世界。你的自尊，你的原则，都可能在贪心面前垮掉。

人的不知足，往往由比较而来。同样，人要知足，也可以由比较得到。人的欲望如同黑洞一样，没有填满的时候，任由其膨胀，则会由此生出许多烦恼。如果能多看一下不如自己的人，和他们比一下，而不是一味地和比自己强的人比较，那么一切不平之心也许就会安宁。

成大事之道

【原文】

天下事焉能尽如人意？古来成大事者，半是天缘凑泊，半是勉强迁就。

【译文】

天下事怎能事事如人意呢？古往今来成大事者，一半是一直孜孜不倦地追求；一半是懂得满足，一切从实际出发。

【解读】

曾国藩在此文中告诉我们：凡有成就之人必然是执著于自己的目标，朝着这个目标孜孜不断地进取。另一种则是脚踏实地，在应有的位置上作出自己的贡献。

●天行健，君子以自强不息

万物相生相克，循环往复，以此形成了一个人的命运链条。在这个链条中，进取依然可以改变人生命运，因为进取将改变相生相克的元素，自然会引起连锁变化。所以，在《周易》开篇的一句话就说明了我们在人生中的态度：天行健，君子以自强不息；地势坤，君子以厚德载物！

前一句可以说，君子在任何时候应该不断追求、进取、强壮自己，这是一个基本的人生态度，不论在任何环境下，不要放弃追求和进取；后一句则可以解释为人生在世，行善积德，方可厚德载物。进取和积德，均可改变决定我们的生活和命运的元素，使我们的人生道路发生变化。

用数学命题来解释，自然有另外的味道。我们每个人都是一道命题，先决条件已经有了，如时代、出生地点、家庭出身、祖上殷德等等，这些条件决定了我们的大命运；但这个命题依然有很多关联条件可以改变我们的人生，如学习、进取、态度、为人、勤勉等等。这个命题只能自己解答。这是说每个人的精彩人生富有个性化，也是说每个人的历史是自己写出来的。

这两句话前呼后应阐述了才能与德行之间的对应关系：天行健（苍天高高在上，以强有力不可抗拒的运行法则影响世界），君子以自强不息（有才能的人应该不断追求、进取、强壮自己）。这句话是阐述强者应当通过不断的努力具备超凡的济世才能。当我们理解了这句话后，真的叹服华夏精英周文王被关在牢笼七年里，居然能在所著的《周易》中豪气冲天地喊出了"天行健，君子以自强不息"这一万古回荡的豪言壮语。秉承父辈的宏志，气势豪迈的大英雄周武王后来率领几万锐不可当的军队，"牧野之战"誓言高喊"称尔戈、比尔干、立尔矛"（举起你的戈、排好你的盾、竖起你的矛）！将纣王的几十万商军打得落花流水那就不是怪事了。明白了前一句话的含义，对后一句"地势坤，君子以厚德载物"就容易理解了。

易辞云："坤厚载物，德合无疆。"意思是说：大地以宽广深厚承载万物，故能以好的品行造福万物无所不包容。"君子以厚德载物"这句与前一句紧密联系，用大地的宽广厚实来比喻人的胸怀气魄。意思是说，君子应像大地一样以宽广深厚的好品行来承载万物，包容万物，滋养万物，造福万物。这句话与"天行健，君子以自强不息"相对应，告诫君子不但要有与众不同的济世才能，还要有高尚的品德，具有造福万众的奉献精神。也就是强调有才有德，德才兼备。由此可见"天行健，君子以自强不息"表现了中华民族顽强进取、蓬勃向上的精神风貌；"地势坤，君子以厚德载物"则展示了中华民族胸怀宽广、无私奉献的高尚品格。

● 一切从实际出发

一切从实际出发，就是我们想问题、办事情要把客观存在的实际事物作为根本出发点。坚持从实际出发，就是坚持主观要符合客观，人们的思想意识要如实地正确地反映客观存在的实际情况，不能客观符合主观，不能用人们的主观意识来取舍或剪裁客观存在的实际情况。这里的"实际"，非片面的实际，而是许多事实的总和，是多方面的客观实际；非静止不变的实际，而是不断变化发展的实际，根据这些事实，来决定我们的方针政策。

　　一切从实际出发，就要反对从主观出发，在实际工作中，主观主义有两种表现，一是教条主义，一是经验主义，两者的共同点就是主观认识脱离当时的客观实际。主观主义还有其他一些表现。一切从实际出发作为方法论原则，依据的世界观原理是物质决定意识，意识依赖于物质，意识是客观存在在人脑中的反映。懂得了这一观点，那么在认识世界和改造世界的活动中，在实际工作中，必须正确处理主观与客观的关系，坚持一切从实际出发，做到主观符合客观。

　　一切从实际出发，联系到我们实际的日常生活，即要对现实生活有所思考，有所计划，片面的幻想只是徒劳，不切合实际，把握现在，做自己力所能及的事情才是最重要的。此外，深入实际调查研究，全面地把握事实的总和，使我们的思想不断地适应变化的新情况。人们从事认识世界和改造世界的活动，说到底都是在处理主观和客观的关系，因此，人们要正确地认识世界和有效地改造世界，就必须一切从实际出发。

家门之福，兄弟之幸

【原文】

　　金陵之克，亦本朝之大勋，千古之大名，全凭天意主张，岂尽关乎人力？天于大名，吝之惜之，千靡百折，艰难拂乱而后予之。老氏所谓"不敢为天下先"者，即不敢居第一等大名之意。弟前岁初进金陵，余屡信多危悚敬戒之辞，亦深知大名之不可强求。今少荃二年以来屡立奇功，肃清全苏，吾兄弟名望虽减，尚不致身败名裂，便是家门之福。老师虽久而朝廷无贬辞，大局无他变，即是吾兄弟之幸。只

可畏天知命，不可怨天尤人。所以养身却病在此，所以持盈保泰亦在此。

【译文】

金陵之战的大捷，是我大清之一大功勋所在，千古大名，这全凭天意主张，这怎么只和人力有关呢？天意给予我们大名，理应珍惜并好好利用，历尽千难万险而后才能给予大胜利。老子所谓的"不敢为天下先"的人，就是不敢居第一大名的意思。弟弟前年初进金陵，我曾多次以书信告诫他，我也知道大名是不能强求的事。如今弟弟荃这两年来屡次立下奇功，肃清整个苏州，我兄弟名望虽然有所减弱，然而尚不至于落得身败名裂的下场，这是我家门的福气。老师虽然久在朝廷做官没有任何的贬词言论，大局也没有其他变动，这是我兄弟之幸。我们只能从天命，不可怨天尤人，所以养身处世却病于此，获得圆满和富贵也在于此啊。

【解读】

俗话说："知足者常乐"，这句话是有道理的。曾国藩在此告诉我们：在自己的职位上尽力做好自己职责范围内的事，有亲情在，声名没有狼藉，这是家门之福、兄弟之幸。

● 家训之道

同治五年十二月六日，曾国藩与澄弟书中说："家中要得兴旺，全靠出贤子弟。若子弟不贤不才，虽多积钱积谷积产积衣积书，总是枉然。子弟之贤否，六分本于天生，四分由于家教，吾近将星冈公之家规编成八句，云：'书蔬鱼猪，考早扫宝，常说常行，八者都好。地命医理，僧巫祈祷，留客久住，六者惧恼。'盖星冈公于地、命、医、僧、巫五项，进门便恼，即亲友远客久住亦恼。"

曾国藩十分重视对弟弟们的教育，在任京官时期，家书中教弟的内容占有许多篇幅，正如他在道光二十三年二月十九日与父母书中所说："两年来教弟之信不下数万字，或明责、或婉劝、或博称、或约指，知无不言，总之尽心竭力而已。"

教弟莫怕寒碜，莫贪大方。同治二年十一月十四与澄弟书中说："以后望弟于俭字下一番工夫，用一番苦心。不特家常用度宜俭，即修造公费，周济人情，亦须有俭字的意思，总之爱惜物力，不失寒士之家风而已。莫怕寒碜二字，莫怕悭吝二字；莫贪大方二字，莫贪豪爽二字。"

教弟不骄、不妄语。咸丰十年九月初九日，沅弟来信中对僧格林沁所率蒙古骑兵，在天津、通州各战中，被洋人打败一事甚为激愤，对僧王大加指斥，且预言僧王不久将被贬斥。曾国藩对此十分恼火。十日即回信说："初九夜所接弟信，满纸骄矜之气，且多悖谬之语。天下之事变多矣，义理亦深矣，人情难知，天道亦难测，而吾弟为此一手遮天之辞，狂妄无稽之语，不知果何所本？"

咸丰十一年正月初四与澄弟书中又告诫澄弟"不议人短"。他说："弟于世事阅历渐深，而信中不免有一种骄气。天地间惟谦谨是载福之道，骄则满，满则倾矣。曾国藩咸丰十一年八月十八日书诒沅弟枉不朝骄禄尔朝苴，矜骑流水采白崦凡，富家之一丁弟典嘉侈，添水讯自笔，厌人之俗、嫌人之鄙、议人之短、发人之覆，皆骄之。无所指未必果当，即使一一切当，已为天道不许？贤弟欲戒子侄之骄，先须将自己好议人短、好发人覆之习气痛改一番。"

同治二年七月二十一日与沅弟书中，责沅弟不虚心："弟于吾劝诫之信，每不肯虚心体验，动辄辩论，此最不可。吾辈居此高位，万目所瞻，君子大过人处，只在虚心而已。"

曾国藩的这种功名观，对他的弟辈，尤其是曾国荃影响很大。由于曾国藩的磨砺，在他死后曾国荃也已过了壮年，失去了保护伞之后，也能善处功名了。光绪九年（1883 年）中法战争爆发，恭亲王奕䜣召集大臣议战，当时已身为两江总督兼南洋通商大臣的曾国荃十分谦虚，他说："我如同大炮一样，各位犹如炮手。各位命我勿动，我这尊大炮只是一个静物，待命而已。各位一拨机关，则弹头立即出膛。"当时朝中各位大臣都觉曾国荃十分谦逊，锋芒内敛。曾国荃赴前线后，首先将南洋水师里五艘大的战船派出支援台湾。法国军舰攻台受挫，又攻镇海，打了一个多月都没有攻克。镇海城内人心稳定，街市如旧，吴淞口也没有受到骚扰，法国军舰知难而退，引兵而去。曾国荃立此军功，仍平静如水，并无任何请功请赏之举。这与他攻克金陵后为封赏一事哭闹，形成鲜明对比。

同治十年十月二十三日与二子书中说："以为学四事勉儿辈：一曰看生书宜求速，不多阅则大陋；一曰温旧书宜求熟，不背诵则易忘；一曰习字宜有恒，不善写则如人之身之无衣、山之无木；一曰作文宜苦思，不善作则如人之哑不能言、马之跛

不能行。"

曾国藩与两个儿子的往来书信中,有许多内容是探讨学问的,比如对古文和诗的体会和看法、对学习方法的见解,甚至书法中的一笔一画怎么写,曾国藩都用了大量篇幅详细解说,两个儿子还把自己的"作业"交曾国藩看,批改后又寄回。

曾国藩给曾纪泽定下了"三十岁成规模"的计划,要他踏实求学,不可过早成名。他认为成名过早,则根基浅,视天下事过易,掉以轻心,少年得志难成大器。纪泽得荫生后,曾国藩不但不高兴,反而命纪泽推迟至24岁始行乡试。纪泽27岁时,湘乡县修县志,各界人士推举纪泽纂修,曾国藩力持不可,他告诉纪泽说:"尔学未成就,文甚迟钝,自不宜承认尔文甚浅,而获此虚名,尤不可也。"要他最多只做个"协修"。曾国藩快50岁时,对纪泽讲到他生平有三耻,其中之一便是"独天文算学,毫无所知,虽恒星五纬亦不识认"。为此,他深切地叮嘱纪泽须"雪此三耻"。教他先将家中有关科技方面的书籍,如《十七史》中的《天文志》、《五礼通考》中所辑《观象授时》,潜心钻研,"每夜认明恒星二三座,不过数月,即可毕识矣"。

在父亲的教导下,曾纪泽从20岁起,在学习传统文化的同时,下苦功涉猎西学中的科学技术知识,如近代西方的数学、物理、化学、天文等。纪泽还自学英文,能用英语交谈、以英文写作和阅读英文外交文件。他以中英文知识,著文推广英文,为中国人的科技启蒙作出了贡献。

功成身退

【原文】

余斟酌再三,非开缺不能回籍。平日则嫌其骤,功成身退,愈急愈好。

【译文】

我反复考虑,不辞职就不能回老家。平日里回去显得太突然,功业成就以后就应该退却了，越早越好，这样便能安心回老家了。

【解读】

曾国藩和众人一样都有一种恋乡情结，他懂得适可而止，懂得在功成名就之时要归隐自己的原籍，以求得半生的安宁，这是一种智者生存之道。

● 适可而止

适可而止出自孔子《论语·乡党》："适可而止，无贪心也。"指做到适当的程度就停止，比喻做事恰到好处。

传说有一个故事：有个地主去拜访一位部落首领。首领说，你从这儿向西走，作一个标记，只要你能在太阳落山之前回来，从这儿到那个标记之间的地都是你的了。太阳落山了，地主没有走回来，因为走得太远，他累死在路上。

贪心人走不回来，是因为贪。然而现实生活中还有一些人，他们不贪，可是也走不回来。

老王要在客厅里挂一幅画，请邻居来帮忙。画已经在墙上扶好，正准备钉钉子，邻居说："这样不好，最好钉两个木块，把画挂在上面。"老王遵循他的意见，让他帮着去找木块。木块很快找来了，正要钉，邻居说："等 等，木块有点儿大，最好能锯掉点儿。"于是便四处去找锯子。找来锯子，还没有锯两下，"不行，这锯子太钝了，"他说，"得磨一磨。"他家有一把锉刀，锉刀拿来了，他又发现锉刀没有把柄。为了给锉刀安把柄，他又去学校园边的一个灌木丛里寻找小树。刚要砍下小树，他又发现老王那把生满老锈的斧头实在是不能用。他又找来磨刀石，可为了固定住磨刀石，必须得制作几根固定磨刀石的木条。为此他又到校外去找一位木匠，说木匠家有一现成的。然而，这一走，就再也没见他回来。当然了，那幅画，老王还是一边一个钉子把它钉在了墙上。老王下午再见到他的时候，是在街上，他正在帮木匠从五金商店里往外抬一台笨重的电锯。

工作和生活中有好多种走不回来的人。他们认为要做好这一件事，必须得去做前一件事，要做好前一件事，必须得去做更前面的事。他们逆流而上，寻根探底，直至把原始的目的忘得一干二净。这种人看似忙忙碌碌，一副辛苦的样子。其实，

他们很难达到目标。

● 落叶归根

叶落归根，原文出自宋朝释道原《景德传灯录》卷五："叶落归根，来时无口。"原指树叶从树根生发出来，凋落后最终还是回到树根。比喻事物总有一定的归宿。多指作客他乡的人最终要回到本乡。远在海外的中华赤子常用"落叶归根"来表达思念故土之情。

"叶落归根"一词的意思最早见于《荀子·致仁篇》，原句是："水深而回，树落（则）粪本。"这在《汉书·翼奉传》的注里被引申为"木落归本，水落归末"。当时的语义比较浅显，也比较接近"落叶归根"这句俗话了。宋人所作的佛教书籍《传灯录》便明确出现了这句俗话，六祖慧能涅槃时，答众；："叶落归根，来时无口。"后来，陆放翁干脆把这句俗话纳入诗中，作成"云闲望出轴，叶落喜归根"的佳句。

落叶归根，是中国人的传统。在外从政、经商、求学、做工，历尽艰辛，几十年尝尽了酸甜苦辣，到年事已高，欣然回到故里，颐养天年，享天伦之乐，乐陶陶，暖融融，何乐而不为？

曾国藩作为大清要臣，用毕生的心血来辅佐大清摇摇欲坠的江山。当他年老时，自然和所有的人一样，希望回到生养自己的家乡，安静地度过余生。这是其一大心愿，正如文中其反复所说的那样："余斟酌再三，非开缺不能回籍。平日则嫌其骤，功成身退，愈急愈好。"足见其思乡之心切。